사회복지 슈퍼비전의 이론과 실제

제2판

안정선 최원희 공저

Social Work Supervision

신정

제2판 머리말

'좋은 사회복지사보다는 책무성 있는 사회복지사'들이 사회복지현장에서 배출되기를 바라는 마음으로 본서를 출간한 지 5년의 세월이 흘렀다.

본서가 사회복지슈퍼비전의 이해를 돕는 기본서로서의 역할을 하는 사이 사회복지현장에서는 슈퍼비전의 중요성에 대한 인식이 날로 확장되어왔다. 저자들이 소속되어 있는 한국사회복지슈퍼비전센터의 출발과 함께 몇몇 교육단체들에서 슈퍼바이저 양성 과정을 공동 개발하여 활발히 진행해 오고 있다. 또한 한국 사회에서 사회복지슈퍼비전과 관련한 첫 학술단체로 한국사회복지슈퍼비전학회도 창립되었다.

본 저자들은 이전과는 다른 슈퍼비전에 대한 실천현장의 관심과 슈퍼비전 적용 욕구의 팽창 속에서 본서 개정의 필요성을 느꼈다. 따라서 개정판에서는 현장에서 활용할 수 있는 새로운 슈퍼비전 모델 및 슈퍼비전 실행 표준 지침 소개, 그리고 이용시설만이 아닌 생활시설의 슈퍼비전 사례와 최근의 슈퍼비전 실천 서식 등 보다 다양한 현장의 요구를 반영하였다.

제2판은 1판이 다소 분량이 많다는 지적을 받아들여 총 12개장으로 다소 분량을 축소하였다. 저자들의 연구물 내용을 삭제 내지 요약하고 실천현장을 위한 사회복지 슈퍼비전 지침과 사례 및 활용 서식들은 최근의 것들로 수정보완하였다. 새로운 슈퍼비전 모델에 대한 소개와 최근의 연구동향, 슈퍼비전의 방향성 등이 업그레이드되었다.

부족한 이 책을 수업 교재와 기관의 학습자료로 사용해 주신 교수님들과 학생들, 그리고 기관의 실무자들에게 진심으로 감사드리며, 앞으로도 계속해서 사회복지사들의 역량강화를 위한 도구로서의 역할에 기여할 수 있도록 최선의 노력을 다하겠다는 약속을 드린다.

2016년 1월

안정선, 최원희

머리말

본서는 조직차원에서 슈퍼비전 정책을 구축하고 슈퍼비전을 실행하는데 도움을 얻고자 하는 사회복지조직들과 부하직원을 육성하고 자신의 슈퍼비전 역량을 강화하고자 하는 슈퍼바이저들, 그리고 미래의 슈퍼바이저로서 협력적 파트너십을 가지고 슈퍼비전에 참여하고자 하는 사회복지사들을 위해 쓰였다. 사회복지조직을 관리하는 강력한 기제들 중 하나는 바로 슈퍼비전이라 할 수 있다. 인간봉사서비스조직의 특성상, 서비스의 실천과 질적인 발전을 인력에 의존할 수밖에 없는데, 슈퍼비전은 가장 직무 중심적이면서도 개별적인 차원에서 인력을 역량 강화할 수 있는 방법이기 때문이다. 이러한 측면에서 사회복지조직들은 슈퍼비전에 대해 학습하고 논의할 수 있어야 한다.

두 공동 저자는 모두 실천현장에서 슈퍼바이지와 슈퍼바이저의 역할을 경험하면서 슈퍼비전의 중요성을 공감하고 현장의 역량강화에 도움이 되는 슈퍼비전을 연구하기 위해 다시 학문의 길을 선택하였다. 결국, 그 결실로 한국 연구에서는 최초로 사회복지기관을 중심으로 하는 직원슈퍼비전에 대해 박사논문을 발표한 바 있다. 본서는 두 연구진이 슈퍼비전 박사논문을 준비하면서 학습했던 여러 이론서와 현장에서의 경험을 토대로 슈퍼비전의 종합적 구성요소와 성공요인을 고려하면서 사회복지기관 직원슈퍼비전 실천에 초점을 두고 기술되었다.

이에 따라 본서는 다음과 같이 구성된다. 제1부는 슈퍼비전에 대한 개관으로 개요, 모델, 가치와 윤리를 다루고 있고, 제2부는 슈퍼비전의 구성요소라 할 수 있는 슈퍼바이저, 슈퍼바이지, 슈퍼비전 관계, 수피비전 기능 및 직무, 슈퍼비전 실행, 슈퍼비전과 평가, 슈퍼비전과 조직을 살펴본다. 제3부는 슈퍼비전의 실천현장 적용으로 슈퍼비전의 성공요인과 표준체계를 제시하고 있으며, 제4부는 슈퍼비전의 현재와 미래를 조망하고 있다. 또한 실천현장에서 유용하게 활용할 수 있는 다양한 양식들을 부록으로 싣고 있다.

이 시대 사회복지사의 역량강화를 누구보다 갈망하고 슈퍼비전 정책이 조직 내에 체계적으로 구축되어 그 성과가 발휘되기를 소망하는 입장에서 본서가 실질적으로 사회복지실천현장과 사회복지사들에게 도움이 되기를 간절히 바란다.

끝으로 사회복지현장의 역량강화를 위한 이 책의 기획의도를 지지하고 출판을 결정해 주신 도서출판 신정의 최용구 사장님, 장만동 전무님과 편집과 교정에 정성을 다해준 관계자분들께 감사를 드린다.

2010년 무더운 여름
저자 일동

차례

PART 01 사회복지 슈퍼비전 개관

Chapter 01 사회복지 슈퍼비전의 개요 17
1. 사회복지 슈퍼비전의 정의와 목적 18
1) 사회복지 슈퍼비전의 정의 18
2) 사회복지 슈퍼비전의 목적 21
2. 사회복지 슈퍼비전의 필요성 24
1) 사회복지조직이 가지는 특수성 24
2) 사회복지실천의 특수성 25
3) 사회복지환경의 변화 27
3. 사회복지 슈퍼비전의 역사 28
1) 국외 28
2) 국내 35
4. 슈퍼비전 선행연구 41
1) 국외 41
2) 국내 43

Chapter 02 슈퍼비전 모델 45
1. 역동적 체계 모델 46
2. 슈퍼바이저와 슈퍼바이지의 관계 모델 47
3. 발달 및 과정 모델 47
4. 실천이론에 기반한 슈퍼비전 모델 49
5. 리더십중심 모델 50
6. 문화적 맥락을 고려한 종합 모델 50
7. 일반주의실천(Generalist Practice)에 의거한 내용 모델 51
8. 과제중심 슈퍼비전 모델 57
1) 시작 단계의 내용 59
2) 중간 단계의 내용 60

3) 종결 단계의 내용 62
9. 4×4×4 통합 모델 63
10. 한국 상황에서의 슈퍼비전 모델 66
1) 사회복지관 슈퍼비전 표준 모델 66
2) 학습조직 슈퍼비전 모델 66
3) 한국형 통합 발달 슈퍼비전 모델 71

Chapter 03 슈퍼비전 가치와 윤리 75
1. 슈퍼비전 가치 76
2. 슈퍼비전 윤리의 원칙 77
3. 슈퍼비전과 윤리지식 78
1) 윤리강령의 이해 78
2) 윤리적 의사결정 80
3) 슈퍼비전에 대한 윤리감사 81
4. 슈퍼비전에서의 윤리적 이슈 83
1) 슈퍼바이저의 업무 할당 책임 83
2) 슈퍼바이저의 능력 85
3) 슈퍼바이저의 역할태만 85
4) 슈퍼바이저와 슈퍼바이지의 관계 87

PART 02 사회복지 슈퍼비전 구성요소

Chapter 04 슈퍼바이저 93
1. 슈퍼바이저의 지식 및 기술 94
2. 슈퍼바이저의 가치 및 태도 98
3. 슈퍼바이저의 경험 100
1) 가정에서의 경험 101
2) 학교에서의 경험 101
3) 실천가로서의 경험 102
4) 슈퍼비전 받은 경험 102
5) 실습지도자로서의 경험 103
4. 슈퍼바이저 스타일 104

1) 주요 스타일 104
2) 하위 스타일 105
5. 슈퍼바이저의 특성 108
1) 슈퍼바이저의 인구사회학적 특성 108
2) 슈퍼바이저의 바람직한 특성 110
6. 슈퍼바이저의 과업 및 역할 113
1) 슈퍼바이저의 기본 과업 113
2) 슈퍼바이저의 역할과 책임 114

Chapter 05 슈퍼바이지 117
1. 슈퍼바이지의 지식 및 기술 118
2. 슈퍼바이지의 가치 및 태도 119
3. 슈퍼바이지의 자기지식 개발 120
1) 생활방식 및 인생철학 121
2) 윤리지침 및 가치체계 121
3) 뿌리 121
4) 인생경험 122
5) 개인적 욕구 122
6) 개인적 기능 123
4. 슈퍼바이저 스타일에 대한 반응 123
1) 논리적 중립성 124
2) 지각된 조직적 제약 124
3) 압도시키는 임상적 증거 125
4) 지속적인 진단 125
5) 지나친 단순화 반응 126
6) 위장비판 요구 127
7) 이론적 추측 127
8) 자기분석 128
5. 슈퍼바이지의 특성 128
1) 슈퍼바이지의 연령 129
2) 슈퍼바이지의 성 129
3) 슈퍼바이지의 실무경험 130
6. 슈퍼바이지의 권리와 책임 131
1) 슈퍼바이지의 권리 131
2) 슈퍼바이지의 책임 133

Chapter 06 슈퍼비전 관계 133
1. 슈퍼비전 관계의 과정 136
2. 슈퍼비전 관계에서의 이슈들 138
3. 슈퍼비전 관계에서의 권력문제 139
1) 권력과 권위 139
2) 권력과 권위 사용의 기술 141
4. 슈퍼바이저와 슈퍼바이지의 게임 142
1) 슈퍼바이저의 게임 143
2) 슈퍼바이지의 게임 146
3) 게임의 배경 및 대처 151
5. 효과적인 슈퍼비전 관계 153
1) 효과적인 슈퍼비전 관계의 중요 요소 153
2) 슈퍼바이저와 슈퍼바이지의 스타일 이해 154

Chapter 07 슈퍼비전 기능 및 직무 155
1. 슈퍼비전의 기능 개요 158
2. 행정적 기능 163
1) 행정적 슈퍼비전을 위한 조직적 고려요소 163
2) 행정적 슈퍼비전의 세부과업과 내용 165
3. 교육적 기능 172
1) 교육적 슈퍼비전의 목표 및 정의 172
2) 교육적 슈퍼비전의 세부과업과 내용 173
4. 지지적 기능 179
1) 지지적 슈퍼비전의 목표와 정의 179
2) 지지적 슈퍼비전의 세부과업과 내용 180
5. 슈퍼바이저의 직무 185
1) 일반적인 슈퍼바이저의 책임과 임무 186
2) 슈퍼바이저의 직무내용 188

Chapter 08 슈퍼비전 실행 189
1. 슈퍼비전의 맥락 192
1) 물리적 맥락 192
2) 대인적 맥락 193
3) 문화적 맥락 194

4) 심리적 맥락 195
2. 슈퍼비전 과정 및 단계 196
1) 슈퍼비전 실행을 위한 준비 197
2) 슈퍼비전 욕구와 내용 198
3) 시작단계 202
4) 진행단계 206
5) 종결단계 208
3. 슈퍼비전 유형 209
1) 개별슈퍼비전 209
2) 집단슈퍼비전 210
3) 동료슈퍼비전 215
4. 슈퍼비전 기법 216
1) 사례회의 및 사례발표 217
2) 보조진행 및 참관 220
3) 녹음과 녹화: 음성 및 영상기록 220
4) 역할극 및 사전 시연 221
5) 모델링과 기법전수 222
6) 서면기록과 검토 222
7) 과제 및 확인 223
8) 코칭 223
9) 컴퓨터 및 온라인 활용 224
10) 동시적 슈퍼비전 225

Chapter 09 슈퍼비전 평가 225
1. 평가의 의미와 내용 228
1) 슈퍼비전에서의 평가의 개념과 의미 229
2) 평가의 내용 233
3) 직무성과 평가 측정방법 239
4) 평가의 오류 및 평가정보원 239
5) 평가 과정 241
2. 슈퍼비전과 성과관리 243
1) 성과평가모형의 활용 244
2) 직무분석과 성과평가 245
3) 성과관리를 위한 요구조건 246
3. 슈퍼바이저 및 슈퍼비전 체계 평가 247
1) 슈퍼바이저 평가 247

2) 슈퍼비전 체계 및 만족도 평가 252

Chapter 10 슈퍼비전과 조직 251

1. 슈퍼비전의 성공을 위한 조직요인과 실행방법 254
1) 슈퍼비전 정책: 슈퍼비전 제도화 255
2) 슈퍼비전 직무배정 260
3) 기관장의 의지와 리더십 261
4) 슈퍼비전 교육체계 261
5) 슈퍼비전 평가체계 263
6) 슈퍼비전 보상체계 264
7) 조직 전반의 슈퍼비전 실행을 위한 기본 토대 구축 265
2. 직원개발과 슈퍼비전 267
1) 슈퍼비전, 현임훈련 그리고 직원개발, 자문의 차이점 268
2) 슈퍼비전과 학습조직화 269
3. 학습조직화 및 슈퍼비전 활용을 위한 사회복지조직들의 학습체계 272
1) 슈퍼바이지 개별 학습지원 및 자기개발계획 수립 273
2) 팀형 학습, 팀별 학습 강화: 캔미팅, 학습동아리(CoP), 액션러닝 273
3) 사회복지조직 학습지원체계 279

PART 03 사회복지 슈퍼비전의 실천현장 적용

Chapter 11 실천현장을 위한 사회복지 슈퍼비전 표준 지침 281

1. 슈퍼바이저 284
1) 슈퍼바이저의 지식 및 기술 284
2) 슈퍼바이저의 가치 286
3) 슈퍼바이저의 태도 286
4) 슈퍼바이저의 일반적 특성과 경험 287
2. 슈퍼바이지 288
1) 슈퍼바이지의 지식 및 기술 288
2) 슈퍼바이지의 태도 288
3) 슈퍼바이지의 자아인식 발달 289
4) 슈퍼바이지의 실무경력 수준 289

3. 슈퍼비전 관계 290
1) 상호신뢰 290
2) 명확한 의사소통 및 피드백 290
3) 상호이해와 존중 290
4) 동료의식 291
5) 친밀감 291
6) 인정과 격려 291
7) 전문적 관계 유지 291
4. 슈퍼비전 실행 292
1) 슈퍼비전의 목적 및 목표 292
2) 슈퍼비전의 정규성 292
3) 슈퍼비전 제공시간 293
4) 슈퍼바이지의 수 293
5) 슈퍼비전 장소 294
6) 슈퍼비전 제공형태 294
7) 슈퍼비전 계약 295
8) 슈퍼비전 기능 295
9) 슈퍼비전 내용 297
10) 슈퍼비전 기록 299
11) 슈퍼비전 단계 및 과정 299
5. 슈퍼비전을 위한 조직체계 302
1) 슈퍼비전 실행을 위한 조직적 고려요소 302
2) 슈퍼비전 촉진을 위한 조직요인 303
3) 슈퍼비전 정책 304

Chapter 12 슈퍼비전의 현황과 과제 307
1. 슈퍼비전의 성공요인 310
1) 슈퍼비전 성공요인의 구성 310
2) 주요 성공요인의 중요도 311
3) 세부 성공요인의 중요도 312
4) 슈퍼비전 세부 성공요인의 우선순위 314
2. 슈퍼비전의 현재: 한국 사회복지 슈퍼비전의 현황 315
1) 슈퍼비전에 대한 실천현장의 인식 315
2) 슈퍼비전의 현황 및 대안 318
3. 슈퍼비전의 미래: 한국 사회복지 슈퍼비전의 발전방향 모색 및 과제 323
1) 실천적 차원 323

2) 정책적 차원 334
3) 연구의 차원 337

Appendix 부록 341
• 부록 I. 사회복지 슈퍼비전 실천현장 지침 사례 342
• 부록 II. 사회복지 슈퍼비전 관련 활용 양식 353

참고문헌 384
찾아보기 398

PART 01

사회복지 슈퍼비전 개관

1부에서는 사회복지 슈퍼비전의 개요을 통해 슈퍼비전의 목적 및 필요성과 슈퍼비전의 역사 및 선행연구를 살펴보고, 사회복지 슈퍼비전과 관련된 다양한 모델들을 검토하며 사회복지 슈퍼비전의 가치와 윤리, 그리고 슈퍼비전에서의 윤리적 이슈에 대하여 고찰해 보기로 한다.

- 제1장 사회복지 슈퍼비전의 개요
- 제2장 슈퍼비전 모델
- 제3장 슈퍼비전 가치와 윤리

01

CHAPTER

사회복지 슈퍼비전의 개요

본 장에서는 사회복지 슈퍼비전에 대한 다양한 정의와 목적을 비교해 보고 어떠한 사회환경적 배경으로 인해 슈퍼비전의 필요성이 대두되었는지를 살펴본다. 또한 슈퍼비전의 역사와 선행연구에 대한 고찰은 현재의 사회복지 슈퍼비전의 위치를 점검하고 미래의 슈퍼비전에 대한 비전을 그려볼 수 있는 안목을 가지게 할 것이다.

Chapter

01 사회복지 슈퍼비전의 개요

1. 사회복지 슈퍼비전의 정의와 목적

1) 사회복지 슈퍼비전의 정의

사회복지 슈퍼비전(social work supervision)은 많은 학자들에 의해 다양하게 정의되어 왔으며 사회복지의 역사적 흐름에 따라 변화되어 왔다. 슈퍼비전에 대한 초기의 정의들은 교육적 또는 행정적 측면에 초점을 두다가 차츰 행정적 · 교육적 또는 지지적 측면의 통합을 강조하는 경향을 보이고 있다.

Robinson(1949)은 일정한 지식 및 기술로 준비된 사람이 비교적 준비가 덜 된 사람을 훈련시킬 책임을 가지는 교육적 과정으로 정의하였고, Towel(1954)은 사회복지실천현장의 조직 차원에서 직원개발 및 관리에 중점을 둔 행정적 과정으로 정의하였다. Kadushin(1974)은 슈퍼비전의 지지적 측면을 강조하는 새로운 정의를 제시하였는데, 즉 슈퍼바이저를 슈퍼바이지의 업무수행을 지지 · 조정 · 강화 · 평가하도록 권위를 위임받은 기관 행정직원으로서 교육적 · 행정적 · 지지적 기능을 수행해야 함을 언급하였다. 또한 Barker(1995)는 사회복지사들의 기술 향상과 클라이언트에 대한 질적 서비스 제공을 위해 행해지는 행정적 · 교육적 과정이라고 언급한 바 있다.

특히, Skidmore(1983)는 사회복지 슈퍼비전을 효과적이고 효율적인 업무수행에 있어서의 지식과 기술을 사용하려는 직원을 원조하는 과정으로 정의하면서 사회복지기관에서의 슈퍼비전에 대한 개념을 명확히 해줄 5가지 기본원리를 다음과 같이 제시하였다.

① 조직과 서비스에 관한 올바른 지식과 원칙 및 기술을 가르치고 난 후에는 슈퍼바이지로 하여금 자율적으로 자신의 일을 처리할 수 있도록 도와야 한다.

② 사회복지사는 슈퍼바이저로부터 배운 지식 및 원칙과 일치하는 적절한 목적과 목표를 세우도록 한다.

③ 슈퍼바이저는 슈퍼바이지가 도움을 필요로 할 때 항상 응할 수 있도록 준비되어야 하며 정규적인 가르침을 제공해야 한다.

④ 사회복지사는 슈퍼바이저에게 도움을 요청할 수 있어야 한다.

⑤ 사회복지사는 슈퍼바이저에게 자신의 직무에 관하여 수시로 보고해야 한다.

Tsui(2004)는 슈퍼비전을 다음과 같이 규범적 · 경험적 · 실용적 접근으로 세분화시켜 정의하면서 행정적 · 교육적 · 지지적 기능의 균형을 강조하고 있다.

① **규범적 접근**(normative approach): 슈퍼비전의 목표를 성공적인 직무 실행과 전문적 능력으로 보고 클라이언트에게 효율적이고 효과적인 서비스를 제공

② **경험적 접근**(empirical approach): 슈퍼바이저를 간접서비스를 제공하는 행정직원으로 보고 행정적 · 교육적 · 지지적 기능을 통합적으로 제공하는 슈퍼바이저의 역할에 초점

③ **실용적 접근**(pragmatic approach): 형식적인 목표나 정의에 중점을 두지 않고 행동지침과 과제를 제공하는 방식

이 밖에도 Morrison(2001)과 Haynes 등(2002)은 슈퍼비전을 정의함에 있어서 슈퍼비전의 관계를 강조하고 있다. 이들은 슈퍼비전을 슈퍼바이저와 슈퍼바이지, 그리

고 클라이언트 사이에서의 특수한 관계 또는 독특한 전문적 관계로 보면서 슈퍼비전과 관련된 이해당사자들 간의 관계에 초점을 두고 있다. 다음의 〈표 1-1〉은 학자들의 슈퍼비전 정의 내용을 정리한 것이다.

표 1-1 사회복지 슈퍼비전의 정의 분류

학자	특징	정의
Robinson(1949)	교육적 측면 강조	일정한 지식 및 기술로 준비된 사람이 비교적 준비가 덜 된 사람을 훈련시킬 책임을 가지는 교육적 과정
Towel(1954)	행정적 측면 강조	사회복지실천현장의 조직 차원에서 직원개발 및 관리에 중점을 둔 행정적 과정
Kadushin(1974)	지지적 측면 강조	슈퍼바이저는 슈퍼바이지의 업무수행을 지지·조정·강화·평가하도록 권위를 위임받은 기관 행정직원으로서 교육적·행정적·지지적 기능을 수행해야 함
Barker(1995)	행정 및 교육적 측면 강조	사회복지사의 기술 향상과 클라이언트에 대한 질적 서비스 제공을 위해 행해지는 행정적·교육적 과정
Skimore(1993)	직원원조 과정, 기본원리 제시	효과적·효율적인 업무수행에 있어서 지식과 기술을 사용하려는 직원을 원조하는 과정
Tsui(2004)	행정적·교육적·지지적 기능의 균형 강조	• 규범적·경험적·실용적 접근으로 세분화 • 규범적 접근: 클라이언트에게 효율적·효과적인 서비스 제공 • 경험적 접근: 슈퍼바이저는 간접서비스를 제공하는 행정직원 • 실용적 접근: 행동지침과 과제를 제공하는 방식
Morrison(2001) Haynes 등(2002)	슈퍼비전 관계 강조	슈퍼바이저와 슈퍼바이지, 그리고 클라이언트 사이의 특수한 관계 또는 독특한 전문적 관계로 보면서 슈퍼비전과 관련된 이해당사자들 간의 관계에 초점

이상에서 내용들을 토대로 "사회복지 슈퍼비전이란 클라이언트에 대한 최선의 서비스 제공 및 사회복지사의 전문성 향상을 위해 조직 차원에서 공식적으로 실행되는 기제로 슈퍼바이저와 슈퍼바이지에 의해 이루어지는 상호작용 과정"이라고 정의할 수 있다.

2) 사회복지 슈퍼비전의 목적

슈퍼비전의 목적도 슈퍼비전의 정의만큼이나 다양하게 언급되고 있다. 학자에 따라 포괄적인 목적으로 정의되기도 하고 보다 세분화된 목표를 설정하기도 한다. 즉, 슈퍼비전의 기능에 따라 목적을 세분화하거나 슈퍼비전 관련 이해당사자별로 구분하기도 하고 조직 차원으로 분류하기도 한다. 여기서는 시대의 흐름에 따라 살펴보기로 한다.

Eisikovits 외(1985)는 슈퍼비전의 목적을 사회복지사의 전문적 기능을 향상시키기 위한 것이라면서 슈퍼바이지의 전문적 향상에 초점을 두고 있다. Payne(1994)은 슈퍼비전의 목표를 클라이언트 차원, 슈퍼바이지 차원, 그리고 슈퍼바이저와 조직 차원이라는 슈퍼비전 이해당사자로 구분하여 그 목표를 각각 설명하고 있다. 즉 클라이언트 차원에서는 클라이언트가 최대한의 이익을 얻도록 직원의 부적절한 실천으로부터 클라이언트를 보호하는 것을 목적으로 하고 있으며, 슈퍼바이지 차원에서는 사회복지사가 효과적인 실천을 수행하고 자신만의 고유한 개입방법을 고려하도록 전문적 발달을 도모하고 스스로 잘 관리할 수 있도록 하는 것으로 보았다. 또한 슈퍼바이저와 조직 차원에서는 슈퍼바이지의 업무를 관리하고 다양한 규정을 적용하여 서비스 단위의 표준과 개입목표를 유지하는 것을 목적으로 하였다.

Morrison(2001)은 슈퍼비전의 목표를 다음의 8가지로 제시하고 있다.

① 슈퍼바이지가 자신의 역할 및 책무성을 명확히 확보하는 것

② 이용자의 향상에 대한 최상의 관심을 확보하는 것

③ 사회복지사가 기관 목적과 기준 이해를 확보하는 것

④ 적절한 업무량을 확보하는 것

⑤ 실천과 직무를 위한 긍정적이고 지지적인 분위기를 개발하는 것

⑥ 사회복지사의 발달을 강화하는 것

⑦ 업무 요구 관리에 있어서 사회복지사를 지지하는 것

⑧ 조직과 사회복지사 사이의 명확한 의사소통을 촉진하는 것

Kadushin과 Harkness(2002)는 슈퍼비전의 목적을 기관의 정책과 절차를 따르면서 클라이언트에게 양적으로나 질적으로 최선의 서비스를 전달하는 것이라고 정리하고, 이를 다시 교육적 · 행정적 · 지지적 슈퍼비전으로 구분하여 슈퍼비전의 목적을 제시하였다. 즉, 교육적 슈퍼비전은 사회복지사가 전문가로서 성장 · 발전할 수 있도록 실천기술과 지식을 확대해 주는 목적으로, 행정적 슈퍼비전은 효과적인 업무수행에 필요한 내용을 제공하는 것으로, 지지적 슈퍼비전은 사회복지사들의 업무만족을 높이기 위한 것으로 설정하였다. Hynes 등(2003)은 슈퍼바이지가 독자적인 전문가가 되기 위해 필요한 경험을 획득하도록 환경을 조성해 주는 것으로 슈퍼바이저의 역할에 초점을 두었다. Tsui(2004)는 기존의 문헌과 관련지침서를 분석하여 슈퍼비전의 목적을 4개 차원으로 분류하였는데, ① 클라이언트의 복리증진, ② 슈퍼바이지를 위한 교육, ③ 슈퍼바이지가 전문가협회에 가입하고 자격증을 취득하도록 점검, ④ 슈퍼바이지의 역량강화 등이다.

이 밖에도 조휘일(1999, 2002)은 슈퍼비전과 사회복지실천이 분리될 수 없음을 강조하면서 슈퍼비전의 목적은 클라이언트에게 최대한 효과적으로 질적인 서비스를 제공하는 전문적 실천과 직원 및 기관의 책무성을 실현하도록 보장하는 것이라 하였다. 즉, 사회정의 증진과 효과적인 사회복지 프로그램 및 서비스를 제공하며 개인 및 가족기능의 강화를 통해 모든 사람의 삶의 질을 높이는 사회복지실천의 목적을 달성하도록 하는 것이 슈퍼비전의 목적이라는 것이다.

최근에 이루어진 안정선(2007)의 연구는 우리나라 사회복지관에서 일하는 사회복지사가 인식한 슈퍼비전의 목적을 4가지로 설명하는 것으로 보고하고 있다. 213명이 응답한 결과에 따르면, 슈퍼비전의 목적은 서비스 질의 향상, 클라이언트의 문제해결, 슈퍼바이지의 전문적 성장, 슈퍼바이지의 동기부여로 나타났다. 사실 이러한 결과는 이전의 문헌에서 강조된 행정적 · 관리적 측면의 목적이 배제되어 있는 것으로 슈퍼바이지와 클라이언트에게 초점을 두고 있는 것을 알 수 있다. 〈표 1-2〉는

표 1-2 사회복지 슈퍼비전의 목적

학자	특징	목적
Eisikovits 등(1985)	슈퍼바이지의 전문적 향상에 초점	사회복지사의 전문적 기능을 향상시키기 위한 것
Payne (1994)	슈퍼비전 목표를 슈퍼비전 이해당사자로 구분	• 클라이언트 차원: 클라이언트가 최대한의 이익을 얻을 수 있도록 직원의 부적절한 실천에 대하여 클라이언트를 보호하는 것 • 슈퍼바이지 차원: 사회복지사가 효과적인 실천을 수행하고 자신만의 고유한 개입을 고려하도록 전문적인 발달을 도모하여 스스로 잘 관리할 수 있도록 하는 것 • 슈퍼바이저와 조직 차원: 슈퍼바이지의 업무를 관리하고 다양한 규정을 적용함으로써 서비스 단위의 표준과 개입목표를 유지
조휘일 (1999, 2002)	슈퍼비전과 사회복지 실천이 분리될 수 없음을 강조	클라이언트에게 최대한 효과적으로 질적인 서비스를 제공하는 전문적 실천과 직원 및 기관의 책무성을 실현하도록 보장하는 것
Morrison (2001)	슈퍼비전 목표를 8가지로 제시	• 슈퍼바이지가 자신의 역할 및 책무성을 명확히 확보 • 이용자의 향상에 대한 최상의 관심을 확보 • 사회복지사가 기관 목적과 기준이해를 확보 • 적절한 업무량을 확보 • 실천과 직무를 위한 긍정적이고 지지적인 분위기 개발 • 사회복지사의 발달 강화 • 업무 요구관리에 있어서 사회복지사를 지지 • 조직과 사회복지사 사이의 명확한 의사소통을 촉진
Kadushin & Harkness (2002)	슈퍼비전의 기능별로 구분	기관의 정책과 절차를 따르면서 클라이언트에게 양적으로나 질적으로 최선의 서비스를 전달하는 것 • 교육적 슈퍼비전: 사회복지사가 전문가로서 성장·발전할 수 있도록 실천기술 및 지식을 확대 • 행정적 슈퍼비전: 효과적인 업무수행에 필요한 내용을 제공 • 지지적 슈퍼비전: 사회복지사들의 업무만족을 높이기 위함.
Haynes 등 (2003)	슈퍼바이저의 역할에 초점	슈퍼바이지가 독자적인 전문가가 되기 위해 필요한 경험을 획득할 수 있는 환경을 만들어 주는 것
Tsui (2004)	기존문헌과 관련지침서를 분석하여 4개 차원으로 분류	• 클라이언트의 복리증진 • 슈퍼바이지를 위한 교육 • 슈퍼바이지가 전문가협회에 가입하고 자격증 취득하도록 점검 • 슈퍼바이지의 역량강화
안정선 (2007)	사회복지사의 인식 근거	• 서비스 질의 향상 • 클라이언트의 문제해결 • 슈퍼바이지의 전문적 향상 • 슈퍼바이지의 동기부여

이처럼 여러 학자들이 명명한 슈퍼비전의 목적을 정리한 것이다.

이상의 내용들을 토대로, 사회복지 슈퍼비전의 목적은 "클라이언트에게 최상의 서비스를 제공하기 위해 직원의 전문성을 향상시키고 기관의 책무성을 실현하기 위한 것"으로 요약할 수 있다.

2. 사회복지 슈퍼비전의 필요성

사회복지 슈퍼비전은 사회복지실천의 역사와 함께 그 관점과 기능에 변화가 있어 왔지만, 그 필요성과 그 중요성은 어느 시기에서나 어떠한 실천현장에서나 항상 강조되어 왔다. 이처럼 사회복지실천현장에서 슈퍼비전이 강력하게 요구되는 이유는 사회복지조직이 가지는 특수성과 사회복지실천이 가지는 특성, 그리고 사회복지환경의 변화(김융일 · 양옥경, 2004; Kadushin & Harkness, 2002)라는 배경에서 찾을 수 있다.

1) 사회복지조직이 가지는 특수성

(1) 사회복지조직의 관료제적 특성

다른 전문직들이 독립적인 형태로 전문직을 수행하는 것과는 달리 사회복지 전문직은 조직적 기반에서 업무가 수행되고 있다. 특히, 우리나라의 경우는 개업실천(private practice)의 형태를 거의 찾아보기 어렵고 대부분의 사회복지실천이 조직을 통해서 실시되고 있는 현실이다. 사회복지조직은 위계적 명령계통을 따르는 관료제적 성격을 가지고 있기 때문에 각각의 업무를 수행하는 일선 사회복지사와 중간관리자, 최고관리자 등의 위계체계하에 있다. 따라서 각각의 업무를 조정하고 이를 통합하기 위한 지도감독이 요구되고 있으며 이는 사회복지 슈퍼비전이라는 형태로 제공되고 있는 것이다.

(2) 사회복지조직의 낮은 자율성

사회복지조직의 존재는 지역사회로부터 부여받은 역할을 수행하기 위해서이며 거의 모든 사회복지조직들이 정부나 지역사회, 기부자들로부터 재원을 조달받아서 운영되고 있다. 이러한 이유로 사회복지직이 전문직임에도 불구하고 전문직 특성 중 하나인 자율성은 제한받고, 사회적 책무성(accountability)은 높아지는 것이다. 그러므로 사회복지조직은 이러한 낮은 자율성과 사회적 책무성을 보장하기 위한 하나의 장치로써 사회복지 슈퍼비전을 필요로 하게 되었다.

(3) 사회복지조직 목표의 불명확성과 모호성

사회복지조직은 매우 다양한 인구집단을 대상으로 복잡하게 얽혀 있는 개인의 문제와 사회문제를 해결하고자 한다. 이러한 특성은 조직이 명확한 목표를 설정하는데 어려움을 초래한다. 이처럼 사회복지조직은 불명확성과 모호성으로 인해 아직까지 사회복지사들이 하고 있는 업무에 대한 표준화가 마련되어 있지 않으며, 체계적인 정보수집 또한 어렵다. 따라서 슈퍼비전을 통해 업무를 조정·통합하고 실천개입의 방향을 설정하며 업무효과를 기대할 수밖에 없는 것이다.

2) 사회복지실천의 특수성

(1) 클라이언트의 보호

사회복지실천은 휴먼서비스를 제공하는 것이다. 사회복지사들이 실천현장에서 만나는 사람들은 주로 소외계층이며 사회봉사명령이나 보호관찰을 받는 비자발적인 클라이언트를 포함하고 있다. 즉, 이들은 서비스에 대한 선택권이나 포기권을 가지지 못한 상태인 것이다. 사회복지직은 다른 전문직과는 달리 직접서비스를 실천하는 모습이 공개되지 않는다는 특성을 가진다. 따라서 이들 클라이언트에 대한 보호를 위해 사회복지사를 견제하기 위해서도 사회복지 슈퍼비전이 필요한 것이다.

(2) 사회복지사의 소진 예방

사회복지사들이 다루는 문제는 부부갈등을 비롯하여 부모와 자녀 간 갈등, 죽음과 고통, 질병과 일탈 등 한 개인의 인생에 상당한 영향을 주는 중대한 사건들이 대부분이다. 이러한 문제를 해결하도록 클라이언트를 돕는 것이 사회복지사의 역할이지만 해결책이 분명하지 않다는 점 때문에 사회복지사들은 좌절과 죄책감에 빠지기도 한다. 특히나 실천경험이 적은 초보 사회복지사들은 전문적 지식과 기술, 훈련기회의 부족으로 이러한 전문적 실천에 있어서 더욱 어려움을 겪기도 하며 이는 소진으로 이어지기도 한다. 이러한 소진을 예방하기 위해서도 슈퍼비전은 중요한 역할을 하게 되는 것이다.

(3) 사회복지사의 역량강화

슈퍼비전은 사회복지사들의 역량강화를 위한 도구로도 유용하다. 앞서 사회복지사들의 소진예방을 위해 슈퍼비전이 필요함을 강조하였는데, 선행연구들에 따르면 슈퍼비전은 사회복지사로서의 전문성, 직업정체성, 자기효능감 등에도 영향을 미친다(김진, 2003; 김혜진, 2005; 문지은, 2004; 성희자, 2001; Jeffreys, 2001; Rennie, 2002; Siebert, 2004). 또한 슈퍼비전은 사회복지사의 직무만족, 전문성 등의 영역 외에 사회복지사의 직무성과와 실천효과성 검증능력에까지 유의한 영향력을 가진다(김경희, 2002). 더 나아가 슈퍼비전은 외현화된 행동인 조직시민행동에까지 영향을 미친다고 보고되고 있다(염태산, 2005). 이렇듯 슈퍼비전은 사회복지사의 역량강화 및 자질향상 전반에 영향을 미치고 있음을 알 수 있다.

사회복지조직은 주요 서비스가 그 조직의 전문인력에 의해 진행되며 인력의 전문성이 곧 서비스에도 영향을 미치는 인간봉사 서비스조직으로서의 특징을 가지고 있다. 특히, 사회복지조직 활동의 핵심인 서비스 제공이 사회복지사의 역할 수행에 의존하고 있기 때문에 사회복지사에 대한 슈퍼비전은 개별 사회복지사의 전문성 증진뿐만 아니라 사회복지조직의 질적인 발전도 촉진시킬 수 있다. 이러한 측면에서 슈퍼비전의 중요성이 더욱 강조되는 것이다.

(4) 전문가단체의 통제력 부족

사회복지사는 클라이언트의 문제해결 개입과정, 클라이언트와의 전문적 관계, 기관의 정책과 클라이언트의 이해가 상충될 때 등 실천 과정에서 여러 딜레마 상황에 봉착하게 된다. 이처럼 사회복지실천은 윤리적 이슈와 민감하게 관련되어 있지만 전문가단체가 이를 통제할 만한 기구를 가동시키지 못하고 있다. 따라서 기관은 비윤리적 실천에 대한 통제 기능이 필요한데 이러한 안전장치의 하나로서 유용한 도구가 바로 사회복지 슈퍼비전이다.

3) 사회복지환경의 변화

(1) 사회환경에 대한 이해

사회복지실천은 사회환경의 변화에 민감하게 대처해야만 한다. 시대적인 현상에 대한 이해는 물론 이를 반영하는 다양한 이론과 접근방법 등에 대한 학습이 수시로 요구된다. 따라서 이러한 전문적 습득을 위해 슈퍼비전이라는 형태의 교육이 제공될 필요가 있다.

(2) 전문직 정체성의 혼란

사회적 환경 변화에 따라 사회복지사의 역할이 다양하게 요구된다. 이는 전문직에 대한 정체성의 혼란을 가져오기도 하고 새로운 자격제도나 이에 따른 보수교육을 요구하기도 한다. 즉, 전문적 사회화를 위한 효과적인 수단으로 사회복지 슈퍼비전의 필요성이 더욱 강조된다.

3. 사회복지 슈퍼비전의 역사

1) 국외

사회복지 슈퍼비전은 시대적·환경적 변화에 따라 그 관점이 변화하였다. 초기의 슈퍼비전은 자선조직협회(COS)를 중심으로 한 조직적 맥락에서 출발하였으나 개별사회복지실천(case work)과 정신분석학 등의 영향으로 사례중심의 슈퍼비전으로 발전하게 된다. 이후 사회복지의 전문화 및 자격증 확보 등으로 개업실천이 증가됨에 따라 슈퍼비전에 대한 조직 차원의 초점은 다소 감소하였다. 그러나 1980년대 들어서면서 정부와 지역사회로부터 사회복지조직의 책무성 문제가 제기되었고, 사회복지기관들은 이에 대응하기 위해 다시 조직 차원의 슈퍼비전에 관심을 집중하게 되었다(Kadushin, 1992; Munson, 2002; Tsui, 2004).

서구의 슈퍼비전 역사를 기존의 문헌(Munson, 2002; Kadushin, 1992; 김융일·양옥경, 2004)을 근거로 시대별로 보다 상세히 정리하였다.

(1) 1920년대 이전

① 자선조직협회가 사회복지 슈퍼비전의 기원

사회복지 슈퍼비전은 19세기 미국과 영국의 자선조직협회(COS)에서 활동한 우애방문원에 대한 지도감독을 기원으로 삼고 있다. 우애방문원들을 지도하기 위해 유급직원을 두게 되었는데, 이들이 슈퍼바이저의 역할을 하였다.

② 최초의 슈퍼비전 전문서적 출간

1904년에 발간된 ≪Supervision and Education in Charity≫가 최초의 슈퍼비전 서적으로 인정되고 있다.

③ 기관운영의 효율성을 위한 슈퍼비전

당시의 슈퍼비전은 자선기관과 교정기관을 지도감독하는 기능을 우선으로 하였기 때문에 기관을 효율적이고 경제적으로 운영하기 위해서 실시되었다. 1900년대 초기에는 직원 개인에 대한 슈퍼비전이 시작되었다. 당시 개별 사회복지실천이 과학적이고 치료적인 개념으로 도입되면서 이러한 개별 지도식의 슈퍼비전이 등장하게 된 것이다.

④ 직원교육 · 훈련의 주 기능이 기관에서 대학으로 이전

1910년대 후반에는 전문적인 사회복지교육을 위한 대학이 설립되면서 사회복지사에 대한 훈련이 학교로 옮겨가게 됨에 따라 실천현장에서의 슈퍼비전은 보충적인 교육기능으로 자리잡게 되었다. 현장훈련을 위한 기관선정 권한과 사회복지실천의 질에 대한 통제가 학교로 이전된 것이다. 따라서 기관에서는 경험 있는 사회복지사가 경험이 없는 직원에게 행정적 실무능력을 알려주는 차원으로 슈퍼비전이 진행되었고 그 방법은 개별지도 위주로 이루어졌다. 1911년에는 슈퍼바이저를 교육시키기 위한 슈퍼비전 단기과정이 개설되기도 하였다.

(2) 1920년대

① 정신분석학의 영향

1920년대에는 정신분석학의 영향을 받게 된다. 즉, 클라이언트에게 정신분석적 치료개입을 제공함에 따라 슈퍼비전의 내용과 방향도 변화하게 되는데, 이는 클라이언트에게 서비스를 전달하는 기술을 서비스 전달자에게도 그대로 적용하는 것이 바람직하다고 여겼기 때문이다.

② 학생슈퍼비전에 대한 개념형성

실습교육이 강조되고 학생슈퍼비전에 대한 새로운 개념이 나타났다. 그러나 실습교육 역시 정신분석학의 영향으로 주로 치료적 접근과 성장모델을 강조하였고 실습생과 슈퍼바이저 간의 관계에서의 전이(transference) 문제에 초점을 두었다.

③ 사회복지사의 자기인식과 자기지식의 필요성 대두

슈퍼비전에서 준 치료기능이 부여되면서 사회복지사의 자기인식(self-awareness)과 자기지식(self-knowledge)이 적용되기 시작하였다. 이를 통해 슈퍼바이저의 역할이 분명해지고 재조정되면서 기관과 연결 역할을 수행하게 된다.

④ 슈퍼비전의 기능적 구분

슈퍼비전의 3대 기능, 즉 행정적 슈퍼비전, 교육적 슈퍼비전, 지지적 슈퍼비전이라는 명칭은 이 당시 Dawson(1926)이 처음으로 부여한 것이다. 그는 행정적 기능으로서 슈퍼비전은 업무표준화, 업무유지 및 개선, 행정적 조율, 효율적이고 융통성 있는 업무 보장을 제공하는 것이라 하였으며, 교육적 슈퍼비전은 직원 개개인의 개발과 인성 함양을 위한 것이라 하였다. 또한, 지지적 슈퍼비전은 슈퍼바이저와 슈퍼바이지의 조화로운 관계 배양에 초점을 두어야 한다고 하였다.

(3) 1930년대

① 공공기관과 민간기관의 서비스 분담

대공황에 따라 민간기관이 주도하던 빈민구호활동은 공공기관으로 이관되고 민간 기관은 중산층 대상의 치료중심서비스를 담당하게 되었다.

② 현장실습의 발전

가족복지회를 중심으로 현장실습이 급속도로 발전한 시기이다. 대학은 다양한 모델을 적용했고, 기관과 협약을 맺어 직원들이 학생들을 지도하도록 하는 현재의 사회복지현장실습의 형태를 보이게 되었다. 실습지도의 중점은 학생들이 전문적 지식과 철학 및 기법의 통합으로 실천기술을 습득하는 것이었다.

(4) 1940년대

① 슈퍼비전 쟁점의 감소

이 시대는 이론적 적응 시기로 여러 이론이나 접근을 취사선택하는 절충주의가 나타났다. 따라서 클라이언트에 대한 개입 초점의 변화가 일어났고 슈퍼바이저는 과거보다 더 넓은 시각을 요구받게 되었다. 당시 이론적 성향은 심리적 기반인 정신분석학에서 상호작용적 교육으로 전환되고 있었다. 이러한 이론 발전의 시기에는 슈퍼비전이나 어떠한 전문적 통제가 없어야 하기 때문에 슈퍼비전에 대한 쟁점이 감소하게 되는 것이다.

② 학생들의 인지발달 및 지식중심실천의 강조

현장교육이 학교교육만큼 중요하다는 대학의 관점 지배로 자격 있는 실습지도자와 실습기관 선택의 기준이 명확하게 요구되었다. 이때부터 현장근무(field work)가 현장교육(field instruction)으로 알려지게 된 것이다.

(5) 1950년대

① 사회복지실천의 전문화 확보

사회적으로 큰 변화가 없이 비교적 안정된 사회구조를 가진 시기이며, 사회복지실천의 전문화가 이루어진 시기이다.

② 정신분석학 관점에서 사회과학적 관점으로 전환

인간의 행동은 심리학적 요인뿐 아니라 사회학적 요인도 함께 작용한다는 시각이 수용되었던 시기이다. 사회복지의 임상실천에서는 사회적 역할기대에 클라이언트를 적응시키는 일에 중점을 두게 되었다. 이러한 관점의 영향으로 Towle(1954)은 슈퍼비전의 과정이 행정(administration), 교육(education), 원조(helping)라는 세 가지 기능으로 구성된다고 언급하였다. 여기서 원조는 Dawson이 분류한 지지적 기능과 유사하다.

(6) 1960년대

① 사회복지전문직의 세력 안정화

인권운동과 성혁명, 기술혁명 등이 결합되어 새로운 문제가 제기되는 시기였다. 이때 사회복지계는 실천이론에 대한 지식이 급증하였고 이러한 결과를 반영하듯 전문직으로서 안정된 세력을 형성하게 되었다.

② 개별 사회복지실천에 대한 전문직 내부의 반란

그동안 주류를 이루어 왔던 개별 사회복지실천에 대한 공격으로 슈퍼바이저들은 곤란에 빠지게 되었다. 그러나 광범위한 새로운 지식 영역을 수용하고 통합하여 심리사회적 이론을 사례에만 한정하는 것이 아니라 사회개혁을 위해서도 통합하려고 노력하였다.

③ 자율적 사회복지실천 강조

이 시기에는 자율적인 실천을 강조하는 사조로 인해 슈퍼비전에 대한 강조는 부분적으로 약화되었다. 그러나 이를 계기로 슈퍼비전의 새로운 모델을 탐색하게 된다. 또한 슈퍼비전의 도제적 실천보다 과학적 근거에 의한 실천을 강조하면서 많은 기관에서 슈퍼비전과 자문이라는 두 가지 모델을 적용하고 개별슈퍼비전과 집단슈퍼비전의 혼합구조를 사용하게 되었다.

④ 현장실습교육 모델

대학에서 실습슈퍼바이저를 전임교수로 배치하는 것이 일반화되었던 시기이다. 즉, 기관의 실습슈퍼바이저가 학교에서 학생들에게 슈퍼바이저 역할을 하는 것으로 이러한 모델 적용은 매우 성공적이었다. 이후 예산문제로 축소되었지만 이를 계기로 대학에서는 슈퍼비전의 교육적 기능을, 현장에서는 행정과지지 기능을 강조하게 되었다.

(7) 1970년대

① 지지적 슈퍼비전의 강조

경제 위축으로 인해 사회복지사의 일자리가 줄어들고 기관의 예산도 부족해지면서 실천에 대한 책임성 논란이 시작되었다. 이로 인해 사회복지사의 소진에 대한 관심이 증가되었고 지지적 슈퍼비전이 강조되었다.

② 과학기술의 발전으로 사회복지실천 분야의 확대

의료기술의 발달과 과학발전은 사회복지사로 하여금 새로운 전문분야의 일자리를 제공받게 하였다. 즉, 사회는 의료사회복지와 노인사회복지 등의 분야에 대한 실천을 요구하게 되었고, 이러한 전문화는 슈퍼비전의 역할을 다시 생각하게 만들었다.

③ 전문화된 실천을 위한 슈퍼비전 역할

앞서 언급된 것처럼 이 시기의 사회복지실천 분야는 사회적 요구에 의해 보다 확대되고 전문화되었다. 따라서 사회복지사들은 사회복지의 공통적인 지식을 적용하면서도 각 대상별로 개별화된 개입이 중요함을 인식하게 되었는데, 이러한 상황은 슈퍼비전의 필요성을 강화함과 동시에 어떤 슈퍼비전이 효과적인지를 고심하게 만들었다.

④ 개업실천의 증가로 클라이언트와의 관계중심의 슈퍼비전 강화

이 시기에는 사회복지 전문화와 전문 자격증 취득 등으로 사회복지사의 개업실천(private practice)이 증가되는 현상이 나타났다. 이들 개업실천 슈퍼바이저들은 이론이나 조사, 실천지혜, 지역사회와의 관계보다 인간관계기술을 더 중요하게 다루고자 하였다. 이에 따라 사회복지사와 클라이언트와의 관계를 강조한 슈퍼비전이 요구되었다.

⑤ 체계모델 확산에 따른 새로운 슈퍼비전 접근법 발전

당시 가족치료를 중심으로 체계모델이 확산되면서 체계의 기능, 사정과 기법 적용, 상호작용 패턴의 활용 등 접근모델과 관련된 슈퍼비전이 발전하게 되었다.

(8) 1980년대

① 슈퍼비전의 행정적 기능과 교육적 기능의 양립

이 시기에는 개인과 가족 중심의 심리치료적 실천이 다시 등장하고 윤리적 실천의 문제가 대두되면서 교육적 슈퍼비전의 비중이 높아졌다. 그러나 정부예산의 감소와 함께 지역사회와 자금출처원의 요구 등으로 사회복지기관의 실천력에 대한 책무성이 제기되면서 행정적 슈퍼비전의 필요성도 함께 증가되기 시작하였다. 즉, 이 시기에는 서비스의 질을 높이는 교육적 슈퍼비전과 실천효과성을 입증하려는 행정적 슈퍼비전이 함께 발전하였다.

(9) 1990년대 이후

① 슈퍼바이저의 이중역할 요구

임상실천가와 슈퍼바이저들은 실천현장에서 점차 임상적 행정가가 될 것을 요구받았다. 이는 실천과 행정의 통합이라는 전형적인 관점으로 보이지만 주로 기능적 결합을 위한 업무량 관리와 예산삭감의 결과로 초래된 어쩔 수 없는 현상이었다. 이처럼 임상적으로 해결해야 할 문제를 행정적으로 적용하는 것은 클라이언트나 실천가, 그리고 슈퍼바이저에게 해로운 영향을 미치는 것이다. 그러나 문제는 슈퍼바이저의 이러한 이중역할의 장단점이나 두 역할을 어떻게 조화시켜야 하는지조차 알려진 바가 거의 없다는 점이다. 슈퍼바이저들에게는 이러한 이중역할만 요구될 뿐 훈련받은 적이 없다. 그러므로 교육 프로그램을 통해 이러한 역할을 효과적으로 수행할 준비가 필요할 것이다.

② 다양한 집단에 대한 옹호역할

이 시기는 사회적으로 문화적 다양성에 대한 관심이 급증한다. 즉, 여성, 인종, 소수집단, 에이즈환자 등에 대한 서비스와 함께 이들을 옹호하는 역할 또한 감당하게 되었다. 이는 슈퍼바이저의 위치에 있는 여성과 소수민족 사람들의 수가 증가됨에 따라 그 관심이 더 높아지게 된 것으로, 다문화적 환경변화에 따른 비교문화적(cross-cultural) 슈퍼비전에 대한 욕구도 나타나기 시작하였다.

2) 국내

우리나라의 사회복지 슈퍼비전 역시 서구와 마찬가지로 사회복지를 둘러싼 환경적 변화에 의해 영향을 받았다. 상담 및 정신의료복지 분야에서 사례중심의 임상 슈퍼비전 위주였던 슈퍼비전은 1990년대에 이르러서야 비로소 사회복지기관에서도 그 필요성이 대두되기 시작하였다. 1996년부터 실시한 정부 및 지방자체단체의 사회복지기관에 대한 평가는 운영비 차등지원의 근거가 되었고, 기업복지재단에서 제시하는 프로그램 지원 조건에는 기관의 책무성과 투명성 확보가 요구되었다. 우리나라 슈퍼비전의 역사를 시대별로 살펴보면 다음과 같다(김융일 · 양옥경, 2005; 최원희, 2009).

(1) 1960년대 이전

① 외원기관에 의한 개별 사회복지실천 기반 슈퍼비전

우리나라 사회복지실천현장은 1921년 태화여자관을 선두로 주로 민간외원기관[1]의 원조로 시작되었다. 따라서 이 시기에는 외원기관에서 파견 나온 미국의 사회복지사들이 구호상담이나 수혜대상자의 적격성 여부 심사를 지도하는 형태의 슈퍼비전이 이루어졌다.

② 사회복지학과 출신에 의한 현장실습 형태의 슈퍼비전

우리나라 슈퍼비전의 역사는 대학의 사회복지 관련학과 설치와 함께 시작되었다고 볼 수 있다. 1947년 이화여자대학교의 기독사회사업학과를 효시로 중앙신학교, 서울대학교, 그리스도신학교 등이 한국의 사회복지교육을 주도하게 되었다. 1950년대 후반부터는 이러한 대학에서 배출된 사회복지사들에 의해서 현장실습 형태의 슈퍼비전이 이루어졌고, 사회복지교육을 위한 훈련기관(중앙사회복지종사자훈련원)이 설립되면서 사회복지사를 위한 교육과 훈련이 시작되었다.

---

1) 1948년 CCF(현 어린이재단), 1953년 선명회(현 월드비전), 1953년 한국양친회(현 소망재활원), 1954년 대한양연회(현 대한사회복지회), 1964년 홀트양자회(현 홀트아동복지회), 1964년 한국사회봉사회 등

(2) 1960년대

① 현장실습과 슈퍼비전 등 사회복지교육의 체계성 관심 촉발

1960년대는 아동복지법과 사회보장법 등의 시행으로 한국이 복지국가를 위한 사회복지 발전의 초석을 다진 시기로 평가되고 있다. 이러한 사회적 분위기에 힘입어 1965년 한국사회사업교육연합회(현 한국사회복지대학교육협의회)가 태동하면서 현장실습과 슈퍼비전이 정비되었다. 또한 1967년 한국사회사업가협회(현 한국사회복지사협회)의 탄생으로 사회복지실천현장은 사회복지사의 전문성과 위상에 관심을 가지게 되고, 실습을 포함하여 체계적인 사회복지교육에 지대한 관심을 가지게 되었다.

② 최초의 슈퍼비전 관련 석사논문 등장

1960년대 후반 우리나라 최초의 슈퍼비전 관련 논문[2)]이 등장하였다.

(3) 1970년대

① 현장실습 토착화를 위한 준비시기

1970년대는 외원기관 연합체가 철수하기 시작하면서 사회복지의 한국 토착화를 위한 정부의 노력이 시작된 시기이다. 즉, 민간자원 개발 방법을 모색하였고 저소득층에 대한 욕구조사 등 과학적인 방법에 의한 사회복지실천을 구축하기 위해 노력하였다. 또한 국립사회복지연수원에서 시설관리 운영과 복지행정의 기초적 현임훈련을 실시하기도 하였다. 이러한 사회복지의 환경변화는 대학의 사회복지교육에도 영향을 미치게 되었다. 따라서 이 시기에는 사회복지 분야의 방법론에 대한 실습에서 기관행정 등으로 관심이 옮겨지면서 슈퍼바이저나 학교의 실습교수 및 실습생이 혼돈과 갈등을 경험한 시기이기도 하다. 그러나 실습은 사회복지학의 핵심과목으로 강조되었다.

2) 장영곤(1968). 케이스워어크 슈퍼비전. 중앙대학교 석사학위논문.

② 실습교육 강화 및 다양화

1976년에는 한국사회사업대학협의회가 처음으로 실습교육지침서를 발간하였으며, 1977년에는 8개의 4년제 대학에서 실습을 6학점 이상 요구하게 되었다. 또한 사회복지실천 방법론 위주의 실습에서 벗어나 가족계획이나 정부기관, 협의회 등 행정 및 정책 분야로 확대되는 경향을 보였다.

③ 사회복지학과의 대학원 과정 개설

이 시기에는 10여 개 대학에서 대학원 과정에 사회복지학과를 개설하게 되었고 이를 통해 석사 및 박사과정이라는 고급인력을 양성하게 된다. 따라서 사회복지의 전문성에 대한 관심이 더욱 높아지게 되고 실습과 관련된 논문들[3]도 나타나기 시작하였다.

(4) 1980년대

① 전문화된 영역별 슈퍼비전 강화

1980년대에는 정부의 복지국가를 지향하는 정책의 영향으로 40여 개가 넘는 대학에서 사회복지 관련학과(아동복지학과, 노인복지학과, 청소년복지학과, 장애인복지학과, 산업복지학과 등)가 개설되었다. 또한, 장애인복지법, 노인복지법이 제정되었으며 동사무소에는 직접 서비스를 담당하는 사회복지 전문요원이 전국에 배치되었다. 이러한 사회복지 분야의 확대로 각 전문 영역별로 슈퍼비전 세분화가 요구되었다.

② 실습슈퍼비전 지침과 평가모형 개발

1980년대부터 대두된 사회복지사의 전문성 향상에 대한 실천현장의 요구는 실습

---

3) 이미라(1975). 사회사업학과 실습실태 및 문제점에 관한 연구-학부학생의 실습과정을 중심으로. 이화여자대학교 석사학위논문.
황진숙(1977). 사회사업실습경험에 대한 학생의 평가. 이화여자대학교 석사학위논문.

슈퍼비전의 지침과 평가모형 개발에 기여하게 되었다.

(5) 1990년대

① 사회복지사협회의 기능강화로 슈퍼비전에 대한 관심 고조

1997년 사회복지사협회가 법정단체로 인정되고, 이후 자격증 발급업무를 맡으면서 협회의 기능이 강화되었다. 이를 계기로 협회와 실천현장에서는 사회복지사와 실습생에 대한 슈퍼비전에 관심을 가지게 되었다.

② 사회복지기관의 책무성 이행에 따른 슈퍼비전의 필요성 증가

1990년대부터 기업복지재단은 프로그램 지원조건으로 기관의 투명성을 요구하였고, 정부는 기관에 대한 평가결과에 따라 보조금의 차등지원을 적용하였다. 사회복지기관은 이러한 변화에 대응하고 책무성을 이행하기 위해 조직 차원에서 슈퍼비전에 관심을 가지게 되었다.

(6) 2000년대 이후

① 조직 차원의 체계적 슈퍼비전으로 관심 확대

앞서 설명한 바와 같이 1990년대부터 사회복지기관들은 평가를 준비하고 사회적 책무성을 이행하며, 나아가 사회복지전문직의 정체성 확립을 위해 가장 유용한 도구가 슈퍼비전이라는 인식이 강화되었다. 이에 따라, 그동안 전문분야 중심으로 임상적 슈퍼비전 형태로 발전되어 오던 슈퍼비전이 일반주의(generalinst)를 실천하는 기관에서 조직관리 차원의 체계적인 슈퍼비전으로 확대된 것이다(최원희, 2009).

② 대학 및 대학원에서 슈퍼비전 교과목 개설 증가

실천현장의 사회복지사들의 슈퍼비전에 대한 욕구를 반영하듯 대학 또는 대학원

에서는 슈퍼비전 교과목 개설[4]이 증가되는 추세이다. 아직까지 다른 필수과목의 우선순위에 밀려 개설되지 못하는 경우도 있지만, 교과과정에 포함되어 있다는 것만으로도 슈퍼비전 교과목의 중요성을 방증하는 결과로 볼 수 있다.

③ 사회복지사를 위한 교육주제로 슈퍼비전의 빈번한 채택

사회복지기관이나 단체들의 연수 또는 교육에서 슈퍼비전과 관련된 주제가 종종 채택되는 현상을 보이고 있다. 2001년부터 사회복지사 사이버 보수교육 과정에도 슈퍼비전 과목이 개설되었으며 2009년부터는 사회복지사 보수교육제도가 의무화되었다. 이에 앞서 서울시가 커리큘럼 개발을 위해 실시한 조사(서울시복지재단, 2008)에 의하면, 실천현장의 사회복지사들은 13개의 보수교육 커리큘럼 중 리더십 · 슈퍼비전 · 사회복지사의 자기역량강화 영역을 가장 선호하는 것으로 나타났다. 이를 토대로 5개의 보수교육영역 중 사회복지행정 영역으로 슈퍼비전 교육을 1순위로 선정하고, 교육내용을 경력자 및 관리자를 대상으로 한 슈퍼비전 일반론[5]과 경력자만을 대상으로 한 슈퍼비전 기법[6]으로 구성하였다.

이러한 욕구를 반영하듯, 2013년부터는 경기복지재단에서 2014년부터는 한국사회복지협의회에서 18시간 일정의 슈퍼바이저 양성과정[7]이 시작되어 매년 2회씩 진행되고 있으며 2015년부터는 심화과정[8]이 개설되기 시작하였다. 이밖에도 여러 사회

---

4) 2009년 현재 93개 사회복지학과의 조교를 통해 슈퍼비전 교과목 개설 여부를 확인한 결과(최원희, 2009) 30개의 대학과 31개의 대학원(학부와 대학원 둘 다 규정한 대학은 17개교, 대학원에만 규정된 곳은 14개교)에서 슈퍼비전 교과목이 교과과정에 포함되어 있었다. 그러나 실제로는 47개 대학(또는 대학원)에서만 개설되고 있는 것으로 파악되었다.

5) 슈퍼비전 일반론은 슈퍼비전 개념과 발달 배경, 슈퍼비전의 기능(행정적, 교육적, 지지적)과 목표, 슈퍼바이저의 특성 등 슈퍼비전의 전반적인 이해를 도모하는 교육이 내용으로 되어 있다.

6) 슈퍼비전 기법은 교육적 슈퍼비전에서의 학습의 원칙과 관련된 슈퍼비전 지침과 과정, 기법 등 실제 슈퍼비전 계획과 설계를 실천하는 실무적인 교육이 내용으로 되어 있다.

7) 양성과정은 슈퍼비전에 대한 개요와 기능 및 단계, 방법과 기법, 슈퍼비전 관계와 이슈, 슈퍼비전과 조직체계 및 운영사례 등을 포함하고 있다.

8) 심화과정은 양성과정 이수자를 대상으로 슈퍼비전관계에서의 사례, 슈퍼비전 체계 및 매뉴얼 분석, 성찰모델 적용, 슈퍼비전 실행과 평가 등을 내용으로 실전과 피드백으로 구성되어 있다.

복지기관과 법인, 보수교육단체들에서 슈퍼비전 교육 과정을 준비하고 있으며 소규모의 심화과정에 대한 욕구도 함께 증가하는 추세이다.

④ 슈퍼비전 전문센터 및 학회 발족

2013년에는 한국사회복지슈퍼비전센터가 발기되어 슈퍼비전 교육을 핵심활동으로 하면서 슈퍼바이저 교육 과정 개발 및 편역서 발간, 매뉴얼 제작 등으로 실천현장의 슈퍼비전 발전을 위해 활발한 활동을 펼치고 있다. 또한 2015년에는 한국사회복지슈퍼비전학회가 발족되어 슈퍼비전의 학문적 토대를 마련하고 전문적인 연구영역으로의 확대를 계획하고 있다.

4. 슈퍼비전 선행연구

1) 국외

Kadushin(1974)은 미국사회복지사협회에 가입된 사회복지사 대상 전수조사에서 슈퍼비전 기능과 만족도의 관계를 파악하였다. 조사결과 슈퍼비전의 행정적 · 교육적 · 지지적 기능 중 교육적 기능이 가장 중요하게 인식되었으며, 슈퍼바이저는 교육적 기능에서, 슈퍼바이지는 지지적 기능에서 만족도가 높게 나왔다. 이후 1992년 1,500명의 슈퍼바이저를 대상으로 한 인식조사 결과에서도 44%가 교육적 기능을, 32%가 행정적 기능을 중요하게 인식하였다(Kadushin and Harkness, 2002). 그러나 1980년대에 이루어진 Poetner와 Rapp(1983)의 연구와 Melichericik(1984)의 연구에서는 행정적 기능의 비중이 더 높게 나타났다. 아동복지기관의 사회복지사와 슈퍼바이저를 대상으로 35개의 과업을 목록화하고 이에 대한 수행 여부를 분석한 Poetner와 Rapp(1983)의 연구에서는 행정적 기능이 63%, 교육적 기능과 지지적 기능이 20%

였고 17%는 지역사회와의 상호작용으로 분류되었다. 또한, Melichericik(1984)가 미국의 12개 사회복지기관에서 일하는 슈퍼바이저 85명을 대상으로 일지쓰기를 통한 업무내용 분석에서 슈퍼바이저들이 대부분의 시간을 행정적 업무에 할애했으며 그 밖에 슈퍼바이지에게 기관정책과 표준, 지침 등을 교육하거나 슈퍼바이지의 기술 향상을 위한 교육을 진행하고 있다고 밝혔다.

1975년에 이루어진 Munson의 연구는 슈퍼비전의 구조, 슈퍼바이저와 슈퍼바이지의 상호작용 정도, 슈퍼비전 방법 등이 슈퍼비전의 만족도에 영향을 주며 특히, 개별슈퍼비전과 집단슈퍼비전이 혼합 형태로 제공될 때 슈퍼비전의 만족도가 가장 높다는 결과를 도출하였다(성희자, 2002). Harkness와 Hensley(1991)의 연구는 클라이언트 중심의 슈퍼비전과 혼합형 슈퍼비전(행정, 훈련, 임상 자문)의 효과를 비교하였는데, 그 결과 클라이언트 중심의 슈퍼비전, 즉 슈퍼바이저가 클라이언트의 문제에 초점을 둔 개입에 관심을 두고 슈퍼비전을 실행했을 때 클라이언트의 만족도가 더 높았다. 404명의 사회복지사를 대상으로 한 Rauktis와 Koeske(1994)의 연구에서는 업무부담과 직무만족과의 관계에서 지지적 슈퍼비전이 조절효과를 하는 것을 밝혀냈다. 또한 Jeffreys(2001)의 연구는 슈퍼비전이 자기효능감에 영향을 미치며, 특히 교육적 슈퍼비전이 가장 유의미하다는 결과를 나타냈다. 이 밖에도 Rennie(2002)는 슈퍼비전이 직무 스트레스와 좌절감을 극복하는 데 큰 역할을 하고 있다고 보고한 바 있으며, Collins(2005)의 연구에서는 효과적인 슈퍼비전을 받았다고 응답한 사람들에게서 자기효능감이 더 높은 것으로 나타났다.

Kilminster와 Folly(2000), Caspi와 Reid(2002)는 슈퍼비전 모형 및 모델개발 관련 연구를 수행했다. Kilminster와 Folly는 의료, 교육, 사회복지, 심리학 분야의 슈퍼비전 연구 192개를 분석하여 효과적인 슈퍼비전의 구성요소 및 모델을 제시하였으며, Caspi와 Reid는 실습지도뿐 아니라 직원 슈퍼비전에도 활용할 수 있는 교육적 모델로 과제중심모델을 제시하였다. 또한, Tsui(2004)는 1950~2002년에 출간된 슈퍼비전 관련 연구 34개를 분석하여 8개의 주제로 분류하였는데, 슈퍼비전 기능, 슈퍼비전 내용, 슈퍼비전 구조와 권위, 슈퍼비전 관계, 슈퍼비전 스타일과 기술, 슈퍼비전 효과, 슈퍼바이저에 대한 교육훈련, 개인적 특성 등 8개 분야에서 연구들이 이루어졌음을 밝혔다.

2) 국내

국내의 슈퍼비전 연구는 슈퍼비전 실태 및 인식에 관한 연구들이 대다수를 차지하고 학위논문이 많은 추세이다. 실태관련 연구들(김윤경, 2000; 김윤정, 2000; 김혜원, 1998; 오유경, 2006; 이선민, 2006; 이수진, 2002; 이은진, 2002; 이지영, 2003; 임일환, 1996)과 인식에 관한 연구들(김도묵, 2004; 이은주, 2004; 최미경, 1999)을 분석해 보면, 주로 슈퍼비전의 형태와 빈도, 기능 등 슈퍼비전 구조를 조사하거나 슈퍼비전의 장애요인에 대한 인식 등을 다루고 있다. 이들은 다양한 실천분야를 배경으로 이루어진 연구들이었지만 연구 결과는 큰 차이가 나지 않았다. 즉, 슈퍼비전 빈도는 주 1회를 제공받는 경우가 가장 많았고, 구두로 이루어지는 슈퍼비전이 서면 슈퍼비전보다 더 빈도가 높았다. 슈퍼비진의 가장 큰 장애요인은 슈퍼바이저나 슈퍼바이지의 업무과다로 인한 시간부족이었으며, 슈퍼비전 제공시간의 부족이나 관계형성의 어려움, 슈퍼바이지 자신의 기술 부족 등으로 인식하는 것으로 나타나고 있다.

슈퍼비전이 미치는 영향과 효과를 입증하려는 연구들도 다수 찾아볼 수 있다. 류시향(1990)의 연구는 슈퍼바이저의 슈퍼비전 스타일과 만족도의 상관관계를 보았고, 이지연(2002)의 연구에서는 의료사회복지사의 슈퍼비전 만족도에 영향을 주는 요인이 슈퍼비전 경험과 슈퍼바이지의 일반적 특성, 슈퍼비전 구조, 업무환경의 순으로 설명력이 높음을 밝히고 있다. 성희자(2007)의 연구에서는 사회복지관 사회복지사 263명을 대상으로 한 연구를 통해 슈퍼비전의 교육적 기능은 슈퍼비전 만족감에, 슈퍼비전 시간은 사회복지사의 자기효능감에 영향을 미치는 것으로 나타났다. 강선경(2008)은 종합사회복지관과 상담센터에서 근무하는 슈퍼바이저와 슈퍼바이지

148명을 대상으로 한 연구에서 슈퍼바이지가 슈퍼바이저에게 가지는 친밀한 느낌이 직무만족에 영향을 주는 것으로 보고하였다. 또한 황미경(2008)은 직무환경이 직무만족에 영향을 미치는 데 있어서 지지적 슈퍼비전의 매개역할을 한다는 것을 확인하였다. 이 밖에도 슈퍼비전의 결과변인은 다양하게 연구되어 왔는데, 여기에는 사회복지사의 사기(윤혜정, 1997), 직무성과(김미례, 2004), 직무만족 및 소진(진동숙, 2001; 여영순, 2004), 자기효능감(성희자, 2002; 김혜진, 2005), 전문성 또는 전문직업적 정체성(김진, 2003; 문지은, 2004; 박수선, 2008), 자발적 조직행동(염태산, 2005), 임파워먼트(전경아, 2006), 역할인식 및 수행(김수미, 2006) 등이 있다. 최근에는 슈퍼비전이 임파워먼트에 미치는 영향(장해진, 2010), 직무성과와 슈퍼비전 요인과의 관련성(권우희, 2014), 슈퍼비전이 사례관지자의 자기효능감에 미치는 영향(김영인, 2015) 등이 연구되었다.

슈퍼비전 모형과 모델에 관한 연구도 찾아볼 수 있다. 교육적 슈퍼비전 모형에 관한 연구(김융일, 1988), 슈퍼바이저 양성 프로그램 개발(김혜원, 1998), 학습조직 슈퍼비전의 적용효과 연구(김지연, 2007), 지역사회복지관의 슈퍼비전 표준체계 개발(안정선, 2007) 등이 있고 최근에는 교육복지현장 사회복지 슈퍼비전 모형개발(엄경남, 2015)에 대한 학위논문이 발표되기도 하였다.

국내에서는 2000년 이후에 슈퍼비전과 관련된 더욱 다양한 연구들이 발표되었다. 그동안의 슈퍼비전 연구 동향을 정리한 이홍직(2004)의 연구와 문헌고찰을 통해 슈퍼비전의 변인(강철희 · 최소연, 2004)과 조직 차원에서 슈퍼비전의 방향을 제시(강철희 · 최소연, 2005)한 연구가 있으며, 슈퍼비전 장애요인 분석(양정남 외, 2006a)과 슈퍼비전의 방법(양정남 외, 2006b), 보호관찰현장에서의 슈퍼비전 활성화 방안(조성민, 2007), 사회복지 슈퍼비전의 중요성공요인(최원희, 2009)에 관한 연구 등이 있다. 최근에는 슈퍼바이저의 역량 분석(안정선 · 윤정혜, 2011)과 슈퍼바이저를 위한 교육내용에 관한 연구(최원희, 2013), 학교사회복지실천가의 현장슈퍼비전 현황과 발전방안(홍순혜 외, 2013) 등이 있다.

02
CHAPTER

슈퍼비전 모델

슈퍼비전 모델은 이념, 배경과 행동 지침을 제공해 줄 수 있어 슈퍼비전 과정을 명확히 이해하는 데 유용한 도구가 된다. 본 장에서는 슈퍼비전의 다양한 모델들에 대해 정리해 본다. 세부 모델들은 역동적 체계 모델, 관계 모델, 발달 모델, 실천이론에 기반한 모델, 리더십중심 모델, 문화적 맥락을 고려한 종합 모델, 일반주의실천에 의거한 핵심적 내용 모델, 과제중심 슈퍼비전 모델, 4×4×4 통합 모델을 살펴보고 한국 상황에서 개발, 검증된 사회복지관 슈퍼비전 표준 모델, 학습조직 슈퍼비전 모델, 한국형 통합 발달 슈퍼비전 모델에 대해서도 살펴본다. 기관과 슈퍼바이저는 슈퍼비전을 실행할 때 어떠한 모델을 기반으로 할 것인지 고찰하고 적용해야 할 필요가 있다.

Chapter 02

슈퍼비전 모델

1. 역동적 체계 모델

Shulman(1993)은 다양한 체계들 사이의 중간에 위치하여 슈퍼바이지가 잘 기능하도록 돕는 역동적 체계 모델, 슈퍼바이저와 슈퍼바이지 간의 관계의 중요성을 강조한 슈퍼바이저와 슈퍼바이지 관계 모델을 설명하였는데, 먼저 역동적 체계 모델은 슈퍼바이지가 업무와 직접 관련된 다수의 체계들과 끊임없이 상호작용을 한다는 것을 전제하고 있다. 즉, 슈퍼바이지들은 업무를 수행하면서 클라이언트, 부모, 기관행정가, 법원, 학교, 타 기관 등의 다양한 체계들의 요구를 받게 되고 이를 효과적으로 수렴하고 해결해야 하는 과업을 갖게 된다는 것이다. 따라서 역동적 체계 모델에서 슈퍼바이저의 역할은 슈퍼바이지와 이 중요한 체계들 사이의 중간에 위치해서 이 체계들과 더욱 효과적으로 협상을 할 수 있도록 슈퍼바이지를 돕는 것이다. 업무관리 기술과 기관 내에서 효과적으로 기능할 수 있는 능력, 클라이언트 및 다양한 체계와의 관계형성 및 활용 기술을 익힐 수 있도록 도움을 제공해야 한다.

2. 슈퍼바이저와 슈퍼바이지의 관계 모델

관계 모델은 슈퍼바이저와 슈퍼바이지의 관계 자체에 초점을 둔다. 여기에서는 슈퍼바이저가 갖게 되는 다양한 권위와 이에 대한 슈퍼바이지의 반응에 관심을 두고 있다. 슈퍼바이저의 권위가 기관의 재가에서 나온다는 전통적이고 권위적인 모델과 권위가 근본적으로 슈퍼바이저의 능력에서 나온다는 보다 협력적인 모델이 포함되어 있다. Munson(1981)은 슈퍼비전에서의 상호작용과 만족은 기관의 재가보다는 슈퍼바이저의 능력과 기술이라는 권위에서 나온다는 연구결과를 제시한 바 있다. 슈퍼바이저와 슈퍼바이지의 관계형성은 위에서 살펴본 바와 같이 슈퍼비전 효과에 지속적으로 중요한 요인으로 거론되어 왔다. 성공적인 슈퍼비전을 위해서는 슈퍼비전 실천의 주요 체계인 슈퍼바이저와 슈퍼바이지의 기본적인 관계형성이 우선적임을 알 수 있다. 추후, 관계요인에 대한 구체적인 내용은 제6장에서 다루도록 한다.

3. 발달 및 과정 모델

Brown 외(1996)는 실천·사회복지사·팀·기관체계의 4체계의 기능과 과정을 강조한 발달 모델을 소개하고 있다. 발달 모델은 슈퍼비전의 체계 접근법과 발달 과정에 대한 이해를 제공한다. 즉, 실천체계, 사회복지사체계, 팀체계, 기관체계 등 4체계가 기본적으로 기반이 되어 유도(induction), 연결(connection), 통합(integration)이라는 3가지 단계로 더욱 복잡성이 증가되어 간다. 첫 번째 유도단계에서는 기본적인 4체계의 각각에 대한 탐색이 중요하며, 연결단계에서는 이 4가지 체계들 간의 관계에 초점을 두게 되고(예컨대, 실천체계와 사회복지사체계, 팀체계와 기관체계 등) 마지막으로 통합단계에서는 4가지 기본 체계에 대한 통합적인 탐색이 주요 관건이 된다(김융일 · 양옥경, 2002).

또한 Brown 외(1996)는 위와 같은 슈퍼바이지를 위한 기본 체계중심의 발달단계를 제시한 후, 슈퍼바이지의 경험수준에 따른 슈퍼비전 과정의 발달 변화의 주요 내용을 제공해 주었다. 즉, 슈퍼바이지가 성장해 감에 따라 슈퍼바이저는 이전보다 덜 지시적이며 보다 도전적이고 반성적인 맥락에서 관여하게 되며 주요 내용의 초점도 세부적인 정보와 조언, 기술 중심에서 과정과 자율성, 창의성과 성취를 중심으로 발달해 간다는 것을 설명하였다.

Hawkins 외(2000)의 발달 모델은 슈퍼바이지 발달의 4단계를 자기중심적 수준의 단계, 클라이언트중심적 수준의 단계, 과정중심적 수준의 단계, 맥락중심 안에서의 과정수준단계로 제시하고 있다.

첫 번째 단계에서는 슈퍼바이지가 슈퍼바이저에게 의지하는 특징이 있다. 슈퍼바이지들은 불안하고 자신의 능력에 대한 두려움이 있지만 높은 동기를 가지고 있다. 이때 슈퍼바이지의 공통된 불안을 줄이기 위해서 슈퍼바이저는 실제 일어나고 있는 일에 주의를 기울일 수 있고 조급한 판단을 내리지 않도록 긍정적인 피드백과 지지를 제공해 주어야 한다.

두 번째 단계에서 슈퍼바이지들은 초기 불안을 극복하고 방어와 자율성, 과도한 자신감 내지 과도한 전문가주의, 임상적 어려움과 같은 요소들 사이에서 동요하기 시작한다. 발달단계상 1단계를 아동기라 한다면 2단계는 마치 청소년기처럼 느껴질 것이다. 이때 슈퍼바이지들은 부적절하게 반응하거나 때로는 무능해 보이게 반응할 수 있다. 슈퍼바이저는 마치 청소년을 돌보는 것처럼 느낄 수도 있을 것이다. 이때 슈퍼바이저는 1단계의 슈퍼바이지들에게보다는 덜 구조적이고 비교적 덜 지시적인 슈퍼비전을 제공해야겠지만 슈퍼바이지가 실수하면서도 배울 수 있도록 여유를 주고 다소의 거리를 유지하는 것이 필요하다.

세 번째 단계에서 슈퍼바이지는 슈퍼바이저에게 상황에 따라 의존을 하지만, 전문적 자신감이 더욱 증가된 것으로 보인다. 더 많은 통찰력을 갖게 되고 더욱 안정적인 동기를 보여주게 된다. 3단계에서는 슈퍼바이지들이 배운 기술의 한 부분을 사용하기보다 전체적으로 통합시켜 나가는 것이 필요하다.

네 번째 단계는 개인적 자율성과 통찰적 인식, 안정된 동기로 특징되는 단계이다. 또한 4단계는 더 많은 지식을 획득하는 것뿐만 아니라 지식을 통합하고 깊이를 더해가는 단계이다. 이제 슈퍼바이지들은 스스로 슈퍼바이저가 되가면서 자신의 배움의 깊이를 더하고 통합할 수 있게 된다.

Hawkins 외(2000)의 발달 모델에서 알 수 있듯이 슈퍼비전은 슈퍼바이지가 발달해 갈 수 있도록 도움을 제공하는 것이다. 슈퍼바이지의 발달단계에 따라 슈퍼바이저는 가장 적절한 계획을 세우고 성장을 촉진할 수 있는 슈퍼비전을 제공해야 한다.

4. 실천이론에 기반한 슈퍼비전 모델

Haynes 외(2003)는 슈퍼바이저의 선호에 의한 다양한 실천이론을 슈퍼비전에 적용하는 실천이론에 기반한 슈퍼비전 모델을 소개하고 있다. 실천이론에 근거한 모델은 슈퍼비전이 지향하는 개념적이고 이론적인 토대에 초점을 맞추어 분류한 것이다. 이는 슈퍼바이저의 선호에 의해 다양한 실천이론에 기반한 모델이 제시될 수 있다. 즉, 정신역동, 행동, 인지행동, 통합, 체계, 인본주의, 가족치료, 인간중심, 합리정서, 게슈탈트, 인지발달, 사회학습, 사회적 역할, 임파워먼트, 과제중심이론 등이 슈퍼비전에 활용될 수 있다. 슈퍼바이저에 따라서 이 모델들 중 하나의 모델을 집중적으로 활용하기도 하며 상황에 적합하게 절충적으로 사용하기도 한다(이시연 외, 2003). 본 모델은 한국적 상황에서의 슈퍼비전 모델개발이 취약한 상황에서 슈퍼바이저와 슈퍼바이지에게 적절하다고 판단되는 사회복지실천이론을 선택하여 슈퍼비전 실행에 활용할 수 있는 대안을 제시해 준다.

5. 리더십중심 모델

Lewis 외(2001)는 휴먼서비스 프로그램의 경영에 있어서 유용한 슈퍼비전 모델을 제시했다. 이 모델은 오늘날 사회복지조직에서 슈퍼비전은 클라이언트를 위한 효과적이고 효율적인 서비스를 수행할 수 있게 하기 위해 그리고 조직의 목적을 보다 효과적이고 효율적으로 달성하기 위해 무엇보다 리더로서의 슈퍼바이저의 역할을 필요로 한다는 것이다(Lewis 외, 2001). 즉, 슈퍼바이지의 동기를 이끌어 내고 그들 스스로가 조직 목적과 목표의 달성을 향해 움직이도록 하는 기능을 수행하는 것이 무엇보다 중요함을 강조한다. 리더로서의 슈퍼바이저의 역할을 수행함에 있어 관리자, 중재자, 멘토의 역할을 병행하는 모습을 가져야 한다고 강조한다. 강철희(2004)는 이 모델에 대해 슈퍼비전이 역사적 흐름 속에서 1970년대 이전에는 독립적이고 자율적 실천을 위한 훈련과 교육 의미의 강화로 전문인으로서의 사회복지사에 대한 지지를 통해 사회복지사를 성장시키려는 모습에서 1970년대 이후 조직의 자원 획득 및 책무성 강조로 행정적 슈퍼비전이 강조되고 있음을 지적하면서 바로 이와 같은 행정적 슈퍼비전의 필요성 확장과 더불어 관리자의 리더십을 핵심으로 여기는 위의 모델에 대해 주목할 필요성이 있다는 것을 강조하기도 하였다.

6. 문화적 맥락을 고려한 종합 모델

Tsui & Ho(1997)와 Tsui(2004)는 이제까지의 다양한 슈퍼비전 모델들을 토대로 통합적인 관점에서 문화적 맥락을 고려한 종합적 모델을 제시하고 있다. 그는 사회복지 슈퍼비전에 대해 연구하고 종합 모델을 제시하고 있는데 사회사업의 철학과 원칙, 지도감독의 관계, 지도감독의 과정, 슈퍼비전의 기능, 슈퍼비전의 맥락으로서의 문화 등을 주요 개념틀로 모델을 제시하고 있다. 무엇보다 슈퍼비전 맥락으로서의 문화 개념을 강조하면서 슈퍼비전은 참여자들의 문화적 맥락의 일부분으로 이해되어야 한다고 하면서, 예를 들어 기관의 정책은 상부관리자들의 문화와 자금원의 문화, 지역사회의 문화, 전문직의 문화 등에 의해 형성되며 지도감독자의 역할과 스타일, 기술 등은 슈퍼바이저 개인의 문화에 의해 매우 큰 영향을 받는 것이라고 하였다. 슈퍼바이지의 업무 경험, 훈련 욕구, 정서적 욕구 등도 모두 그들의 문화에 의해 영향을 받는다고 하였다. Tsui(2004)는 그러나 현재 지도감독의 주요 맥락으로서의 문화의 의미는 당연한 관심을 받지 못하고 있고 조사자들에 의해 무시되어 왔고 경험적 조사연구도 거의 없어 앞으로 이러한 문화적 맥락에서의 연구가 많이 이루어져야 한다고 제안하고 있다. 문화적 유능성에 관한 능력이 사회복지사의 중요한 핵심역량으로 논의되고 있는 시점에서 슈퍼비전의 종합적 요소 및 슈퍼바이지와 슈퍼바이저의 문화적 맥락의 검토가 슈퍼비전 실행에서 필요함을 상기시키는 모델이라 하겠다.

슈퍼비전 모델을 선택하고 적용하는 것은 각 기관과 슈퍼바이저들의 재량에 있다고 볼 수 있다. 이 책에서는 현장실습 슈퍼비전 모델로 개발되었으나 직원슈퍼비전에서 실질적인 활용성이 높다고 있다고 판단되는 Fortune(1994)의 내용 모델을 살펴보고, Caspi(1997)의 과제중심 슈퍼비전 모델을 개입연구(intervention research)를 통해 한국 상황에 적용한 이시연(2001)의 모델을 정리한다. 또한 마지막으로 한국 실천현장을 중심으로 개발된 안정선(2007), 김지연(2007), 엄경남(2015)의 슈퍼비전 모델을 소개한다.

7. 일반주의실천(Generalist Practice)에 의거한 내용 모델

앞서 거론한 것처럼, 본 모델은 현장실습 슈퍼비전 모델로 개발되었으나 직원 슈퍼비전에서 폭넓게 활용될 수 있다고 판단되고, 이미 몇몇 기관에서 적용하고 있기도 한 슈퍼비전 모델이다.

사회복지현장 슈퍼비전의 핵심적 내용은 주로 개인 및 가족 그리고 집단과의 직접실천에 관한 내용이 포함되며, 모든 사회복지사가 활용하는 전문적 기술 그리고 서비스 전달조직 및 지역사회 자원을 활용하는 데 필요한 지식을 포함한다(Fortune, 1994).

이러한 핵심적 내용과 기술은 실습학생은 물론 기관의 사회복지사들도 기본적으로 학습해야 할 것들로서 모든 사회복지기관들은 가장 기본적인 슈퍼비전의 내용을 구축하고 또한 지속적으로 환경변화에 따른 슈퍼비전 내용을 개발해야 한다. 본 모델은 크게 5가지 영역의 핵심내용을 제시하고 있는데, Fortune(1994)의 기본 내용을 토대로 세부과업들을 제시해 보면 〈표 2-1〉과 같다.

(1) 사회복지실천가로서의 전문적 발달 영역

① 사회복지 가치 및 윤리에 대한 사명감

전문사회복지사를 규정하고 전문직의 사명감을 특징짓는 내용들은 사회복지사의 기본 가치에 대한 완전한 헌신을 의미한다. 개인적 가치와 존엄성, 인간의 독립적인 의사결정의 권리, 인간의 자원 확보를 돕는 일, 사회자원을 인간에게 도움이 되도록 만드는 것, 다양성의 존중, 그리고 윤리적 행동과 실천에의 책임에 대한 존중과 배려를 포함한다.

② 인간의 다양성에 대한 존중

인간의 다양성에 대해 사명감을 가지고 다양한 사람들의 서로 다른 배경, 사고의 관점 또는 재능을 가진 사람들과 일할 수 있는 능력을 기르는 것이다.

표 2-1 내용 모델의 주요 내용 분류와 과제 예시

영 역		슈퍼비전 내용	세부내용의 예
전문적 발달을 위한 교육내용	➡	• 가치 및 윤리적 사명감 • 인간의 다양성 존중 • 사회 및 경제 정의 증진의 사명감 • 자기인식 • 전문적 성장의 책임감 • 효과성 평가	• 전문직의 가치, 윤리, 기능 등의 내면화 • 클라이언트와 관련된 윤리적 이슈 인식 • 사회복지 가치에 대한 사명감 증진 • 자기인식, 강점과 약점 분석 • 사회복지사로서의 전문적 성장에 대한 독려, 자기개발강조 • 사회복지사로서의 자신의 활동에 대한 평가
행정적 측면의 지식 및 기술	➡	• 기관 사명의 이해 • 기관 구조 파악 • 관료주의 내에서의 기능하는 방법 • 기록 유지와 기록 활동	• 기관의 사명과 철학의 이해 • 일반사회복지의 목적과 사명의 이해 • 기관의 조직과 담당업무에 대한 이해, 조직 분석 • 기관 내부 조직의사소통 유형 • 사회복지사로서의 업무 할당량과 업무권한 설정 및 조정 • 기관 내의 기록양식 활용과 유지
정책적 측면의 교육 내용	➡	• 사회복지정책 • 지역사회에 관한 지식 • 서비스 전달체계의 지식	• 기관에 영향을 주는 중앙과 지방정부의 사회복지정책 지도 • 사업관련 법률과 법절차, 규정안 등에 대한 지도 • 지역사회 정보와 서비스 이용방법, 자원조사 • 사회복지서비스 연계망 이해, 관련 조직 이해 • 지역사회자원연계 및 의뢰절차, 접수과정 등에 대한 이해
기본적 대인 관계 기술	➡	• 대인관계적 의사소통 기술 • 동료와의 관계 기술	• 동료들과 일할 수 있는 능력 강화 • 팀워크 향상을 위한 집단과제 부여 • 클라이언트 문제해결을 위해 상사, 동료, 타 부서 등과 협력하도록 지도
클라이언트 체계 개입을 위한 일반적 기술	➡	• 인간행동과 다양성 지식의 적용 • 면접 기술 • 사정 기술 • 개입계획 및 적용 기술 • 평가 기술 • 종결 기술 • 집단에의 개입 기술 • 의뢰와 사례관리 기술 • 옹호 활동	• 사회복지사로서의 개별면접, 집단지도 기술 • 사회복지프로그램 기획, 운영, 종결 기술 • 사회복지개입의 효과성 평가 지도 • 사회복지사로서의 사정 기술 • 지역사회로부터의 욕구파악 • 클라이언트에 대한 적절한 정보수집 지도 • 사회복지사로서 중재, 갈등해결, 옹호 기술 • 사회복지사로서 클라이언트체계에 개입할 수 있는 기술 및 전략 지도 • 사례에 대한 케이스 컨퍼런스 및 피드백

③ 사회적 및 경제적 정의 증진에 대한 사명감

사회적 억압, 차별, 그리고 경제적 부정을 극복하려는 책임감과 사명감이다.

④ 자기인식

자기인식은 자기에 대한 객관적 지식과 자신의 강점과 약점에 대한 지식을 의미하며 전문적 자아발달의 기반이 된다. 정확한 자기에 대한 지각이 없이는 서비스를 윤리적으로 전달할 수 없으며, 자기인식은 전문적 관계형성과 자아활용에 의한 개입방법을 활용하는 데 기초가 된다.

⑤ 전문적 성장에 대한 책임감

자신의 전문적 성장에 대해 책임감을 갖는 것으로서 일생을 통한 전문적 성장은 바람직한 가치이며 동시에 일련의 전문적 기술 혹은 성장을 실현하는 방법을 학습하는 과정이 될 수 있다. 필요한 기술로는 자기평가와 자아표현 방법의 수정, 특정상황에서 다른 상황으로 이전하는 기술 등이 있으며, 이는 전문적 조직에의 참여, 새로운 문헌의 독해, 그리고 자문을 활용하는 활동을 통해 이루어질 수 있다.

⑥ 효과성의 평가

자신의 활동의 효과성을 평가할 수 있는 능력이다. 클라이언트에게서 나타나는 결과와 산출, 물질적 자원의 확보 혹은 예산계획의 정확성 등 자기행동의 영향 및 효과를 지속적으로 감독하고 평가하는 노력이 필요하다.

(2) 기관 및 조직적 상황의 이해와 적응

① 기관의 사명

기관의 사명과 철학, 그리고 외부 사람에게 개방되고, 일반 사람들에게 알려져야 할 기관의 공적 부분인 클라이언트에 대한 정책에 관한 것이다.

② 기관의 구조

기관의 공식적·비공식적 관료제도, 정보가 전달되는 통로와 의사결정이 이루어지는 방법, 그리고 클라이언트를 위한 자원에 접근할 수 있는 방법 등 기관의 내적 작용을 이해해야 한다.

③ 관료제도 내에서 기능

조직 내에서 기능하는 방법을 학습하는 것으로 직원의 자유재량권의 난관 속에서 조직의 목적과 목표를 유지하는 노력, 갈등적 이해관계를 가진 상황 속에서 사정하고 타협하는 노력 등 관료제도의 정치학을 이해하는 것이다.

④ 기록 유지와 레코딩

기록 유지와 관련된 중요한 기술은 레코딩 작성이다. 실천과 관련해서 중요한 주제에 초점을 두고 문장을 작성하는 훈련을 해야 한다. 클라이언트 사정, 클라이언트에게 보내는 서신, 의뢰기관에 보내는 보고서, 메모 등 여러 종류의 기록이 있다.

(3) 서비스 전달체계의 상황 이해

① 사회복지정책

기관에 직접적인 영향을 주는 국가와 지방의 사회복지정책들이다. 현장과 관련된 자료는 서비스 제공에 필요한 구체적인 지식과 정책의 영향을 사정하는 기술이다. 정책을 배우는 목적은 이러한 정책들이 어떻게 서비스에 영향을 미치는지 이해하기 위한 것이다.

② 지역사회에 대한 지식

지역사회에 대한 지식은 기관에 의해 서비스를 받는 영역 및 지역의 경제적·정치적·사회적·문화적 구조에 대한 지식을 포함한다. 적절한 서비스 제공에 대한 지식도 중요하나 정보의 중요성과 이를 서비스에 적용하는 방법을 학습하는 것도 필요하다.

③ 지역사회 서비스 전달체계에 대한 지식

클라이언트를 위해 사용 가능한 자원, 자주 활용되는 자원과 덜 활용되는 공식적 자원 그리고 클라이언트의 문제를 완화시켜 주거나 균형을 찾을 수 있도록 도와주는 비공식적 연계망에 대한 지식이 필요하다.

(4) 기본적인 대인관계 기술

① 대인관계적 의사소통

명랑하며, 남의 말을 경청하고, 감정이입하며, 명확한 의사소통을 할 수 있고, 정보를 이끌어 내며, 대인접촉이나 전화통화를 통해서 정보를 얻고, 또한 언어적・비언어적 단서들을 이해할 수 있는 능력을 포함한다.

② 동료와의 관계

동료들과 일할 수 있는 능력은 협력, 갈등의 해결, 작업집단에 건설적으로 참여할 수 있는 것 등이다.

(5) 클라이언트 체계 개입을 위한 일반주의실천 기술

개인, 가족, 성장 및 치료적 집단, 조직 및 지역사회를 포함하는 클라이언트 체계에 대한 개입이다. 이러한 광범위한 영역에는 문제해결 과정을 포괄적으로 다루는 다양한 기능, 역할 그리고 기술들이 포함된다. 사회복지실천 및 개입은 생태체계론적 시각, 문제해결 과정의 적용 그리고 사회복지사와 클라이언트의 동반자 관계 확립 등의 개념을 강조한다. 또한 문제해결 과정은 개입에 있어서 다양한 접근법을 포용할 정도로 폭이 넓다. 슈퍼바이지들은 여러 기술들을 경험하게 되고, 기술을 이전하거나 일반화할 수 있는 기회를 증가시키기 위해서 다양한 사례를 경험하게 하는 것이 중요하다. 그러나 사례를 다루는 것만이 핵심적 실습의 기본적이고 유일한 학습과제는 아니다. 이러한 개입기술은 일반주의실천의 3가지 차원, 즉 미시・중간・거시 차원에 따르는 사회복지실천의 기능 및 역할에 따라서 분류되고 있다.

슈퍼비전의 주요 내용은 일반주의실천을 기반으로 위에서 살펴본 기본적인 다섯 가지 영역의 내용들이 핵심적으로 구성되고 또한 각 영역에 있어서의 다양한 과제들이 개발되고 활용되어야 한다.

8. 과제중심 슈퍼비전 모델

현재 과제중심 슈퍼비전 모델은 실습생을 대상으로 하는 모델로 Caspi(1997)에 의해 개발되었고 이시연(2001)에 의해 한국 상황에 도입되어 수정된 모델이 탄생했다. 슈퍼비전 실천 시 과제중심 모델을 기본적인 슈퍼비전 방법으로 활용할 수 있다. 과제중심 슈퍼비전 모델은 슈퍼비전에 임상실천 모델을 적용한 접근이다. 과제중심 실천(Task-Centered Practice)은 1960년대 중반에 임상사회사업에 있어 개별실천을 위한 주요한 접근법으로 개발되었다(Reid, 1985).

과제중심 실천 모델이 슈퍼비전에 적용될 수 있는 측면은 이 모델의 특징인 명확하고 상세한 실천 지침을 제공한다는 것에 있다. 이 접근은 사회복지 슈퍼비전에 쉽게 적용되며, 과제는 실천과 교육 목적을 이루기 위해서 슈퍼바이지와 슈퍼바이저에 의해서 개발되고 수행된다. 명확히 정의되고 합의된 과제는 지침을 제공하고, 앞으로 수행해야 할 부분을 제시하며, 책임 완수에 대한 평가를 가능하게 한다. 그러므로, 역할을 분명히 명시하고 일관성 있고 알기 쉬운 실천 수행의 전략을 제공하기 때문에 슈퍼바이저와 슈퍼바이지 모두의 불안은 감소된다(Caspi, 1997; 이시연, 2001에서 재인용).

과제중심 슈퍼비전 모델에서는 슈퍼비전 회합이 구조화된 과정에 의해서 이루어진다. 이러한 과정에는 사회적 단계, 표적 목적의 설정, 표적 목적을 달성하기 위한 과제의 설정, 과제 수행 시에 나타날 수 있는 장애물에 대한 논의, 학습계약이 포함된다. 각각의 슈퍼비전 회합은 이 과정에 의해서 진행되고, 두 번째 회합에서부터는 이전 만남에서 설정한 과제가 어떻게 수행되었는가에 대한 과제 검토를 실시한다. 실습 후반기에 이르면 슈퍼비전 회합에서도 종결을 준비하는 과정이 포함된다.

슈퍼바이저와 슈퍼바이지가 동의한 학습 및 실천 목표를 대표하는 표적 목적은 그들이 함께할 때의 초점이 된다. 슈퍼비전 회합에서 최대한 세 개의 분명한 표적 목적을 슈퍼바이저와 슈퍼바이지가 함께 정의하고, 우선순위를 정하고, 선택하게 된다. 표적 목적이 선택되면, 슈퍼바이지와 슈퍼바이저는 그 목적을 달성하기 위해서 과제를 정의한다. 각각의 회합에서는 이전에 설정한 과제의 수행을 점검하는 과제 검토를 실시하며, 여기에서는 슈퍼바이지들이 자신의 과제에 대해서 스스로 점수를 매기는 과제평가서를 활용하게 된다(Caspi, 1997; 이시연, 2001에서 재인용).

다음에 기록된 과제중심 슈퍼비전 모델은 위와 같은 원칙과 과정들을 중심으로 실습생 대상으로 연구한 최종결과(이시연, 2001)를 직원 대상으로 확장하여 제시한 것이다. 실질적으로 Caspi & Reid(2002)는 과제중심 슈퍼비전 모델은 직원 대상으로도 활용 가능하다고 하였다. 본 모델의 진행단계는 직무배치와 종결시점에 따라 시작, 중간, 종결단계로 구성되어 있는데, 세부적인 내용은 이시연(2001)을 참고하도록 한다.

1) 시작 단계의 내용

이 단계는 직무배치 기본 자료를 토대로 슈퍼바이지를 사정한 후, 슈퍼비전을 시작하는 단계이다.

(1) 사회적 단계

불안 감소의 대화, 관계형성에 도움이 되는 일상적인 질문과 대화의 시간이 되도록 한다.

(2) 표적 목적의 설정

① 표적 목적은 협동해서 선택한다. 세 가지 이상의 목적을 선택해야 한다(슈퍼바이지들의 개별적인 상황을 고려하여 조정의 여지를 두도록 한다).
② 목적들은 우선순위를 매긴다(실천 순서에 따라 순위를 결정한다).

(3) 표적 목적을 달성하기 위한 과제의 개발

① 목적을 이루기 위한 과제를 의논해서 함께 결정한다.
② 과제 개발 단계에서 표적 목적에 따라서 구체적인 과제를 개발해야 한다.
③ 과제는 표적 목적의 설정 단계와 마찬가지로 슈퍼바이지들의 개인적인 상황을 고려하여 조정한다.

(4) 과제 수행상 나타날 수 있는 장애물에 대한 논의

① 과제 수행의 잠재적인 장애물을 토론한다. 슈퍼바이지는 자신이 당황할 수 있는 상황을 예상해 본 후에, 장애물을 해결하기 위한 대안들을 생각해야 한다. 다음과 같은 질문을 던져 보는 것도 좋다.
- 과제를 수행할 때 무엇이 문제가 될 것 같나요?
- 과제를 성공적으로 마치려면 무엇이 필요한가요?

② 역할극이나 복잡한 서류작성을 하는 것과 같은 회합 과제를 활용한다.

(5) 슈퍼바이저와 슈퍼바이지의 계약

슈퍼바이지의 1개월간의 직무수행관련 목적과 과제 수행에 대한 기록, 기타 서식(부록 II-11. 슈퍼비전 계획서 양식)을 활용한다.

2) 중간 단계의 내용

이 단계는 지속적인 정서적 지지와 과제의 성공적인 수행 여부에 대한 평가, 그리고 사례에 대한 검토를 실시하는 것이 특징이다. 과제 수행의 장애물이 나타나고 이러한 장애물을 다루는 방법들을 결정하게 된다. 과제는 표적 목적을 달성하기 위해서 지속적으로 개발하게 된다. 외부 과제가 계획되고 이러한 것은 회합의 사이사이에 수행될 것이다.

(1) 사회적 단계

불안감소의 대화, 관계형성에 도움이 되는 일상적 질문과 대화의 시간이 되도록 한다.

(2) 과제 검토

실행한 과제의 달성 정도를 평가한다. 과제를 충분히 혹은 완전히 실행한 슈퍼바이지들은 축하해 주어야 한다. 만일 과제가 수행되지 않았다면, 혹은 일부 달성했다면, 슈퍼바이저와 슈퍼바이지는 장애물에 대해서 논의하고 장애물을 해결하기 위한 과제를 정할 수 있다. 또한, 대안이 될 수 있는 과제를 고려한다.

(3) 표적 목적 설정

일단 과제가 검토되면, 장애물에 대한 논의가 이루어지고, 과정이 평가되며, 다음

계약에 대한 표적 목적을 선택한다. 이는 협동적인 과정이 되어야 한다. 슈퍼바이저는 슈퍼바이지가 실천하려는 목적에 대한 제언을 하고, 슈퍼바이지는 다음 회합 전까지 달성해야 할 세 가지 목적을 고려하고 선택하며 우선순위를 정한다.

(4) 과제의 개발

슈퍼바이저와 슈퍼바이지는 목적을 달성하기 위한 과제를 함께 결정한다. 슈퍼바이저는 핵심 내용에 근거하여 목적을 성취하는 데 활용할 수 있는 다양한 과제를 제시한다. 또한 슈퍼바이지는 문헌 조사나 생활 경험을 활용할 수 있다. 각각의 목적에 따라 2~3가지 과제를 선택한다. 과제가 행동중심 용어로 세분화될 수 있어야 하고, 가능하다면 경험적이어야 한다.

(5) 장애물에 대한 논의

① 슈퍼바이저와 슈퍼바이지는 목적을 이루기 위한 과제들을 고려한 후, 과제 수행을 방해할 수 있는 장애물들을 정의한다.

② 회합 동인 실행하는 과제는 발견된 장애물을 해결하기 위한 새로운 방법들을 실천해 볼 수 있을 뿐만 아니라 나타날 수 있는 장애물들을 예측하는 방법으로서 도움이 된다.

③ 지난 회합 이후 동안 나타난 장애물들을 조사하고, 이러한 장애물을 어떻게 해결할 것인가에 대해서 함께 결정한다.

(6) 회합 동안 실행하는 과제

회합 동안 실행하는 과제로는 역할극이나 모델링 등 다양한 과제를 활용할 수 있다. 이러한 방법은 장애물을 규명하고 제시하는 데 활용될 수 있다.

(7) 슈퍼바이저와 슈퍼바이지의 계약

슈퍼바이지의 1개월간의 직무수행관련 목적과 과제 수행에 대한 기록을 활용한다.

3) 종결 단계의 내용

이직이나 인사배치 전환으로 인한 종결 시기의 슈퍼비전 실행에 관한 내용이다. 이 단계는 지속적인 정서적 지지, 과제의 성공적인 수행 여부에 대한 평가, 그리고 사례 및 직무에 대한 검토를 실시하는 것이 특징이다. 앞의 단계들은 관계 형성에 중점을 두었고, 이 단계는 그러한 것을 종결하는 것이 특징이다. 슈퍼바이저는 슈퍼비전 관계의 종결에 대한 자신의 감정을 탐색하고 자신이 어떻게 '종결'을 다룰 것인가를 탐색해야 한다.

(1) 사회적 단계

슈퍼바이지에 대한 지속적인 정서적 지지와 더불어 이 단계에서 슈퍼바이저는 슈퍼바이지들에게 클라이언트와의 회합이 얼마나 남아 있는가를, 그리고 슈퍼바이저와 슈퍼바이지가 함께 해야 할 시간이 얼마나 남았는가를 상기시켜야 한다. 슈퍼바이저는 이러한 종결에 대한 감정을 탐색해야 한다.

(2) 종결 준비

① 슈퍼바이저와 슈퍼바이지는 사례에 대해서 논의하고, 종결에 대한 강한 정서적 반응이 있을 수 있음을 논의한다. 또한 슈퍼바이지는 자신에게 어떤 강한 반응을 유발할 수 있는 클라이언트의 질문에도 대답할 수 있어야 한다.

② 슈퍼바이저는 적절한 방식으로 슈퍼바이지가 제출해야 할 서류작업을 완료할 수 있도록 슈퍼바이지를 격려해야 한다.

③ 이 단계의 마지막에는 최종 평가를 실시한다. 슈퍼바이저와 슈퍼바이지는 달성한 것과 강점을 논의하고, 지속적인 실천 및 직무수행을 위한 발전적인 표적 목적을 선택하는 시간으로서 평가를 활용해야 한다.

(3) 과제 검토 : 중간단계와 동일

(4) 표적 목적 설정 : 중간단계와 동일

(5) 과제의 개발

과제들에는 과거의 성공을 탐색하고, 발전을 명시하고, 강점에 초점을 맞추며, 미래에 대한 계획을 세우고, 생산적인 방법으로 종결할 수 있는 내용이 포함되어야 한다.

(6) 장애물에 대한 논의 : 중간단계와 동일

(7) 종결

9. 4×4×4 통합 모델

4×4×4 통합 모델은 Wonnacott(2012)이 Morrison(2005)에 의해 제시된 기본 개념을 토대로 발전시킨 모델로 슈퍼비전과 관련된 이해관계자들과 슈퍼비전 기능, 슈퍼비전 실천의 순환 과정이 통합적으로 고려된 모델이다. 슈퍼바이지와 클라이언트의 경험에 대한 성찰 과정이 슈퍼비전의 기능과 맞물려 통합적으로 운영되는 것을 강조한 모델이다. 즉, 이 모델은 성찰적 슈퍼비전을 촉진하고 맥락 내에서 슈퍼비전이 이루어지도록 돕기 위해 개발된 실천적인 도구이다. 이 모델은 다음의 [그림

2-1]과 같이 도식화된다.

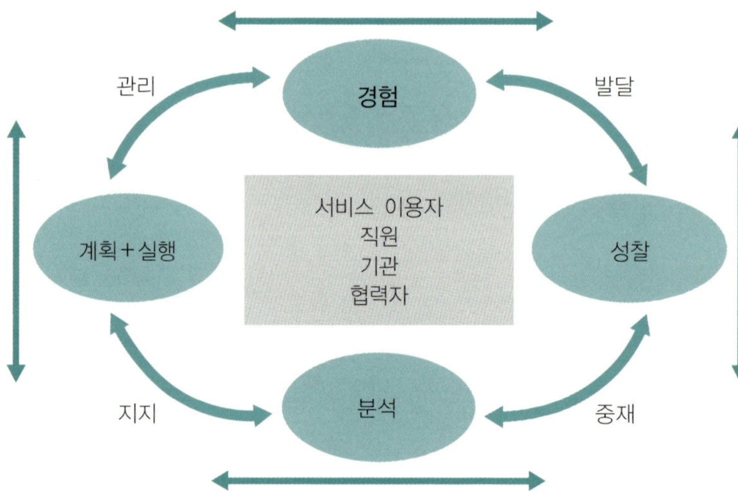

그림 2-1 4×4×4 통합 모델(Wonnacott, 2012)

(1) 슈퍼비전에서의 4명의 이해관계자

슈퍼비전은 슈퍼바이지뿐만 아니라 관련된 이해관계자나 조직에게 영향을 미치게 되는데 이해관계자는 서비스 이용자, 직원, 조직, 협력자나 협력기관으로 분류할 수 있다(Wonnacott, 2012). 서비스 이용자는 클라이언트를 가리키며, 직원은 슈퍼비전에 참여하는 슈퍼바이저와 슈퍼바이지를, 조직은 슈퍼바이지가 소속되어 서비스 이용자에게 서비스를 제공하는 기관을 일컫는다. 협력자(조직)는 서비스를 실행하는 과정에서 함께 하는 주변의 사람들이나 여러 전문 분야의 기관을 말한다.

슈퍼바이저는 슈퍼바이지 담당 직무와 슈퍼비전 관계성에만 집중할 것이 아니라 슈퍼바이지로 하여금 직무수행을 둘러싼 이해관계자들을 분석하고 그들의 욕구를 파악하며 중요한 자원으로 활용할 수 있도록 하는 관점과 역량을 개발할 수 있도록 지원해야 한다.

(2) 슈퍼비전의 4가지 기능

슈퍼비전을 수행하는 데 있어서 Wonnacott(2012)는 관리, 개발, 지지, 중재의 4가지의 기능을 제시하고 있다. 관리, 개발, 지지기능은 앞서 살펴보았던 Kadushin (1992)의 3대 기능과 유사한 측면의 내용이고 여기에 Wonnacott(2012)는 중재기능을 강조하여 제시하고 있다. 특히, 중재기능은 기관 외의 다른 사람 및 조직들과 서로 팀의 역할을 명확히 하고 서비스의 조정을 협의하는 한 차원 높은 관리기능을 필요로 하는 직원들의 요구를 나타내 주는 것이다.

각 4가지 기능의 방향성에 대해 관리기능은 책임성 있는 수행을 위한 것으로, 발달기능은 전문적 개발을 지속하는 것을 위한 것으로, 지지기능은 인간적인, 전문가적인 지지를 위한 것으로, 중재기능은 개인을 타 분야 전문가 및 조직과 융합하도록 하기 위한 것으로 정의하고 있다.

(3) 슈퍼비전 순환의 4요소

4×4×4 통합 모델에서 성찰적인 순환 과정을 강조하고 있는데, 순환 과정이 모델의 각 요소들을 유기적으로 연결하는 역할을 한다. 네 단계의 순환 과정은 슈퍼바이지가 자신의 경험을 깊이 있게 성찰해 다음 실행에 옮기도록 하는 과정으로, 슈퍼비전 실천의 기본 토대로 사용되면서 슈퍼비전의 주요한 기능을 수행할 수 있도록 한다. Wonnacott(2012)가 제시한 순환 과정은 이야기 발견하기로 명명되는 경험단계, 경험을 살펴보는 성찰단계, 다양한 고려점과 이슈 등을 탐색하고 분석하는 분석과 이해단계, 성공기준과 자원, 한계점 등을 고려하여 구체적인 계획안이 정리되는 실행계획 수립단계의 4가지 단계이다.

10. 한국 상황에서의 슈퍼비전 모델

1) 사회복지관 슈퍼비전 표준 모델

사회복지관 슈퍼비전 표준 모델은 Tsui(2004)의 포괄적 모델을 토대로 한국적 상황에서 필요로 하는 슈퍼비전을 구성하는 요소를 정리하였다. 이는 전문가집단, 슈

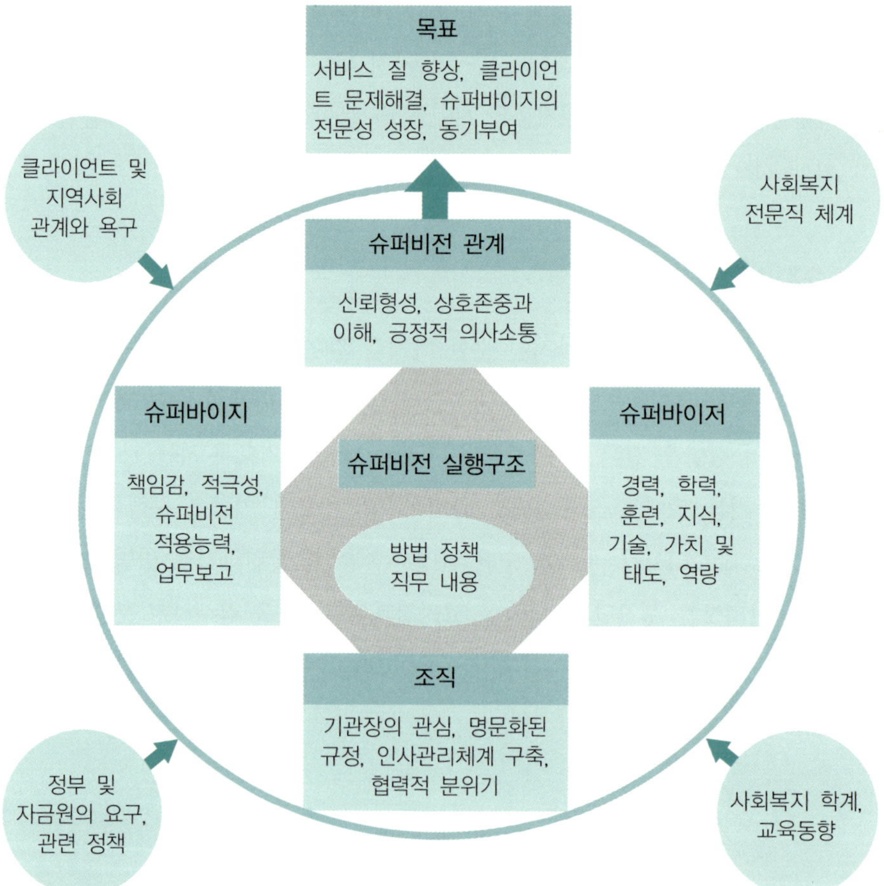

그림 2-2 사회복지관 슈퍼비전 표준 모델

퍼바이저 및 슈퍼바이저 집단의 의견을 종합적으로 정리하여 구축(안정선, 2007)되었는데 [그림 2-2]와 같다. 슈퍼비전 표준 모델의 구성요소는 슈퍼바이저, 슈퍼바이지, 슈퍼비전 관계, 조직특성, 슈퍼비전 실행 구조 그리고 이러한 슈퍼비전 실행을 통해 성취하고자 하는 슈퍼비전 목적의 6가지 요소이다. 이러한 6가지 구성 요소들이 적절하게 준비되고 상호 연동되지 않는다면 슈퍼비전 실행의 효과는 낮아질 것이며 슈퍼비전이 추구하는 궁극적 목적인 서비스의 질 향상, 클라이언트의 문제해결은 성취되기 어렵다. 따라서 사회복지관 슈퍼비전 실행은 이러한 6가지 요소를 고려하여 기획되고 실행되어야 한다.

물론 슈퍼비전 실행 과정이 사회복지기관 내부 역동 관계만을 토대로 이루어지기는 어렵다. 슈퍼비전 실행 과정에 영향을 주는 외부 요인으로서 사회복지기관이 지역사회·클라이언트와 갖는 관계, 지역사회와 클라이언트가 갖는 욕구, 정부 및 후원자 등 비용 조달 주체가 하는 요구, 사회복지관 관련 정책과 법령 등이 있다. 또 다른 차원에서 슈퍼비전 실행 과정에 영향을 미치는 외부 요인으로서 사회복지전문직 윤리, 사회복지사협회·해당 기관 협회·사회복지학계에서 설정하는 방침과 규정 등이 있다.

사회복지관 슈퍼비전은 이러한 외적 요인에 대한 고려 없이 실행될 수 없다. 사회복지관 슈퍼비전은 지역사회와 클라이언트의 변화에 능동적으로 대처할 수 있어야 하며 무엇보다 지역사회·클라이언트가 갖는 욕구에 부응하는 서비스를 제공해야 하기 때문이다. 더 나아가 정부 및 후원자 등 비용 조달 주체가 요구하는 책무성 이행 요구에 적절하게 반응해야 하기 때문이다.

사회복지관 슈퍼비전 실행은 기관을 둘러싼 일반 환경인 지역사회와 클라이언트, 전문직 체계를 포함하는 생태체계적 요소들을 고려하여 실행되어야 한다. 즉, 지역사회와 클라이언트, 사회복지 전문직 체계 외에도 슈퍼비전의 구성요소인 슈퍼바이저, 슈퍼바이지, 슈퍼비전 관계, 조직 등 하위체계들을 모두 고려하여 이루어져야 한다.

본 모델의 각 요소별 세부내용과 지침을 기초로 슈퍼비전 성공 요인 연구를 통합하여 수정・보완한 내용은 제11장에서 구체적으로 다룬다.

2) 학습조직 슈퍼비전 모델

김지연(2007)은 학교사회복지사의 슈퍼비전 체계를 보완하는 대안적 슈퍼비전 모델을 개발하여 제시하였다. Senge(1990)의 학습조직이론과 Austin과 Hopkins(2004)의 학습조직 슈퍼비전 모델을 근간으로 부산지역 학교사회복지사들을 대상으로 12회기의 집단슈퍼비전 및 동료집단슈퍼비전 회기를 진행하여 본 모델을 개발하였다. 본 모델에서 학습조직은 '구성원들이 원하는 요구를 끊임없이 창출시키고 문제해결력을 향상시키기 위해 학습을 공유하면서 지속적으로 배우며 이를 일상적 업무 활동에 적용하고, 개인 숙련, 정신 모델, 공유 비전, 팀 학습, 시스템 사고의 특성을 가진 사회복지사 집단'으로 정의되었다. 김지연(2007)은 학습조직 슈퍼비전의 지침을 제시하였는데, 먼저 학습조직 슈퍼비전의 구조는 집단과 동료집단슈퍼비전으로, 기능은 교육적・지지적 측면으로 구성되며 사회복지사의 업무수행능력을 향상시키기 위한 현임훈련 방법으로 활용될 수 있고 본 모델의 목적은 사회복지사의 자기효능감 향상으로 개발된 것임을 강조하고 있다.

본 모델은 학교사회복지사처럼 1명 내지 소수로 근무해야 하는 전문직의 속성을 가진 직무에 적용할 수 있는 효과적인 슈퍼비전 모델이라고 할 수 있겠다. 학습조직 슈퍼비전 실행을 위한 구성요소와 단계의 운영방법, 학습내용, 평가의 내용이 담긴 학습조직 슈퍼비전 모델을 간단히 정리, 요약해 보면 다음과 같다.[1)]

---

1) 김지연(2007)의 학습조직 슈퍼비전 모델의 지침을 저자가 학교사회복지세팅만이 아닌 일반현장에서 활용할 수 있는 공통적인 내용으로 요약, 정리하여 제시하였다. 보다 구체적인 세부내용은 김지연(2007)을 참고하기 바란다.

(1) 학습조직 슈퍼비전 체계의 구성

① 학습팀(set)의 구성

학습팀원과 리더, 슈퍼비전 기록자를 선정한다.

팀 리더는 다음의 역할을 수행한다.

- 공유비전의 브레인스토밍 과정에서 핵심가치를 정하고 의사결정에 반영한다.
- 집단 내의 전반적 의사소통과 역동을 조정하고 집단과 슈퍼바이저를 연결한다.
- 장소, 일자 등 집단의 구조화를 다루며 동료집단 회기의 진행을 맡는다.

② 정신모델

개인직무자들의 신념체계, 실험정신과 도전정신, 윤리강령 및 정체성과 비전을 다루고 공유한다.

③ 개인숙련

슈퍼비전에 대한 기대와 동기, 개인별 연간 훈련계획, 슈퍼비전 개인 목표를 설정한다. 또한 슈퍼비전 멘토링 체계를 구축하여 개인적 성장을 도모한다.

학습조직에서 슈퍼바이저는 다음의 역할을 수행한다.

- 교육적 슈퍼비전을 통해 구성원의 학습동기와 욕구를 파악하고 학습과제를 제시하며 동료집단 회기의 학습내용에 대해 피드백을 제공한다.
- 슈퍼비전 회기에서 다루어진 내용이 실천에 어떻게 적용되었는지 검토한다.
- 집단 내의 갈등을 다루고 편안한 마음으로 질문할 수 있도록 돕는다.

④ 공유비전

슈퍼비전 목표와 비전을 공유, 개인 및 팀의 목표를 구분하여 구체적으로 수립한다. 매 슈퍼비전 회기에 대한 평가를 실시하고 주기적으로 공유비전을 검토하고 수정한다.

⑤ 시스템 사고

생태체계적 관점에서 다양한 과업환경적 맥락을 이해하고, 타 전문직과의 협력영역 및 직무고유영역을 정의한다.

⑥ 팀 학습

학습조직 내의 하위 팀에서 작성한 학습과제들을 수행하고 완성한다. 지식, 정보의 공유체계가 효과적으로 기능하도록 온라인(on-line), 오프라인(off-line)에서 팀 학습이 수행되도록 한다.

⑦ 전문직협회의 지원과 승인

슈퍼바이저 및 자문가 위촉 등을 지원한다.

(2) 학습조직 슈퍼비전 과정과 운영방법

① 슈퍼비전 목표 설정

집단목표와 개인 목표를 구분하여 설정하고 개인 목표는 집단 구성원 및 슈퍼바이저와의 토의를 참고하여 수립하며 중요성의 비중에 따라 가중치를 부여한다.

② 학습내용의 체계

학습내용은 적응적 학습과 생성적 학습내용으로 구분되며 세부내용은 다음과 같다.

학습내용의 체계

■ **적응적 학습**
- 직무와 직무환경에 안정적으로 적응하고 정착하기 위해 요구되는 과업
- 기본적으로 요구되는 직무를 수행하기 위해 필요한 지식
- 일상적 직무를 효과적으로 해내기 위해 요구되는 지식
- 소진 예방에 도움이 되는 전략

• 구조적인 문제해결에 도움이 되는 지식

■ **생성적 학습**
• 중요하며 수행해야 할 필요가 있으나 수행하지 못하고 있는 직무 필요 지식
• 전문성 개발을 위해 습득해야 할 지식
• 전문직으로서의 효능감을 가지기 위해 요구되는 지식
• 직무만족을 높이는 데 도움이 되는 전략
• 구조적인 문제해결을 위한 새로운 접근 전략
• 과거로부터 학습할 수 있는 것
• 습득한 지식을 조직의 상하 전반에 효과적으로 전파하기 위한 전략

③ 슈퍼비전 과정과 단계의 운영방법

• 슈퍼비전 회기 진행 과정: 도입, 슈퍼비전, 동료집단 피드백, 정리
• 슈퍼비전 운영 과정: 이완(1-3회기, 목표 및 과제설정, 실행), 변화(4-9회기, 집단 슈퍼비전, 과제실행 계속), 재동결(10-12회기, 슈퍼비전 효과 평가)
• 회기의 진행 과정: 집단슈퍼비전과 동료집단슈퍼비전 진행

④ 학습조직 구축 과정과 내용

학습조직 진단, 조직분석, 개인학습-팀 학습-조직학습 차원의 내용과 방법의 결정이 이루어진다.

⑤ 평가

슈퍼비전 기록, 월 1회 공유비전의 검토와 수정, 성과지표의 측정, 슈퍼비전 효과의 측정이 진행된다.

3) 한국형 통합 발달 슈퍼비전 모델

엄경남(2015)은 교육복지우선지원사업의 전담 인력인 교육복지현장 사회복지 실

천가대상 슈퍼비전 모형을 개발하고자 하는 목적으로 포커스그룹 인터뷰, 델파이조사를 진행하여 교육복지현장에서 안정적으로 슈퍼비전을 운영하기 위한 기본틀로 활용될 수 있는 통합 발달모델을 개발하였다. 본 모델은 선행연구자들인 Morrison (2005), Wonnacott(2012)의 4×4×4 슈퍼비전 통합 모델과 사회복지현장 실천가들의 슈퍼비전 욕구가 업무 연차에 따라 다른 점을 감안해 연차에 따른 단계별 슈퍼비전 초점을 규명하기 위해 Austin과 Hopkins(2004), Hawkins와 Shohet(2006)의 발달모델을 접목하여 한국적 상황에서 새롭게 탄생한 모델이다.

본 모델은 교육복지현장이라는 특수한 2차 현장에서 개발되었지만 통합모델의 속성상 일반적인 다양한 사회복지현장에서 광범위하게 활용될 수 있다고 판단된다. 특별히 사회복지 정체성을 견고히 하고 타 전문직과 협력하면서 전문성을 발휘해야 하는 2차세팅 사회복지사들의 슈퍼비전 체계를 구축하는 데 효과적으로 활용되기를 기대하는 측면에서 본 모델을 간단히 소개하고자 한다.[2)]

교육복지현장 사회복지 슈퍼비전 통합 발달 모델은 슈퍼비전의 4가지 측면을 고려하고 있는데 슈퍼비전의 이해관계자 측면, 기능 측면, 과정 측면, 발달단계 측면이다. 본 모델은 슈퍼비전 시 슈퍼바이지의 근무 연차별 발달 수준을 고려해 슈퍼비전의 기본 요소들이 통합적으로 이루어져야 함을 강조한다.

교육복지현장 사회복지 슈퍼비전은 슈퍼비전의 관리, 개발, 지지, 중재 등 4가지 기능을 수행하도록 내용을 구성하되, 경험, 반영, 분석, 실행계획의 4가지 순환과정을 활용해 성찰적인 슈퍼비전이 되도록 해야 한다.

이 모든 수행 과정에서 슈퍼바이지의 발달 수준을 고려하되 입문자 시기에는 관리기능과 경험단계에 초점을, 숙련자 시기에는 개발기능과 분석단계에 초점을, 변화창출자 시기에는 지지와 중재기능, 반영과 분석 단계에 초점을, 변화주도자 시기에는 중재기능과 실행계획단계에 보다 더 초점을 두는 것이 바람직하다.

슈퍼바이지의 발달단계를 고려한 반영적인 슈퍼비전을 통해 슈퍼비전의 기능이

2) 자세한 내용은 "엄경남(2015). 교육복지현장 사회복지 슈퍼비전 모형 개발"을 참고하기 바란다.

원활하게 수행되었을 때 서비스 이용자, 직원, 조직, 협력자 등 4주체의 이해관계자 모두에게 유익한 슈퍼비전이 될 수 있다.

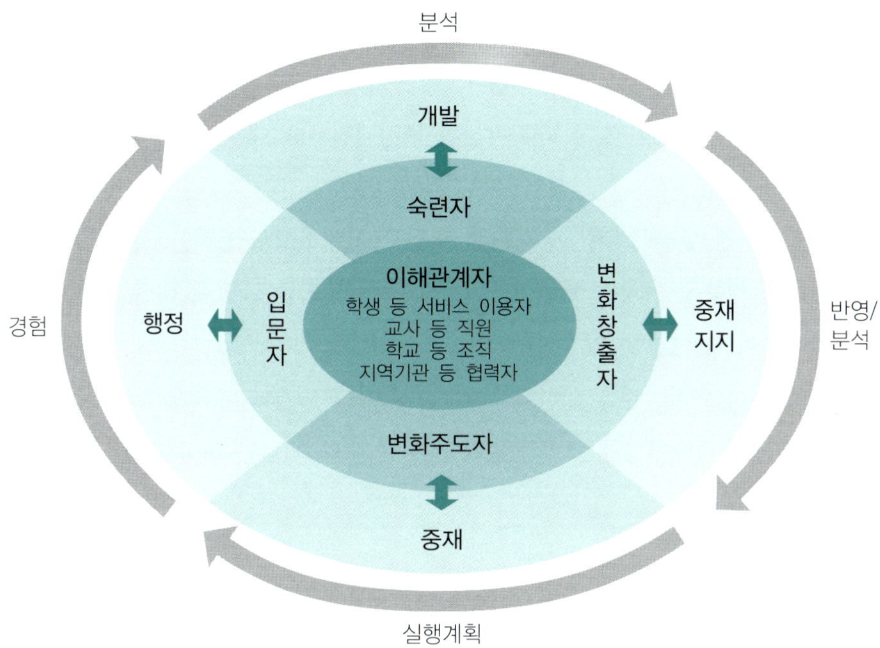

그림 2-3 교육복지현장 사회복지 슈퍼비전 통합 발달 모델(엄경남, 2015)

이제까지 우리는 다양한 슈퍼비전 모델에 대해 살펴보았다. 그 외에 일반화된 모델은 아니지만 간단히 소개하고자 하는 모델은 페미니스트 파트너십 모델이다. 몇몇 페미니스트들은 전통적인 사회복지 슈퍼비전 모델을 비판하면서 지루한 슈퍼비전, 행정적인 통제, 슈퍼바이저와 슈퍼바이지 관계의 힘의 위계를 비판하면서 페미니스트 파트너십 모델을 제안했다. 이 모델에서 사회복지사들은 스스로 자기 훈련이 되고 자기를 규제한다고 가정한다. 슈퍼바이저와 슈퍼바이지 간의 관계는 평등한 파트너들 간의 관계를 공유하는 것으로 재구성된다. 힘의 위계는 단체조직의 연합으로 재개념화되고 슈퍼비전은 집단규범과 동료승인으로 대치된다. 이 모델의 옹호자들은 전통적인 권한모델보다 이 모델이 사회복지전문직의 가치에 적합하다고 주장한다. 물론 이러한 슈퍼비전 모델은 공식적 조직운영체계상에 직접 적용하기에는 여러 장애물이 있지만, 슈퍼비전의 최종 목적이 슈퍼비전 없이도 자율적으로 실천할 수 있는 사회복지사를 키워내는 것에 있다고 보면 모델의 가치와 관점 측면에서는 충분히 수용할 수 있는 여지도 있다고 본다. 이 모델을 통해 우리는 슈퍼비전을 통한 불합리한 권위행사, 통제목적 등 슈퍼비전의 부정적인 측면에 대한 경계의 필요성을 인식하게 된다.

기관과 슈퍼비전 상황에 맞는 슈퍼비전 모델을 선택하고 활용하는 것은 슈퍼비전 결과에 중요한 영향을 미치는 요인이다. 이에 자신과 기관 상황에 적절한 슈퍼비전 모델을 선택하여 활용할 수 있는 안목이 요구된다. 슈퍼바이저로서 나는 어떤 모델을 기반으로 하여 슈퍼비전을 실천하고 있는가? 어떤 모델이 나에게 맞는 모델이라고 생각되는가? 슈퍼바이저들은 이와 같은 질문들에 대한 답을 확고히 할 수 있어야 할 것이다.

03
CHAPTER

슈퍼비전 가치와 윤리

본 장에서는 슈퍼비전의 가치와 윤리에 대하여 살펴본다. 즉, 슈퍼비전의 가치와 윤리원칙, 윤리지식의 개념을 알아보며, 사회복지 슈퍼비전의 상황에서 발생할 수 있는 윤리적 이슈들을 파악한다. 이러한 윤리적 이슈들을 다루기 위해 슈퍼비전과 관련된 윤리강령을 이해하고 다양한 사례를 통한 연습과 윤리감사 척도 활용 등 윤리적 슈퍼비전을 준비할 수 있도록 한다.

Chapter

03 슈퍼비전 가치와 윤리

1. 슈퍼비전 가치

슈퍼비전은 사회복지사와 클라이언트와의 관계에서 존재하는 것이 아닌, 사회복지사들 간의 관계에서만 의미를 가진다. 더 자세히 보면 경험이 있는 사회복지사와 경험이 적은 사회복지사 간에서 이루어지는 행위를 지칭하는 것이다. 물론 동료 슈퍼비전도 슈퍼비전의 한 형태로 인정되고 있지만, 일반적으로 슈퍼비전이라 하면 상사가 부하 직원에게, 경험 있는 사회복지사가 경험이 없는 사회복지사에게, 또는 실습지도자가 실습생에게 이루어지고 있다. 그러나 Brasherars(1995)가 강조한 것처럼 슈퍼비전은 사회복지실천으로부터 분리할 수 없으며 사회복지실천 개념의 하나로 볼 수 있다. 따라서 슈퍼비전의 가치 역시 사회복지전문직이 지향하는 가치와 일맥상통하게 되는 것이다. 그럼에도 불구하고, 클라이언트와의 관계가 아닌 사회복지사 간의 전문적 관계에서 이루어지는 특성으로 인해 슈퍼비전 과정 및 관계에서 특별히 지향되어야 할 가치기반을 가진다.

Brown과 Bourne(1996)은 슈퍼비전에 있어서 다음과 같은 가치기반을 강조하고 있다.

첫째, 슈퍼비전 욕구는 기관 및 사회의 구조적 맥락에서 고려되어야 한다.

둘째, 사회복지실천과 지역사회보호는 기본적으로 집합적 팀 기반으로 이루어지며 직원들 간의 상호의존적 활동이어야 한다.

셋째, 슈퍼비전은 과업수행과 규정, 통제하는 기능 못지않게 슈퍼비전 관계와 감정, 그리고 직원개발에 있어서도 중요한 위치에 있는 사람중심적 활동이어야 한다.

넷째, 슈퍼비전의 내용과 과정은 서비스 이용자와 직원 양자를 모두 역량강화 시키도록 위임된 반억압, 반차별적인 활동이어야 한다.

다섯째, 슈퍼바이지와 슈퍼바이저는 학습에 있어서 자기지향적(self-directed)이고 주도적 접근으로 슈퍼비전이 이루어질 때 최선의 학습을 하는 성인들이다.

여섯째, 정규적인 슈퍼비전은 모든 직원들에게 주어지는 자격조건이다.

2. 슈퍼비전 윤리의 원칙

오혜경(2008)은 슈퍼바이저의 윤리를 윤리적인 근무환경의 창조와 유지, 신뢰성, 직원에 대한 지지, 위반사항에 대한 보고, 직원의 경력개발, 목표달성, 점검과 피드백, 교육과 훈련, 자기개발과 피드백으로 정리하였다. 이처럼 슈퍼비전 윤리는 사회복지사가 클라이언트와의 관계에서 발생하는 윤리적 이슈에서, 슈퍼비전을 제공하는 상황에서, 또는 슈퍼바이저와 슈퍼바이지와의 관계 등에서 고려될 수 있다. 슈퍼바이저는 슈퍼바이지가 윤리적 실천을 수행하도록 지도할 책임과 의무를 가지고 있고, 기관방침과 슈퍼바이지의 욕구 사이의 조정 역할을 해야 하며, 슈퍼바이지와의 관계에서 전문적 관계를 유지해야 한다.

Page와 Wosket(1994)은 슈퍼비전을 위한 윤리적 원칙을 다음과 같이 6가지로 제시하고 있다(Hawkins & Shohet, 2000).

① 슈퍼바이지의 자율성을 존중하면서 그들의 업무에 대한 적절한 책임의 균형을 가지는 것

② 슈퍼바이지의 자율성을 존중하면서 클라이언트의 보호와 안녕을 고려할 의무

③ 자신의 능력의 한계 내에서 행동하며 언제 더 원조할지를 아는 것
④ 충실함: 명시적이든 암묵적이든 약속을 신뢰할 수 있게 하는 것
⑤ 반억압적 실천
⑥ 도전 및 피드백에 대한 개방과 지속적인 학습에 대한 적극적인 몰입을 겸비하는 것

3. 슈퍼비전과 윤리지식

슈퍼바이지는 슈퍼바이저의 윤리적 행동을 관찰함으로써 윤리를 배우게 된다(Congress, 1992; Lewis, 1987; Congress, 강선경 · 김욱 역, 2005: 239에서 재인용). 그러므로 슈퍼바이저는 슈퍼바이지들이 윤리강령에 정통하도록 지도함과 동시에 슈퍼바이지에게 적절한 행동모델이 되어야 할 중요한 책임이 있다. 이를 위해 슈퍼바이저는 윤리지식(Ethics knowledge)을 기반으로 하는 슈퍼비전을 제공해야 한다. 윤리지식에는 윤리강령에 대한 이해 및 숙지, 윤리적 딜레마를 해결하는 방법 제시 등이 포함된다.

1) 윤리강령의 이해

Munson(2004)의 언급처럼 슈퍼바이저와 슈퍼바이지는 사회복지를 실천함에 있어서 윤리강령에 대한 포괄적인 지식을 가지고 있어야 하지만 대부분의 사회복지사들이 윤리강령을 제대로 인식하지 못하는 경우가 종종 있다. 윤리강령은 슈퍼비전 과정에서 윤리적 이슈나 가치 딜레마가 발생할 때 슈퍼바이지와 함께 토의하는 데 있어서 유용한 지침이 되고 있다. 따라서 슈퍼바이저는 슈퍼바이지가 사회복지 윤리강

령을 이해하도록 하는 책임을 가져야 할 것이다.

슈퍼비전에 대한 독립된 강령을 가지고 있지 않지만, 많은 나라에서 사회복지윤리 강령 안에 슈퍼비전과 관련된 지침을 포함하고 있다. 윤리강령에서 슈퍼비전과 관련된 내용을 검토하는 것만으로도 슈퍼비전에 있어서 윤리적 행동을 이끄는 데 도움이 될 것이다. 여기서는 미국과 우리나라의 윤리강령 중 슈퍼비전과 관련된 내용만을 살펴보고자 한다.

(1) 미국의 윤리강령

미국의 윤리강령

- **3.01 슈퍼비전과 자문**

(a) 슈퍼비전이나 자문을 제공하는 사회복지사는 이에 적합한 지식과 기술을 가지고 있어야 하며, 단지 그들의 지식과 능력 범위 내에서 이를 행하여야 한다.

(b) 슈퍼비전이나 자문을 제공하는 사회복지사는 분명하고, 적절하며, 문화적으로 민감한 경계를 설정하는 책임을 가진다.

(c) 사회복지사는 슈퍼바이지와의 관계에서 슈퍼바이지에게 부당한 위험 또는 잠재적 해를 입힐 수 있는 어떠한 이중 또는 다중의 관계를 맺어서는 안 된다.

(d) 슈퍼비전을 제공하는 사회복지사는 슈퍼바이지들의 업무수행을 공정하고 존중하는 자세로 평가해야만 한다.

- **3.02 교육 및 훈련**

(a) 교육자, 실습지도자, 훈련자로서 역할을 하는 사회복지사는 자신의 지식과 능력이 미치는 범위 내에서만, 그리고 사회복지 전문직에서 활용할 수 있는 최신정보를 바탕으로 하여, 교육을 제공해야 한다.

- **3.03 직무수행 평가**

• 다른 사람의 직무수행에 대한 평가 책임을 맡고 있는 사회복지사는 공정하며 신중하게, 그리고 명시된 기준을 바탕으로 이러한 책임을 완수해야 한다.

- **3.08 지속적인 교육과 직원의 능력 계발**

• 사회복지 행정가 및 슈퍼바이저는 자신이 책임을 지고 있는 모든 직원에 대한 교육 및 계발을 지속시키기 위한 적절한 조치를 취해야 한다. 이러한 조치는 사회복지실천 및 윤리와 관련된 최근의 지식 및 계발이 이루어지도록 하는 것이어야 한다.

(2) 우리나라의 윤리강령

우리나라의 윤리강령

Ⅲ. 사회복지사의 동료에 대한 윤리기준

2. 슈퍼바이저

1) 슈퍼바이저는 개인적인 이익의 추구를 위해 자신의 지위를 이용해서는 안 된다.
2) 슈퍼바이저는 전문적 기준에 의해 공정하게 책임을 수행하며, 사회복지사 · 수련생 및 실습생에 대한 평가는 저들과 공유해야 한다.
3) 사회복지사는 슈퍼바이저의 전문적 지도와 조언을 존중해야 하며, 슈퍼바이저는 사회복지사의 전문적 업무수행을 도와야 한다.
4) 슈퍼바이저는 사회복지사 · 수련생 및 실습생에 대해 인격적 · 성적으로 수치심을 주는 행위를 해서는 안 된다.

2) 윤리적 의사결정

슈퍼바이지는 윤리적 딜레마 상황에 있을 때 이를 해결할 수 있는 지식이 부족하다. 이때 슈퍼바이저는 슈퍼바이지가 윤리적 이슈를 해결하기 위해 의사결정 모델을 적용할 수 있도록 지도해야 한다. 경험이 많지 않은 슈퍼바이지들은 실천현장에서 윤리적 행동을 한다는 것에 어려움을 겪는다. 이는 윤리적 행동이 복잡성과 애매함이라는 특성을 가졌기 때문이다. Carroll(1996)은 슈퍼바이지를 위한 윤리적 의사결정 과정을 다음과 같은 4단계로 제시하고 있다(Hawkins & Shohet, 2000). Carroll의 의사결정 과정은 비교적 간단한 단계로 이루어져 있어서 슈퍼바이지가 유용하게 적용할 수 있을 것이다.

① 1단계: 윤리적 민감성 개발하기

다른 사람들이 보이는 행동의 함의를 인식하고 대인관계 상황에서 윤리적 요구의 가능성을 통찰하라.

② 2단계: 행동에 대한 도덕적 방침 형성하기

상황에 대한 사실과 전문직 윤리규칙 및 우리 자신의 윤리적 원칙 사이를 상호작용하라.

③ 3단계: 윤리적 결정 수행하기

정치, 자기이익, 동료의 보호나 실수에 대한 두려움과 같은 내외부의 저항에 대응하면서 윤리적 의사결정을 수행하고 따르라.

④ 4단계: 윤리적 결정의 애매함 감수하기

의심과 불확실성에 대처하라.

3) 슈퍼비전에 대한 윤리감사

슈퍼비전 상황에서 다양한 윤리적 이슈가 발생될 수 있음을 살펴보았으며, 이러한 상황에서 윤리적 행동을 취하도록 준비할 수 있는 방법으로 사례를 통한 연습과정을 제시하였다. 사례연습 이외에도 다음의 〈표 3-1〉에서 제시하는 윤리감사 척도를 활용할 수 있다. 윤리감사 척도는 현재의 슈퍼비전에 대한 윤리적 상태를 점검하는 데 유용할 뿐 아니라 앞으로 어떻게 윤리적으로 슈퍼비전을 제공하고 슈퍼비전 관계를 유지할 것인가에 대한 지침을 안내하는 데 도움을 줄 것이다.

표 3-1 슈퍼비전에 대한 윤리감사 척도

수 준	기 준
(1) 슈퍼바이지로 하여금 고지된 동의를 얻어 내도록 정보를 제공한다.	1 2 3 4
(2) 철저한 치료와 개입계획을 발전시키고 실행하려는 슈퍼바이지의 노력을 관찰한다.	1 2 3 4
(3) 정보의 부적절한 노출과 같은 클라이언트와의 모든 접촉에서 슈퍼바이지의 실수를 지적하고 반응한다.	1 2 3 4
(4) 슈퍼바이지의 클라이언트가 언제 다른 곳으로 의뢰되어야 하는지, 치료의 종결은 언제 해야 하는지 등에 관해 알고 있다.	1 2 3 4
(5) 슈퍼바이지가 언제 자문을 구해야 하는지를 알고 있다.	1 2 3 4
(6) 슈퍼바이지의 역량이 부족하고, 잘못을 저지르고 비윤리적인 행위를 했다는 것을 슈퍼바이지가 기꺼이 말할 수 있도록 그 능력과 자발성을 모니터링한다.	1 2 3 4
(7) 슈퍼바이지가 자신의 클라이언트와 적절한 경계를 유지하는지 모니터링 한다.	1 2 3 4
(8) 신체적인 위험으로부터 제3자를 보호한다.	1 2 3 4
(9) 필요 이상으로 길게 진행되는 치료와 태만한 치료계획을 감지하거나 중지한다.	1 2 3 4
(10) 특정 클라이언트의 치료를 위해서는 외부전문가가 필요할 수도 있다고 결정한다.	1 2 3 4
(11) 슈퍼바이지와 정기적으로 만난다.	1 2 3 4
(12) 슈퍼바이지의 기록, 결정, 행동을 검토하고 인정한다.	1 2 3 4
(13) 슈퍼바이지의 결근에 적절한 반응을 보인다.	1 2 3 4
(14) 슈퍼비전 제공에 대하여 문서화한다.	1 2 3 4
(15) 슈퍼바이지와의 관계에서 적절한 경계를 유지한다.	1 2 3 4
(16) 슈퍼바이지에게 시기적절하고 도움이 되는 성과 평가와 피드백을 제공한다.	1 2 3 4
(17) 슈퍼비전 동의서를 문서화한다.	1 2 3 4
(18) 슈퍼바이지의 윤리적 관심과 윤리적 쟁점의 민감성을 높이기 위한 슈퍼바이지의 노력에 반응한다.	1 2 3 4
(19) 슈퍼바이지가 그들의 전문적인 책임성을 충족시킬 수 있도록 하는 충분한 시간과 적절한 업무량을 제공한다.	1 2 3 4
(20) 적절한 슈퍼비전을 제공하기 위해 그들의 업무에 있어 충분한 시간을 제공한다.	1 2 3 4

출처: Reamer, F. G. (2000). The Social Work Ethics Audit. 문형구 외 역(2008: 190)에서 재인용.

4. 슈퍼비전에서의 윤리적 이슈

슈퍼비전 과정에서 발생되는 윤리적 이슈를 슈퍼바이저의 업무 할당 책임, 슈퍼바이저의 능력, 슈퍼바이저의 역할태만, 슈퍼바이저와 슈퍼바이지 관계 등으로 구분하여 살펴보면 다음과 같다.

1) 슈퍼바이저의 업무 할당 책임

슈퍼바이저의 중요한 행정적 책임은 슈퍼바이지들에게 업무를 공평하게 할당하는 것이다. 슈퍼바이저는 부족한 인력으로 많은 직무를 해결해야 하기 때문에 업무 할당에 어려움에 처하게 된다. Reamer(1995)는 이러한 어려운 결정을 돕는 방법으로 다음과 같은 분배 정의의 원칙을 권유하고 있다(Congress, 강선경 · 김욱 역, 2005).

(1) 공평성의 원칙

근무지에서의 직책과 급여가 같은 모든 직원은 동일한 업무책임과 업무 할당량을 가져야 함을 의미한다.

(2) 클라이언트의 욕구

업무의 할당이 클라이언트의 욕구사정에 근거해야 함을 의미한다.

(3) 슈퍼바이지의 욕구

사회복지사들은 업무 할당에 대한 결정에서 여러 가지 다른 욕구를 가진다. 예를 들어 장애인이거나 임산부의 경우 일시적인 업무감소가 필요하므로 슈퍼바이저는 이때 업무량을 조절할 수 있다.

(4) 슈퍼바이저의 권한

슈퍼바이저는 업무가 오래 걸리고 슈퍼바이저가 감당할 수 없을 정도의 많은 슈퍼비전 시간이 필요한 경우 신임 사회복지사에게 업무 할당을 하지 않을 수도 있다. 또한 적합하지 않다고 생각되는 사회복지사에게 추가업무의 할당을 꺼리기도 한다.

다음 사례에서 위의 분배정의 원칙을 각각 적용하여 토의해 보자.

지역사회복지관의 슈퍼바이저 M에게는 4명의 슈퍼바이지들이 있다. 각 슈퍼바이지들은 현재 50가족씩 사례관리를 하고 있다. 최근 정부의 특별사업 방침에 의해 30가족이 새로 의뢰되었다. 따라서 슈퍼바이저는 이 가족들을 적절하게 슈퍼바이지에게 할당해야 한다. 4명의 슈퍼바이지는 다음과 같은 조건에 있다.

슈퍼바이지 A	실천경험이 적어서 최소한의 수준에서만 일을 수행하며, 많은 슈퍼비전이 필요하다.
슈퍼바이지 B	본 기관 근무 6년차로, 업무능력이 뛰어나고 신규업무 수용력도 좋지만 이직을 준비 중이다.
슈퍼바이지 C	얼마 전까지 최고의 능력을 보이던 직원이지만, 현재 병가를 받아야 할 정도로 건강이 염려된다.
슈퍼바이지 D	열성적이며 의욕적이다. 새로운 일에 적극적이지만 끝까지 완수하지 못하는 경향이 있다.

슈퍼바이저는 사례 할당 전에 각각의 사례를 검토하여 필요한 서비스 수준을 평가하였다. 5개의 사례는 매우 어렵고, 10개는 약간의 개입이 요구되며, 나머지 15개는 중간 정도로 복잡한 사례들이다.

당신이 슈퍼바이저라면 이 사례들을 어떻게 할당할 것인가?

2) 슈퍼바이저의 능력

슈퍼바이저는 슈퍼바이지에게 포괄적인 훈련을 제공하여야 할 책임이 있다. 훈련 내용으로는 직무관련 실천기술, 전문직 윤리와 책임, 해당되는 지역의 법규와 관련된 문제를 토의하거나 검토하는 것이다. 이 외에도 사정을 위한 도구, 개입기술, 평가방법, 긴급시의 구조나 자살예방, 프로그램에서의 클라이언트에 대한 지도감독, 비밀유지, 충분한 정보에 근거한 동의, 클라이언트와의 관계에서의 경계 유지 문제, 전문가에게 의뢰, 서비스 종결 등도 포함된다(Reamer, 고미영 외 역, 2005). 슈퍼바이저는 슈퍼바이지에게 이러한 내용으로 훈련을 시키기 위해 그 자신에게 필요한 슈퍼바이저로서의 능력을 소유해야 한다.

왜냐하면, 슈퍼비전은 슈퍼바이저의 지식과 능력의 범위 내에서만 제공될 수 있기 때문이다. 따라서 슈퍼바이저는 사회 환경의 변화에 따라 새롭게 포함되는 실천분야에 대한 지식과 최근의 이론 및 개입기술 등에 대하여서 끊임없이 공부하는 자세를 가져야 한다.

3) 슈퍼바이저의 역할태만

슈퍼바이저는 슈퍼바이지의 업무수행과 관련되어 많은 부분의 책임을 공유해야 한다. 슈퍼바이저는 슈퍼바이지와의 정기적이고 계획적인 만남을 수행해야 하며, 사례 및 슈퍼비전 중인 다른 업무에 관하여서도 상세한 정보를 요구해야 한다. 가능하면 슈퍼바이지의 업무를 수시로 관찰해야 한다. 또한, 슈퍼바이저는 슈퍼바이지를 훈련시키고 그들의 업무에 대하여 전문적인 의견을 제시해야 하며, 슈퍼바이지의 정서적 문제 등 사회복지실천에 방해가 되는 요소들에 대해서도 깊은 관심을 가져야 한다.

이처럼 슈퍼바이저는 슈퍼바이저로서의 책임을 다해야 하며 열정과 헌신을 보일 때 그 효과는 더욱 높아지게 된다(Haynes et al., 2003; Smith, 2000). 그러나 최근, 많은 슈퍼바이저들이 슈퍼바이저로서의 역할과 책임을 간과하고 직접 실천가로서만 활동하려는 경향을 보이고 있다는 우려의 소리가 있다(Austin & Hopkins, 2004). 슈퍼바이저는 자신의 역할태만으로 인해 슈퍼바이지의 전문적 실천이 클라이언트에게 제공되는 서비스 질에 직접 영향을 미치게 된다는 사실을 주지하고 보다 적극적인 자세로 슈퍼바이저로서의 임무를 수행해야 할 것이다.

Reamer(1999)는 슈퍼바이저가 다음과 같은 구체적인 문제에도 관심을 기울일 것을 경고하고 있다(Reamer, 고미영 외 역, 2005).

- 슈퍼바이지가 클라이언트의 동의를 얻기 위해 필요한 정보를 제공하지 못하는 경우
- 클라이언트와 접촉하는 모든 단계에서 슈퍼바이지의 과오에 대한 확인과 대응
- 제3자를 보호하는 윤리적 결정
- 필요 이상으로 오래 진행하는 개입 또는 부주의한 개입계획을 발견하거나 중단시키는 일
- 특정 클라이언트에 대한 개입에 전문가가 필요한지에 대한 결정
- 슈퍼바이지의 기록이나 결정행동을 검토하고 승인하는 일
- 슈퍼바이지의 결정에 대한 적당한 보완작업을 제공하는 일

다음의 사례를 읽고 토의해 보자.

나는 지역사회복지기관에서 9개월째 근무하고 있는 사회복지사이다. 실천경험이 적은 나는 슈퍼비전을 통해 내 클라이언트에게 보다 질 좋은 서비스를 제공하길 희망하고 있다. 슈퍼바이저와는 최소한 일주일에 한 번 정도 만나기로 약속되어 있다. 그러나 지난 두 달 동안 슈퍼바이저는 나와 약속된 슈퍼비전 시간을 4번이나 취소하였다. 물론, 기관에 중요하고 급한 일이 많은 것은 알고 있지만 나의 클라이언트에게 직접적인 영향을 준다는 것을 슈퍼바이저가 알아줬으면 좋겠다. 나는 현재 클라이언트와의 관계에서 어려움이 발생하였고, 앞으로 어떻게 접근해야 할지 계획할 수가 없는 상황이다. 따라서 슈퍼바이저로부터 이 부분에 대한 슈퍼비전을 받은 후 클라이언트를

만나고자 하였다. 그러나 슈퍼바이저가 약속을 취소하는 바람에 나의 클라이언트와의 만남은 계속 연기되고 있다. 이로 인해 클라이언트와의 관계에서 신뢰가 깨지는 또 다른 문제가 발생할까봐 두렵다. 내가 할 수 있는 일은 무엇인가. 슈퍼바이저에게 슈퍼비전을 요구할 수 있는 방법은 없는 것일까?

4) 슈퍼바이저와 슈퍼바이지의 관계

(1) 슈퍼바이저와 슈퍼바이지의 이중관계

슈퍼비전 관계에서 슈퍼바이저가 고려해야 할 윤리적 행위의 중요한 측면 중 하나는 슈퍼바이지와의 이중관계를 갖지 않도록 하는 것이다. 이중관계를 피하는 것이 가장 바람직하지만 이중관계를 피할 수 없는 상황이라면 명백하고 적절한 한계를 설정해야 한다. 즉, 이중관계로부터 전문적 관계를 분리해야 한다. 이러한 이중관계는 부하직원이나 실습생 모두에게 해당되는 사항으로 윤리강령에서도 언급되고 있다.

슈퍼바이저는 슈퍼바이지를 교육하고 지지하는 역할을 하며 슈퍼바이지의 업무적 실수에 대한 책임을 공유해야 한다. 이러한 역할로 인해 슈퍼바이저를 '전문가 부모'로 부르기도 하는 것이다. 동시에 슈퍼바이저는 중간관리자 또는 행정가로서 슈퍼바이지들의 업무능력을 평가하고 이를 근무 평정에 반영하여 승진에도 결정적인 영향력을 미칠 수 있는 막강한 권력을 가진다. 그런데 만약 슈퍼바이저와 슈퍼바이지 사이에 다른 개인적인 관계가 형성된다면 이러한 전문적 관계에 부정적인 영향을 미치게 될 수 있다는 점을 유념해야 한다.

다음의 사례를 읽고 토의해 보자.

- **사례 1**

당신의 슈퍼바이지는 최근 사회복지대학원에 진학하였으며, 그 대학에서는 당신을 실습지도교수로 임용하였다. 따라서, 당신은 당신의 슈퍼바이지를 실습지도해야 하는 이중관계에 처하게 되었다. 실습과목은 전공필수 과목으로 반드시 이수해야 하는 과목이다. 앞으로 둘의 관계는 어떻게 하는 것이 좋을까?

- **사례 2**

당신의 슈퍼바이지는 남편이 보험설계사이다. 슈퍼바이지는 자기 남편이 실적이 부족하여 직장에서 불안한 위치에 있으며 이로 인해 자존감이 많이 떨어진다고 슈퍼바이저에게 하소연하였다. 며칠 후 당신의 자동차 보험이 만료되었다는 것을 알고 슈퍼바이지는 자기 남편에게 보험을 든다면 저렴하게 해줄 수 있으니 도와달라고 부탁하였다. 만약 당신이 슈퍼바이지의 남편에게 보험은 들지만 보험료를 제대로 지불한다면 이중관계를 피할 수 있는 것인가? 다른 대안은 없을까?

출처: 서미경 외 역(2001: 213)의 내용을 재구성

(2) 슈퍼바이지의 기관 규정 위반 상황

슈퍼비전 관계에서 만나게 되는 윤리적 이슈 중 하나는 슈퍼바이지가 기관 규정을 지키기 않으려고 하거나 또는 의도적이지는 않지만 기관 규정을 위반하게 되는 상황이다. 슈퍼바이저는 기관 또는 부서의 중간관리자 위치에서 자신이 속한 기관의 목적과 그에 따른 규정을 준수할 의무가 있다. 또한 슈퍼바이지가 기관의 규정을 제대로 따르게 하도록 이끌 책임을 가진다. 그렇다면 슈퍼바이지가 클라이언트의 이익을 위해 기관의 규정을 지키지 않으려고 할 때 슈퍼바이저는 어떻게 행동해야 하는가? 클라이언트의 권익을 최우선으로 하기 위해 기관의 규정을 깨려는 슈퍼바이지를 지지하는 것이 윤리적인 것인가? 아니면, 기관과 슈퍼바이지를 연결하는 중간관리자의 입장에서 슈퍼바이지에게 기관 규정의 준수를 강조하는 것이 더 윤리적인가? 이러한 경우는 슈퍼비전 관계에서 종종 겪게 되는 슈퍼바이저의 갈등상황을 야기한다.

또 다른 상황은 클라이언트의 권익과는 관계없이 슈퍼바이지가 직원으로서 기관의 규정을 위반한 것을 슈퍼바이저가 알게 되었을 때 어떻게 행동하는 것이 윤리적인가

에 관한 문제이다. 슈퍼바이지에게 경고 또는 반성의 기회를 주고 앞으로 위반하지 말 것을 약속받은 후 상사에게는 전하지 않는다면 비윤리적인 것인가? 그렇다면 슈퍼바이지가 잘못을 인정함에도 불구하고 기관에 규정위반 사실을 알려 슈퍼바이지의 행위처분을 위한 위원회를 소집하는 것이 윤리적인가? 만약 평소에 업무능력이 탁월한 슈퍼바이지가 기관의 규정을 위반하였지만 기관과 다른 직원에게 영향을 줄 정도는 아니라고 판단될 경우 슈퍼바이저가 이를 묵인한다면 비윤리적인가?

다음의 사례를 읽고 토의해 보자.

슈퍼바이저 M에게는 5명의 슈퍼바이지들이 있다. A는 슈퍼바이지들 중에서 슈퍼바이저가 가장 유능하다고 인정하는 사회복지사이다. 얼마 전 A는 심한 감기로 일주일만에 출근하여 병원진단서를 제출하였다. 그런데 A의 얼굴이 검게 그을린 점이 의아했다. 그날 저녁, 슈퍼바이저는 일주일간 동남아를 여행하고 돌아온 친구로부터 유람선 갑판에서 만났던 사람에 관한 얘기를 듣게 되었다. 그리고 친구가 만났다던 그 사람이 바로 슈퍼바이지 A라는 사실을 알게 되었다.

슈퍼바이저 M은 다음날, A의 결근에 대하여 자신의 생각을 적기 시작하였다.

- A의 결근은 기관 규정을 어긴 것이다.
- A의 행동은 비윤리적이며 비전문적이다.
- A는 결근으로 인해 클라이언트에게 서비스를 제공하지 못했기 때문에 피해를 주었다.
- A는 사실을 말하지 않고 병가를 신청하였다.
- A는 가장 뛰어난 사회복지사이다. 따라서 계속 함께 일하고 싶다.
- 다른 슈퍼바이지들도 병가를 이용했을 수 있다. 다만 들키지 않았을 뿐이다.

출처: 양옥경 외(2005: 284-285)에서 재구성

(3) 중간관리자로서 슈퍼바이저의 역할갈등

조직 내에서 최고관리자를 제외하고 대부분의 슈퍼바이저는 중간관리자의 위치에 있다. 그들은 상사의 의견을 팀원에게 전달하거나 서로의 의견이 다를 때 중재하고 조정하는 역할을 수행하게 된다. 또한 슈퍼바이저로서 팀원들에게 제공한 슈퍼비전 내용과 역할에 대하여 상관으로부터 슈퍼비전을 받게 된다. 즉, 그들은 슈퍼바이저

이면서 동시에 슈퍼바이지이기에 그 역할을 수행할 때 종종 갈등 상황에 처하기도 한다.

슈퍼바이저는 '전문가 부모'라는 애칭으로 설명되듯이, 슈퍼바이지가 조직에 잘 적응하고 자신의 업무를 효과적으로 수행하여 전문가로서 잘 성장할 수 있도록 돕는 역할을 하지만, 슈퍼바이지의 업무수행을 평가하게 되고 이것이 슈퍼바이지의 진급에 영향을 줄 때 갈등을 겪기도 한다. 또한 자신의 슈퍼바이저와 다른 의견이나 방침을 슈퍼바이지들에게 전달해야 할 때, 자신이 슈퍼바이지에게 준 슈퍼비전과 전혀 다른 방향으로 상관이 나의 슈퍼바이지에게 업무수정을 요구할 때 등 중간관리자로서 슈퍼바이저의 역할갈등은 다양한 모습으로 발생하게 된다. 이때 슈퍼바이저는 자신에게도 슈퍼바이저가 있음을 잊지 말고 슈퍼비전을 요청해야 할 것이다.

다음의 사례를 읽고 토의해 보자.

노인복지관에서 근무하는 K팀장이 소속된 지역팀에서는 기관의 가장 큰 행사인 바자회를 기획하고 총괄해야 한다. 담당 직원인 J는 외부업체를 대거 유입하여 규모가 큰 바자회 기획안을 제출하였지만 K팀장은 그런 형태의 바자회가 지역의 특성에 맞지 않고 실속 없다는 평가로 수년 전부터 주민 위주의 바자회로 전환되었음을 설명하고 계획안을 수정시켰다. 그러나 새로 부임한 부장은 담당자인 J를 직접 불러 바자회 계획안 변경을 지시하였다. 그 내용은 애초에 J가 제출하여 K팀장이 수정시킨 부분이었다.

당신이 K팀장이라면,
- 어떤 심정인가?
- 슈퍼바이지에게 어떻게 행동하겠는가?
- 이 갈등을 어떻게 해결할 것인가?

PART 02

사회복지 슈퍼비전 구성요소

2부에서는 사회복지 슈퍼비전의 구성요소를 알아본다. 구성요소를 슈퍼바이저, 슈퍼바이지, 슈퍼비전 관계, 슈퍼비전 기능 및 직무, 슈퍼비전 실행, 슈퍼비전 평가로 구분하여 구체적으로 살펴보며 마지막으로 슈퍼비전과 조직과의 관련성에 대하여 논의하고자 한다.

- 제4장 슈퍼바이저
- 제5장 슈퍼바이지
- 제6장 슈퍼비전 관계
- 제7장 슈퍼비전 기능 및 직무
- 제8장 슈퍼비전 실행
- 제9장 슈퍼비전과 평가
- 제10장 슈퍼비전과 조직

04

CHAPTER

슈퍼바이저

본 장에서는 슈퍼바이저와 관련된 여러 요인들을 살펴보게 된다. 즉, 슈퍼바이저의 지식 및 기술, 슈퍼바이저의 가치 및 태도, 슈퍼바이저의 경험들, 슈퍼바이저의 스타일 및 슈퍼바이저의 특성, 그리고 슈퍼바이저의 과업과 역할에 대하여 알아본다. 슈퍼바이저는 슈퍼바이지에게 영향을 줌으로써 클라이언트에게 제공되는 직접서비스의 질적 수준에 간접적인 영향을 주는 존재이다. 따라서 본 장에서 살펴보게 될 요인들은 효과적인 슈퍼비전을 위해서 슈퍼바이저가 갖추어야 할 기본 역량을 제시하는 것이다.

Chapter

04 슈퍼바이저

1. 슈퍼바이저의 지식 및 기술

슈퍼바이저의 지식 및 기술은 슈퍼바이저가 지녀야 할 역량 중 가장 핵심적인 요인이다(Skidmore, 1983; Travers, 1988; Kilminster & Folly, 2000). 그러나 실천현장에서 슈퍼바이지가 인식하고 있는 슈퍼바이저의 지식수준은 일반적이고 객관적인 지식의 정도나 양과 다를 수 있다(이지연, 2002). 이와 관련하여 Munson(2002)도 슈퍼바이저의 전문적 지식의 제공은 슈퍼바이지가 원하는 것과는 다를 수 있다는 점에 유념해야 함을 지적하고 있다. 일반적으로 슈퍼바이지는 경험을 적용한 지식을 원하지만 슈퍼바이저는 개념적인 지식 사용을 원하는 경향을 보인다. 이러한 차이는 슈퍼비전 관계로까지 영향을 미칠 수 있으므로 경험적 지식과 개념적 지식의 두 차원을 효과적으로 재구성하려는 슈퍼바이저의 노력이 필요한 것이다.

안정선(2007)은 사회복지기관에서 근무하는 슈퍼바이저에게 요구되는 지식역량 및 기술역량을 조사하였는데 그 내용들은 사회복지실천의 제반지식 및 기술은 물론 슈퍼비전 관련 지식 및 기술과 슈퍼바이지 및 조직에 대한 이해를 요구하고 있다. 〈표 4-1〉은 이를 중요한 순서를 기준으로 재구성한 것이다.

표 4-1 슈퍼바이저의 지식역량 및 기술역량

구분	내용
지식역량	① 프로그램의 계획과 실행, 효과성 평가와 관련된 제반지식에 대한 이해 ② 자신의 강점과 약점은 물론 사회현상이나 어떤 대상에 대한 편견에 대한 자기인식 ③ 지속적인 자기분석과 성찰을 위한 과학적 지식 보유 ④ 슈퍼바이지의 직무 전반에 대한 이해 ⑤ 다양한 클라이언트의 특성 이해 및 개입방법에 대한 지식 ⑥ 조직이 지역사회에 가지는 미션 이해 및 지역사회 및 전달 체계에 관한 지식 ⑦ 슈퍼비전 관련 지식(슈퍼비전 이론, 슈퍼비전 모델과 방법, 슈퍼바이저의 역할) ⑧ 해당 기관 및 조직관련 지식 ⑨ 조직의 리더로서 리더십 관련의 전반적인 지식 보유
기술역량	① 효과적인 슈퍼비전을 위한 의사소통 기술(경청, 의사표현, 의사전달 등) ② 사회복지의 전문적 실천기술(개인, 집단, 조직 및 지역사회실천 기술) ③ 슈퍼바이지의 직무수행과 노력에 대한 긍정적 지지 및 격려 기술 ④ 조직의 상사 및 동료, 슈퍼바이지와의 관계형성 기술 ⑤ 조직 내 집단슈퍼비전, 팀 활동의 리더로서 팀워크 형성 및 집단을 이끄는 기술 ⑥ 슈퍼바이지 개인의 전문적 성장에 관한 모니터링 및 평가 기술 ⑦ 슈퍼바이지의 개인성향, 특성 파악 ⑧ 슈퍼바이지의 교육적 욕구 사정 및 개인별 학습계획 수립과 학습촉진 기술 ⑨ 지역사회자원 분석 기술 ⑩ 각종 문서관리와 기록유 지를 위한 기록능력 ⑪ 사회복지 동향 및 다양한 관련정보 수집 기술

슈퍼바이저의 지식 및 기술역량과 관련하여 최원희(2013)는 실천현장의 슈퍼바이저들을 대상으로 필요한 교육내용에 대한 욕구를 조사하였다. 총 65개 기관(지역사회복지관 25개, 장애인복지관 20개, 노인복지관 20개)의 슈퍼바이저 339명의 응답을 통해 지식역량에서 7개 역량을 기술역량에서 6개 역량을 우선적으로 파악했고, 이를 토대로 초점집단 인터뷰를 통해 구체적인 교육욕구를 찾아냈다. 지식역량에 대한 교육욕구로는 슈퍼바이저 자신에 대한 과학적 지식, 리더십 지식, 조직관리 지식, 인사관리 지식, 사회복지전반의 동향과 변화와 복지정책 이해, 슈퍼비전에 대한 지식 등이었다〈표 4-1〉. 기술역량에 대한 교육욕구는 〈표 4-2〉에서 보는 바와 같이 직무모니터링기술, 직원평가기술, 지역사회 자원분석 및 활용기술, 정보수집 기술, 슈퍼

바이지 교육진단 및 학습계획수립 기술, 학습촉진 기술 등이었다.

표 4-2 슈퍼바이저의 지식역량에서 필요한 교육욕구

구분	내용
슈퍼바이저 자신에 대한 과학적 지식	• 슈퍼바이저 자신을 파악하는 과학적인 도구 이용 – 자기인식과 슈퍼바이저들 간 공유 – 성격유형검사가 자신과 슈퍼바이지 이해하는데 유용 – 슈퍼비전은 맞춤형이므로 슈퍼바이저와 슈퍼바이지의 스타일 파악 • 슈퍼바이저의 소진예방 교육
리더십 관련 지식	• 리더십 유형 이해 – 직급별로 요구되는 리더십 – 나의 리더십이 우리 기관에서 효과적으로 적용될지 확인 • 직원별 리더십 이해 프로그램 – 최고관리자의 리더십 파악 – 나의 리더십과 다른 슈퍼바이저의 리더십 비교 • 직급별로 필요한 리더십 기법 공유 프로그램 – 초임 슈퍼바이저는 조직 내 실제 의사소통과 의사결정방법을 공유(토론) – 더 높은 슈퍼바이저급은 갈등관리와 협상 및 협의기술 필요 – 처음 슈퍼바이저가 되었을 때 필요한 지식은 행정적 지식
조직관리 지식	• 조직의 방향, 미션과 비전, 전략 수립방법 • 사회복지행정 전반에 대한 일반적 교육 – 사회복지행정론 수업 수준을 현장에 적용 – 행정전문교수로부터 정기적 교육 및 자문 • 경영지식 – 경영지식을 복지에 적용하는 방법이 기관평가에 도움. – 경영지식 적용에 대한 가치갈등(성과 측정과 복지적 가치반영의 간극) – 관리측면의 지식 자문(복지전공자라서 입찰서 올리는 데 한 달 소요) • 조직성과나 조직문화에 대한 지식
인사관리 지식	• 인사관리를 구조화할 수 있는 틀 마련(기관방침이 중요) • 권리주장에 대처할 관련법(근로기준법, 노사관계, 노동법, 산재 등)
사회복지전반의 동향과 변화추세 이해 관련국가 및 지방 단위의 복지정책 이해	• 복지 동향을 지식보다는 정책만 고려하게 됨 • 사회 전반에 대한 이해 – 복지 측면만이 아닌 실업문제와 같은 사회전반의 문제 • 신규 정책이나 법에 대한 정기교육 – 국가차원의 사업수행 요구가 있을 시 수시로 관련 정책과 법 교육 – 정부 또는 지자체 차원의 신규 사업이 하달될 경우 배경에 대한 지식 – 정치적이든 해외의 성공사례든 사업배경을 이해할만한 교육 필요

슈퍼비전에 대한 지식	• 슈퍼비전에 대한 이론, 모형 이해 – 지속적인 슈퍼비전 이론교육 – 조직특성에 따라 효과적인 슈퍼비전을 구조화 • 슈퍼바이저 역량지침: 슈퍼비전 평가도구 • 실천이론 무장(슈퍼바이지에게 이론적 적용 시범을 위해) • 경험적 슈퍼비전의 교류 – 전문적 지식을 전달하는 방법 – 지지적 슈퍼비전에 대한 경험적 지식 공유 – 관계형성 교육 – 클라이언트로부터 도전을 받거나 방향을 못 잡을 때 대처방안

표 4-3 슈퍼바이저의 기술역량에서 필요한 교육욕구

직무모니터링 기술	• 직무모니터링에 관한 정확한 개념 이해 – 직무기술서와 직무모니터링을 연동하여 분석 – 직원평가와 직무모니터링을 명확하게 구분하지 않고 혼용: 개념 이해 필요 – 직재개편이나 직무배치 시 직무모니터링 했는데 평가로 생각함 • 효과적인 직무모니터링 방법 – 슈퍼바이지가 잘 못하는 분야나 싫어하는 분야를 찾아서 조정 필요 – 슈퍼바이저 간에 효과적인 모니터링 방법 교환 – 시간관리 기술과 목표관리 기술 교육
직원평가 기술	• 명확한 지침과 척도 – 객관적으로 직원을 평가하는 도구 이해 – 전문영역별 평가기준 마련(치료사와 같은 타 전문직) – 슈퍼바이지가 스스로 평가하는 것에 대한 신뢰 정도 • 평가실행 구조에 대한 이해 – 합리적인 평가시기와 평가횟수 – 평가방법(자기평가, 상급자평가, 하급자평가, 동료평가 등) – 평가 기준점에 대한 근거 필요-대부분 평균치가 나오는 오류 방지 • 직원평가결과의 활용방법(직원관리) – 열심히 하는데 역량이 부족한 직원의 경우 직무배치와 지도방안 – 평가결과에 대한 공유나 일대일 면담의 필요성 – 수습직원 평가시 우리 조직과 맞지 않다고 판단될 경우 대안
지역사회자원분석 및 활용기술	• 지역사회자원을 분석하는 다양한 방법 – 책, 지역사회 탐방, 성공사례 발표 등 활용방법
정보수집 기술	• 분석 및 활용기술 – 인터넷 활용능력, 통계능력, 조사분석 등
슈퍼바이지 교육 진단 및	• 교육진단 방법 교육 – 제대로 한 것인지 검토할 지식을 슈퍼바이저가 가지고 있지 못함

학습계획수립	- 슈퍼바이지 개인별로 어떤 교육을 줄지 진단하는 방법을 모름 • 슈퍼비전에 대한 전 직원 교육 우선 - 슈퍼비전의 필요성과 효과, 계획수립의 타당성을 전 직원이 공유
학습촉진 기술	• 다양한 학습촉진 방법 - 의사소통 유형, 학습 유형 스타일, 코칭 기술 - 자기인식, 자기점검, 자기평가서 작성 • 학습하는 조직문화 형성 - 미래를 구체화하는 비전 제시 - 학습을 촉진시키려면 기관차원의 보상(외부교육 시 대체휴가제 등)

2. 슈퍼바이저의 가치 및 태도

슈퍼바이저의 지식 및 기술 이상으로 슈퍼비전에 영향을 미치는 요인 중 하나는 슈퍼바이저의 가치 또는 신념이다. 슈퍼바이저 자신은 스스로가 객관적이고 자신들의 가치를 슈퍼바이지에게 강요하지 않는다고 믿고 있지만 실상은 아주 미묘한 방식으로 자신들의 가치를 전할 수도 있다. 가치로부터 자유로운 슈퍼비전이란 사실상 불가능하다. 그러므로 슈퍼바이저들은 자신들의 가치와 신념을 인식하고 이러한 것들이 슈퍼비전을 제공하는 데 있어서 어떻게 영향을 미치는지를 깨닫도록 노력해야 한다. 효과적인 슈퍼비전을 위해서 슈퍼바이저와 슈퍼바이지가 동일한 가치와 신념을 가져야 하는 것은 아니지만 서로가 가지고 있는 가치의 유사점과 차이에 관하여 인식하는 것이 중요하다. 이처럼 슈퍼비전 과정에 영향을 줄 수 있는 가치로는 종교, 낙태, 결혼과 이혼, 정서적 성향, 부모되기, 영성, 변화 과정, 자살, 임종결정 등에 관한 개인의 신념 등이 포함될 수 있다(Haynes et al., 2003).

이러한 가치와 신념은 슈퍼바이저의 태도로 표면화된다. 슈퍼바이저로서 바람직한 태도는 슈퍼비전에 대한 헌신과 개방적 태도(Skidmore, 1983), 슈퍼바이지를 칭찬하고 인정해 주기(Travers, 1988), 그리고 슈퍼바이저의 역할에 있어서 일관성 있는 태도(Dye & Borders, 1990) 등이다. 또한 슈퍼바이지를 훈련시키고자 하는 슈퍼바이저의 열정(Haynes et al., 2003)도 슈퍼비전 성과에 영향을 미치는 중요한 요인이라 할 수 있다.

최근에는 슈퍼바이저로서의 역할과 책임에 대한 이들의 태도에 대한 논란이 제기되고 있다(Smith, 2000; Austin & Hopkins, 2004). 슈퍼바이저는 슈퍼바이지를 위해 적극적으로 경청하고 시간을 할애하며, 슈퍼바이지의 발달수준에 맞는 교육을 계획하고 건전한 피드백을 제공하며 공감적이고 유연한 태도를 가지려는 자세가 중요하다. 그러나 많은 슈퍼바이저들이 서비스 제공자의 역할만 하고 슈퍼비전 훈련이나 멘토링에 대한 노력을 거의 하지 않으려는 경향을 보인다는 것이다. 이럴 경우 슈퍼바이저들이 실천하는 과정을 슈퍼바이지가 활용할 수는 있겠지만 슈퍼바이지가 서비스를 전달할 때 조직적 맥락을 이해하도록 원조할 수 없게 된다는 문제가 발생한다.

여러 학자들이(Lowry, 2001; Haynes et al., 2003; Kilminster & Folly, 2000) 슈퍼바이저의 바람직한 행동과 그렇지 못한 행동을 지적하고 이러한 행동들이 슈퍼비전 효과에 영향을 준다고 주장하고 있다. 이를 정리해 보면 〈표 4-4〉와 같다.

표 4-4 슈퍼바이저의 바람직한 행동과 그렇지 못한 행동

슈퍼바이저의 바람직한 행동	슈퍼바이저의 바람직하지 못한 행동
• 슈퍼비전 분위기를 수용하는 자세 • 슈퍼비전을 위한 시간을 할애하려는 욕구 • 슈퍼바이지의 발달수준에 적절한 슈퍼비전 • 건설적인 피드백 • 감정이입 • 융통성 있고 유용한 슈퍼비전 제공 • 좋은 관계형성 기술 보유 • 임상적으로 풍부한 경험	• 심판적이거나 비판적인 자세 • 개인적으로나 이론적으로 경직되어 있는 경우 • 슈퍼비전 과정에 전념하지 않는 열정의 결핍 • 슈퍼비전 준비 부족 • 도움이 될 만한 피드백 능력 부족 • 슈퍼바이지의 관심에 대한 등한시 • 비윤리적이거나 모호한 경계 • 지나친 자기중심 • 부정적 관점과 평가에 대한 강조 • 지지제공의 실패 • 슈퍼비전 제공 경험 부족

안정선(2007)은 슈퍼비전이 원활히 이루어질 수 있도록 슈퍼바이저들은 가치 및 태도의 향상을 위해 지속적으로 노력해야 할 것을 강조하고 있다. 즉, 슈퍼바이저는 일관성 있는 태도, 사회복지윤리의 내재화 및 기관 규정 준수 등의 윤리적 태도, 다양한 의견개진을 수용하고 관점을 공유하는 등 개방적인 태도, 직무수행의 모델로서 책임감 있는 태도, 직무평가 및 슈퍼바이지에 대한 처우에 있어서 공정한 태도 등이 요구된다. 이를 중요한 순서를 기준으로 제시한 것이 〈표 4-5〉이다.

표 4-5 슈퍼바이저의 가치 및 태도 영역

가치 및 태도	① 직무수행과 슈퍼비전에 있어서 일관적인 태도 유지 ② 사회복지 윤리의 내재화 및 기관 규정을 준수하는 윤리적 태도 ③ 슈퍼바이지를 수용하고 그가 담당하고 있는 직무의 어려움을 이해 ④ 슈퍼바이지의 자율성에 대해 적극적으로 인정하는 태도 ⑤ 슈퍼바이지의 전문적 성장에 대해 신념을 가지고 헌신적 태도 ⑥ 진실한 태도로 공감적 이해 ⑦ 직무수행의 모델로서 기능하기 위해 업무수행에서 책임감 있는 태도 ⑧ 슈퍼바이지와 협력하고 협동하는 태도로 직무수행 ⑨ 직무평가 및 슈퍼바이지에 대한 처우에 있어 공정한 태도

3. 슈퍼바이저의 경험

슈퍼바이저의 다양한 경험들은 슈퍼바이저만의 유형을 형성하게 되고 이는 곧 슈퍼비전의 성과에 영향을 미치게 된다. 슈퍼바이저의 경험은 가정 및 학교에서의 경험, 전문가로서의 경험, 슈퍼비전을 받은 경험, 실습지도자로서의 경험 등이 포함된다(Brown & Bourne, 1996).

1) 가정에서의 경험

슈퍼바이저는 어린 시절에 부모나 보호자로부터 경험한 권위와 권력의 영향을 받게 된다. 주변 환경을 탐색할 때 자유로운 상황에서 격려와 지지를 받았는지, 대부분의 행동에 엄격한 통제를 받았는지, 부모가 일관성 있는 양육태도를 보였는지 또는 이중메시지를 전달했는지, 부모의 관대한 사랑을 경험했는지 아니면 폭력이나 학대를 목격했거나 당한 경험이 있는지 등이 슈퍼비전 관계에서 알게 모르게 영향을 주게 된다. 특히, 슈퍼바이저가 학대와 관련된 경험이 있을 때 슈퍼비전에 큰 영향을 줄 수 있다. 학대 경험은 이와 유사한 클라이언트를 만날 때 이해수준이 증가한다는 측면에서 도움이 될 수 있지만 개인적 경험에 대한 스트레스로 오히려 슈퍼비전 관계에서 긍정적 권위를 사용하기 어렵게 만들기도 한다. 즉, 슈퍼바이저가 자신의 경험을 반복하거나 자신의 권위를 부정 또는 회피하려는 경향을 보일 수 있다.

이 외에도 슈퍼바이저가 부모로서 자녀와 가지는 관계경험 또한 슈퍼비전 관계에서 영향을 미칠 수 있다. 슈퍼바이저-슈퍼바이지의 관계가 부모-자녀 관계와 동일하지는 않지만 권력행사에 있어서는 유사할 수 있기 때문이다. 부모 역할을 하면서 자녀와 안정적인 경계를 설정하고 어려운 이슈들에 직면했던 슈퍼바이저의 경험들은 슈퍼바이지와의 관계에서 이러한 기술 적용을 가능하게 한다.

2) 학교에서의 경험

학교로부터의 영향은 크게 두 가지가 중요한데, 하나는 교육과 학습모델이고 또 하나는 교사의 권위와 권력에 대한 경험에 관한 것이다. 교사는 가족 이외의 가장 강력한 외부 권위자이다. 따라서 이에 대한 슈퍼바이저의 감정 상태가 어떠하였으며 어떻게 대처했는가, 권위자의 권력이 신뢰할 만하였는가, 일관성이 있었는가, 권위자는 보호적인 사람이었는가, 자신의 권력을 남용하지는 않았는가, 권위자의 생각이나 관점은 환영을 받았었는가, 만일 권위자의 권력에 순응하지 않는 경우 어떠한 압력이 행사되었는가 등의 질문들을 통해 슈퍼바이저가 학교의 교사로부터 어떠한 경험을 했는가를 파악해 볼 필요가 있다. 왜냐하면, 슈퍼바이저와 슈퍼바이지의 관계는 교사와 학생의 관계형성과 유사한 성격을 보이므로 교사와의 관계 경험이 슈퍼바이지와의 관계에 영향을 줄 수 있기 때문이다.

3) 실천가로서의 경험

사회복지기관의 사회복지사를 대상으로 한 안정선(2007)의 연구에서는 사회복지관의 슈퍼바이저의 기본 역량 중 하나로 5년 이상의 실무경력과 현재 기관에서의 일정기간 근무경험이 핵심내용으로 도출되었다. 즉, 실천가로서의 실무경력은 슈퍼바이저로서의 역량을 위한 기본 요건이라 할 수 있다.

슈퍼바이저가 자신의 전문적 실천영역에서만 슈퍼바이저 역할을 한다면 슈퍼비전을 제공할 때 크게 어려움을 겪지 않을 수 있다. 그러나 대다수의 슈퍼바이저들은 전문가로서의 역할뿐 아니라 팀의 장으로서, 그리고 기관의 행정가로서의 역할도 수행해야 하는 위치에 있다. 따라서 슈퍼바이저로서의 역할에 있어서 혼란을 경험하기도 한다. 이때 사회복지 전문직의 기술들을 적절히 사용하는 것이 도움이 될 수 있다. 즉, 슈퍼바이저가 전문가로서 그동안 활용해 왔던 관계 기술, 옹호활동 기술, 사람들과 집단으로 일하는 기술, 계약을 맺는 기술, 긍정적・부정적 피드백 제공 기술 등은 슈퍼바이저의 다중적 역할수행에 도움을 줄 수 있다.

4) 슈퍼비전 받은 경험

처음 슈퍼바이저가 되었을 때는 이전에 슈퍼비전 받았던 경험들이 영향을 주게 된다. 즉, 일선 사회복지사로서 근무하면서 슈퍼비전 받은 경험과 실습생이었을 때의 슈퍼비전 받은 경험들을 통해 모델링이 되는 슈퍼바이저와 본받지 말아야 할 슈퍼바이저를 기억해 내게 되는 것이다. 특히 초보 슈퍼바이저들은 자신만의 슈퍼비전 유형과 접근방식을 형성하기 위해 과거의 모든 경험에서 배운 교훈과 슈퍼바이저 훈련 경험을 통해 자신만의 슈퍼비전 유형을 발견해 나가게 된다.

5) 실습지도자로서의 경험

실습지도자로서의 경험은 새롭게 직원의 슈퍼바이저가 되었을 때의 역할에 영향을 준다. 이는 실습지도와 직원슈퍼비전이라는 두 역할이 다음과 같은 공통적인 측면을 지니고 있기 때문이다.

- 슈퍼바이지의 학습욕구에 관해 생각하고, 교육/학습 스타일과 연결시킨다.
- 가치관점, 선호하는 이론, 실천접근에 대한 공유를 포함하고, 함께 일하는 방법에 관해 계약하거나 동의한다.
- 계획된 슈퍼비전 회기(session)를 정기적으로 실시한다.
- 보호하는 역할뿐 아니라 필요하다면 통제역할 수행에 대한 권위를 가진다.
- 슈퍼바이지의 능력과 진척사항에 대하여 공동으로 사정한다.
- 슈퍼비전 관계에서 각기 다른 권력차원을 가진다.

그러나 이러한 공통점 이외에 실습지도자와 직원 슈퍼바이저의 역할에 차이가 있음을 인식하는 것 또한 중요하다. 예를 들어 슈퍼바이저의 역할상의 관계나 책임소재 등에서 실습생을 대상으로 할 때와 직원을 대상으로 할 때의 다른 점을 발견해야 할 것이다.

4. 슈퍼바이저 스타일

슈퍼바이저 스타일은 슈퍼바이지의 학습과 실천효과성을 향상시키는 데 영향을 미치는 경향이 있기 때문에(김융일 · 양옥경, 2004) 슈퍼바이저의 기본 스타일을 알아보는 것은 효과적인 슈퍼비전 제공에 도움을 줄 것이다. 여기서는 Munson(2002)이 제시한 슈퍼바이저의 스타일을 근거로 살펴보겠다(Munson, 2002; 김융일 · 양옥경, 2004). 그는 슈퍼바이저의 주요 스타일을 크게 '적극적 스타일'과 '반응적 스타일'로 구분하였고, 세부적으로는 철학자 스타일, 이론가 스타일, 기술자 스타일로 구분하여 설명하고 있다.

1) 주요 스타일

적극적인 스타일과 반응적인 스타일 중 더 좋거나 나쁜 것은 없다. 슈퍼바이지가 어떻게 경험했는가가 중요한 것이다. 즉, 슈퍼바이지가 어떠한 스타일을 긍정적으로 경험했다면 긍정적이 되는 것이며 부정적으로 경험했다면 부정적이 되는 것이다. 또한 슈퍼바이저의 스타일은 슈퍼바이지의 수준에 따라 다르게 나타날 수도 있다. 예를 들어 초보 사회복지사는 보다 구체적이고 적극적인 슈퍼비전을 원하기 때문에 자신의 슈퍼바이저가 적극적이기보다는 반응적이라고 평가할 수 있으며, 반대로 숙련된 슈퍼바이지라면 집중적인 슈퍼비전에 대한 욕구가 낮아지기 때문에 자신의 슈퍼바이저를 적극적인 스타일로 인식할 수 있는 것이다. 이처럼 슈퍼바이저의 스타일은 슈퍼비전 과정에서 도움이 되는 개념이지만 이에 대한 더 많은 적용연구가 필요하다고 볼 수 있다. 따라서 한 명의 슈퍼바이저라도 환경에 따라 다르게 반응할 수 있다는 점을 기억해야 할 것이다.

(1) 적극적 스타일(active style)

적극적 스타일의 슈퍼바이저는 직접적이고 예리한 질문을 슈퍼바이지에게 던지며, 슈퍼바이지의 질문에도 직접적으로 응답하고 해석한다. 적극적인 스타일의 슈퍼바이저는 문제중심적이고 대인적 개입을 탐색하며, 클라이언트의 역동에 초점을 두고, 결과에 대한 추론 등에 집중하는 경향이 있다.

(2) 반응적 스타일(reactive style)

반응적 스타일의 슈퍼바이저는 간접적이고 억제하는 경향이 있어서 제한된 질문만 하며 답 또한 제공하지 않는다. 반응적 스타일의 슈퍼바이저는 치료중심적이고 상호작용의 쟁점을 탐색하며, 슈퍼바이지의 역동에 초점을 두고, 과정에 집중하는 경향이 있다.

2) 하위 스타일

하위 스타일은 3가지 스타일, 즉 철학자, 이론가, 기술자 스타일로 구분된다. 슈퍼비전 과정에서의 상호작용을 중심으로 슈퍼바이저가 슈퍼바이지에게 무엇을 어떻게 말하는지를 분석하여 분류한 것이다. 철학가 스타일은 '무엇'을, 이론가 스타일은 '왜'를, 기술자 스타일은 '어떻게'를 강조한다고 보았다. 그러나 어떤 슈퍼바이저가 한 가지 스타일로만 특징지어지는 것은 아니며 세 가지 스타일이 통합되거나 절충되는 슈퍼바이저가 보다 효과적일 수 있다. Munson(2002)은 앞서 살펴본 주요 스타일과 이 세 가지 하위 스타일을 조합하여 다음과 같은 도식을 완성하였다.

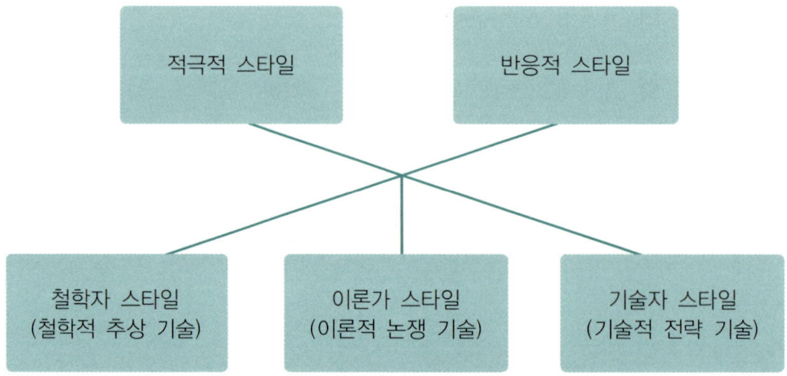

그림 4-1 주요 스타일 및 하위 스타일의 개념화 도식

출처: Munson(2002: 123).

(1) 철학자 스타일(Philosopher style)

철학자 스타일의 슈퍼바이저는 매우 편안한 방식으로 슈퍼비전을 제공하며 어떤 설명이나 예를 제공하지도 않는다. 사례를 직접적으로 다루지도 않고, 솔직한 응답도 없으며, 피드백도 주지 않는다. 많은 지식을 가지고 있지만 그걸 설명하기 어려워한다. 그러나 새로운 이론의 적용이나 의견교환에 있어서 슈퍼바이지로 하여금 자유로움을 느끼게 하며, 슈퍼바이지의 정서적 지지에도 힘이 된다. 또한 지금 하고 있는 일에 대한 진정성과 희망을 가지고 임하는 모습을 보인다. 이와 같이 철학적이고 이념적인 논의 자체는 흥미롭고 사회복지실천에 대한 의미 부여에 있어서 도움이 되거나 어떤 위안이 될 수는 있겠지만 슈퍼바이지 입장에서 보면 실천현장에의 적용이 어려울 것이다. 만약 전문적인 기술과 기법에 대한 도움을 받고자 하는 슈퍼바이지라면 이러한 슈퍼바이저를 만날 때 좌절할 수도 있다. 따라서 철학적 추상이라는 기술을 계속 사용하려는 슈퍼바이저는 슈퍼바이지에게 생각할 수 있는 시간을 주어야 하고 그것이 사례와 어떤 관계가 있는가를 찾아내는 시도가 필요하다.

(2) 이론가 스타일(Theoretician style)

이론가 스타일의 슈퍼바이저는 이론을 적용하는 것이 가장 전문적이고 훌륭한 실천을 보장한다고 믿는다. 따라서 슈퍼바이지가 이론을 제대로 숙지하게 된다면 스스로 사례를 다룰 수 있게 될 것으로 생각하기 때문에 때때로 이론을 설명하기 위해 사례를 활용하기도 한다. 이론가 스타일의 슈퍼바이저가 만약 이론에 대한 일관성을 가지지 못하고 현재의 사례와 관련시키지 못하게 되면 슈퍼바이지로부터 긍정적 평가를 받지 못하게 되지만, 비교적 사례에 대하여 논리적 접근이 가능하기 때문에 슈퍼바이지로부터 존경을 받게 된다. 그러나 간혹 사회복지실천에 있어서 이론이 가장 중요하다는 생각에 빠져들기도 하는데, 더 중요한 것은 이론의 유용성과 그 한계를 분명하게 인식해야 한다는 것이다.

(3) 기술자 스타일(Technician style)

기술자 스타일은 철학자나 이론가 스타일과는 전혀 다른 모습을 보인다. 훌륭한 기술자 스타일의 슈퍼바이저는 숙련되고 공감적인 방법으로 구체적이면서 초점 있는 질문을 통해 철저하게 사례의 문제를 다루는 기술과 연결시킨다. 이들은 슈퍼바이지가 스스로 해답을 찾을 수 있을 때까지 격려하면서 기다려 준다. 그러나 때로는 슈퍼비전에 있어서 너무 많은 요구를 하는 슈퍼바이저로 평가되기도 한다. 기술자 스타일의 슈퍼바이저가 주로 사용하는 전략은 세 가지 형태로 나타난다. 첫째, 슈퍼바이지가 클라이언트에게 어떤 말을 해야 하는지를 구체적이고 직접적으로 설명(explanation)하는 형태이다. 둘째, 사례에 대한 사후탐색으로 활용되는 서술(description)이다. 대부분의 슈퍼바이저와 슈퍼바이지는 그 상황에서 일어난 행동보다는 과정에 초점을 두고 서술함으로써 자신들의 기술 적용을 언급한다. 즉, 대부분의 슈퍼비전이 이미 발생했거나 알려진 것으로부터의 학습으로 이루어진다. 셋째, 계획(planning) 전략이다. 계획은 사례에 대한 구체적이고 일반적인 개입 전략이나 기법들을 계획하고 이에 대한 전문가와의 동반 작업이 포함된다. 과거의 사례에 대한 논의가 주로 이루어지지만 서술적 전략과 구별되는 것은 실천가의 미래행동에 초점이 맞춰진다는 점이다. 계획 전략의 초점은 기법을 가르치는 것이다.

주요 스타일과 하위스타일의 연관성의 경향을 보면, 반응적 슈퍼바이저는 철학자의 경향을 띠고, 적극적 슈퍼바이저는 기술자의 경향을 보인다. 그러나 슈퍼비전의 시점에 따라 효과적으로 주요 스타일과 하위 스타일을 결합 또는 교류하는 것이 바람직하다. 무엇보다도 중요한 것은 이러한 스타일을 이미 규명된 명칭에 꿰어 맞출 필요는 없다는 것이다. 슈퍼바이저가 효과적인 슈퍼비전의 상호작용을 향상시키기 위해 자신의 스타일을 제대로 파악하는 것이 가장 중요하다.

5. 슈퍼바이저의 특성

1) 슈퍼바이저의 인구사회학적 특성

슈퍼바이저의 인구사회학적 특성 중 성(Gender), 연령, 실무경력 등은 슈퍼비전에 영향을 미치는 것으로 알려져 있다.

(1) 슈퍼바이저의 성

슈퍼바이저의 성이 슈퍼비전에 있어서 영향을 미치는가에 대하여서는 각각의 연구들이 서로 다른 결과를 보이면서 많은 논란이 되고 있다. Munson(1979)은 64명의 슈퍼바이저와 65명의 슈퍼바이지를 대상으로 슈퍼바이저의 성에 대한 슈퍼바이지들의 의견을 조사하였다. 이 조사에서 슈퍼바이지들은 여성 슈퍼바이저에 대하여 더 긍정적인 평가를 내린 것으로 나타났다. 즉, 비지시적 태도, 지지, 업무평가, 역할교육, 분석능력, 슈퍼바이지의 업무능력 향상에 도움을 주는 정도, 친근감, 감사표현 능력, 개인적 인간관계 등에서 남성 슈퍼바이저보다 여성 슈퍼바이저들이 높은 점수를 얻은 것이다. 또한 이와 유사한 연구들(류시향, 1990; Jeffreys, 2001; Shih, 2000; Tannen, 1994a)에서도 슈퍼바이저가 여성일 경우가 남성일 경우보다 슈퍼바이지의 슈퍼비전 만족도가 높으며, 이는 슈퍼바이지가 여성일 경우 더욱 명확하였다. Shih(2000)의 연구에서는 건강서비스 조직에서 일하는 여성들이 남성 슈퍼바이저보다 여성 슈퍼바이저로부터 슈퍼비전 받는 것을 더 선호하는 것으로 나타났으며, Tannen(1994b)의 연구에서는 남성조차 여성 슈퍼바이저와 더 쉽게 의사소통하는 것으로 관찰되었는데 이는 여성이 남성보다 대화를 이끄는 능력이 더 앞서기 때문으로 보인다. 이처럼 여성이 남성보다 의사소통 능력이 좋다는 점은 이전의 사회언어학 연구들(Boxter & Wilmot, 1986; Haas & Sherman, 1982)에서도 입증된 바 있다. 그러나 Tsui(2004)는 다른 연구들(Chermesky, 1986; Osterberg, 1996; Powell, 1993)을 인용하면서 슈퍼비전에 있어서 성별 간의 차이가 미미함에도 불구하고 성별이 슈퍼비전의 주요 특성으로 과장되고 있다고 지적하기도 했다.

(2) 슈퍼바이저의 연령

슈퍼바이저의 연령에 대하여서도 슈퍼비전에 영향을 미치지 않는다는 의견(이은진, 2002)과 영향을 미친다(Munson, 2002)는 상반된 연구가 있다. 그러나 슈퍼바이저 연령의 많고 적음, 또는 슈퍼바이지보다 연령이 어린 슈퍼바이저가 슈퍼비전에 어떤 영향을 미치는가에 대한 명확한 근거가 있는 것은 아니기 때문에 슈퍼바이저의 연령에 대하여 슈퍼바이저의 다른 특성에 비해 지나치게 민감한 반응을 보일 필요는 없다. 다만 Munson의 주장처럼 슈퍼바이저와 슈퍼바이지의 연령 차이가 현격할 때는 슈퍼바이저의 권위와 슈퍼비전 관계에 있어서 문제가 발생할 수 있다는 점을 고려하는 수준이 적당할 것이다.

(3) 슈퍼바이저의 실무경력

슈퍼바이저의 실무경력과 관련하여 안정선(2007)의 연구에서는 사회복지관에서 근무하는 슈퍼바이저의 5년 이상의 실무경력과 현재 기관에서의 일정기간 근무경험이 슈퍼바이저 역량의 핵심 내용임을 도출하였으며, 최원희(2009)의 연구에서도 슈퍼바이저의 실무경력이 성공적인 슈퍼비전에서 중요 요소로 확인되었다. 이처럼 슈퍼바이저의 실무경력은 슈퍼비전에 영향을 미친다고 볼 수 있다. 그러나 실무경력이 많을수록 슈퍼바이저의 능력이나 역량이 증가되는 것은 아니며 일정 수준의 실무경험이 있다면 슈퍼바이저로서의 자질에는 큰 문제가 없다고 본다.

2) 슈퍼바이저의 바람직한 특성

Kadushin(1992)은 효과적인 슈퍼바이저가 되기 위한 슈퍼바이저의 특성을 다음과 같이 설명하고 있다(김융일·양옥경, 2004에서 재인용).

① 감정의 표현을 허용하면서 권장하는 분위기에서 슈퍼바이지와 충분하고 자유로운 상호 의사소통을 한다.

② 슈퍼바이지의 자율성과 분별력에 대한 신뢰의 태도를 보인다.

③ 기관업무에 대하여 권력 중심의 방법보다는 민주적 참여를 통한 합의와 협력으로 문제해결을 지향한다.

④ 슈퍼비전에서 윗사람과 부하라는 관계를 탈피하여 자문적인 지도력(consultative-leadership) 관계를 형성한다.

⑤ 슈퍼바이지와 심리적 안정감(수용/다정/공감/존중/관심/지지/융통성/진실)을 가지는 관계를 맺는다.

⑥ 슈퍼바이지와 상호 인간적인 관계는 물론 그의 직무를 돕는 기술적인 전문적 능력을 보여준다.

⑦ 기관의 목표와 슈퍼바이지의 욕구 간에 균형과 통합을 이루도록 노력한다.
⑧ 행정적 권한을 수용하면서 권위적이지 않고 편안하게 행사하며 슈퍼바이지가 배정된 업무에 대하여 책임을 가지게 한다. 슈퍼바이지의 실천을 민감하면서도 단호하게 평가하고 지지와 업무기내 산 균형을 이룬다.
⑨ 슈퍼바이지의 기관에 대한 관계와 실천에 대하여 분명하고 구조화된 절차를 통해 건설적 피드백을 제공한다.
⑩ 기관의 안정욕구와 변화욕구 간에 균형을 이해하고 정당한 변화를 옹호할 준비가 되어 있어야 한다.
⑪ 관리자와 슈퍼바이지와의 위계적 의사소통을 효과적으로 수행하며 슈퍼바이지의 행정적인 고려사항에 대하여 적극적으로 대변한다.
⑫ 신체적으로뿐만 아니라 심리적으로도 접근 가능하다.
⑬ 슈퍼바이지가 슈퍼비전을 받고 있지만, 받는다는 것을 모를 정도로 그슈퍼바이지의 지식에 대한 검토가 필요하다.
⑭ 컨퍼런스나 집단슈퍼비전의 회합을 적극적으로 준비한다. 내용에 대한 준비는 물론 슈퍼바이지의 지식에 대한 검토가 포함된다.
⑮ 전문적 지식과 기술을 공유하고 학습을 촉진하는 방식으로 실천을 효과적으로 가르칠 준비가 되어 있으며 의지와 능력이 있다.
⑯ 부정적 피드백과 역전이반응을 비방어적으로 생각하는 것에 대하여 불안해하지 않으며 건설적 비판에 대하여 관용적이다.
⑰ 사회복지분야의 변화와 함께 배우고 성장하기 위해 지속적으로 노력한다.
⑱ 사회복지실천과 의무에 대하여 긍정적이고 미래지향적인 태도를 가지고 전문직에 대한 결속력과 헌신성을 보여주며 전문직의 가치를 그의 행동에서 구체화한다.
⑲ 훌륭한 수행을 칭찬하고 인정할 준비가 되어 있고 의지가 있으며 편안해하고, 부적절한 업무에도 똑같이 도전하고 직면할 준비가 되어 있다.

⑳ 상황 속의 클라이언트를 돕는 데 문화적으로 민감하며 성차별이나 인종차별주의자가 아니다.

이 밖에도 양옥경은 Munson(1983)의 척도를 보완하여 25개 문항으로 바람직한 슈퍼바이저가 되기 위한 사정척도를 만들었다(김융일 · 양옥경, 2004). 〈표 4-6〉의 체크리스트는 슈퍼바이저로서 자신의 현재의 상황을 확인하고 바람직한 슈퍼바이저가 되기 위해서는 어떠한 항목에 대하여 더 준비가 필요한지를 파악하게 해주는 유용한 척도로 도움이 될 것이다.

표 4-6 바람직한 슈퍼바이저가 되기 위한 사정척도

수 준	기 준
① 다른 사람들을 가르치는 것을 좋아한다.	예 · 아니오
② 다른 사람들이 못 알아들을 때 잘 참는다.	예 · 아니오
③ 간접적인 제안에 숙련되어 있다.	예 · 아니오
④ 다른 사람들이 일을 더 잘하도록 돕는 데 헌신적이다.	예 · 아니오
⑤ 다른 사람들의 불평을 기꺼이 들어 준다.	예 · 아니오
⑥ 미리 계획하는 것을 좋아한다.	예 · 아니오
⑦ 내 자신의 실천업무를 기꺼이 줄일 수 있다.	예 · 아니오
⑧ 질문에 대답하는 것을 싫어하지 않는다.	예 · 아니오
⑨ 질문하는 것을 싫어하지 않는다.	예 · 아니오
⑩ 조직의 문제를 토의하는 것을 싫어하지 않는다.	예 · 아니오
⑪ 다른 사람들이 실수를 저지르는 것을 참을 수 있다.	예 · 아니오
⑫ 비판을 받아들일 수 있다.	예 · 아니오
⑬ 다른 사람들이 나의 조언을 따르지 않는 것을 받아들일 수 있다.	예 · 아니오
⑭ 결정을 내리는 것을 좋아한다.	예 · 아니오
⑮ 이론에 대해 토의하는 것을 싫어하지 않는다.	예 · 아니오
⑯ 내가 내리는 결정들에 대해 너무 많은 지지를 필요로 하지 않는다.	예 · 아니오
⑰ 다른 사람들의 실천업무를 평가하는 것을 싫어하지 않는다.	예 · 아니오
⑱ 혼자 일하는 것을 싫어하지 않는다.	예 · 아니오
⑲ 서류업무 때문에 좌절하지 않는다.	예 · 아니오
⑳ 즉시 행동하기보다는 깊이 생각하는 것을 더 좋아한다.	예 · 아니오
㉑ 나보다 지위가 낮은 사람에게 권위적으로 대하지 않는다.	예 · 아니오
㉒ 다른 사람의 생각을 존중할 줄 안다.	예 · 아니오
㉓ 다른 사람과 투명하고 열린 대화를 이끌어갈 수 있다.	예 · 아니오
㉔ 다른 사람이 잘하는 것을 보고 기뻐할 수 있다.	예 · 아니오
㉕ 하나의 이슈를 놓고 긍정적으로 토론할 수 있다.	예 · 아니오

채점: '예'=4점. 25문항 모두 '예'이면 100점짜리 슈퍼바이저가 되는 것임.

6. 슈퍼바이저의 과업 및 역할

1) 슈퍼바이저의 기본 과업

Munson(2002)은 슈퍼바이저의 기본적인 과업을 다음과 같이 설명하고 있다(태화기독교사회복지관, 2005에서 재인용).

(1) 관련서적 탐독하기

슈퍼바이지에게 효과적인 슈퍼비전 제공을 위해 관련문헌을 탐독하는 것은 슈퍼바이저의 기본적 과업이다. 슈퍼바이저는 최근의 연구와 자료 및 문헌을 체계적으로 탐독할 수 있는 방안을 찾아야 한다.

(2) 기록활동 수행하기

슈퍼바이저는 다양한 기록양식을 작성해야 한다. 이러한 양식은 기관마다 다르지만 슈퍼바이저의 기록활동은 슈퍼바이지에게 효과적인 역할모델이 될 수 있다. 슈퍼바이저와 슈퍼바이지의 공동기록(joint writting)활동도 서로에게 도움이 되는 방법 중 하나이다.

(3) 슈퍼바이지 관찰하기

슈퍼바이저는 슈퍼바이지가 그에게 표현한 것 이상을 알고 있어야 하며, 슈퍼바이지가 제시하는 것만으로 판단하고 결정하는 것은 슈퍼비전 과정에 손실을 초래할 수 있다.

(4) 슈퍼바이지의 말에 경청하기

슈퍼바이저가 갖추어야 할 매우 중요한 기술 중 하나는 바로 듣기이다. 슈퍼비전 관계에서 슈퍼바이저는 임상실천의 상황에서보다 더 적극적인 자세로 듣는 것이 필요하다. 단지 듣기만 하는 슈퍼바이저는 슈퍼바이지를 돕는 데 한계가 있을 수밖에 없다.

(5) 말하는 기술 활용하기

대부분의 슈퍼비전 활동은 토론을 통해 진행된다. 슈퍼바이저는 임상실천에서 활용하는 방법 중 하나인 말하는 기술을 슈퍼비전에서도 활용한다. 그러나 토론과 참여를 촉진하기 위한 기법들은 임상실천에서와는 다른 방법을 활용해야 한다. 슈퍼바이지는 슈퍼바이저가 자신을 클라이언트처럼 대한다고 느끼면 불안해하고 좌절하기 때문이다.

2) 슈퍼바이저의 역할과 책임

슈퍼바이저는 다음과 같은 역할과 책임을 수행해야 한다(김경희, 2006).

① 슈퍼바이저는 슈퍼바이지로 하여금 사회복지의 철학과 가치 전제들이 실무에 반영될 수 있도록 하는 역할을 수행해야 한다.

② 슈퍼바이저는 서비스 효과성과 효율성을 창출하기 위해 사회복지사의 실천효과성 검증능력을 배양해야 한다.

③ 슈퍼바이저는 사회복지의 전문적 지식 및 기술, 그리고 가치 내면화를 통해 전문적 태도를 갖춘 모델로서 사회복지사의 역할을 보여줘야 한다.

④ 슈퍼바이저는 중간관리자로서 행정적 기관의 계층체계 내에서 윗사람과 슈퍼바이지를 효과적으로 도와 그들이 기관의 목적 및 목표달성을 위한 책임을 가

지도록 조력해야 한다.

⑤ 슈퍼바이저는 슈퍼바이지에 대한 지도감독을 통해 클라이언트와 간접 접촉함으로써 직접서비스 성과에 대한 책임을 진다.

⑥ 슈퍼바이저는 실천현장에서 수행되는 프로그램 진행 및 성과에 대하여 책임을 가진다.

05

CHAPTER

슈퍼바이지

본 장에서는 슈퍼바이지와 관련된 요인들을 살펴보고자 한다. 즉, 슈퍼바이지의 지식 및 기술, 슈퍼바이지의 가치 및 태도가 슈퍼비전에 미치는 영향을 살펴보고, 슈퍼바이지의 자기지식 개발을 위한 방법을 제시하게 된다. 또한 슈퍼바이지의 특성과 슈퍼바이저의 스타일에 대한 슈퍼바이지의 반응을 소개하고, 슈퍼바이지의 권리와 책임에는 어떠한 것이 있는가를 규명할 것이다.

Chapter

05 슈퍼바이지

1. 슈퍼바이지의 지식 및 기술

Haynes 외(2003)는 슈퍼비전에 긍정적 영향을 주는 요인과 방해요인을 기술하면서, 슈퍼바이지의 지식과 기술, 능력, 개인적 통찰 부분을 주시한다. 즉, 슈퍼바이지의 지식과 임상기술 및 지적능력, 감정이입 능력, 클라이언트에 초점을 두는 기술 등이 충분할 때는 슈퍼비전에 긍정적인 효과를 가져오며, 이러한 지식과 기술, 그리고 개인적 통찰의 부족은 슈퍼비전이 제대로 이루어지는 데 방해요소로 작용한다는 것이다. Kaiser(1997)는 슈퍼비전을 통해서 슈퍼바이지의 지각, 개념, 개입, 개인적 기술의 발달이 성취된다고 보고, 슈퍼비전이 클라이언트에게 유용한 서비스를 제공한다는 측면에서 이러한 요인들이 슈퍼비전 과정에서 중요하게 다루어져야 함을 강조하고 있다. 최원희(2009)의 연구에서도 슈퍼바이지의 지식 및 기술은 성공적인 슈퍼비전의 영향을 되는 중요 요소로 밝히고 있다.

이처럼 슈퍼바이지의 전문적 지식과 기술은 효과적인 슈퍼비전을 위해 중요한 요소이므로 이를 향상시키려는 노력이 필요하다. 그러나 슈퍼바이저에 비해 슈퍼바이지를 대상으로 하는 교육 및 훈련 과정은 매우 미약한 상황이다. 따라서 사회복지기관이나 전문직협회의 보수교육 과정에서 슈퍼바이지를 위한 구체적이고 실질적인 커리큘럼 개발이 요구된다.

2. 슈퍼바이지의 가치 및 태도

효과적인 슈퍼비전이 이루어지기 위해서는 슈퍼바이지의 역량과 준비된 자세가 중요하다(안정선, 2007). 특히 슈퍼바이지의 슈퍼비전에 임하는 자세와 태도는 슈퍼비전을 성공시키거나 방해하는 요인으로 크게 작용하고 있다. Haynes 외(2003)는 슈퍼바이지가 갖추어야 할 자세로 배우고 발전하려는 열정과 소망, 슈퍼바이저가 주는 피드백에 대한 개방과 비방어적인 자세, 일반적인 융통성과 개방성, 슈퍼비전을 준비하는 자세와 책임감, 위험을 감수하려는 마음과 솔선성 등을 들고 있으며, 성공적인 슈퍼비전을 방해하는 슈퍼바이지의 자세로 슈퍼비전에 대한 비개방적 태도, 평가에 대한 두려움, 개인적인 경직, 방어하는 태도, 자신이 모든 걸 알고 있다는 교만함, 슈퍼비전에 대한 동기 부족과 관심 결여, 슈퍼비전에 대한 준비 부족 등을 언급하고 있다. 〈표 5-1〉에 슈퍼바이지의 바람직한 태도와 바람직하지 못한 태도를 정리하였다.

표 5-1 슈퍼바이지의 태도

슈퍼바이지의 바람직한 태도	슈퍼바이지의 바람직하지 못한 태도
• 슈퍼바이저의 피드백에 대한 개방 • 배우고 발전하려는 열정과 소망 • 일반적인 융통성과 개방성 • 비방어적 태도 • 슈퍼비전을 준비하는 자세와 책임 • 슈퍼비전에 대한 솔선성 • 위험을 감수하려는 마음	• 슈퍼비전에 대한 비개방적인 태도 • 자신이 모든 걸 알고 있다는 교만함 • 개인적 경직 • 방어하는 태도 • 슈퍼비전에 대한 준비 부족 • 슈퍼비전에 대한 동기 부족과 관심 결여 • 평가에 대한 두려움

최원희(2009)의 연구에서 슈퍼바이지의 태도는 성공적인 슈퍼비전을 위해 매우 중요한 요소로 밝혀졌으며, 안정선(2007)의 연구에서도 슈퍼바이지에게 필요한 역량으로 자세와 태도에 관한 요인이 강조되고 있다. 즉, 직무에 대한 책임감, 직무수행에

대한 적극적 태도, 시기적절하고 명확한 업무보고, 슈퍼비전 내용에 대한 자발적 적용 자세와 실행력, 슈퍼비전을 수용하고자 하는 슈퍼바이지의 태도 등이 효과적인 슈퍼비전의 중요한 요소로 사회복지사들로부터 응답되었다(표 5-2).

표 5-2 슈퍼바이지의 역량 영역

역량 영역	① 본인 직무에 대한 책임감 있는 태도 ② 직무수행에 대한 적극적 태도 ③ 슈퍼비전 내용에 대한 자발적 적용 자세와 실행능력 ④ 본인 직무 수행에 대한 시기적절하고 명확한 업무보고 실행 ⑤ 자신에 대한 인식과 이를 위한 과학적 지식확보 및 자기계발에 관한 명확한 계획 수립 ⑥ 슈퍼비전에 대한 공동책임 인식 및 슈퍼비전에 대한 준비 ⑦ 슈퍼비전에 대한 수용적인 태도를 갖추고 슈퍼비전의 욕구를 표현

3. 슈퍼바이지의 자기지식 개발

사회복지사는 사회복지실천에 있어서 자기 자신을 도구로 사용하게 된다. 따라서 자기 자신에 대하여 얼마나 잘 알고 있는가가 실천력에도 영향을 미칠 것이라는 가정이 가능할 것이다. 최근에는 자아인식(self-awareness) 발달보다 더 적극적이고 전문적인 개념으로 자기지식(self-knowledge) 개발을 강조한다. 자기지식을 개발하기 위한 방법으로는 동료들과 실천상황에 대해 논의하는 동료슈퍼비전, 인간행동을 연구하는 분야에 대한 지식, 그리고 조직화된 자기학습(organized self-study)방법 등이 있다(Johnson, 1995).

Johnson은 개인의 생활방식과 인생철학, 윤리지침과 가치체계, 뿌리, 인생경험, 개인적 욕구, 개인적 기능 등 6가지 범주 내에서 자신에 대한 사고를 정리하게 하였다. 슈퍼바이지가 자기지식을 개발하기 위해서 Johnson의 이러한 분석틀을 적용해 보는 것 또한 유용할 것이다.

1) 생활방식 및 인생철학(Life and Philosophy of Life)

생활방식은 다른 사람들과의 상호작용, 일하고 즐기고 휴식하는 방식 등을 말하는 것으로 그 자체를 기술하는 것뿐 아니라 왜 이러한 방식을 선호하게 되었는지도 생각해 보아야 한다. 인생철학은 그 사람이 느끼고 생각하고 행동하는 모든 것에 영향을 미치는 것이다. 종종 개인의 종교나 신념으로부터 비롯되며 개개인의 모습을 반영하고 있다. 그러나 인생철학은 성장과 경험에 의해 변화하는 것이다. 인생철학에는 인간이 사람들과 사회에 대한 신념 및 인간의 삶, 삶의 목적, 어떻게 살아야 하는가에 대한 신념 등이 포함된다.

2) 윤리지침 및 가치체계(Moral Code and Value System)

윤리와 가치체계는 인생철학과 밀접한 관련을 가진다. 윤리지침이란 옳은 행동과 잘못된 행동을 판단하는 기준이라 할 수 있으며, 가치는 바람직한 것이나 선호하는 것을 말한다. 사람들은 자신이 가치 있다고 생각하는 행동이나 사물을 우선순위로 고려하는데, 이러한 윤리지침과 가치체계는 문화유산, 가족, 종교 등을 포함한 집단관계, 개인적 경험과 교육경험 등에 의해 영향을 받는다.

3) 뿌리(Roots)

생활방식과 인생철학, 윤리지침과 가치체계는 개인의 뿌리인 문화적・가족적 배경이 중요한 영향을 미친다. 사람들은 무엇을 지키고 무엇을 거부해야 할지 불확실하고 혼란스러워 한다. 또한 어떤 사람은 유용하다고 생각하는 뿌리의 일부를 활용하는 것과 현재생활의 적응과 변화 사이의 균형을 찾으려고 노력하기도 한다. 이러한 뿌리를 이해하는 방법으로는 자신이 속한 문화적 유산을 연구하는 방법, 최소한 3대 이상의 가계도를 그려보는 방법, 사회심리적 관점에서 가족을 바라보는 방법 등이 있다. 무엇보다도 뿌리에 대하여 생각해 보는 과정은 자기 자신에 대한 이해와 인간 존재의 의미를 이해하게 한다.

4) 인생경험(Life Experiences)

개인의 뿌리에 관한 연구는 사람을 형성해 온 중요한 경험들을 이해하게 한다. 가족 내의 경험과 더불어 학습경험과 태도, 학습결과로 인한 지식 등 교육적 경험이 여기에 포함된다. 이 외에도 동료와의 경험, 지역사회에서의 경험, 이웃 간의 경험뿐 아니라 조직화된 집단 상황, 종교활동, 병력, 장애, 빈곤, 경제적 자원의 풍요 등과 관련된 경험 또한 중요하다. 이러한 인생경험에 대한 규명은 각자의 삶이 어떻게 다른 인생경험과 관련되는지, 그러한 경험들이 어떻게 사고와 감정, 행동에 영향을 미치는지를 평가하는 데 유용하다.

5) 개인적 욕구(Personal Needs)

자기지식을 개발하기 위해서 개인의 욕구를 이해하고 그 욕구들이 충족되는 방법에 대하여 이해하는 것이 필요하다. 보편적인 인간의 욕구(의식주와 보호, 안전, 소속, 성장과 학습기회 등)에 대하여 개인의 욕구가 어떻게 충족되었는지와 충족되지 않았던 욕구는 무엇인지를 규명하는 것이 도움이 된다. 또한 인간의 다양성(소수인종, 장애인 등)으로 인해 야기되는 욕구 및 사회체계들과의 관계(동료, 직장, 학교, 소속된 조직, 이웃, 지역사회, 문화집단 등)를 통해 나타난 개인의 욕구를 이해하는 것도 필요하다.

6) 개인적 기능(Personal Functioning)

자기지식 개발에서 중요한 또 하나는 생활방식과 인생철학, 윤리지침과 가치체계, 뿌리, 개인적 욕구 등이 일상생활에서 어떻게 기능하고 있는지를 이해하는 것이다. 개인이 학습하는 방법, 자아를 다른 이들과 공유하는 방법, 다양한 상황에 반응하는 방법, 편견에 대한 규명 등이 포함되며, 자신에 대해 느끼는 것이 매일의 사회적 기능에 어떤 영향을 미치는지를 아는 것도 도움이 된다.

자기지식을 개발하는 것은 쉬운 일이 아니며 위험부담도 따르는 작업이다. 자기분석을 통해 자기에 대한 불만이나 과거 경험에 대한 고통, 사회에서의 자신의 위치와 역할에 대한 분노가 나타날 수도 있기 때문이다. 중요한 것은 이러한 자기분석은 평생 지속적으로 이루어져야 하는 작업으로 슈퍼바이저가 원조자 역할을 한다면 더 큰 도움이 될 것이다.

4. 슈퍼바이저 스타일에 대한 반응

슈퍼바이저와 달리 슈퍼바이지는 자신의 역할에서 스타일을 발전시키지는 않는다. 슈퍼바이지 스타일은 대부분 슈퍼바이저 스타일에 대한 반응으로 나타난다고 보는 것이 더 정확하다. 슈퍼바이지들은 슈퍼바이저의 스타일에 일반적으로 순응하지만 그렇지 않은 경우도 발생하는데, 이때 슈퍼비전 관계에서 문제가 발생하게 된다. 그러나 이러한 문제가 슈퍼바이저와 슈퍼바이지의 상호작용에서의 스타일 차이로 해석되지 않고 인격적 문제, 서로 지지하는 이론의 상충, 권위게임 등과 같은 원인으로 돌려버리려는 경향이 있다(김융일 · 양옥경, 2004).

Munson(1983)은 슈퍼바이지가 슈퍼비전에서 사용하는 가장 보편적인 상호작용적 반응들을 다음의 8가지로 설명하고 있다.

1) 논리적 중립성(reasoned neutrality)

이 반응은 슈퍼바이저가 클라이언트의 입장과는 다른 개입방법을 제안하였을 때 슈퍼바이지가 사회복지사의 공평성이라는 일반화된 논리적 형태로 저항하는 것이다. 즉, 슈퍼바이지는 슈퍼바이저가 하라는 대로 할 경우 클라이언트가 바라볼 때 슈퍼바이저의 편을 든다고 여길 수 있기 때문에 중립적인 입장을 내세우는 것이다. 그러나 이러한 슈퍼바이지의 반응이 실천원칙을 왜곡할 수 있으므로 슈퍼바이저는 전반적인 상호작용과 이를 구별시켜 주어야 한다.

2) 지각된 조직적 제약(perceived organizational constraints)

이 반응은 슈퍼바이저가 제안하는 개입방법에 대하여 슈퍼바이지가 기관의 입장을 내세워 저항하는 것이다. 즉, 기관정책에 위반되기 때문에 슈퍼바이저의 개입전략을 따를 수 없다고 한다. 슈퍼바이저는 슈퍼바이지가 조직에서 제한하는 것을 알게 해야 하지만 그것들을 극복할 방법 또한 찾도록 이끌어야 한다. 조직이라는 틀을 무시하고 이루어지는 사회복지실천은 상상하기 어렵다. 즉, 사회복지실천은 조직의 원칙과 규정을 근거로 활동되고 있는 것이다. 그러나 이러한 원칙과 규정들이 클라이언트의 욕구를 제한하기 위해 만들어진 것이 아니므로 제한이 가지는 의미와 제한설정의 시기 등을 검토해 볼 필요가 있다. 자의적 해석 등이 간혹 클라이언트의 권리 확보에 장애를 가져올 수도 있다는 것이다. 이러한 노력들이 조직의 규제를 무시하라는 의미는 아니며 임상실천과 조직의 규제와의 관계성을 비교하는 우선 작업이 필요하다는 것이다.

3) 압도시키는 임상적 증거(overwhelming clinical evidence)

이 반응은 슈퍼바이지가 어떠한 사례에 관하여 최선을 다해도 성과가 없을 것처럼 보이게 하는 일련의 증상 또는 행동을 지속적으로 제시하는 것이다. 이에 대하여 슈퍼바이저가 도움을 주면, 슈퍼바이지는 이 사례가 개입효과성이 거의 없게 보일만한 더 복잡한 역동을 언급한다. 이렇게 되면 슈퍼바이저는 이 사례에 압도당하게 되고 절망감을 표현하게 되는데, 이러한 감정이 슈퍼바이지에게 전달되게 된다. 이 경우 슈퍼바이저는 슈퍼바이지로 하여금 문제영역을 조직화하고 범주화하게 한 후 우선순위에 따라 개입하게 하는 전략을 가지게 도와야 한다. 슈퍼바이저가 슈퍼바이지에게 사례에 직면시키는 방법도 도움이 된다. 즉, 사례가 전혀 희망이 없는가하고 질문하게 되면, 대부분의 슈퍼바이지는 "그렇지는 않다"라는 답을 하게 되고, 그렇지 않은 이유, 즉 긍정의 해답을 스스로 찾게 질문하는 것이다. 그런데, 만약 "전혀 희망적이지 않다"라고 답한다면 그 근거를 함께 탐색함으로써 사례에 대한 다른 통찰을 가지게 할 수 있다.

4) 지속적인 진단(persistent diagnosis)

이 반응은 슈퍼바이지가 슈퍼비전 과정에서 사례에 대한 정보를 계속 수집하여 슈퍼바이저에게 보여주는 것이다. 이러한 슈퍼바이지의 반응이 문제가 되는 이유는, 진단을 위한 정보수집에만 매달리게 되면 클라이언트의 행동을 주측하게 되고 클라이언트에 대해 적절하지 못한 판단을 하게 될 우려가 있기 때문이다. 일반적으로 슈퍼바이저는 이러한 슈퍼바이지의 반응을 잘 받아들이게 되는데, 슈퍼바이저는 개입전략을 위해 필요한 정도의 정보량을 판단할 필요가 있다. 또한 개입을 정당화시킬 만큼 충분한 정보를 획득할 수는 없다는 사실을 기억하고 슈퍼바이지를 진단 노력에서 개입계획으로 전진하도록 촉구해야 한다. 그러나 슈퍼바이저는 이러한 반응을 보이는 슈퍼바이지의 경우 진단에 대한 욕구를 쉽게 포기하지 않는다는 사실을 기억해야 한다. 따라서 슈퍼바이저는 확인된 문제들에 슈퍼비전의 초점을 맞추도록 해야 한다.

5) 지나친 단순화 반응(oversimplification response)

이 반응은 슈퍼바이지가 복잡한 사례를 슈퍼바이저에게 제시할 때 주로 나타난다. 슈퍼바이지도 슈퍼바이저도 사례에 대한 종합적 견해를 가지지 못하거나 구체적이고 적절한 개입방법을 찾지 못하고 있을 때 개입의 초점을 지나치게 단순화시키는 것이다. 즉, 덜 중요한 측면을 통합하거나 클라이언트에게 고통을 줌으로써 어떤 특정부분에 중점을 두는 방법을 사용하게 된다. 그러나 이때 슈퍼바이지가 슈퍼바이저에게 지나치게 단순화시킨 것이 아니냐는 반응을 보이면, 슈퍼바이저는 당황하여 다시 복잡한 임상적 관점으로 되돌아가기도 한다. 이러한 슈퍼바이지의 반응에 대하여 슈퍼바이저는 과도한 단순화가 아니라 복잡한 상황에서 초기 개입시점을 제시하고 있다는 사실을 분명하게 말하도록 준비해야 할 것이다. 여기서 슈퍼바이저는 슈퍼바이지의 언급이 옳을 수 있지만, 본인이 제시한 전략이 실제로 시도되고 검증되기 전까지는 과단순화라고 단정할 수 없다는 점을 슈퍼바이지에게 전달해야 한다.

6) 위장비판 요구(pseudo criticism desire)

이 반응은 슈퍼바이지가 슈퍼바이저에게 충분한 피드백과 비판적 분석을 원한다는 입장을 취하는 것이다. 그러나 슈퍼바이저는 슈퍼바이지의 욕구라고 판단하여 실제로 사례분석을 하게 되면 슈퍼바이지는 의외로 방어적 자세를 보이는 경우가 있다. 이는 슈퍼바이지가 자신의 직무수행에 대하여 인정과 승인을 받고자 했는데 지지적 슈퍼비전 없이 오로지 평가만 이루어졌기 때문으로 볼 수 있다. 이러한 반응이 패턴화되면 슈퍼바이저는 진정한 평가 없이 긍정적 피드백만 제공하게 되고 슈퍼비전은 교착상태로 빠져 학습효과가 중단되게 된다. 따라서 슈퍼바이저는 이러한 슈퍼비전의 상호작용을 재설정해야 하는데, 이때 슈퍼바이저가 문제영역을 찾아냄으로써 그 책임이 슈퍼바이저에게 넘어오지 않도록 해야 한다. 이럴 경우 슈퍼바이지는 그것이 진정한 문제가 아니라는 회피반응을 보일 수 있다.

7) 이론적 추측(thcorctical speculation)

이 반응은 학문 지향적이고 지적탐구 욕구가 높은 슈퍼바이지에게서 종종 발견된다. 이러한 슈퍼바이지는 사례의 역동성과 이론적 관련성을 탐색하는 데 집중하기 때문에 이론가 스타일[1)]의 슈퍼바이저는 호감을 가지게 된다. 그러나 이론적 관점에만 치중하게 되면, 근처에 존재하는 임상적 자료를 도외시하고 이론적 개념의 의미와 중요성에 대한 논쟁으로만 집중하게 될 수 있다. 이렇게 되면 클라이언트의 변화노력을 보지 못하게 될 수도 있다는 점에서 슈퍼비전이 이론중심으로 흘러서는 안 된다는 것을 슈퍼바이저는 기억해야 할 것이다. 간혹 열정적인 슈퍼바이지들은 많은 이론을 배우는 데 있어서 슈퍼비전 시간을 활용코자 한다. 그러나 이론에 대한 토론

---

1) 자세한 내용은 제4장의 슈퍼바이저 스타일에서 다루고 있다.

은 정확한 정의가 어렵고 이해할 수 없는 부분이 있으며, 이론적 개념과 연결할 수 없는 경우가 많다. 따라서 지나치게 이론에 집중하여 슈퍼비전을 제공하게 되면 슈퍼비전이 모호해지고, 필요 없이 길어지며 해결되지 않는 논쟁으로 나아갈 수 있으므로 슈퍼바이저의 제한이 필요하다.

8) 자기분석(self-analysis)

슈퍼바이지의 자기분석은 좋은 실천가가 되기 위한 중요한 요인이다. 슈퍼바이저는 슈퍼바이지의 자기분석을 촉진하기 위해 자기인식 발달, 더 나아가 자기지식 개발[2)]에 관심을 가져야 한다. 그러나 이러한 자기분석은 실천자료의 맥락을 벗어나지 않도록 주의해야 한다. 슈퍼바이지에게 지나친 자기분석을 강조하는 슈퍼바이저는 슈퍼바이지를 치료상황으로 몰아가게 되고 클라이언트의 역동보다도 슈퍼바이지의 역동을 다루는 것이 쉽다고 여기게 된다. 왜냐하면 슈퍼바이지의 행동은 슈퍼비전 과정을 통해 관찰과 해석이 가능하지만, 클라이언트에 대하여서는 슈퍼바이지를 통해서만 가능하기 때문이다. 즉, 슈퍼바이저가 슈퍼비전에서 교육하는 것 또한 치료라고 생각하는 논리상의 실수를 저지르기도 하는데, 이렇게 되면 슈퍼바이지는 클라이언트처럼 행동하게 되는 것이다. 따라서 슈퍼바이저는 슈퍼비전 관계가 클라이언트와의 치료적 관계와는 구별되어야 함을 깊이 인식해야 할 것이다.

5. 슈퍼바이지의 특성

슈퍼바이지의 특성 중 연령・성・실무경험은 슈퍼비전에 영향을 미친다고 알려

2) 자기지식 개발에 대한 방법은 본 장의 앞부분에 설명되어 있다.

져 있다.

1) 슈퍼바이지의 연령

슈퍼비전에 영향을 주는 슈퍼바이지의 특성 중에는 슈퍼바이지의 연령이 포함된다. 슈퍼바이지의 연령은 슈퍼비전에 미치는 영향과 관련하여 비교적 빈번하게 언급되어 온 요소 중 하나이다. Stein(2005)의 연구에서는 슈퍼바이저보다 어린 슈퍼바이지가 슈퍼바이저보다 나이 많은 슈퍼바이지에 비해 슈퍼비전이 더 유용하다고 슈퍼바이저들이 지각하는 것으로 나타났다. 성희자(2007)의 연구에서는 슈퍼바이지의 연령이 많을수록 자기효능감이 높은 것으로 나타났는데, 이는 슈퍼비전 효과에도 영향을 주는 것으로 유추할 수 있다. 그러나 최원희(2009)의 최근 연구에서 델파이 패널들은 슈퍼바이지의 연령을 슈퍼비전을 성공시키는 요인에 포함시키지 않았다. 따라서 슈퍼바이지의 연령은 슈퍼바이저의 연령과 비교할 때 의미를 가지는 것으로 슈퍼바이지 연령 자체가 슈퍼비전에 영향을 준다고 보기는 어렵다.

2) 슈퍼바이지의 성

슈퍼바이지의 성은 슈퍼비전과 어떤 관련성이 있을까? Holloway(1995)는 슈퍼바이지의 성은 다른 요인들과 함께 슈퍼비전 과정에서 효과적인 학습 기반을 세우기 위해 특별하게 다루어져야 할 요인으로 지적한 바 있다. 또한 한국사회복지사협회(2000)와 성희자(2002)의 연구를 보면, 여성 슈퍼바이지가 남성 슈퍼바이지에 비해 슈퍼비전 만족도가 더 높은 것으로 나타났다. 이처럼, 몇몇 선행연구들에서 슈퍼바이지의 성이 슈퍼비전의 성패에 영향을 주는 요인으로 언급되고 있지만 최원희(2009)의 최근 연구에서는 슈퍼바이지의 성이 슈퍼비전의 성공적 수행에 중요하게 영향을 미치지는 않는 것으로 나타났다. 따라서 슈퍼바이지의 성은 슈퍼비전 학습계획에서 고려하는 것은 바람직하지만 슈퍼바이지의 성이 슈퍼비전의 효과에 절대적인 영향을 준다고 볼 수는 없다.

3) 슈퍼바이지의 실무경험

Stein(2005)의 연구에서는 슈퍼비전의 유용성과 슈퍼바이지의 경험이 상관관계가 없는 것으로 나타났지만, 많은 연구에서 슈퍼바이지의 실천경험, 즉 실무경력은 슈퍼비전에 영향을 주는 것으로 언급되고 있다. Lazer와 Erera(1996)는 슈퍼바이지의 실무경력에 따라 슈퍼비전 욕구와 만족도 및 슈퍼비전 효과에 차이를 보인다고 하였는데, 즉 초보 사회복지사와 경력이 있는 슈퍼바이지의 슈퍼비전에 대한 욕구는 부분적으로 차이가 있었다. 최미경(1999)의 연구에서는 실무경험이 많을수록 슈퍼비전의 필요성에 대한 인식이 더 높은 것으로 나타났으나 Kilminster와 Folly (2000), 성희자(2007)의 연구에서는 슈퍼바이지의 실천경험이 적을수록 슈퍼비전과 긍정적인 관련이 있다고 밝혔다. Kilminster는 기존에 발표된 연구들을 정리하여 슈퍼바이지의 실천경험이 적을수록 슈퍼비전 효과가 높은 것을 확인하였고, 성희자(2007)의 연구도 유사한 결과를 보여 슈퍼바이지의 실무경력이 짧을수록 슈퍼비전 만족도가 높은 것으로 나타났다. 또한 Greenspan과 동료들(1992)은 경험 있는 슈퍼바이지일수록 임상적 전문기술을 더 요구하고 학습기대 또한 높다고 주장하였고 (Stein, 2005에서 재인용), Munson(2002)은 슈퍼바이지의 경험수준에 따라 다른 형태의 슈퍼비전을 제공하는 것이 효과적이라며 특히 경험이 적은 슈퍼바이지의 경우 개별슈퍼비전 형태가 바람직함을 제안하고 있다.

이처럼, 슈퍼바이지의 실천경험, 즉 실무경력이 적을수록 슈퍼비전의 효과나 만족도가 높다는 것을 알 수 있다. 따라서 만족도가 높은 초보 사회복지사에게는 입사 초기에 집중적으로 슈퍼비전을 제공하는 것이 효과적일 것이며, 경력이 있는 슈퍼바이지에게는 슈퍼비전의 내용과 제공방법 등에 대하여 슈퍼바이지의 의견을 수렴하는 것이 하나의 방안이 될 수 있을 것이다.

6. 슈퍼바이지의 권리와 책임

1) 슈퍼바이지의 권리

Munson(2002)은 슈퍼바이지를 위한 권리장전(Bill of Rights)을 제시하였다. 이 권리장전은 슈퍼바이저 및 슈퍼바이지에게 기대되는 기본적 자세를 기반으로 만들어진 것이다. 임상실천에 있어서 슈퍼바이지의 권리를 다음과 같이 언급하고 있다.

① 슈퍼바이저로부터 지속적이고 정기적인 간격을 둔 슈퍼비전을 제공받을 권리가 있다.
② 개인의 사생활을 존중하는 성장중심 슈피비진을 받을 권리가 있다.
③ 기술적으로 정통하며 이론적으로 현실적 기반을 둔 슈퍼비전을 받을 권리가 있다.
④ 직무수행에 대한 실제적인 관찰에 기반한 평가와 미리 분명하게 설계된 기준에 의해 평가될 권리가 있다.
⑤ 임상적 실천에 대한 적절한 기술과 슈퍼비전에 대한 충분한 훈련이 된 슈퍼바이저로부터 슈퍼비전 받을 권리가 있다.

슈퍼비전 관계는 슈퍼바이저와 슈퍼바이지의 상호작용과정으로 이루어진다. 이러한 관점에서 Munson의 슈퍼바이지 권리장전은 슈퍼바이저에게 거는 슈퍼바이지의 기대뿐 아니라 슈퍼바이지로서 기대되는 부부에 대해서도 언급하고 있다. 슈퍼바이저 및 슈퍼바이지에 대한 기대목록은 다음과 같다.

슈퍼바이저 기대목록

1. 숙련된 교사여야 한다.
2. 우세한 지식과 기술로 슈퍼바이지의 학습을 안내할 수 있는 능력이 있어야 한다.
3. 이론과 실천활동을 통합하는 지식을 전달하는 능력을 가져야 한다.
4. 섬세한 실천에 적용할 수 있는 깊이 있는 지식을 가져야 한다.
5. 실천에 대한 연구 지식과 방법론을 적용할 능력이 있어야 한다.
6. 지식에 대한 확신이 있지만 질문에 대하여서는 개방적인 태도를 지녀야 한다.
7. 방어적이지 않고 비판을 수용할 능력을 지녀야 한다.
8. 공정하고, 정직하며, 진실하면서도 지지적이고 인내심이 있어야 한다.
9. 사례를 적절하게 제공할 수 있으며, 그러나 도전적이어야 한다.
10. 공손하고 분명하며 적절하게 의사소통해야 한다.
11. 기관과 현장에 대한 오리엔테이션을 제공할 때 철저한 준비가 있어야 한다.
12. 사례회의를 준비하고 귀중한 슈퍼비전의 시간낭비를 피해야 한다.
13. 기관, 지역사회, 전문직과 관계해야 한다.
14. 기관, 지역사회, 전문직에 관하여 지식을 가지고 있어야 한다.
15. 윤리강령에 대한 지식과 그 지침을 충실히 고수해야 한다.

슈퍼바이지 기대목록

1. 어려운 사례를 다루는 데 있어서 특별한 단계를 거친다.
2. 조직에서 발생하는 업무문제에 대하여 책임을 진다.
3. 어려운 업무도 하고자 하는 의지가 분명하다.
4. 사례의 문제와 상황에 대해 자유롭게 말한다.
5. 그들이 어떻게 느끼는지에 대하여 정직하다.
6. 슈퍼바이저에 대한 존경심을 보인다.
7. 기본적 대인관계기술을 보여줄 수 있다.
8. 학습에 있어서 진정한 흥미를 가진다.
9. 슈퍼바이저와 함께 일하고자 한다.
10. 학습에 대하여 동기화가 있다.
11. 원조와 함께 목표를 설정하는 능력이 있다.
12. 업무 및 업무에 대한 그들의 생각을 토론하고자 한다.
13. 그들 자신이 전문가임을 보여준다.
14. 통합성을 가진다.
15. 다른 사람에 대하여 존경심을 가진다.

16. 클라이언트뿐 아니라 기관의 직원들과도 효과적으로 관여할 수 있다.
17. 끊임없이 질문한다.
18. 그들의 실천영역과 관련된 주제에 대하여 많이 공부한다.
19. 학습에 대하여 호기심을 가지며 개방적이다.
20. 그들의 학습욕구를 사정할 능력을 가진다.

2) 슈퍼바이지의 책임

Inskipp과 Proctor(1993)는 슈퍼바이지가 슈퍼비전의 권리에 보다 적극적이고 더 지속적인 책임을 포함해야 하는 것을 슈퍼바이지의 '책임'이라고 명명하고 목록을 제시하였다. 그 목록에는 다음의 내용들이 포함된다(Hawkins & Shohet, 2000).

- 당신이 필요한 도움과 관련된 실천이슈를 확인하고 도움을 요청해야 한다.
- 점점 더 자유롭게 공유할 수 있어야 한다.
- 당신이 원하는 반응이 무엇인지를 규명한다.
- 슈퍼바이저, 클라이언트, 그리고 슈퍼바이지에게 영향을 미치는 조직의 계약사항에 대하여 더 잘 인식한다.
- 피드백에 대하여 개방적이어야 한다.
- 정당화시키거나, 설명 또는 방어하는 경향에 대하여 점검한다.
- 유용한 피드백이 무엇인지, 유용한지를 구별하는 능력을 개발한다.

대부분의 슈퍼비전 관계에서 이러한 책임이 슈퍼바이저에 의해 수행된다는 사실을 간과해서는 안 된다. 슈퍼바이지는 이러한 인식과 함께 슈퍼바이저와 슈퍼바이지의 동등성 기회를 입증하기 위해서 둘이 함께 슈퍼비전의 관리적 관점을 통합하려는 작업이 필요하다는 것을 깨달아야 한다.

06

CHAPTER

슈퍼비전 관계

본 장에서는 슈퍼비전 관계에서 발생하게 되는 다양한 상황들을 짚어 보고자 한다. 즉, 슈퍼비전 관계의 과정과 슈퍼비전 관계에서 발생하는 이슈들 및 권력문제를 다뤄 보고, 슈퍼비전 관계에서 슈퍼바이저나 슈퍼바이지가 시도하는 게임의 종류를 살펴보며, 마지막으로 효과적인 슈퍼비전 관계를 구성하는 요소들을 탐색할 것이다.

Chapter

06 슈퍼비전 관계

1. 슈퍼비전 관계의 과정

슈퍼비전 관계는 슈퍼비전에 있어서 가장 핵심적인 요소이며 효과적이고 성공적인 슈퍼비전에 영향을 미치는 중요한 요인으로 자주 논의되어 왔다. Lucila와 Esnil(2002)은 지금까지의 많은 연구들이 슈퍼비전에서 슈퍼바이저와 슈퍼바이지의 관계에 초점을 두고 있음을 언급하면서 슈퍼비전 관계의 중요성을 강조하고 있다. 슈퍼비전 관계에 있어서 무엇보다도 중요한 것은 이러한 관계가 얼마나 중요한지를 슈퍼바이저가 인식하는 것이다(Haynes et al., 2003).

슈퍼비전은 슈퍼바이저와 슈퍼바이지가 힘과 관여의 구조를 갖는 상호작용을 통해 슈퍼바이지의 전문성 발달을 위해 필요한 특정과제를 달성하고자 하는 과정이다. 이러한 슈퍼비전 과정은 단계를 거치게 되며, 그 단계는 슈퍼바이지의 성장 과정에 따라 변화하게 된다. 즉, 각 단계마다 슈퍼비전 관계의 특성이 달라져야 한다는 것이다.

Holloway(1995)는 슈퍼바이지가 클라이언트와 경험하게 되는 문제를 슈퍼바이저와 논의하고 지식을 획득하며 기술을 연마함으로써 성공적인 슈퍼비전 관계가 이루어진다고 보았다. 또한 슈퍼비전 과정을 초기단계, 성숙단계, 종결단계로 구분하여 각 단계의 과업을 다음과 같이 정리하였다(Haynes et al., 2003).

(1) 초기단계에서의 과업

① 관계의 본질을 명확히 하기[1]

② 슈퍼비전에 있어서 협력적이고 효과적으로 일하는 방법 개발하기

③ 슈퍼비전 계약 설계하기

④ 지지적 학습개입 선택하기

⑤ 능력개발하기

⑥ 치료계획 세우기

(2) 성숙단계에서의 과업

① 개인적 특성 파악하기

② 사회적 유대 촉진시키기

③ 슈퍼바이지의 사례 개념화 기술을 발전시키기

④ 슈퍼바이지의 자기확신 수준을 향상시키기

⑤ 전문적 업무수행과 관련된 슈퍼바이지의 개인문제 탐색하기

(3) 종결단계에서의 과업

① 협력적 작업구조를 확대시키기

② 슈퍼바이지가 이론과 실제를 더 완전하게 연결하기

③ 슈퍼바이저의 지시에 대한 필요성 감소

④ 총괄평가하기: 종결의 의미와 종결 관련 감정 및 생각에 대한 토론 포함

1) Lewis 외(2001)는 슈퍼비전 관계의 본질은 슈퍼비전 과정의 특수한 상황과 슈퍼바이지 욕구 및 발달수준에 달려 있다고 보았다. 즉, 한 명의 슈퍼바이지가 자신의 슈퍼바이지 개개인과 동일한 형태로 슈퍼비전 관계가 이루어지는 것은 비현실적인 것으로, 슈퍼바이지의 능력과 자립성의 성장 정도에 따라 슈퍼비전 관계도 변화해야 한다는 것이다.

2. 슈퍼비전 관계에서의 이슈들

Brown과 Bourne(1996)는 슈퍼비전 관계에서 발생하는 이슈들을 다음의 10가지로 요약하고 있다.

① 팀 내 새로운 슈퍼바이저

② 개인적・전문적으로 상황을 더 복잡하게 만드는 문제

③ 성(gender)과 인종

④ 이데올로기적 갈등

⑤ 전이(transference)

⑥ 병렬과정(parallel process)[2)]

⑦ 개인의 정보

⑧ 성적 지향(sexual orientation)

⑨ '문제없는' 슈퍼비전

⑩ 받아들일 수 없는 행동(unacceptable behaviour)

---

2) 슈퍼비전 과정에 있어서 병렬과정은 중요한 쟁점 중 하나이다(Haynes et al., 2003; Tsui, 2004; Williams, 1997). 병렬과정이란 슈퍼바이저와 슈퍼바이지의 관계가 사회복지사-클라이언트 관계와 유사하다고 보는 것이다. 이 둘은 정서적 지지를 제공한다는 측면에서 유사하게 보이지만 그 관계의 근본적 목적에서 차이를 가진다. 즉, 사회복지사-클라이언트 관계는 원조적 관계이지만 슈퍼비전 관계는 업무수행의 모니터링과 전문적 자신감을 개발하기 위한 책임을 가지는 전문적인 관계인 것이다. 이 둘의 관계성이 혼돈된다면 슈퍼바이지는 클라이언트가 되고 슈퍼비전 관계는 치료적으로 발전하게 되어 결코 슈퍼바이지의 성장을 촉진할 수 없게 된다. 그러나 병렬과정에 주의를 기울인다면 슈퍼바이지가 클라이언트와 어떻게 관계하는지를 통찰할 수도 있다.

3. 슈퍼비전 관계에서의 권력문제

사회복지조직이라는 관료제의 특성상 기관에서 일하는 슈퍼바이저는 관리자의 입장에 있고, 이러한 이유로 그들은 권력과 권위를 행사할 수밖에 없다. 즉, 슈퍼바이저는 조직에서 부여한 지위를 사용하여 슈퍼바이지들이 조직의 목표를 달성하는 데 기여하도록 한다. 그러나 이러한 권력과 권위의 사용은 슈퍼바이지로 하여금 저항을 가져오는 등 불편한 관계를 초래하기도 한다. 따라서 이러한 권력과 권위를 적절하게 사용하는 기술이 요구된다(Tsui, 2004).

1) 권력과 권위

권력(power)은 다른 사람을 통제하는 능력이며, 권위(authority)는 그렇게 할 수 있는 권리를 말하는 것이다. 즉, 권위는 권력의 사용을 합법화하는 권리로서 권력 사용을 허용하고 권력 소유를 인정하며 유효화하는 것이다. Kadushin과 Harkness (2002)는 이 두 가지 개념이 슈퍼비전 관계에서 주요한 두 개의 구성요소라고 보았다. 권력은 보상 권력, 강압적 권력, 합법적 권력, 관계 권력, 전문 권력 등 5개 영역으로 구분된다(French and Raven, 1960).

① 보상 권력(reward power)

보상 권력은 직원들을 위한 적절한 보상을 조정할 수 있는 슈퍼바이저의 능력과 관련된 것으로 승진, 급여인상, 직원연수, 휴가, 희망하는 직무할당 등이 이에 해당된다. 슈퍼바이저는 다양한 보상을 개발하고 이를 개별화해야 하며, 또한 직원들이 보상제공에 있어서 공정하다고 인식하도록 해야 한다. 만약 그렇지 못할 경우, 직원들의 반발은 물론 직무성과 및 사기 저하가 발생할 수 있다.

② 강압적 권력(coercive power)

강압적 권력은 직원들의 행동에 변화를 주기 위해 벌을 사용하는 능력으로 훈화, 직위강등, 면직이나 해직 등이 이에 해당된다. 슈퍼바이저는 사회복지사의 전문적 자율성을 존중할 뿐 아니라 슈퍼바이지로부터 멋지다는 평가를 받고 싶어하는 기본적 욕구로 인해 이러한 강압적 권력 사용을 꺼리는 경향이 있다.

③ 합법적 권력(legitimate power)

합법적 권력은 슈퍼바이저가 가지고 있는 공적인 지위에서 비롯된 권력으로, 이는 조직에서의 업무수행을 위해 조직 상부층에서 위임받은 것으로 사적인 것이 아니다. 이러한 합법적 권력의 사용은 정부나 기관에 순종해야 함을 의미하는 것으로 강제적일 경우에는 전문적 실천에 있어서 사회복지사의 동기화를 저하시킬 우려를 안고 있다. 따라서 슈퍼비전의 행정적 기능을 수행하는 데 도움을 주는 범위 내에서만 사용하는 것이 바람직하다.

④ 관계 권력(referent power)

관계 권력은 직원들의 슈퍼바이저와의 동일시로부터 발생하는 것이다. 두 가지 상황이 있는데, 하나는 슈퍼바이저와 슈퍼바이지 간의 좋은 관계이며, 또 하나는 슈퍼바이지가 슈퍼바이저를 존경하는 것이다. Kadushin과 Harkness(2002)에 의하면, 슈퍼바이지는 '슈퍼바이저처럼 되고 싶고, 그도 나를 좋아했으면 한다. 결국 나는 그가 하는 것을 믿으며 그렇게 행동하게 된다'거나 또는 '나는 슈퍼바이저와 같다. 그와 같이 행동하고 믿을 것이다'라는 모습으로 슈퍼바이저와 자신을 동일시하고자 하는 것이다. 즉, 관계의 권력은 슈퍼바이저가 슈퍼바이지의 '의미 있는 타인(significant others)' 중 한 사람이 되는 것이다. 물론 이러한 관계의 권력을 이루고 싶다면 슈퍼바이저는 개인적 자질을 향상시켜야만 할 것이다.

⑤ 전문적 권력(professional power)

전문적 권력은 슈퍼바이저의 사회복지실천에 관한 지식 및 기술로부터 나오는 것이다. 슈퍼바이저가 미래의 방향성에 대한 통찰을 보여주고 직접서비스에 있어서 적절한 결정을 해준다면 슈퍼바이지는 슈퍼바이저의 전문성으로 인한 권력을 인지하게 될 것이다. 그리고 슈퍼바이지는 전문적 실천에 있어서 슈퍼바이저의 조언을 따르게 된다. 따라서 이러한 슈퍼바이저는 그 분야에서 매우 권력 있는 사람이라 할 수 있다.

이와 같이, 관계 권력과 전문적 권력은 전문직이자 개인으로서의 슈퍼바이저로부터 나오는 것으로 성향과 전문적 역량에 따라 달라질 수 있으며, 앞의 세 가지 권력 유형, 즉 보상 권력, 강압적 권력, 합법적 권력은 슈퍼바이저가 행정가로서 역할을 할 때 사용하게 된다.

2) 권력과 권위 사용의 기술

어느 조직에서나 권력의 불평등은 분명히 존재하며, 관료제 특성을 가진 사회복지 조직에서도 예외는 아니다. 권력의 차이가 너무 심하면 직원들은 최선을 다하고 싶은 마음이 없어질 것이고 권력의 차이가 너무 적으면 직원들의 직무수행을 적절하게 감독하기가 어려워진다. 그러나 어느 쪽이든 슈퍼바이저와 슈퍼바이지 간에는 긴장이 존재하기 마련이다. 이를 Kaiser(1997)는 '이중관계(dual relationship)'라고 하였다. 한편으로는, 슈퍼바이저가 꺼리는 부분이기는 하지만 '한계설정 기능(limit-setting function)'을 수행해야 한다. 즉, 슈퍼바이지가 맡은 직무의 최소한의 요구사항을 이행했는지를 확인해야만 하는 것이다. 만약 그렇지 못하다면 부정적 피드백을 주거나 경고를 줄 것이나. 다른 한편으로는, '공유된 의미(shared menaing)'를 직원과 함께 구축해야 한다. 이는 지지적 관계와 효과적인 의사소통 기반하에 가능하다.

그러나 이 두 가지 기능 사이의 절묘한 균형을 잡는다는 것은 혼란과 논쟁을 초래한다. 슈퍼바이저와 슈퍼바이지의 민족성의 차이, 문화의 차이, 성의 차이 등에서 발생하는 오해의 소지가 있을 수 있다.

슈퍼바이지가 슈퍼바이저의 스타일 및 권위 사용에 대하여 반응하는 방법은 다음의 세 가지 요인들로 결정된다(Holloway & Brager, 1989).

① 슈퍼바이지가 권력의 근원을 인지하고 합법적이라고 여길 때
② 슈퍼바이지가 원하는 자원을 획득하게 될 때
③ 권위와의 협력이 원하는 자원을 획득하게 될 것이라는 슈퍼바이지의 믿음

일반적으로 슈퍼바이저와 슈퍼바이지의 의견이 다를 때 슈퍼바이지는 거의 슈퍼바이저의 지시를 따르는 경향이 있다. 다시 말해 슈퍼비전 권위를 사용함에 있어서 거의 모든 슈퍼바이저가 '합의(consensus)' 접근을 적용하고 있다는 것이다. 일부 슈퍼바이지들은 합의는 단지 슈퍼바이저의 편의를 위한 정치적 제스처라고 생각하기도 한다(Tsui, 2001). 왜냐하면 대개의 슈퍼바이지들은 슈퍼바이저의 의견에 순종할 수밖에 없는 구조를 가지고 있기 때문이다. 이는 팀 내의 조화를 유지시켜 주기도 하지만 슈퍼바이지의 참여와 소속감을 저하시킨다는 점에서 문제의식을 가져야 한다. 슈퍼비전 과정에 있어서 이처럼 슈퍼바이저가 지배적인 의사결정력을 가지고 있다는 것은 효과적이고 바람직한 슈퍼비전 관계의 장애요소로 작용될 수 있다는 인식이 필요하다.

4. 슈퍼바이저와 슈퍼바이지의 게임

슈퍼바이지는 슈퍼바이저와의 관계에서 또는 슈퍼비전을 제공받는 것에 대하여 다소의 스트레스를 받거나 불안과 두려움을 가질 수 있다. 슈퍼바이지는 이러한 불

안감으로 다양한 형태의 방어적 행동을 하게 되는데 이를 슈퍼바이지의 게임이라 명명한다. 이는 슈퍼비전 관계를 불편하게 함으로써 효과적인 슈퍼비전 제공을 방해하는 요인이 되므로 슈퍼바이저는 이러한 게임을 이해하고 적절하게 대처해야 할 것이다.

슈퍼비전 관계에 있어서 슈퍼바이지뿐 아니라 슈퍼바이저도 슈퍼바이지로부터의 반응에 민감할 수밖에 없다. 슈퍼바이저는 슈퍼비전이라는 형태를 통해 클라이언트에게 간접 개입을 하게 되고 슈퍼바이지의 전문적 성장에 기여해야 하는 역할을 수행하여야 한다. 즉, 슈퍼바이저는 클라이언트와의 직접 접촉보다는 슈퍼비전이라는 간접적 방법으로 클라이언트에게 개입하는 입장이기 때문에 슈퍼바이지로부터 자신의 슈퍼비전의 효과를 확인받고 싶어하는 심리가 작용하고 있다. 이러한 이유로 슈퍼바이저는 게임에 쉽게 말려들게 되며 슈퍼바이지는 게임을 시작할 때 슈퍼바이저의 이러한 욕구를 이해하고 이를 이용하게 되는 것이다.

슈퍼바이저와 슈퍼바이지가 하는 게임은 다음과 같이 다양한 형태로 나타난다(Kadushin & Harkness, 2002; Tsui, 2004; Kadushin, 조휘일 역, 2002; 김융일·양옥경, 2004).

1) 슈퍼바이저의 게임

슈퍼비전 관계에서 슈퍼바이저가 시도하는 게임을 권력 포기형과 권력 주장형으로 구분해서 살펴보겠다.

(1) 권력 포기형

① 윗분이 허락하지 않을 거예요(They won't let me)

슈퍼바이지가 요구하는 것을 슈퍼바이저도 원하고 있지만 상급관리자들이 허락하지 않을 것이라고 말한다. 즉, 이런 슈퍼바이저들은 상급관리자의 불합리한 요구에 맞서서 슈퍼바이지를 보호하거나 저항하지 않고 불가능하다고 단정내린다.

② 나를 불쌍하게 여겨줘요(Poor me)

이 게임은 슈퍼바이저가 슈퍼비전의 부담으로부터 자신을 보호하려는 것으로 너무 많은 일 때문에 힘들다고 하소연함으로써 슈퍼바이지로 하여금 동정심을 사려는 것이다. 슈퍼바이지들은 이러한 슈퍼바이저를 지지해 주고 보호해 주어야겠다고 생각하기도 한다. 또는 슈퍼비전에 할애할 시간적 여유가 없다고 핑계 대는 것이다. Moore(1995)는 이 게임을 "매우 바쁘니까 짧게 합시다"라고 명명했는데, 특히 어려운 질문은 슈퍼비전의 마지막으로 미룸으로써 시간이 부족하므로 다음에 더 토의하자고 하는 식이다. 따라서 이러한 게임을 하는 슈퍼바이저는 슈퍼바이지에게 전문적 조언은 물론 정서적인 지지조차 제공하지 못하게 된다.

③ 사실 나도 당신과 같아요(I'm really one of you/I'm really a nice guy)

이 게임은 두 가지 유사한 상황으로 설명된다. 먼저 나도 너와 같은 편이라고 말함으로써 조직의 정책이나 규정에 맞서는 조직원으로서 슈퍼바이지와 동지임을 강조하는 것이다. 또 다른 경우인 "나는 정말 멋진 사람이에요"는 슈퍼바이지에게 자신이 친절하고 상냥한 좋은 사람이라는 인상으로 개인적으로 접근하려는 것이다. 즉, 이 둘은 슈퍼바이저와 슈퍼바이지의 위계적 차이를 좁혀 슈퍼바이지에게 다가감으로써 자신을 보호하려는 것이다.

④ 하나의 훌륭한 질문은 또다른 질문으로(One good question deserve another)

슈퍼바이저가 필요한 조언은 전혀 하지 않으면서 슈퍼바이지의 생각을 계속 묻는 것이다. 슈퍼바이지에게 더 많은 과제와 자율성을 부여함으로써 슈퍼바이지로서는 자신이 매우 중요한 일을 맡았다고 느끼게 되겠지만 슈퍼바이저는 의사결정은 물론 자신의 전문적·행정적 책임을 회피하고 슈퍼비전 직무를 교묘하게 미루는 것일 수도 있다. 슈퍼바이저로서 권위를 포기하는 이러한 게임은 슈퍼비전 관계의 핵심이라 할 수 있는 행정적 책무성, 전문적 조언, 정서적 지지 등을 방해받게 된다.

⑤ 본심이 무엇인지 의심스럽네요(I wonder why you really said that)

Kadushin(1979)은 슈퍼바이저가 지나치게 방어적일 때 이러한 게임이 나타난다고 한다. 예를 들어, 슈퍼바이저의 의견에 슈퍼바이지가 진심으로 찬성하지 않는 경우에 이를 심리적 저항으로 해석하는 것이다. 이러한 왜곡으로 인해 슈퍼바이저는 전문서적이나 실천사례 등을 이용하여 슈퍼바이지와의 논쟁을 피하게 되고, 이로써 슈퍼바이저로서의 또 다른 부담감을 벗어던지게 되는 것이다.

(2) 권력 주장형

① 당신의 보스임을 기억하라(Remember who's the boss)

슈퍼바이저가 절대적인 행정적 권력을 행사하는 형태로 어떤 협상이나 빈대의 여지가 전혀 없게 된다. 슈퍼바이지는 의사결정 과정에 참여하는 것도 허용되지 않으며 슈퍼바이저에게 복종하는 피고용인으로서만 존재할 뿐이다. 이러한 게임은 특히 슈퍼바이저가 연령이 많고 매우 관료적인 조직분위기에서 등장하는 경향이 있다.

② 너의 잘못을 보고하겠다(I'll tell on you)

이 게임은 슈퍼바이저가 상습적으로 윗사람에게 보고하겠다고 위협하는 강도 높은 권력을 행사함으로써 공포적 분위기를 조장하는 것이다. 이러한 위협은 조직에 기반을 둔 권위와 슈퍼바이지의 참여를 억압하는 권력적 위계관계에서 발생된다. 때때로 슈퍼바이저는 자신의 권력이 능력 이상으로 행사될 수 있는 것처럼 보이기 때문에 이러한 게임을 즐기게 된다.

③ 부모가 가장 잘 알고 있다(Father/mother knows best)

이 게임은 슈퍼바이저가 슈퍼비전의 관계를 개인화(personalize)하려고 시도하는 것이다. 즉, 슈퍼바이저는 슈퍼바이지에게 부모역할을 수행함으로써 슈퍼바이지를 유아화(infantize)한다. 하지만 이러한 관계는 전문적 성장을 향상시키는 전문적 슈퍼비전의 본질을 왜곡시켜 슈퍼바이지의 발전을 저해하게 된다.

④ 단지 너를 도우려고 한 것뿐이다(I'm only trying to help you)

슈퍼바이저가 슈퍼바이지의 업무수행능력이 부족하다고 전제하면서 원조를 가장하는 것이다. 슈퍼바이저는 슈퍼비전 관계를 사회복지사와 클라이언트의 관계로 변형시키게 된다. 이런 경우 슈퍼바이저의 개입이 성공적이면 슈퍼바이저의 업적이 되고 실패하면 슈퍼바이지의 무능이라고 탓하는 것이다.

2) 슈퍼바이지의 게임

슈퍼비전 관계에서 슈퍼바이지가 시도하는 게임으로는 요구 수준 조정, 관계 재정의, 권력 불균형 감소, 상황통제의 형태로 다양하게 나타난다.

(1) 요구 수준을 조정하는 게임들

① 파괴 유도하기(Seducing for subversion)

이 게임을 "기관에 반대하는 두 사람"이라고도 명명하는데, 일반적으로 기관의 규칙적인 절차와 과정에 대하여 참지 못하는 지적이고 직관적 능력이 뛰어난 슈퍼바이지에 의해 연출된다. 기관 운영에 필요한 다소 관료적인 요구들에 대하여 자신이 지향하는 전문적 기대 사이의 갈등이 원인이 되어 이 게임이 시작되는 것이다. 즉, 기관에서 요구되는 형식들, 보고서, 규칙엄수, 기간 지키기, 기록의무 등의 수행으로 많은 시간이 소요됨으로써 클라이언트에게 보다 전문적이고 직접적인 서비스 제공을 어렵게 한다고 믿는 것이다.

슈퍼바이저 역시 이러한 관료적 기관운영에 반대하는 입장을 경험했었기 때문에 슈퍼바이지의 관심에 쉽게 공감하게 되고 이 게임에 동참하게 된다. 이렇게 될 때, 슈퍼바이저와 슈퍼바이지 두 사람은 함께 기관의 행정절차를 파괴하기 위해 연합하는 입장이 되는 것이다.

② 내가 잘해주니 당신도 내게 잘해줘요(Be nice to me because I am nice to you)

이 게임의 핵심은 '아첨'이라고 할 수 있다. "당신은 내가 알고 있는 많은 슈퍼바이저 중에 가장 훌륭하고, 매우 일관성 있게 내게 늘 도움을 주고 있으며, 나도 미래에는 당신과 같은 사회복지사가 되고 싶다."는 내용의 말들을 한다. 이 모든 내용들이 물론 사실일 수 있지만, 이런 말을 들을 때 감정적으로 슈퍼바이저를 꼼짝 못하게 만드는 정서적 협박이 될 수도 있는 것이다.

(2) 관계를 재정의하는 게임들

① 약한 저를 보호해줘요(Protect the sick and the infirm)

슈퍼바이지는 자신의 직무보다 자기자신의 문제를 노출함으로써 슈퍼바이저에게 개인적 문제를 해결해 주도록 요청하는 형태의 게임을 걸게 된다. 즉, 행정적으로 슈퍼바이저와 슈퍼바이지라는 위계적 관계로부터 사회복지사와 클라이언트라는 치료적 관계로 전환됨을 의미한다. 특히, 슈퍼바이지가 업무상의 어려움에 개인의 문제를 연결시키면서 개인적 문제에 더 많은 시간을 할애하게 됨에 따라 직무상황에 대한 토의시간과 슈퍼바이지에게 부과될 업무 요구가 줄어들게 하는 것이다.

② 친구 간에는 평가하지 않아요(Evaluation is not for friends)

슈퍼바이지가 슈퍼비전 관계에서 개인적인 경계를 넘나들며 전문적 관계가 아닌 사회적 관계로 재정의하려는 것이다. 즉, 슈퍼바이저와 슈퍼바이지의 관계가 친구관계와 유사해지면서 슈퍼바이저는 공정하고 객관적으로 슈퍼바이지의 직무를 평가하기가 어려워진다. 따라서 슈퍼바이저가 한계를 설정하지 않는다면 슈퍼비전 관계는 슈퍼바이지에 의해 조작될 수 있다. 그 결과는 다른 동료나 조직에게는 물론, 더 나아가 클라이언트에게 적절한 서비스 제공을 저해시킨다는 점을 기억해야 한다.

③ 최대한의 참여를 가능케 해줘요(Maximum feasible participation)

이 게임은 슈퍼바이저와 슈퍼바이지 간에 모든 것이 평등하다는 민주적 원칙을 내세우면서 슈퍼바이지에 의해 동료관계로 변형되는 것이다. 그러나 윗사람과 자금원, 클라이언트가 위임한 기대와 책임 및 권위에는 분명 차이가 있다. 만약 차이가 없다면 슈퍼바이저라는 지위를 만들 필요조차 없었을 것이다.

(3) 권력의 불균형을 감소시키는 게임들

① 내가 도스토옙스키를 아는 것처럼 당신도 안다면(If you knew Dostoyevsky like I know Dostoyevsky)

이 게임은 슈퍼바이지가 역사나 문학 등 사회복지의 전문영역이 아닌 분야에 대한 질문을 통해 슈퍼바이저를 시험하는 것이다. 슈퍼바이지보다 모든 영역에서 더 많은 것을 알아야 한다는 가정에 근거하는 것으로 만약 슈퍼바이저가 자신의 무지함을 숨기려 한다면 이 게임에 말려들게 된다. 즉, 슈퍼바이지는 슈퍼바이저가 잘 모르는 분야로 화제로 전환하고 자신의 지식을 맘껏 발휘함으로써 슈퍼비전 관계에서의 둘의 역할을 뒤바꾸어 놓게 된다.

② 당신은 그것에 대해 뭘 아나요(So what do you know about it)

슈퍼바이지가 슈퍼바이저보다 더 많이 알고 있다고 주장하는 게임이다. 예를 들어 슈퍼바이지가 슈퍼바이저보다 클라이언트에 대하여 더 많이 알고 있다거나, 여성인 슈퍼바이지는 남성 슈퍼바이저보다 여성심리를 더 잘 알고 있다는 것, 슈퍼바이저보다 나이 많은 슈퍼바이지는 자신의 인생경험을 강조하기도 하고, 또는 젊은 슈퍼바이지는 슈퍼바이저가 대중문화에 대하여 무지하다고 하기도 한다. 이러한 경우 슈퍼바이지는 슈퍼바이저와의 관계를 역전시키고자 한다.

③ 있는 그대로 이야기하는 거예요(Telling it like it is)

비교적 최근에 알려진 게임으로 슈퍼바이지의 언어폭력으로 볼 수 있다. 사례회의에서 슈퍼바이지가 클라이언트와의 상담에서 실제로 있었던 상황을 알려준다는 이유로 저속한 표현들을 그대로 사용함으로써 슈퍼바이저를 끌어내리는 행동을 한다. 이러한 행동은 슈퍼바이저를 불쾌하게 만들고 둘 사이의 권력불균형을 바꾸어 놓게 된다.

(4) 상황을 통제하려는 게임들

① 나는 작은 목록을 가지고 있어요(I have a little list)

이 게임을 하는 슈퍼바이지는 슈퍼비전에 부적절하지만 슈퍼바이저에게 관심을 끌 만한 주제와 관련된 질문으로 많은 시간을 보내려는 유형이다. 그러나 사실 슈퍼바이지는 그 질문에 대한 답에는 관심이 없다. 슈퍼바이저가 그 질문에 답하는 동안 슈퍼바이지는 슈퍼비전이 아닌 다른 일을 생각하고 있는 것이다. 슈퍼바이지가 이러한 게임을 즐기는 이유는 자신의 직무와 관련하여 슈퍼바이저가 질문하지 못하도록 하기 위함이다. 계속 되는 질문에 슈퍼바이저가 답하게 하는 것은 슈퍼비전 관계에서 상호작용의 방향과 내용을 슈퍼바이지가 통제하려는 것이다. 슈퍼바이저가 이 게임에 빠지는 이유는 자신의 지식을 과시하려는 욕구와 슈퍼바이지의 의존욕구를 충족시킬 수 있기 때문이다.

② 방해해서 앞서기(Heading them off at the pass)

이 게임을 하는 슈퍼바이지는 자신이 저지른 실수를 먼저 고백하면서 슈퍼비전 회의를 시작한다. 즉, 잘못된 점을 말하고 앞으로 더 잘하는 방법을 알게 되었노라고 언급함으로써 자신의 미흡한 직무상태를 분석받지 않으려는 것이다. 이때 슈퍼바이저는 자기비하에 처한 슈퍼바이지를 위해 동정심과 강점을 강조하게 된다. 따라서 실천 개입에 대한 비판적 검토나 발전을 위한 생산적 모색이 불가능해진다.

③ 아, 슬퍼요(Woe is me)

이 게임은 무기력과 의존심을 나타내는 것으로 신입 사회복지사들이 가장 합법적으로 사용한다. 슈퍼바이지는 자신들의 부족함을 탄원형태로 표현하면서 과장되게 확대한다. 일반적으로 사회적 규범은 슈퍼바이저가 슈퍼바이지를 도와야 한다는 전문적 의무사항을 강조하기 때문에 이러한 게임이 이용될 수 있다. 따라서 슈퍼바이저는 지도감독이라는 권위를 행사할 수 없게 된다.

④ 세 사람의 케이스워크(Casework a trois)

이 게임은 슈퍼바이지가 무능한 상태에서 어떻게 일을 진행해야 할지를 일일이 슈퍼바이저에게 처방받고자 하는 것이다. 이 게임으로 슈퍼바이지는 사례에 대한 책임부담을 덜게 되고, 슈퍼바이저는 사례부담을 나누어 가지게 된다. 사실 슈퍼비전 관계에서 슈퍼바이저 또한 사례관리라는 책임을 가지고 있고 클라이언트에게 보다 나은 개입을 위해 지도감독할 의무가 있기 때문에 이 게임에 쉽게 빠져들게 된다. 이 경우 사례는 세 사람 간의 일이 되고 슈퍼바이지는 수동적이고 의존적인 입장이 되어 버린다.

⑤ 모든 것이 너무 혼란스러워요(It's all so confusing)

이 게임에서 슈퍼바이지의 전략은 다양한 권위에 호소하는 것이다. 즉, 다른 슈퍼바이저나 상급관리자, 그 분야의 전문가, 사회복지학과 교수 등 전문가들의 의견을 들먹이며 슈퍼바이저의 접근법과 다르다고 지적한다. 사회복지실천은 확실한 한 가지 해결방법을 가지고 있지 않는 상황이 대부분이다. 따라서 다른 권위자들의 대안에 대하여 슈퍼바이저를 흔들리게 하고 결국 슈퍼바이저의 권위를 감소시키게 된다.

⑥ 나요? 난 아닌데요(Who me? Not me)

이 게임은 슈퍼바이지가 자신의 직무에 대한 실수나 결점의 원인을 다른 것으로부터 찾는 것이다. 다른 사람 즉 클라이언트나 행정직원, 다른 기관의 직원, 시스템의 문제 등을 지적함으로써 슈퍼바이지 자신의 책임을 전가시킨다. 이 밖에도 교통, 날씨, 현재의 기분상태 등도 이러한 책임 회피를 돕는 방법으로 사용된다.

⑦ 네, 그러나(Yes–but)

슈퍼바이저가 말하는 것을 수용하는 것처럼 행동하지만 사실은 거절하는 것이다. ‘그러나’ 다음에 슈퍼바이저와는 다른 것을 제시하기 위해서 슈퍼바이지는 전문서적이나 권위자의 언급을 인용하기도 한다. 예를 들면, “네, 그렇지만 ○○○가 말한 것처럼 이렇게 해도 맞지 않나요?”라는 식으로 실상 슈퍼바이저의 제안에 반대하는 것이다.

3) 게임의 배경 및 대처

이처럼 슈퍼바이저의 게임이나 슈퍼바이지의 게임은 슈퍼비전 본래의 목적달성을 방해하는 역기능을 가진다. 슈퍼바이저 게임의 배경에는 그들이 클라이언트에 대한 직접실천을 포기하지 못하는 현실적인 문제를 반영한다. 따라서 슈퍼바이저 게임의 많은 부분이 직접실천에 대한 욕구를 부적절한 방법으로 해소하려다가 발생하게 되는 것이다. 즉, 슈퍼바이지가 클라이언트의 역할을 하기를 바라면서 슈퍼비전의 학습적 관계를 벗어나 슈퍼바이지의 개인적 문제와 직무수행이 아닌 사회복지사로서의 적응에 초점을 두기도 한다. 슈퍼바이저에게 의존하게 만드는 이러한 관계는 결국 역할혼돈으로 지속되면서 서로에게 손실을 주는 것이다. 이 밖에도 슈퍼바이지의 사례에 대하여 조종하면서 슈퍼바이지의 의존을 초래하고 학습결핍과 창의성을 손실시키며 슈퍼바이저에 대한 반발감을 만들게 되는 것이다.

한편, 슈퍼바이지의 다양한 게임들은 슈퍼비전에 있어서 유발되는 스트레스 회피에 도움이 되겠지만 슈퍼비전의 목적달성에는 역기능적일 수 있다. 슈퍼바이지의 게임들을 중단시키기 위한 대처방안으로 다음의 세 가지를 고려할 수 있다.

① 게임 거절하기

슈퍼비전 관계에서 게임을 다루는 가장 효과적이고 직접적인 방법은 바로 게임을 거절하는 것(Kadushin & Harkness, 2002)이다. 그러나 이처럼 간단한 게임 거절하기를 하기 어려운 이유는 슈퍼바이저 역시 게임을 통해 얻는 것이 있기 때문이다. 따라서 슈퍼바이저가 게임을 거절하기 위해서는 자기의 이익을 포기할 준비가 되어 있어야 한다.

② 공개적으로 직면하기

또 다른 게임 대처방안으로는 슈퍼바이지의 행동을 직접적으로 폭로하고 인정하게 하는 직면(confrontation)이다. 그러나 직면의 사용에 있어서는 먼저 슈퍼바이지가 직면으로부터 경험하게 되는 당혹함과 지기위협을 수용할 수 있는 능력이 있는가를 충분히 고려한 이후 행해져야 한다. 즉, 직면의 활용은 슈퍼바이지 개인에게 심리적 손상을 줄 수 있기 때문에 직면 사용에 대한 적절한 시기와 방법에 대하여 슈퍼바이저의 신중함이 요구된다.

③ 게임이 초래하는 불리함에 초점 두기

슈퍼바이지의 게임에 대처하는 또 다른 접근법은 게임 자체에 대한 역동이나 심리상태에 대하여 토의하기보다는 게임 자체가 초래하는 불리한 점에 중점을 두는 것이다. 슈퍼바이저는 업무와 관련된 스트레스 상황을 조절하고 해소하기 위한 방법으로 슈퍼바이지가 이러한 게임을 사용하게 된다면 결국 슈퍼비전의 기본적 목적인 슈퍼바이지의 전문적 성장을 방해받게 됨으로써 슈퍼바이지가 얻는 것이 없음을 분명하게 알려줘야 한다.

5. 효과적인 슈퍼비전 관계

Kilminster와 Folly(2000)는 다양한 전문분야의 문헌고찰을 통해 슈퍼비전의 다양한 방법의 활용보다 슈퍼비전 관계가 효과적인 슈퍼비전에 더 강력하게 영향을 주는 것을 밝혀냈다.

효과적인 슈퍼비전 관계를 이끌기 위해서는 중요한 관계요소들을 이해하고 슈퍼바이저와 슈퍼바이지의 스타일 차이를 인식하는 것이 중요하다.

1) 효과적인 슈퍼비전 관계의 중요 요소

효과적인 슈퍼비전 관계에 있어서 중요한 요소로 Kilminster와 Folly(2000), 그리고 김경실(1999)은 명확한 피드백과 쌍방적 의사소통 능력을 들고 있다. 또한 안정선(2007)은 사회복지관에서 근무하고 있는 슈퍼바이지를 대상으로 한 델파이 조사를 통해 슈퍼비전 관계의 중요 요소로 상호신뢰, 상호존중, 긍정적 의사소통, 상호이해라는 세부 요소를 도출하였으며, 최한나(2007)는 상담전문 슈퍼바이지 68명을 대상으로 한 연구에서 신뢰 · 배려 · 존중, 이해 · 공감 · 지지, 모델 · 멘토 · 자문, 협력적 관계, 동료의식, 감정적 인정 · 격려, 자기이해, 역전이 인식, 사례개념화, 피드백 ·

조언, 발달수준 및 욕구파악, 상담반응·기법 등 12개 범주를 '좋은 슈퍼비전 관계'의 특성으로 추출했다. 이 밖에도 슈퍼바이저와 슈퍼바이지의 친밀감이 슈퍼비전 관계에서 중요하게 다루어지고 있다(강선경, 2008; Cole et al., 2004; Gibbs, 2001). 특별히 슈퍼비전의 심리적 맥락에서 볼 때 신뢰(trust)는 가장 중요한 요인으로 안정감과 존중을 포함하고 있다(Kadushin & Harkness, 2002; Kaiser, 1997; Munson, 2002). 여기서 존중은 슈퍼바이지에 대한 슈퍼바이저의 존중을 의미하며 안정감이란 슈퍼바이저의 비판에 대한 두려움 없이 슈퍼바이지가 과업을 수행하는 데 자유롭게 느끼는 것을 의미한다(Kaiser, 1997).

표 6-1 효과적인 슈퍼비전 관계 중요요소

연구자	요소
Kadushin & Harkness(2002) Kaiser(1997) Munson(2002)	신뢰(안정성과 존중 포함)
Kilminster & Folly(2000)	명확한 피드백
Cole 외(2004) Gibbs(2001) 강선경(2008)	친밀감
김경실(1999)	쌍방적 의사소통
안정선(2007)	상호신뢰, 상호존중, 긍정적 의사소통, 상호이해
최한나(2007)	① 신뢰·배려·존중 ② 이해·공감·지지 ③ 모델·멘토·자문 ④ 협력적 관계 ⑤ 동료의식 ⑥ 감정적 인정·격려 ⑦ 자기이해 ⑧ 역전이 인식 ⑨ 사례개념화 ⑩ 피드백·조언 ⑪ 발달수준 및 욕구파악 ⑫ 상담반응기법

2) 슈퍼바이저와 슈퍼바이지의 스타일 이해

슈퍼비전 관계에서 다루어져야 할 세부 요소들은 다양한 맥락에서 언급되고 있다. Brown과 Bourne(1996)은 슈퍼비전 관계에 있어서 슈퍼바이저와 슈퍼바이지의 스타일 요소를 설명하고 있다. 즉, 슈퍼바이저와 슈퍼바이지 간의 의사소통 방식의 차이, 과업중심 스타일인가 과정중심 스타일인가의 문제, 슈퍼바이저와 슈퍼바이지 개개인이 선호하는 개인적 학습 유형의 차이 등이 슈퍼비전 관계에 영향을 미친다는 것이다.

(1) 의사소통 방식

슈퍼비전 관계에서 의사소통의 방식은 중요한 의미를 지닌다. 사람들은 의사소통을 할 때 보고 듣고 느끼는 감각을 모두 사용하지만 특히 자신이 더 편안한 방법을 주로 사용하고 있으며, 자기 나름만의 강점을 지니고 있다. 예를 들어 슈퍼바이지는 주로 말하고 듣는 것을 편안하게 느끼기 때문에 슈퍼비전에서 의사소통을 시도하지만 시각적인 감각을 선호하는 슈퍼바이저라면 눈으로 확인 가능한 자료를 근거로 토론하기를 선호할 수 있다. 이럴 경우 슈퍼바이지는 슈퍼비전의 의사소통을 경직된 분위기라고 여기고 불편해 할 수 있으며 슈퍼바이저 입장에서는 슈퍼바이지가 슈퍼비전 관계를 비공식적으로 임하고 있다거나 슈퍼비전에 대한 준비가 되어 있지 않다고 여길 수 있다. 이처럼 슈퍼바이저와 슈퍼바이지가 각기 선호하는 의사소통 방식이 다를 경우 어려움이 나타날 수 있다.

(2) 과업지향 또는 과정지향

슈퍼바이저와 슈퍼바이지가 지향하는 스타일이 다를 때 슈퍼비전 관계에서 어려움이 예상된다. 예를 들어 과업중심의 슈퍼바이저는 성과(목적지)에 관심을 가지는 반면 과정중심의 슈퍼바이지는 의미(여행)에 집중하게 된다. 사회복지실천에서 과정이 중시되는 것과 아울러 성과 또한 중요하게 다루어져야 한다. 따라서 슈퍼바이저는 이 둘을 적절하게 전달할 수 있어야 한다. 그러나 무엇보다도 이러한 스타일 측면에 있어서 자신의 스타일과는 관계없이 슈퍼바이지의 지향을 인정하려는 슈퍼바이저의 특별한 책임감이 중요하다. 또한 슈퍼바이저와 슈퍼바이지가 서로의 강점과 선호에 대하여 인식하는 것이 필요하다.

(3) 선호하는 학습 유형

슈퍼비전의 주요기능 중 하나는 교육과 훈련이다. 슈퍼바이저와 슈퍼바이지의 선호하는 학습 유형은 그들의 관계와, 그들이 어떤 식으로 함께 일하는지 대해 영향을 주기도 하고 슈퍼비전 관계의 어려움을 유발하기도 한다. 따라서 슈퍼바이저와 슈퍼바이지 각각이 먼저 자신이 선호하는 학습 유형을 이해하는 것이 중요하다. 그런 다음 상대(슈퍼바이저이든 슈퍼바이지이든)의 선호하는 학습 유형을 파악한다면, 보다 효과적인 슈퍼비전 관계를 개발할 수 있게 된다.

다양한 학습 유형에 대한 분류가 있지만 Honey와 Mumford(2000)의 학습 유형은 슈퍼비전 관계에서 유용하게 활용될 수 있을 것이다. 4가지 선호 학습스타일은 다음과 같다(Wonnacott, 김은혜 외 편역, 2014).

① **실무가형**: 제시된 것의 연관성이 보일 때 가장 뛰어난 학습능력을 보인다. 실무가형 학습 유형을 선호하는 사람들은 문제를 해결할 수 있는 방법들을 선호하고 실천에서 어떻게 일이 진행되는지에 대한 이해를 필요로 한다.

② **성찰가형**: 생각이 깊고, 행동을 실천으로 옮기기 전에 생각을 한다. 성찰가형 학습 유형을 선호하는 사람들은 다른 대안의 가능성들을 평가해 보고 자신의 생각이 정리되었을 때 결정을 내린다.

③ **이론가형**: 논리적이며 왜 이런 행동이 제기됐는지 알아가는 것을 좋아한다. 이론가형 학습 유형을 선호하는 사람들은 개념과 모델에 친숙하며 지적인 한계에 도전하는 것을 즐긴다.

④ **활동가형**: 활동가형 학습 유형을 선호하는 사람들은 자신이 직접 일을 시도하는 것을 통해, 가장 뛰어난 학습능력을 발휘하며 실천 경험을 통해 획득한 것을 편하게 받아들인다.

07

CHAPTER

슈퍼비전 기능 및 직무

본 장에서는 슈퍼비전의 주요 기능으로 행정적, 교육적, 지지적 슈퍼비전을 살펴본다. 각 기능별 개념과 목적, 주요 과업 및 방법들에 대해 살펴보고 슈퍼바이저로서 담당해야 하는 직무내용에 대해 점검한다.

Chapter

07 슈퍼비전 기능 및 직무

1. 슈퍼비전의 기능 개요

슈퍼비전 기능에서는 Kadushin(1976)의 3대 기능과 Middleman과 Rhodes(1985)의 분류와 주요 내용, 그리고 Morrison(2005), Wonnacott(2012)의 4대 분류에 대해서 정리해 보고, 슈퍼비전을 통해 이루어져야 하는 과업들에 대해 구체적으로 살펴본다. 슈퍼비전 기능이란 Dawson(1926)이 처음 사용하기 시작한 이래로 Towle(1954)을 거쳐 Kadushin(1976)으로 이어지면서 행정, 교육, 지지라는 3대 기능 구분이 보편적으로 받아들여지고 있다.

행정적 슈퍼비전은 올바르고 효과적인 기관정책 및 절차 이행에의 엄수를 보장하고 사회복지사에게 업무를 적절히 수행할 수 있는 작업배경을 제공하는 것이 목적이다. 세부과제로는 직원채용과 선발, 배치, 업무계획과 평가, 의사소통 촉진, 행정적 완충과 변화대행 등이 있다. 교육적 슈퍼비전이란 사회복지사의 지식과 기술향상 등의 업무능력 개선이 목적으로 사회복지사를 가르치고 학습을 촉진하며 정보를 제공하고 경험과 지식을 공유하고 문제해결을 원조하는 것을 의미한다. 마지막으로 지지적 슈퍼비전이란 사회복지사의 사기와 직무만족도를 향상시키기 위해 스트레스 유발상황을 방지하고 스트레스를 해소하도록 도우며, 책임을 공유하고 신뢰를 형성하며 관점을 공유하는 것이다.

이러한 3가지 기능은 각기 독립적으로 구분되기보다 세부적인 내용에서 중복되는 영역이 존재하고 있다(Kadushin and Harkness, 2002). 구체적으로 각 기능별 슈퍼비전 목표와 장애물, 내용, 관심영역과 과제를 살펴보면 다음의 〈표 7-1〉과 같다(김융일, 1988).

표 7-1 슈퍼비전의 기능별 구분

구분	행정적 슈퍼비전	교육적 슈퍼비전	지지적 슈퍼비전
목표	작업배경 제공	업무능력 개선	업무만족감 지원
장애물	비합리적 조직	무지와 낮은 인지능력	정서 불안정
내용	조직의 구조와 사회복지사의 업무를 도울 수 있는 기관자원에의 접근법 제공	업무에 필요한 지식과 기술 제공	효과적으로 업무를 수행할 수 있도록 심리적 자원 제공
관심 영역	효율적인 조직에 사회복지사를 연결시켜 사회복지사가 조직의 구조와 자원을 효율적으로 이용할 수 있도록 하는 것	지식과 기술의 향상을 통해 사회복지사의 효율성을 증대하는 것	업무수행을 방해하는 스트레스를 감소시키고 사기를 증진시켜 사회복지사의 효율성을 증대하는 것
사회복지사 모델	효율적으로 과제를 수행하는 사회복지사	자질 있고 능력 있는 사회복지사	공감적이고 이해심 많은 사회복지사
과제	① 직원의 채용과 선발 ② 직원의 임명과 배치 ③ 업무계획 ④ 업무 할당 ⑤ 업무위임 ⑥ 업무모니터링 ⑦ 업무조정 ⑧ 의사소통 촉진 ⑨ 행정적 완충 ⑩ 변화 대행	① 가르침 ② 학습촉진 ③ 훈련 ④ 경험과 지식공유 ⑤ 정보제공 ⑥ 명확화 ⑦ 가이드 제공 ⑧ 사회복지사 원조 ⑨ 전문적 성장 제고 ⑩ 조언, 제안, 문제해결 원조	① 스트레스 유발상황 방지 ② 스트레스 해소 ③ 스트레스 대처 원조 ④ 신뢰형성 ⑤ 관점 공유 ⑥ 결정에 대한 책임공유 ⑦ 성공 위한 기회 제공 ⑧ 동료를 통한 지지 제공 ⑨ 업무관련 긴장 완화

다른 슈퍼비전 기능에 대한 논의로 Fox(1983)는 슈퍼바이저를 위한 12개의 행동

지침을 제안했는데, 이를 교육, 행정, 지지적 기능의 3대 기능의 틀에 따라 분류해 보면 다음의 〈표 7-2〉와 같다. Fox는 무엇보다 직원을 동기화하고 사기를 진작시키는 핵심요소로서 지지적 기능의 중요성을 강조하고 있다. 직원이 기관에 머물기를 원하고 행복하게 일하며 학습에 대해 동기화되어 있는 한 그들은 일을 잘 수행할 것이다.

표 7-2 슈퍼바이저를 위한 행동지침

행정적 기능	① 업무에 대해 언제든 만나서 상의할 수 있을 것 ② 계속해서 구체적인 피드백을 제공할 것 ③ 목표설정 시 슈퍼바이지를 참여시킬 것
교육적 기능	④ 외부전문가와의 연계를 강화할 것 ⑤ 슈퍼바이지가 자율적으로 일할 수 있도록 격려할 것 ⑥ 전문가적 성장을 위해 잘 짜인 자료를 제공할 것
지지적 기능	⑦ 신뢰와 존중, 관심, 지지적인 분위기를 유지하고 격려할 것 ⑧ 곤란한 문제라도 공개적으로, 객관적으로, 직접적으로 다룰 것 ⑨ 어떻게 해야할지 모르거나 도울 수 없을 때 솔직히 말할 것 ⑩ 슈퍼바이지의 감정, 태도, 행동을 이해하고 공감할 것 ⑪ 슈퍼바이지가 좌절하고 긴장하고 불안해할 때 이해해 줄 것 ⑫ 성취를 인정하고 격려하며 실패뿐 아니라 성공에 대해서도 반응을 보일 것

또한 슈퍼비전 기능에 대한 다른 논의로 Middleman과 Rhodes(1985)는 슈퍼비전 기능을 연결, 서비스 전달, 통합기능을 중심으로 제시하고 있는데 연결기능은 업무량 처리, 정보처리, 옹호, 변화기능으로, 서비스 전달기능은 교육, 평생직 사회화, 평가기능으로, 통합기능은 인간화, 긴장관리, 촉매 기능으로 분류하여 설명하고 있다. 3가지 기능영역은 Kadushin과 Harkness(2002)가 제시하는 행정・교육・지지기능과 유사한 개념으로 평가되고 있다.

① **연결기능**: 현대의 사회복지기관은 내적 및 외적 관계망의 관점에서 설명될 수 있다. 이 관계망 모두는 서비스 전달은 물론 자원을 개발하고 유지하는 데에

도 중요하다. 슈퍼바이저는 내적으로 정책, 규칙, 절차, 프로그램, 서비스들 사이의 상호관계에 대해 잘 알고 있을 필요가 있으며, 슈퍼바이지, 클라이언트, 기관에 해로운 모순과 갈등을 해결하기 위한 행동 대안들을 생각해야 한다. 연결기능의 하위기능으로는 첫째는 행정기능으로서 업무량 처리와 정보처리, 둘째로는 옹호기능으로서 내적 및 외적옹호, 셋째로는 변화기능이 있다. Kadushin(1992)의 3대 기능 중에서 행정적 기능과 많은 유사점을 가지고 있다.

② **서비스 전달기능**: 사회복지기관들에 대한 지속적인 지원과 이들의 발전은 전문직의 국민에 대한, 사회복지사의 클라이언트에 대한, 사회복지사의 기관에 대한 책무성(accountability)에 바탕을 두고 있다. 역동적 조직의 수준에서 이와 같은 관심사들은 효과성 요건에 의해 설명되어 왔다. 효과성 요건은 지식과 기술의 적용에서 능력을 보여주고, 전문직의 가치와 윤리에 따라 클라이언트의 욕구에 반응하며, 업무수행이 클라이언트와 기관의 목표들과 일치함을 보여줄 것을 기대한다. 서비스 전달기능의 하위기능으로는 교육기능, 평생직사회화기능, 평가기능이 있다. 서비스 전달기능은 Kadushin(1992)의 3대 기능 중에서 교육적 기능과 유사점을 가지고 있다.

③ **통합기능**: 통합기능은 조직의 안정성을 위한 목적을 갖는다. 사회복지조직에서의 안정성 요건은 계속적인 사회의 변화와 요구들 속에서 매우 중요한 요건이 된다. 특히 슈퍼바이저는 중간 위치에서 일하는 사람으로서 개인적 이익과 조직 이익을 계속해서 통합시키는 일에 종사하고 있는 것이다. 슈퍼바이저는 안정과 생존을 위해 직원과 조직의 관심사들을 통합하는 중추적인 역할을 수행하여야 한다. 특히, 이를 위해 존경받는 슈퍼바이저가 필요하며 슈퍼바이저는 기관에서 인간의 존엄성을 발전시킬 뿐만 아니라 보호하는 일에 관심과 책임을 가져야 한다. 하위기능으로는 인간화기능, 긴장관리, 촉매기능이 있다. 통합기능은 Kadushin(1992)의 지지적 기능과 많은 유사점을 가지고 있다.

표 7-3 Middleman과 Rhodes(1985)의 슈퍼비전의 기능

사회복지사 (유능한 슈퍼바이저)	반응적 공급 (서비스 제공)	역동적 조직 (조직 요건)	슈퍼비전의 기능
존엄성	욕구	안정성	통합기능 ① 인간화 ② 긴장관리 ③ 촉매
지혜	기술	효과성	서비스 전달기능 ① 교육 ② 평생적 사회화 ③ 평가
리더십	자원	적응성	연결기능 ① 행정 ② 옹호 ③ 변화

앞서 살펴본 바와 같이 Kadushin(1976), Middleman과 Rhodes(1985)는 3대 기능을 중심으로 정리했는데, Morrison(2005)과 Wonnacott(2012)은 슈퍼비전의 4대 기능으로 관리, 개발, 지지, 중재를 다음의 〈표 7-4〉와 같이 제시하고 있다. 이는 Kadushin(1976)이 제시한 행정, 교육, 지지기능에 Richards 외(1990)가 중재기능을 추가한 것을 반영한 것이다. 중재기능은 기관 외의 다른 사람 및 조직들과 서로 팀의 역할을 명확히 하고 서비스의 조정을 협의하는 등 한 차원 높은 관리기능을 필요로 하는 직원들의 요구를 나타내 주는 것이다. Wonnacott(2012)은 Kadushin

표 7-4 Wonnacott(2012)의 슈퍼비전의 4대 기능

관리	지지	발달	중재
책임성 있는 수행	전문적 개발을 지속하는 것	지지와 격려	개인을 타 분야 전문가 및 조직과 융합하는 것
• 전문적인 슈퍼비전			
서비스 이용자들의 최선의 이익과 실천의 질에 초점을 맞추기	과업의 영향을 성찰하기	전문적인 역량 설정과 자기-평가	역할의 명확성과 효과적으로 여러 기관들과 함께 일하는 것을 보장하기
• 업무관리 행정			
질을 보증하기	직원보호와 반차별적 실천	과업수행과 역량 관리하기	확장된 과업수행 관리 목표와 연결하기
• 전문가적 성장 지속하기			
지식격차 확인하기	개인의 학습 스타일과 학습에 영향을 미치는 요소들을 이해하기	학습기회의 제공과 개인적 성장계획을 수립하기	외부에서 이루어지는 공식적인 학습기회를 촉진하고 이해하기

(1976)의 3대 기능 모델에서 중재가 슈퍼비전 과정상에서 행해지는 역할을 놓쳤던 것을 지적하고, 중재를 전체적인 체계에서 중요한 기능을 하는 핵심적인 요소로 보고 있다.

Hart(1982)는 주로 교육, 행정, 지지적 기능으로 대표되는 3개 기능 외에 사회복지사의 개인적 감정과 반응에 초점을 두고 개인능력을 사정하고 자기이해와 직업적 정체성을 증진시키는 '성찰적 기능'을 중요하게 제시하였는데, Kadushin(1992)은 이를 교육적 슈퍼비전의 일부로 경험적-실존적 접근이라고 명명하기도 하였다. 이러한 3대 기능 외에도 사회복지사 자신의 직무수행능력에 대한 다각적인 평가를 위한 정보수집과 모니터링, 피드백 제공 등 슈퍼비전에서의 평가와 성찰은 슈퍼비전 하위의 주요 기능이 되기도 한다. 슈퍼비전과 평가의 이슈는 제9장에서 다루도록 한다.

다음으로 슈퍼비전의 기능별 세부과업에 대해 구체적으로 살펴보고자 한다.

2. 행정적 기능

먼저 행정적 슈퍼비전의 과업을 구체적으로 논의하기에 앞서 행정적 기능 수행을 위해 조직 차원에서 기본적으로 고려해야 할 요소들에 대해 살펴보고자 한다. 이는 기관 목적과의 일치성, 책무성 이행, 이해관계자의 요구 반영, 서비스 질 유지, 직무성과 확보 등이다.

1) 행정적 슈퍼비전을 위한 조직적 고려요소

첫째, 기관 목적과의 일치성을 고려한다.

사회복지기관의 목적은 조직으로서 기관의 사명에 일치하는 성과와 방향을 정해

준다. 대부분의 사회복지사들은 사회복지조직에서 피고용자로 일한다. 따라서 그들의 업무는 기관의 목적을 달성하는 것이다. 행정적 슈퍼비전은 기관 목적과의 일치성 영역에서 이루어진다.

둘째, 책무성 이행을 고려한다.

사회복지기관은 정부와 같은 자금원을 통해서 클라이언트에게 간접적으로 책임을 진다. 자금을 받은 기관은 다양한 방침과 절차가 요구하는 대로 일을 완수해야 한다. 바로 사회복지기관에서 직무를 담당하는 사회복지사들은 책무성 이행의 의무를 가지게 되는 것이다. Lewis(1982)는 사회복지기관의 책무성이란 조직의 업무성과 평가와 성과달성을 위한 투입평가를 뒷받침하는 양적, 질적 증거들이라고 했다(김경희, 2002). 이창호(1999)는 사회복지기관의 책무성이란 사회사업 프로그램 혹은 조직이 주어진 자원을 가지고 어떤 구체적인 목적을 얼마나 효과적으로 또는 효율적으로 달성했는가 하는 것을 객관적으로 증명할 것을 요구하는 것이라고 정의하고 있다. 이렇듯 책무성은 성과평가의 의미를 강조하고 있는데 사회복지조직의 책무성 평가는 조직의 성과평가를 통해 가능하며 이 성과평가는 조직에 있어서 근본적인 책무성 장치가 된다(김경희, 2002). 사회복지기관이 갖는 책무성의 개념 속에는 조직의 목표달성 의지, 실천효과성 검증을 위한 과학적 방법의 도입, 그리고 성과평가의 개념이 내포되어 있는 것을 알 수 있다.

이러한 조직 내에서 책무성을 추구하는 과정은 행정적 슈퍼비전의 전반적인 철학이자 가치가 된다.

셋째, 이해관계자의 요구 수렴을 고려한다.

지도감독 과정에는 감독자와 피감독자만 포함되는 것이 아니다. 직무수행과 관련된 관계자들, 즉 클라이언트, 피감독자, 감독자, 기관이라는 4가지 이해당사자들이 참여하는 것이다. 슈퍼비전의 과정에서 이러한 이해관계자들의 요구를 모두 수렴하여야 한다. 그러나 무엇보다도 슈퍼비전의 4자 관계에 있어서 클라이언트가 핵심적 역할을 한다는 사실이 중요하다.

넷째, 서비스 질을 고려한다.

슈퍼비전의 기본 과정은 서비스 방향에 맞게 제공된 서비스 질과 과업이 잘 완성되었는지를 확인하는 것이다. 서비스의 질의 확인은 결과뿐 아니라 서비스의 과정에 대해 전반적으로 이루어져야 한다.

만약 서비스의 질적인 수행에 있어서 문제가 있다면 슈퍼바이저들은 슈퍼바이지와 함께 서비스의 질이 향상되도록 노력해야 한다.

슈퍼비전은 명백하게 서비스의 질과 결과를 확신하는 방법이다. 슈퍼바이저들은 슈퍼바이지들이 책무성의 요구와 서비스 이용자들을 이해하도록 도와야 한다. 서비스의 질을 향상하기 위해 슈퍼바이저들은 사회사업실천기술을 가르쳐야 한다. 또한 전문적 조언과 지원을 해야만 한다. 서비스 질의 향상을 위해서는 행정적 슈퍼비전 외에 이처럼 교육적·지지적 슈퍼비전이 함께 제공되어야 하는 것이다.

다섯째, 직무성과의 달성과 평가를 고려한다.

앞서 논의한 것처럼 외부적 자원에 의존하는 사회복지조직은 책무성 이행의 의무를 수행해야 하고 이를 위해서는 성과평가의 도입과 실행이 필요하게 되었다. 조직 구성원인 사회복지사의 책무성 평가는 직접 서비스를 담당하고 있는 사회복지사의 직무성과 평가를 통해 이루어질 수 있다. 즉, 사회복지사의 직무수행 결과에 대한 평가로 사회복지사의 책무성을 평가할 수 있는 것이다(Taber, 1982; 김경희, 2002에서 재인용)

이러한 직무성과 평가를 통한 책무성을 추구하는 과정은 직원 슈퍼비전의 전반적인 철학이자 가치가 된다. 직무평가에 대한 내용은 제9장 "슈퍼비전과 평가"에서 구체적으로 다루도록 한다.

2) 행정적 슈퍼비전의 세부과업과 내용

다음으로 행정적 슈퍼비전의 세부과업들을 구체적으로 살펴본다.[3)]

(1) 직원 선발 및 배치

슈퍼바이저는 가장 기관에 적합한 사람을 선발해야 한다. 슈퍼바이저는 업무의 세세한 내용을 잘 알고 있고 그 일을 하는 데에 있어서 필요한 능력들에 대해 가장 잘 아는 위치에 있으므로 직원의 채용과 면접 과정에 참여하게 된다. 직원채용과 선발을 위해 슈퍼바이저는 신임직원 채용과 절차에 관한 기관 규정을 숙지하며 기관 전체의 직원채용 절차에 따른다. 더불어 현 과업환경 속에서의 인사제도 흐름에 대처하여 직원 선발을 위한 효과적인 채용정보를 수집하는 노력을 하도록 한다. 각 직무에 대한 직무분석 과정을 통해 필요 직무과업과 이를 수행하기에 필요한 지식과 기술, 능력과 태도 등 핵심역량요소들에 대해 미리 사정하여 선발 시에 활용할 기준을 정리한다.

슈퍼바이저는 직원채용이나 선발 과정에 관여하게 됨으로써 새로 들어온 직원과 함께 일하는 데 보다 수용적이 될 가능성이 있다.

또한 지원자를 모집해서 채용했으면 슈퍼바이저는 신임직원의 직무를 배치하고 배정해야 한다. 직무배치란 슈퍼바이지를 물리적, 사회적으로 그리고 기관의 조직상의 적절한 위치에 배정하는 것이다. 직책과 업무내용, 그리고 근무관련 규정 등에 대해서도 알려주어야 하며 물리적인 환경도 조성해 주고 기관에 대해 전체적인 맥락을 이해하도록 읽을 자료들도 제공해 주어야 한다. 또한 슈퍼바이저는 신임직원과 함께 일하게 될 직원들도 소개해 주는 역할을 해야 한다. 이러한 오리엔테이션은 한꺼번에 너무 많은 것을 하면 슈퍼바이지가 부담스러워하거나 압도당할 수 있으므로 점진적으로 진행하도록 한다.

---

3) 제시된 10가지 과업들은 주로 Kadushin과 Harkness(2002)의 연구를 중심으로 기타 여러 선행연구자들의 슈퍼비전 기능에 관한 의견을 보완하여 저자가 요약, 정리한 내용이다.

(2) 업무계획 및 할당

일반적인 정책과 목표를 설정한 후 주어진 기간 안에 슈퍼바이지가 처리해야 할 일과 그 일에 대한 의무가 무엇인지 나누는 것이 중요하다. 또한 업무계획은 슈퍼바이지들에게 과중한 부담을 주지 않으며 근무시간 내에 이루어질 수 있도록 짜여져야 한다. 또한 슈퍼바이저는 부서의 단기 및 중장기 계획수립의 책임을 갖고 있다. 슈퍼비전의 핵심적인 행정적 책임은 무엇보다 업무수행의 완수인 것이다.

조직의 전체 작업을 계획한 후 슈퍼바이저는 전체적인 작업계획을 고려하여 직원들에게 적당한 업무를 할당하게 된다. 업무 및 과제를 부여할 때에는 슈퍼바이지의 장점과 단점을 고려해야 하며 또한 다양성을 고려하여 한 가지 종류의 사례를 집중적으로 부여하지 않도록 한다. 또한 슈퍼바이지가 부당한 스트레스를 받지 않고 업무를 수행할 수 있는 능력이 있음을 확신하는 범위 내에서 일정을 계획하여 업무를 부여해야 한다. 업무를 부여하는 절차에 있어서는 많은 부분 슈퍼바이저가 업무를 부과해 주지만, 정기적인 회의나 집단회의를 통해서 결정할 수도 있다. 업무를 부여할 때에는 어디까지 재량권을 갖게 할 것인지에 대한 기준도 고려해야 한다.

(3) 업무위임과 대리적 책임

업무 할당은 어떤 업무가 성취되어야 하는 것을 가리키는 것이라면 업무위임은 그것이 어떻게 수행되고 달성되어야 하는가를 말하는 것이다. 위임이란 슈퍼바이저의 권위를 어느 정도까지 슈퍼바이지와 공유하는 것이다. 슈퍼바이지들도 최대한의 자치권과 재량의 조건 아래 업무가 할당되고 할당의 목적이 명확히 언급되었을 때 목적의 성취를 가져오기 용이할 것이다. 결론적으로 슈퍼바이저는 그들이 할당한 업무에 대한 책임이 있고 슈퍼바이지들에게 맡긴 업무에 대해서도 책임을 진다. 이것을 대리책임이라고 하는데, 슈퍼바이저는 슈퍼바이지에게 배분하고 위임해 준 업무에 대해 궁극적으로 책임을 갖는다는 것을 의미한다. 즉 슈퍼바이저는 슈퍼바이지가 행하는 결정들과 행위들에 대해 책임을 갖는다. 이러한 대리책임의 원리는 슈퍼바이저의 위치를 불안하게 만든다. 책임의 위험을 줄이기 위해서 슈퍼바이저는 슈퍼바이지들이 다루는 모든 사례들에 대해서 충분히 알고 있어야 하며 할당된 업무가 적절하게 다루어질 수 있도록 하기 위해 각 슈퍼바이지들의 능력 수준을 분명히 알고 있어야 한다.

(4) 업무모니터링 · 평가 및 견책

또한 적절한 위임 후에는 기관의 행정절차에 부합되는 방법과 시간에 맞추어 과제가 이루어지는지를 관찰하기 위해 과제 수행을 모니터링해야 한다. 업무모니터링 및 검토, 평가는 행정적 슈퍼비전의 감찰적인 측면이다. 모니터링은 구두보고, 청취, 기록물 읽기, 통계적 보고 등을 통해 이루어진다. 슈퍼바이저는 슈퍼바이지가 합의한 기간 동안에 업무를 처리할 수 있는지와 업무수행관련 능력과 기술이 있는지에 대해서 알아야 하고, 슈퍼바이지의 지각 · 결근 · 휴가 · 병가 계획에 관심을 가질 필요가 있다. 또한 슈퍼바이저는 슈퍼바이지의 업무가 기관의 정책과 절차에 따라서 수행되는지를 심사해야 한다.

만약 슈퍼바이지가 업무를 불만족스럽게 느끼고 있다면 슈퍼바이저는 더욱 책임을 느끼고 업무를 모니터링해야 할 것이다.

업무수행의 검토와 관련하여 슈퍼바이저는 슈퍼바이지로 하여금 기관이 요구하는 정책, 규칙, 절차에 따라서 행동할 것을 책임지고 감독할 수 있는 위치에 있다. 슈퍼바이저는 슈퍼바이지가 기관의 이러한 정책, 규칙, 절차들에 불복종할 경우, 세부적인 원인을 파악하고 기관의 목적 수행을 위해 슈퍼바이지에게 개입하여야 할 책임이 있다. 업무에 대한 모니터링과 검토, 평가 과정을 통해 슈퍼바이지에 대한 지도와 훈계, 교정이 이루어진다. 슈퍼바이지가 기관의 요구와 원칙을 알고 있음에도 이것들을 위반하려 한다면 슈퍼바이저는 징계적 조치를 취할 수밖에 없다. 슈퍼바이저는 슈퍼바이지의 불복종이나 저항의 초기 징후를 발견한 후에는 묵과하지 않고 즉

각적으로 개입하여야 한다.

슈퍼바이지에 대한 견책은 잦은 지각문제나 보고서 제출의 지연 등에서도 있게 되는데, 견책을 할 때 슈퍼바이저는 개별적으로 만남을 가져야 하고 감정적이어서는 안 된다. 사실에 대해 명확해야 하며, 접근에 있어서 일관성이 있어야 한다. 슈퍼바이저의 이러한 견책 행동은 다른 모든 슈퍼바이지에게 영향을 미치기 때문에 주의 깊게 이루어져야 한다. 슈퍼바이저는 징계와 관련한 사건에 대해 기록해 둠으로써 사건의 재발이나 법적 강제력이 요구될 경우에 정당화할 수 있는 정보를 가지고 있을 필요가 있다.

그러나 슈퍼바이저들이 징계조치를 적용할 때 핵심적인 초점은 슈퍼바이지의 불복종에 대해 처벌하려는 것보다 기관서비스의 효과성을 증대시킬 수 있도록 슈퍼바이지의 행동을 변화시키는 것임을 기억해야 할 것이다.

(5) 업무의 조정 및 갈등관리

기관의 전반적 목표들이 효과적으로 실행되기 위해서는 기관 내의 서로 다른 부서 간, 같은 부서 내의 슈퍼바이지 간, 타 기관 부서와 기관 내 부서 간 등의 사이에서 조정과 통합이 있어야 한다. 특히, 슈퍼바이지들 간의 조정에 있어 슈퍼바이저는 사회복지사들이 그들 자신의 일에 상호보완적, 지지적 보충이 되는 활동 속에 참석하여 관계를 맺을 수 있도록 해준다. 슈퍼바이저는 이러한 조정을 통해 인적, 재정적, 물리적, 정보자원 등을 유용하게 사용할 수 있도록 해야 한다. 또한 나아가 슈퍼바이저는 조정의 일환으로 부서 간, 슈퍼바이지 간의 갈등을 해결할 책임이 있다.

(6) 의사소통기능

슈퍼바이저는 위로는 상사, 아래로는 부하직원을 두는 중간 위치에 있다. 따라서 지휘체계의 위아래로부터 입수되는 정보들을 수집하고 분석하고 보급시키는 행정적 조정센터로서 기능한다. 이러한 의사소통은 기본적으로는 공식적 의사소통 통로를 통해 이루어져야 한다. 이러한 통로로 업무의 본질과 업무수행의 조건들이 명확히 설명되고 이해되어야 한다. 특히, 업무가 표준화되기 어렵고 지침서에 온전히 담기 어려운 다양한 상황들이 많은 조직의 경우에 의사소통의 기능이 중요하다.

의사소통의 자유로운 흐름을 방해하는 장애물은 공유해야 할 정보를 억제하거나 전달과정에서 선택적으로 강조하거나 생략하는 데에 그 원인이 있다. 이러한 문제는 조직 맥락에서 빈번히 발생하고 있다. 효과적인 의사소통을 위해서는 신뢰성이 중요하다. 슈퍼바이저는 주로 슈퍼바이지들이 직접 알기 어려운 정보들, 예를 들면 최고관리자 및 중간관리자들의 회합 시에 결정된 사항들 등에 대해 진실성을 가지고 사실을 전달하며 그 내용이 왜곡되지 않게 정확하게 전달해 줄 필요가 있다. 또한 슈퍼바이지의 건의사항 등에 대해 슈퍼바이지를 대신해서 전달의 매개체로서 기능해야 할 것이다. 이처럼 슈퍼바이저는 수직적 계층에 있어서의 의사소통의 통로가 될 수 있는 한편, 기관 내 부서 간, 기관 간에 있어서의 수평적 의사소통 통로의 역할을 담당해야 한다.

(7) 옹호 및 행정적 완충기능

슈퍼바이저는 수직적 그리고 수평적 의사소통을 통해서 기관행정부서, 타 부서 그리고 기관이 속한 지역사회의 도전들에 대항해서 직원들을 옹호한다. 효과적인 행정적 책임을 수행하기 위해서 슈퍼바이저는 메신저로서 행동하는 것보다 훨씬 더 적극적으로 옹호하는 태도를 가져야만 한다. 즉, 슈퍼바이저는 행정적 매개자로서 슈퍼바이지의 관심사와 견해를 적극적으로 대표할 수 있어야 한다.

또한 슈퍼바이저는 기관과 클라이언트와의 관계에 있어서 완충자로서의 서비스를 제공한다. 즉, 슈퍼바이저는 사회복지사의 결정에 대해 불만족하여 더 높은 권위를 가진 사람과 이야기하기를 원하는 클라이언트의 호소를 받아들일 준비가 되어 있어야 한다. 이것은 슈퍼바이지의 부정적인 결정에 대한 클라이언트의 보호인 동시에 클라이언트의 부적절한 반응이나 요구로부터 슈퍼바이지를 보호할 수 있는 대안이기도 하다.

슈퍼바이저는 또한 기관과 슈퍼바이지 사이의 완충자로서도 기능한다. 이것 역시 기관의 불합리한 요구와 환경으로부터 슈퍼바이시를 보호하고 슈퍼바이지의 일탈행동으로부터 기관을 보존하기 위한 방법이라고 볼 수 있다.

(8) 변화매개 및 지역사회 연계

슈퍼바이저는 일탈적 행동에 맞서 기관을 보호하면서도 필요한 혁신을 요구하는 제안에 개방적이어야 한다. 슈퍼바이저는 기관정책과 절차의 제안된 변화들을 공식화하는 데에 자신이 가지고 있는 지식을 사용해야 할 책임이 있다. 또한 슈퍼바이저는 효과적인 서비스를 실행하는 데에 도움을 주는 지역사회서비스 연계방안에 대해서도 항상 고려해야 한다.

(9) 기관의 사명과 가치 및 방침의 내재화

슈퍼바이저는 슈퍼바이지가 조직의 특성을 이해할 수 있도록 도움을 제공하고 조직 핵심 가치와 방침을 내재화할 수 있도록 할 필요가 있다. 슈퍼비전의 일차적인 목적은 무엇보다 클라이언트에의 최선의 이익을 위한 것이고 사회복지조직은 이러한 궁극적인 목적 속에 기관 고유의 사명과 비전, 그리고 핵심가치들을 수립하고 있다. 슈퍼바이저는 기관의 미션과 핵심가치들을 인식시키고 인지하도록 슈퍼비전을 제공한다. 특히, 신임직원의 경우 기관의 미션과 가치들에 대해 집중적으로 인지하는 시간을 갖도록 하여야 한다. 또한 각 사업의 내용들이 기관의 미션과 핵심가치들에 기반하여 진행될 수 있도록 점검하는 슈퍼비전을 제공한다.

더불어 기관의 정책, 규정, 사업방향과 전략들에 대해 슈퍼바이지들이 이해할 수 있도록 설명하고 분명한 지침을 제공하여야 한다.

(10) 중재기능

슈퍼바이저는 슈퍼바이지가 타 분야 전문가 및 조직과 융합하는 것을 목표로 팀의 역할과 책임성을 명확화하며 자원의 결핍이나 영향에 대해 관리하여 가장 효과적인 방법으로 자원을 할당할 수 있도록 한다. 사회복지사들 간, 팀 내 또는 다른 부서나 기관 외부와의 관계를 중재하며 타 기관과 일하는 데 있어 직원을 대변하거나 동행한다. 조직의 발전과 관련 조직 정보에 대해 직원들에게 충분히 설명하고 정책 형성 과정을 명확히 전달해 주고 의사결정에 직원이 참여할 수 있도록 하며 조직에 대한 불만들에 대해서도 원조하고 지도한다.

3. 교육적 기능

1) 교육적 슈퍼비전의 목표 및 정의

교육적 슈퍼비전의 목표는 슈퍼바이지의 업무를 더욱 효과적으로 실행하기 위해 슈퍼바이지의 능력을 향상시키고, 슈퍼바이지 자신의 임상적 지식과 기술을 최대화하여 전문적으로 성장하고 발달하도록 돕는 것이다. 교육적 슈퍼비전에서 초점을 두는 문제는 직무를 실행하는 데 필요한 지식, 태도, 기술에 대한 슈퍼바이지의 무지 또는 부적절함이다. 최선의 목적은 업무에 필요한 지식과 기술을 향상시키는 것이다.

일반적으로 교육적 기능들에는 가르침(teaching), 훈련(training), 직원개발(staff development), 코칭(coaching) 및 멘토링(mentoring), 액션러닝(action learning) 등으로 표현되는 활동들이 있다. 이러한 활동들은 슈퍼비전과 같은 차원의 활동이기도 하며 슈퍼비전 내에서 활용되는 기제이기도 하다. 유사한 교육적 활동들은 슈퍼비전과 조직은 제10장에서 구체적으로 다루고 있다.

직원의 성장, 발전의 측면에서, 슈퍼바이저들은 교사로서의 역할을 수행한다. 슈퍼바이저들은 슈퍼비전을 통해 어떻게 업무를 수행해야 하는가를 가르치는 것이다. 그러나 교육적 슈퍼비전에는 슈퍼바이저와 슈퍼바이지 두 명의 파트너 간의 상호학습, 즉 가르침과 배움의 과정이 있어야 한다. 둘 모두 가르치고 배울 준비가 되어 있어야 한다. 이러한 과정 속에서 서로 간의 공감대가 형성되고, 이를 통해 배움에 대한 준비 및 동기가 부여된다.

2) 교육적 슈퍼비전의 세부과업과 내용

(1) 효과적인 학습 원칙

무엇보다 교육적 슈퍼비전은 효과적인 학습법이 중요하다고 할 수 있다. 학습에는 사실적인 지식을 습득하는 지식적 학습, 태도에 관한 것을 학습하거나 태도를 수정하는 감성적 학습, 일하는 방법을 습득하는 실천적 학습의 세 가지 측면이 있는데, 슈퍼비전을 통해서는 이러한 학습이 모두 이루어질 필요가 있다.

그렇다면 학습을 위해 필요한 것들이 있는데 Kadushin과 Harkness(2002)가 제시한 효과적인 학습 원칙을 중심으로 정리하면 다음의 6가지로 요약된다.

① 학습에 대한 동기가 극대화됐을 때 가장 잘 배운다

학습내용에 대한 유용성과 슈퍼바이지 개인의 욕구의 관점에서 의미를 부여하고 배우고자 하는 동기를 부여할 때 효과를 높일 수 있다.

② 배우기 위한 학습환경에 에너지를 많이 쏟을수록 가장 잘 배운다

거부, 불안, 죄책감, 수치심, 실패에 대한 두려움, 지율성에 대한 공격, 불확실한 기대와 같은 장애를 극복하기 위해서는 학습 향상을 향한 에너지가 필요하다.

③ 학습이 만족스러울 때 가장 잘 배운다

전문적 성취에 대해 칭찬할 때 학습의 긍정적 만족감이 증가한다.

④ 학습 과정에 능동적으로 참여할 때 최상의 것을 배운다

슈퍼비전은 일방적으로 주거나 받는 과정이 아니며 함께 공유해 가는 과정이다. 따라서 슈퍼바이지를 학습 과정에 참여시켜서 학습에서의 주도성을 갖게 한다면 학습효과를 높일 수 있고 흥미를 유도할 수 있는 효율적인 기법이 될 것이다.

⑤ 학습내용이 의미 있게 제시되면 가장 잘 배운다

학습내용은 익숙한 것에서 생소한 것으로, 간단한 것에서 복잡한 것으로 점차 강화시키고 학습내용을 구체화하여 요점을 반복하고 요약하는 것은 의미를 높여준다. 학습내용이 의미 있게 다가온다면 열심히 배우게 된다.

⑥ 슈퍼바이지를 개별화하여 배우는 사람으로서의 특성을 고려한다

교육진단을 통해 학습속도의 차이에 따라 슈퍼바이지를 개별화하여 접근해야 한다. 슈퍼바이저는 슈퍼바이지들이 알아야 할 내용을 먼저 알고 있어야 하며 위와 같은 효과적인 교육법도 알아야 한다. 또한 학습을 증진시킬 수 있는 사회 · 심리적 환경을 조성해야 할 책임이 있다.

(2) 교육적 슈퍼비전의 기본 내용

교육적 슈퍼비전에서 다루어야 할 기본 내용은 Perman(1947)이 제시한 문제해결과정의 기본 요소 내용을 근거로 제시할 수 있다. 슈퍼바이저는 슈퍼바이지로 하여금 개인, 집단, 지역사회가 그들의 사회문제를 스스로 다루도록 도와주면서 사회복지사가 어떻게 행동해야 하는가를 반드시 가르쳐야 한다.

모든 사회복지사의 핵심 상황은 클라이언트(People)가 사회복지기관(Place)에 사

회복지사에 의한(Personnel) 원조를 받기 위해(Process) 직접 오거나 의뢰되는 것이며, 이때 클라이언트는 사회적 기능상의 문제(Problem)를 지니고 있다. 이러한 5P의 요소에 따라 구체적으로 학습의 내용을 살펴보면 다음과 같다.

첫째로 슈퍼바이저는 슈퍼바이지에게 사회문제의 원인과 이에 대한 지역사회의 반응, 사회문제의 심리사회적 특성, 지역사회단체에 사회문제가 미치는 영향, 사람들의 생활에 특정문제가 미치는 영향, 기관이 주로 관심을 두는 사회문제와 기관서비스 간의 관계에 대한 것을 가르쳐야 한다.

둘째로 클라이언트들이 매우 다양할지라도 슈퍼바이저는 사회문제의 압력에 반응하는 인간행동에 대한 교육과 개인과 가족들의 사회문제를 받아들이는 반응과 적응방법, 집단과 지역사회에서 사람들의 사회문제에 행동하는 방법을 가르쳐야 한다.

셋째로 슈퍼바이저는 클라이언트의 사회적 역기능을 예방, 완화, 회복하도록 하는 과정에 필요한 사회복지사의 의무가 무엇이며 개인, 집단, 지역사회가 그들의 문제를 효과적으로 극복하도록 클라이언트에게 변화를 줄 수 있는 이유를 설명하고 이론을 지도한다.

넷째, 기관 조직과 기관 정책이 어떻게 형성되고 변화될 수 있는지와 다른 기관과의 연계, 그리고 지역사회 네트워크에 어떤 조화를 이루고 있는지에 대해 지도한다.

다섯째로 자기인식을 더욱 발전시키도록 하기 위해 정기적으로 실시되는 슈퍼비전 회합에서 슈퍼바이저는 슈퍼바이지가 목적적으로, 의식적으로 전문적 자아를 활용하도록 한다. 슈퍼바이지는 고도의 자기인식을 필요로 하며, 이러한 것은 클라이언트의 사회적 문제들이 슈퍼바이지 자신에게도 영향을 미치기 때문이다. 이러한 자기인식 개발은 슈퍼비전의 중요한 측면을 차지한다.

(3) 효과적인 피드백을 주는 방법

슈퍼바이저는 가르치고 슈퍼바이지는 피드백을 통해 배우게 된다. 피드백은 올바른 학습을 강화하고 잘못된 학습을 바로잡도록 도와 학습을 정상화한다. 슈퍼바이지는 피드백을 통해서만 실수들로부터 배움을 얻을 수 있다. 슈퍼바이저는 슈퍼바이지에게 피드백을 줄 때에 미안하게 느끼거나 사과해서는 안 된다. 이것은 피드백의 중요성을 약화시키고 효과를 희석할 수 있다. 특히, 슈퍼바이지의 행동을 교정할 필요가 있는 피드백일 경우, 더욱 그러할 수 있다.

슈퍼바이지에게 피드백을 제공하는 것은 예술과도 같다. 피드백을 제공하는 방법에 대해 Freeman(1985)은 체계적이어야 하고, 시기적절해야 하며, 분명하게 이해되고, 상호적이어야 하며 문제에 접근하는 유일한 방법이 아님을 인식하고 있어야 한다고 하였다.

Kadushin과 Harkness(2002)도 피드백을 주는 방법에 대해 아래와 같은 구체적인 지침을 제시하고 있다.

① 수행 후에 가능한 한 빠른 시일 내에 주어져야 한다.

② 가능한 한 구체적이어야 한다.

③ 객관적이고 명확해야 한다.

④ 단정적(판단적)이기보다는 설명적이어야 한다.

⑤ 올바른 업무 수행의 효과를 부각해야 한다.

⑥ 슈퍼바이지라는 인간 자체보다는 행위에 중점을 두어야 한다.

⑦ 동의 또는 인정을 강요하는 권위적인 형태이기보다 배려와 토론을 위한 가설적인 피드백이어야 한다.

⑧ 슈퍼바이지에게 무엇을 요구하는지를 명시적으로 나타내야 한다.

⑨ 좋은 피드백이란 조언하기보다는 아이디어를 공유하고, 대답을 제시하기보다는 대체 방법을 같이 모색해 가는 것이어야 한다.

⑩ 개인이 수용할 수 있는 범위 내에서 선택 가능한 것이어야 한다.

또한 좋은 피드백을 주기 위한 일반적인 방법으로 Hawkins와 Shohet(1996)는 각 요소들의 첫 자를 따서 'CORBS'로 제시하고 있는데, 이는 다음과 같다.

- Clear: 주기를 원하는 피드백을 명백히 하라. 모호한 피드백 내용은 듣는 이로 하여금 내용을 이해할 수 없을 뿐더러 분노를 키우게 할 수 있다.
- Owned: 당신이 주는 피드백은 당신 자신의 지각에 의한 것이지 절대적인 진리여서는 안 된다.
- Regular: 피드백은 정기적으로 주어져야 유용할 수 있다. 비정기적으로 너무 많은 피드백을 한꺼번에 주는 방법은 적절하지 않다. 또한 무엇인가를 할 수 있도록 준비된 때에 일찍 피드백을 주는 것이 좋다.
- Balanced: 부정적, 긍정적 피드백을 균형적으로 주는 것이 좋다.
- Specific: 일반화된 피드백으로부터는 배우기 어렵다. 구체적인 근거에 의해 피드백을 주어야 한다.

이제까지 몇몇 학자들이 정리한 피드백을 제시하는 방법에 대해 알아보았다. 이렇게 다양한 피드백 제공의 방법을 살펴보며 유의할 점은 언어적 피드백의 한계는 분명히 있다는 점, 비언이적 피드백을 이해하고 활용해야 한다는 점 등이다. 또한 이러한 피드백을 잘 제공하기 위해 슈퍼바이저가 자신의 피드백의 주요 내용, 방식 등에 대해 성찰하고 훈련해야 함도 중요한 과업 영역임을 파악할 수 있다.

(4) 효과적으로 피드백을 받는 방법

슈퍼바이지들은 피드백을 받는 과정에서 완전히 수동적일 필요가 없다. 피드백을 가지고 무엇을 할 것인가는 거의 전적으로 수신자의 책무성이 된다. 안정선(2007)의 연구에서도 슈퍼비전 내용에 대한 수용자세 및 적용태도가 슈퍼바이지의 중요한 핵심역량으로 조사된 바 있다.

피드백을 받을 때에 도움이 될 수 있는 사항들을 정리해 보면 다음과 같다(Hawkins and Shonet, 1996).

① 만약 피드백이 이상적인 제시방법으로 주어지지 않는다고 판단되면 당신은 그것이 더욱 분명하고 구체적으로 표현되도록 요구할 수 있다.

② 피드백을 판단하지 말고 전체적인 맥락 속에서 모두 경청하라. 피드백의 내용을 일부 무시하거나 방어적으로 반응하는 것은 오히려 오해가 생기게 되는 결과를 초래할 수 있다.

③ 당신이 왜 그렇게 했는지를 변명하듯 설명하지 않도록 하라. 다른 사람들의 피드백을 충분히 듣도록 하라.

④ 당신이 들어야만 하는데도, 피드백이 주어지지 않을 때에 피드백을 요청하라.

(5) 교육적 슈퍼비전의 과정

교육적 슈퍼비전을 수행하는 데에는 다음과 같은 논리적 단계가 있다.

먼저 슈퍼바이저의 현재 수준에서 시작하고 교육적인 진단 및 사정을 하고 슈퍼바이지가 업무수행에서 배울 필요가 있는 것과 배우는 방법을 결정한다. 슈퍼바이지에 대한 교육적 사정은 일반적으로 사회복지사에게 요구되는 능력의 척도를 활용할 수 있지만 기본적으로 소속기관에서 담당직무를 수행하는 데에 요구되는 지식, 기술, 태도, 능력, 동기 등 직무 및 역량분석의 과정을 통해 분석된 내용으로 이루어지는 것이 바람직하다(부록 II-1. 교육적 사정 양식의 예). 직무 및 역량분석의 내용은 제9장에서 구체적으로 다루게 된다.

둘째, 배울 필요가 있는 것을 가르치는 데 있어서 가능하면 의미 있는 기회를 줄 수 있는 사례를 제공해야 한다. 사례의 선택도 슈퍼바이지의 훈련 상황과 능력을 고려하여 배정되어야 한다.

셋째, 토론과 위임, 가르침, 사례논의 등을 통해 의미 있는 경험을 하도록 슈퍼바이지를 준비시키고 슈퍼바이지의 지식과 기술을 강화한다.

넷째, 학습한 것과 학습될 필요가 있는 것들에 관해서 피드백을 준다.

다섯째, 1단계에서 실시한 교육적 사정의 내용을 수정하고 위의 단계들을 반복적으로 실시하고 평가한다.

이러한 교육적 슈퍼비전을 제공하는 과정에서 슈퍼바이저는 가르치는 역할을 수행하게 된다. 일반적으로 가르치는 역할로는 개념이나 이론, 자료들을 제시하거나 토론 또는 설명을 할 것, 정보제공이나 교육을 위해 내외부 강사를 초청하여 강의 또는 자문을 들을 것, 슈퍼바이지들이 사례나 프로그램 등 사업수행결과를 발표하도록 할 것, 새로운 실천기술과 활동들에 대해 슈퍼바이지들을 코치할 것, 논문과 저서, 보고서 등을 공유하거나 회람할 것 등이 있다.

4. 지지적 기능

1) 지지적 슈퍼비전의 목표와 정의

지지적 슈퍼비전은 슈퍼바이지의 사기와 직무만족도를 향상시키기 위해 스트레스 유발상황을 방지하고 스트레스를 해소하도록 도우며, 책임을 공유하고 신뢰를 형성하며 관점을 공유하기 위한 것이다. 슈퍼바이지들은 업무와 관련한 다양한 스트레스에 직면하게 되는데, 이러한 것들을 다루는 데에 유용한 자원들이 없다면 아마도 소진에 이르게 되고 결과적으로 업무수행에 심각한 타격을 입게 될 것이다. 따라서 슈퍼바이저는 이러한 어려움들에 대해 원조할 책임이 있다. 슈퍼바이저는 슈퍼바이지의 업무부담을 경감시키고 활기를 불어넣으며 슈퍼바이지의 감정을 이해해야 한다.

또한 슈퍼바이저는 직원들 간의 공감대를 형성하고 이러한 공감대를 통해 팀 결속을 강화할 수 있어야 한다.

이를 위해 슈퍼비전 시에 슈퍼바이저는 슈퍼바이지를 지원할 수 있는 시간과 여유를 가져야 한다. 실질적으로 지지적 슈퍼비전의 효과에 대해 많은 보고들이 있다. 대표적으로 Himle 외(1989)는 노르웨이의 사회복지사 800명을 임의로 선택하여 조사를 실시하였는데 슈퍼비전 관계의 4가지 측면(정신적 긴장, 직업 만족, 이직률, 업무 스트레스 그리고 사회적 지지)과 4가지 지지적 슈퍼비전 요소(감성적, 평가적, 정보적, 도구적 지지)가 연구되었다. 조사결과 슈퍼바이저가 제공하는 정보 지지 및 도구 지지는 슈퍼바이지의 정신적 스트레스와 피로 및 직업 불만족을 감소시키고 있음을 보여주고 있다. 한국의 연구에서 사회복지사들의 슈퍼비전 욕구 가운데에 지지적인 욕구가 가장 높게 조사된 바 있다(황성철 외, 2004).

2) 지지적 슈퍼비전의 세부과업과 내용

(1) 스트레스와 소진의 원인

다양한 이해관계자들부터 제기되는 강도 높은 요구 때문에 사회복지직무는 스트레스와 소진이라는 측면에서 위험성이 큰 직업으로 인식되고 있다. 스트레스는 개인에게 영향을 미치는 부정적인 환경을 말한다. 직무에 있어 높은 요구가 있고, 지원의 정도가 낮게 되면 스트레스, 심지어는 소진현상이 나타난다.

직무 스트레스의 발생에는 4가지 주요 원인이 있다. 첫 번째는 직업상 요구이다. 집단 간의 간섭이 크면 클수록 스트레스가 커진다. 또한 상황이 불명확할수록 스트레스는 커진다. 다양한 요구의 업무를 수행해야 하는 경우, 스트레스는 많아질 수밖에 없다. 이러한 업무에는 사안 결정과 같은 관리 업무, 단조로운 반복 행위를 필요로 하는 일상 업무, 외부인과의 업무를 포함하는 경계 연결(boundary spanning)업무, 상벌 결정과 같은 어려운 평가 업무의 수행 등이 포함된다. 물론, 과중한 업무량, 직업 불안 역시 직무 스트레스의 정도를 증가시키는 요인이 된다. 직무 스트레스는 역할 갈등과 모호성으로 인해 최고조에 이른다.

두 번째로, 직무 스트레스의 근본적인 원인은 모호하고 불합리한 조직 정책에 있다. 사안결정에 관한 확고하고 상세한 가이드라인이 존재하지 않는 경우, 슈퍼바이지들은 스트레스를 받게 된다.

셋째로, 또 하나의 스트레스 요인은 물리적 환경이다. 기온, 조명, 소음, 사무실 디자인 등의 문제는 피로감을 주고 짜증을 불러일으켜 직무 스트레스를 유발한다.

넷째로, 가장 중요한 것은 인간 간의 관계에서의 요구들이다. 스트레스는 개인의 성격, 심리적인 여유와 거리, 직위, 능력 및 수입의 차이에서 발생할 수 있다. 이러한 조건들은 사람 간의 관계를 긴장 관계로 만든다(Tsui, 2004). 슈퍼바이저와 슈퍼바이지의 관계도 많은 긴장을 유발할 수 있다는 점도 명심해야 할 점이다. 또한 슈퍼바이지들은 클라이언트와의 관계성에서 자신을 직업상 잘 분리하지 못했을 경우, 많은 스트레스를 받게 된다.

이 외에 지역사회에서 사회복지전문직이나 기관에 대해 부정적인 시각이나 비판이 있을 때, 그리고 슈퍼바이지 개인의 성격문제fh도 스트레스를 받을 수 있다.

이러한 스트레스를 받은 결과로 신체적·정서적으로 징후를 보이게 되는데, Brown과 Bourne(1996)은 스트레스의 육체적 및 행동적 징후를 규명하였다. 육체적 징후는 뚜렷한 이유 없는 피로, 몸무게 및 식욕의 상실, 불면증, 두통 증가, 뚜렷한 이유 없이 신체적으로 고통이 있는 현상이다. 슈퍼바이지가 이러한 증상을 나타내는 경우에, 슈퍼바이저는 주의를 기울이며 관심을 표명해야 한다. 이때 가장 효과적인 대처법은 슈퍼바이지의 업무량을 즉시 줄여서 휴식과 원기회복을 위한 시간과 여유를 가질 수 있도록 하는 것이다. 특히, 슈퍼바이저는 극단적이지 않은, 임시 대책을 사용해야 한다. 그렇지 않으면, 슈퍼바이지는 슈퍼바이저가 자신에 대한 믿음을 상실했다고 느끼게 되며, 덧붙여 동료들 앞에서 체면을 잃을 수도 있다.

또한 스트레스의 행동 징후는 점진적이고 자발적인 고립, 주저하는 행동 양상의 증가, 지나친 자기비판, 업무에 기계적인 접근, 열정의 상실, 임무에 압도되는 듯한 느낌, 무기력, 개혁과 변화에 대한 저항, 성급함, 짜증, 고정 관념, 사회와 개인 관계의 붕괴로 나타나기도 한다(Brown & Bourne, 1996).

다음으로 소진의 개념과 소진의 단계에 대해 살펴보면, 소진이란 높은 수준의 만성적인 직업관련 스트레스라는 육체적인 묶음이자 감성의 부정적 반응을 의미한다. 소진의 가장 일반적인 증상은 감성적 탈진이다. 이러한 소진의 감정을 말로 표현하자면 "나 포기할래"라는 것이다(Johnson, 1988). 이것은 슈퍼바이지가 직무를 수행할 능력도 의지도 더 이상 가지고 있지 않음을 나타내는 경고라고 할 수 있다. 이와 같이 소진의 진행 단계는 4단계로 제시되고 있는데, 주요 내용과 단계별 개입전략에 대해 살펴보자면 다음과 같다.

① 1단계: 초창기의 열정

때때로 슈퍼바이지는 부여된 임무를 비현실적으로 추측하고는 업무량에 압도되어 버린다. 이 단계에서 슈퍼바이저는 슈퍼바이지의 과거 업무 이력을 검토할 필요가 있다. 슈퍼바이지의 장점, 약점 및 필요한 점을 규명하고, 스트레스의 잠재적 원인을 점검하고, 달성 가능한 단기 및 장기목표를 마련해 주는 것이다.

② 2단계: 흥미의 상실과 침체

초창기의 열정은 없어져 버리고, 직업에 대한 흥미를 잃게 된다. 슈퍼바이저는 슈퍼바이지가 감정적으로 그리고 성공적으로 자신의 개인 생활과 직업 생활을 분리하고 있는지 확인해야 한다. 조그마한 성공을 강조하여 슈퍼바이지의 자신감을 북돋아 주고, 업무 측면을 세세하게 조사하여 업무에 대한 슈퍼바이지의 부정적이고 기계적인 반응이 없도록 해야 한다.

③ 3단계: 자신에 대한 의구심, 좌절

침체된 감정이 내면화되어 슈퍼바이지가 자신의 능력을 의심하는 상황에 이른다. 이 경우, 슈퍼바이저는 슈퍼바이지가 내적 힘을 되찾는 데 도움을 주어야 한다. 슈퍼바이저는 1, 2단계에서 슈퍼바이지가 겪은 경험에 대해서도 대화해야 하고, 스트레스의 원인이 무엇인가를 명확히 해야 한다. 치료사와 같은 자세로 임해서는 안 된다. 그렇게 되면 슈퍼바이지는 의존적이 되고, 뜻하지 않은 감정 전이가 일어날 수도 있다. 이때 슈퍼바이저는 슈퍼바이지에 의해 이루어진 업무가 최소한의 규칙을 충족하고 있는지를 확인해야 한다. 슈퍼바이저가 취할 수 있는 가능한 행동은 업무 재배치, 일의 우선순위 변경, 갈등 당사자들 간에 직접 중재, 업무 방법 또는 패턴의 변경, 슈퍼바이지 발전 기회의 적절한 부여이다.

④ 4단계: 무관심 또는 회복

4단계의 특징은 앞 단계에서 어떤 식으로 진행되었는가에 따라 다르다. 첫째, 슈퍼바이지는 침체된 듯한 느낌을 경험하게 되며, 서서히 쇠약해진다. 이러한 상태로 아무런 도움 없이 생활이 지속되면, 슈퍼바이지에게 위기가 닥쳐올 수 있다. 일부 슈퍼바이지는 도움을 청하기도 하겠지만, 대부분은 업무에 대한 관심을 상실하게 되고 직장을 그만두게 될 것이다. 이 단계에서는 직원지도프로그램(employee guidance program)을 포함하여 슈퍼바이지에게 줄 수 있는 도움이 무엇인지를 찾아야 한다. 동시에 슈퍼바이저는 조직이 슈퍼바이지를 존중하고 있으며 적절하게 대우하고 있음을 확신시켜 줘야 한다.

(2) 스트레스의 관리 및 지원

위에서 살펴본 바와 같이, 슈퍼바이지들이 다양한 요인들에 의해 스트레스 및 소진의 징후들을 나타낼 때에 슈퍼바이저는 먼저, 정서적 지지를 제공하고 휴식을 주어야 한다. 그러나 스트레스가 지속적인 상황으로 인해 발생한 것이라면, 휴식을 취한다고 해서 문제가 해결되지는 않을 것이다. 가장 중요한 원칙은 슈퍼바이지에게 다양한 선택권을 주고 스스로 선택하도록 놓아두는 것이다.

일반적으로 슈퍼바이저는 지지적 슈퍼비전에 있어 4가지 차원의 지원을 제공할 수 있다. 정서적, 평가적, 도구적 그리고 정보적 지지가 그것이다. 정서적 지지는 애정과 친근함을 통해 표현될 수 있다. 이 지원방법은 슈퍼바이지의 긴장을 풀고, 누군가가 그들에게 관심을 기울이고 있음을 느끼게 한다. 평가 과정을 통한 지원은 슈퍼바이지의 업무에 대한 칭찬의 형태로 나타난다. 자신의 성취를 자각함으로써 조직 속에서 강한 안전감을 느끼게 한다. 도구적 지지란 슈퍼바이저가 제공하는 직업 수행에 필요한 조언 및 도움을 말한다. 정보적 지지란 슈퍼바이저가 슈퍼바이지의 직업적 및 전문가로서의 성장에 도움을 주는 유용한 정보를 말한다(Tsui, 2004).

이러한 지지의 종류 중에, 정서적인 지지보다는 사회복지사가 필요로 하는 정보를 주고 실질적으로 그를 도와주는 것이 스트레스를 막는 데 더 도움이 된다.

스트레스의 감소와 개선, 예방을 위한 방법으로는 먼저, 슈퍼바이저가 업무를 효과적으로 수행할 수 있도록 직무와 클라이언트에 대한 적절한 정보를 제공하여야 한다.

둘째로, 사회복지사를 지지하고 일시적으로 도피할 수 있도록 환경을 마련한다. 휴가를 가게 하거나 휴식과 재충전의 기회를 함께 제공한다. 예를 들어 각종 연수, 워크숍, 학회 등의 참가를 통해 교육적 자극과 휴식의 기회를 모두 확보할 수 있다.

셋째, 융통성 있는 업무계획과 업무분담을 시행하고 담당업무량을 조정하며 최종적으로 업무를 순환하거나 교체하는 방법이 있다.

넷째, 어려운 결정에 대해 슈퍼바이저가 책임을 분담하고 갈등적 업무에 대한 문제해결적 원조를 제공한다.

다섯째, 기관정책에 대한 명확한 개념을 형성하고 자신들의 고유 업무목표, 기관 내에서의 역할을 확인하도록 지지를 제공한다.

여섯째, 슈퍼바이지의 훌륭한 업무수행을 칭찬하고 노력과 수고에 대한 기관의 감사를 전달한다.

일곱째, 직접적인 면담을 시행하여 현실과 일에 대한 인지적 재구성의 노력을 한다. 앞서 논의한 것처럼 직원들을 위한 고용인 지원, 원조프로그램에 참여하도록 하는 방법도 있다.

5. 슈퍼바이저의 직무

앞서 살펴본 슈퍼비전 기능요소는 실질적으로는 슈퍼바이저의 직무와 과업분석과정을 통해 슈퍼바이저의 중요 직무를 규명하고자 하는 연구들(Kadushin, 1974; Poerter & Rapp, 1983; Melichercik, 1984)에서 도출된 내용이다.

직무(job)란 구체적으로 목적달성을 위한 과업 활동을 의미한다(노혜련 · 김상곤, 2006). 이러한 맥락에서 직무의 의미는 지위에 따른 권리와 의무를 포함하는 기대되는 행위인 역할(role)과 직책이나 직업상에서의 책무(duty)를 개념에서 동일하게 사용되기도 한다. 이러한 차원에서 볼 때에 슈퍼비전의 기능이란 슈퍼바이저가 해당 직책상의 책임을 다하기 위해 담당해야 하는 의무적인 역할이라고 그 개념을 정리해 볼 수 있다. 슈퍼바이저의 직무에 대한 선행연구들을 살펴보면, 먼저 Melichercik(1984)는 슈퍼바이저의 직무에 대한 연구를 위해 일지 쓰기 방법을 사용하였다. 온타리오 주에 있는 12개의 사회복지기관에서 뽑힌 85명의 슈퍼바이저들에게 한 주간 동안 그들의 매일 행동을 기록하도록 일지를 쓰게 한 후, 이를 분석하였는데 슈퍼바이저들은 그들의 시간 대부분을 프로그램 관리의 행정적인 업무에 쓰고 있었다. 교육적인 활동들도 대부분 수행하고 있었는데 이 활동들은 두 가지 범주로 나뉘어 있다. 첫째, 정책 · 지침 · 표준들을 다루기 위한 방법을 교육하고 둘째는 직원들의 발전과 기술능력을 강화시키는 데 초점을 두고 있었다. Poertner와 Rapp (1983)도 슈퍼바이저들의 매일매일 활동을 작성하도록 하는 과업분석방법을 사용하였다. 슈퍼바이저 120명, 슈퍼바이지 227명, 그리고 시니어 슈퍼바이저 22명을 대상으로 실시되었는데, 슈퍼비전의 주된 기능은 행정적인 기능이고 직원관리 및 사례관련 업무, 기관관리 업무라고 분석되었다.

주로 미국학자들에 의해 연구된 슈퍼바이저의 직무분석연구에 대하여 각 나라의 현장상황을 고려하여 새롭게 슈퍼비전의 기능을 정리하거나 선행연구자들의 슈피비전기능 모델을 각 나라에 맞게 재규명하려는 연구들이 계속되고 있다(Lazer & Erera,

1996; Tsui, 2002). 이러한 맥락에서 슈퍼비전이 본연의 기능을 수행할 수 있게 하기 위해서는 한국의 사회복지현장에서 요구되는 슈퍼바이저의 직무를 분석하는 과업이 우선적으로 이루어져야 한다.

일반적으로 슈퍼바이저는 기관의 중간관리자로서 조직목적달성을 위해 임무를 수행해야 하는 책임을 가지고 있다.

1) 일반적인 슈퍼바이저의 책임과 임무

슈퍼바이저는 기관의 목적과 기능을 달성하기 위해서 고용된 조직 구성원 중의 한 사람이다. 기관에 따라 각기 특별한 목적과 기능들이 있겠지만 모든 사회복지기관은 특수한 사회적 욕구를 충족시키고 가능한 자원을 동원하여 클라이언트에게 최선의 가능한 전문적 서비스를 제공하고자 하는 공통된 목적을 가지고 있다. 따라서 모든 조직들은 이러한 목적을 달성하기 위하여 자체의 임무를 수행하고 있으며 또한 기관 내의 각 지위는 그러한 목표달성을 위한 다양한 책임수행이 기대되고 있다. 슈퍼바이저는 기관에서 맡겨진 임무에 따라 직원의 전문적 능력의 개발을 위해서 또한 기관의 효과적인 기능을 돕기 위해서 책임을 수행하게 된다.

보통 슈퍼바이저는 기관 내의 업무수행이 잘 이루어지도록 책임을 지고, 클라이언트에게는 질적인 서비스가 제공되도록 책임지며, 슈퍼바이지들은 그들의 전문적 발달단계에서 자신의 능력의 한계를 알면서 자신의 능력과 기술을 개선할 수 있도록 도와주는 책임을 지는 일 등 발달과 관련된 업무들이다.

슈퍼바이저의 책임에 대한 대부분의 논의들은 행정적, 교육적 그리고 명확한 의사소통을 통해 강화된 지지 및 원조 등의 세 가지 기능의 결합을 통해 성취될 수 있다는 결론으로 귀결된다. 기관의 전반적 목표는 기관에 찾아오는 클라이언트에게 가능한 최상의 서비스를 제공하는 것이다. 이때에 기관의 행정적 기능은 주로 전문적 서비스의 유용성과 서비스를 위한 의사결정이 최대한 확실한 효과가 있도록 하는 것이다. 또한 전문직원들 내에서 개발될 수 있는 기술은 역시 서비스의 질적 수준에 확실하게 영향을 미친다. 따라서 클라이언트와의 기술적인 업무수행은 행정적인 결정과 재조직 그리고 재정비를 위한 바람직한 기반을 조성한다.

결론적으로 슈퍼바이저는 기관장과 슈퍼바이지 사이의 중간관리자로서의 책임에 따르는 역할과 업무가 있는데, 첫째, 행정적으로는 기관의 계층체계 속에서 상사와 슈퍼바이지들을 효과적으로 도와서 그들이 기관의 목적 및 목표달성을 위한 책임감을 갖게 하는 것이다. 클라이언트에게는 향상된 서비스를 제공하기 위해 행정적인 지식을 최대한 활용하며, 또한 클라이언트의 문제 및 욕구에 대한 지식과 정보를 활용하여 이들 욕구를 효과적으로 충족시키고 제반 문제해결을 위해 행정적 기능이 효과적으로 수행되게 하는 것이다. 둘째, 슈퍼바이저로서의 책임을 가장 효과적으로 수행하기 위하여 교육과 자극 등 모든 가능한 방법을 통해서 기관의 전체적 기능을 증진시킬 때 슈퍼바이저는 사회복지서비스를 실천하는 데 필요한 자신의 전문적 지식과 기술을 최대한 사용하는 역할을 수행해야 한다. 이러한 슈퍼바이저의 책임과 업무수행을 위해 필요한 요건들은 사회복지 및 전문사회사업적 지식과 실천적 능력, 행정적 능력, 교육적 능력, 의사소통을 정확하게 하는 능력, 인간관계형성에 다양하게 대처하는 능력, 인내심, 열정 등이다. 이때 슈퍼바이저에게 가장 요구되는 것은 완벽한 것은 아니라도 업무수행을 위해 자신이 가진 능력과 요건들을 최대한 활용하려고 노력하는 의지이다.

또한 슈퍼바이지의 사고과정을 촉진하는 역할을 하면서 슈퍼바이저는 상황과 환경자극에 대한 지각, 환경 속에서 알려진 이미지 또는 아이디어, 상황 이해에 대한 분석과 정의, 인지패턴, 예측 등에 대해 새로운 이해와 변화를 이끌어 낼 수 있어야 한다(Munson, 2002).

안정선(2007)은 슈퍼비전 기능에 대한 초기선행연구(Kadushin, 1974; Poerter & Rapp, 1983; Melichercik, 1984)를 토대로 슈퍼바이저가 수행해야 하는 직무의 개념으로 접근하여 한국 사회복지 현장상황에서 슈퍼바이저가 수행해야 하는 중요 직무내용을 탐색하는 연구를 시행하였는데, 조사결과 다음과 같은 슈퍼바이저의 직무내용이 정리되었다.

2) 슈퍼바이저의 직무내용

슈퍼바이저의 직무는 행정, 교육, 지지적 목적의 세부직무와 슈퍼비전의 준비, 실행, 평가의 세부직무로 구성되어 있다.

(1) 슈퍼비전을 위한 기본 준비

가장 우선적으로 슈퍼비전을 위해 슈퍼바이저 스스로 자기개발 및 지식습득을 위해 노력한다. 그리고 슈퍼바이지의 특성과 역량에 대한 사정을 위해 지속적으로 정보를 수집한다.

(2) 행정적 슈퍼비전 수행

슈퍼바이저는 세부 프로그램 및 사례진행에 대한 분석과 피드백을 제공하고 슈퍼바이지의 담당직무를 과학적으로 분석하며 업무분장 및 조정, 위임의 역할을 수행한다.

슈퍼바이저는 슈퍼바이지의 직무를 주기적으로 검토하고 평가하여 피드백을 제공하고 직무수행의 방향성을 논의한다. 또한 슈퍼바이지가 조직의 특성을 이해할 수 있도록 도움을 제공하고 조직 핵심가치와 방침을 내재화할 수 있도록 한다.

(3) 교육적 슈퍼비전 영역의 수행

슈퍼바이저는 슈퍼바이지 직무에 필요한 기술의 확보 및 전수를 위해 슈퍼바이지를 교육 훈련하며 관련 사회복지정보를 제공한다.

(4) 지지적 슈퍼비전 수행

슈퍼바이저는 슈퍼바이지와의 정서적 유대관계 속에서 슈퍼바이지의 업무 스트레스 관리와 직무만족의 증진을 위해 지지, 격려하는 역할을 수행한다.

(5) 슈퍼비전 실행과 평가 수행

슈퍼바이저는 슈퍼비전 전반의 계획을 수립하고 슈퍼비전 실행을 위한 장소와 일정을 준비하며 개별, 집단슈퍼비전 등 의사소통의 장을 운영한다.

또한 정기적으로 진행되는 슈퍼비전의 진행과 결과에 대해 기록을 남기고 슈퍼비전에 대해 모니터링하며 슈퍼비전 실행효과에 대해 평가한다.

이 중 현재 슈퍼바이저가 전략적으로 강화해야 할 세부직무는 슈퍼바이저 자신의 자기개발, 업무스트레스 관리 및 직무만족 증진을 위한 지지격려, 슈퍼바이지와의 정서적 유대강화 노력, 세부 프로그램 및 사례에 대한 분석과 피드백, 조직전반의 핵심가치와 방침의 내재화 도모, 직무검토 및 평가·방향성 논의, 슈퍼바이지 교육훈련과 전수 등이다. 슈퍼바이저들은 이러한 세부직무의 전략적 강화를 위해 노력하여야 한다.

특히, 슈퍼바이저의 효과적인 직무 수행을 위해 우선적으로 강화해야 할 세부직무는 슈퍼바이지 교육훈련·기술 전수, 슈퍼비전 모니터링·평가, 조직 핵심가치와 방침의 내재화를 돕는 직무이다. 슈퍼바이저들은 이러한 세 가지 세부과업을 수행하는 데 있어서 현실적인 장애와 문제를 해결하기 위해 집중적으로 노력하여야 한다.

08

CHAPTER

슈퍼비전 실행

슈퍼비전을 실행하기 위해서는 슈퍼비전을 위한 준비에서부터 활용도구 및 방법의 결정, 슈퍼비전의 실질적인 과정과 단계에 대한 지식이 필요하다. 또한 어떤 내용으로 슈퍼비전을 실행해야 할지에 대한 내용 선정도 중요하다.

본 장에서는 슈퍼비전 실행을 위해 고려하고 활용되어야 할 슈퍼비전의 맥락, 슈퍼비전 과정 및 단계, 슈퍼비전 유형, 슈퍼비전 기법, 슈퍼비전 욕구와 내용, 슈퍼비전 실행 표준에 대해 살펴본다.

Chapter

08 슈퍼비전 실행

1. 슈퍼비전의 맥락

슈퍼비전의 맥락은 슈퍼비전 회기가 이루어지는 물리적, 대인적, 문화적, 심리적 환경과 관련이 있다. 이러한 맥락에 대한 철저한 이해는 우리로 하여금 슈퍼비전 실행을 보다 민감하고 효과적이고 편안하게 만들도록 도움을 줄 것이다. 먼저, 물리적 맥락은 슈퍼비전이 이루어지는 현장, 자리배치, 그리고 장소의 분위기와 관련이 있다. 대인적 맥락은 슈퍼바이저와 슈퍼바이지 사이의 관계의 역동성과 관련이 있다. 문화적 맥락은 슈퍼바이저와 슈퍼바이지가 살고 있고 일하고 있는 사회의 규범과 가치들과 관련이 있다. 심리적인 맥락은 슈퍼바이저와 슈퍼바이지가 슈퍼비전 상황으로 가져오는 태도, 정서, 정신들 그리고 그들의 배경, 지난 경험, 성격의 결과와 관련이 있다. 슈퍼비전의 본격적인 실행에 앞서 이러한 맥락요소들을 이해하고 분석하는 작업이 필요하다. 슈퍼비전을 준비하기 전에 슈퍼비전에 영향을 미칠 수 있는 다양한 상황적 요소에 대해 Tsui(2004)의 의견을 참조・보완하여 살펴보고자 한다.

1) 물리적 맥락

사회복지 슈퍼비전에서 장소의 사회적 의미는 물리적 환경 자체보다 더욱 중요할 수 있다. 만약 슈퍼비전이 슈퍼바이저의 사무실에서 이루진다면 슈퍼바이지가 종속적이라는 것을 상기하게 한다. 그러나 슈퍼바이지들을 지도하거나 사무적인 정보를 전달할 것이라면 사무실은 그렇게 하기에 적절한 장소이다.

슈퍼비전이 인터뷰 방에서 이루어질 때에는 어떠한 침입이나 방해가 없기 때문에 보다 집중할 수 있다. 슈퍼바이저들이 정서적인 지지를 주기 원하고 슈퍼바이지들이 그들의 감정을 표현하도록 할 필요가 있는 경우에는 인터뷰 방은 좋은 선택이 될지 모른다. 그러나 인터뷰 장소는 마치 사례 개입 대상자들인 것처럼 느낄 수 있다는 점도 유의해야 한다.

때로 슈퍼비전을 정원이나 커피숍에서 하는 경우도 있다. 이것은 평상시의 태도를 독려하고 슈퍼바이지들이 그들의 느낌들을 보다 쉽게 표현할 수 있도록 하기 위한 목적으로 활용될 수 있을 것이다. 브레인스토밍 또는 창조적인 사고가 요구된다면 보다 물리적으로 개방된 공간은 영감을 불러일으킬 수 있을 것이다.

물론 슈퍼바이지들이 어디에 있다 할지라도 개인의 사생활, 비밀보장, 편의성 그리고 안락함은 고려되어야만 한다. 가장 중요한 원칙은 무엇보다 슈퍼바이지가 안전하고 안락하게 느끼도록 하는 것이다.

사실상 모든 상황의 슈퍼비전에 적합한 완벽한 자리배치는 없다. 슈퍼비전을 실행하기 전에 상황을 고려하고 배치에 대해 동의를 받는 것이 최상이다. 또한 상황에 따라 다양한 자리배치를 혼합하여 사용하는 것도 좋은 방법이다. 가장 중요한 점은 슈퍼바이저와 슈퍼바이지 양자가 존경받고 안전하다고 느끼도록 보장하는 것이다.

2) 대인적 맥락

슈퍼바이저와 슈퍼바이지는 서로 상호작용하며 관계성을 맺는다. 이러한 관계성은 상호적인 신뢰와 의사소통은 물론이고 효과적인 팀워크의 전제조건이다. 이를 볼 때 슈퍼바이저는 진지하고 따뜻하고 친밀하고 개방적이 되도록 노력해야만 한다. 친절한 행동은 실질적이고 지속적으로 마음속에 의지가 있을 때에 나타날 수 있는 것이다. 진실하고 따뜻한 사회복지사가 될 때에 당신은 좋은 슈퍼바이저가 될 수 있다. 슈퍼바이지의 일과 과업만을 보려고 하지 말고 내가 끊임없이 도와주고 협력해야 할 나의 부하직원을 결정하는 것에서 슈퍼비전은 시작될 수 있는 것이다.

슈퍼비전의 대인적 맥락에서 3가지 종류의 관계성이 있다. 첫째로 슈퍼바이저는 슈퍼바이지를 조직 내에서 부하로 처우할 수 있다. 이러한 상황에서 슈퍼비전은 행정적으로 지향되는 경향이 있을 것이다. 지시가 주어지고 업무수행을 모니터하는 것이 주요한 초점이 될 것이다. 둘째로 슈퍼바이저는 슈퍼바이지를 전문적인 동료로서 처우할 수 있다. 이 경우에 슈퍼비전은 전문적인 측면에 중점을 둘 것이다. 가치, 지식, 기술에 의해 전문적인 성장을 촉진하는 것이 슈퍼비전의 초점이 될 것이다. 셋째로 슈퍼바이저와 슈퍼바이지는 우정의 관계성을 가질 수도 있다. 각자는 동료로서 뿐 아니라 친구로서 상대를 인지한다. 이러한 경우의 슈퍼비전은 보다 지지적인 방향에서 개인적 관심, 느낌의 공유, 상호적 지지에 초점을 두고 이루어질 것이다. 평생의 슈퍼비전 관계성을 갖기 위해서는 슈퍼바이저가 슈퍼바이지를 부하직원으로서만이 아니라 동료로서, 때로는 친구의 관계로 처우하고 상호적인 관계성으로 발전하도록 노력하는 것이 필요하다고 본다.

3) 문화적 맥락

슈퍼비전은 3가지 차원의 영역에서 진행된다. 가장 미시적이면서도 깊숙한 영역은 슈퍼바이저와 슈퍼바이지 사이의 관계성이다. 두 번째 영역은 조직적인 맥락이다. 가장 범위가 넓으며 바깥쪽 영역이라 할 수 있는 곳은 슈퍼바이저와 슈퍼바이지가 위치하고 있는 특정 상황의 문화적인 맥락이다. 사실상, 문화는 슈퍼비전의 과정 전반에 영향을 줄 수 있기에 문화적 맥락에 대한 이해가 특히 중요하다. 슈퍼비전에서의 염두에 두어야 할 문화란 성별, 사회계층, 교육적 배경, 직업경험 배경, 전문적 훈련 배경 등에서의 차이를 의미한다. 슈퍼바이저가 현저히 다른 문화적 배경의 슈퍼바이지와 함께 일하고 지도감독할 때에 더욱 어려움을 느낄 수 있다.

4) 심리적 맥락

슈퍼바이저와 슈퍼바이지가 슈퍼비전 과정을 인지하는 방법은 과정과 결과에 큰 영향을 미칠 수 있다. 이러한 인지는 이성적 사고의 결과가 아닐 수 있다. 예를 들어 개인력으로부터 나온 느낌, 실천을 통해 획득된 아이디어들, 또는 내부적 또는 외부적 환경에 의해 야기된 감정들에 기초를 두고 있을지도 모른다. 경험이 적은 슈퍼바이저들은 종종 그들의 슈퍼바이지들을 실습지도학생들로 처우한다. 또한 그때에 자신이 받았던 처우를 중심으로 슈퍼바이지들을 대하게 되는 경우도 있다. 슈퍼바이지들은 본인의 위치가 항상 평가받거나 또는 고용에서 불이익을 당할 수 있다고 느끼기에 긴장감을 많이 가지고 있을 수 있다. 그러므로 슈퍼바이저와 슈퍼바이지는 슈퍼비전 과정을 신뢰와 배움의 발전이 있는 즐거운 경험으로 만들도록 노력해야만 한다. 슈퍼바이저와 슈퍼바이지의 관점이 무엇이든지 간에, 슈퍼비전은 그들을 서로 닮아가게 하고 영향을 받게 할 수 있기 때문이다.

Kaiser(1997)는 슈퍼비전 관계성에 있어서 가장 중요한 요소가 '공유된 의미(shared meaning)'라고 지적하였다. 이것은 슈퍼바이저와 슈퍼바이지 사이의 상호이해와 동의를 의미한다. 이를 위해 분명한 의사소통이 서로의 이견을 줄이고 공유된 의미를 발전시키는 데에 필요하다. 또한 많은 차이점에도 불구하고 분명하게 진술된 '슈퍼비전 계약'은 공유된 의미를 세우는 데 도움을 줄 수 있다. 그럼에도 불구하고 가장 중요한 요소는 슈퍼바이저와 슈퍼바이지 양자의 슈퍼비전과 상호에 대한 진실함 그리고 공유하고자 하는 태도이다. 클라이언트에 대한 접근방법과 효율적인 서비스 대안, 변화에 대한 관점, 사회복지사의 역할, 건강한 행동에 대한 정의 등 이러한 요소 등에 대해 지속적으로 공유된 의미를 갖도록 노력해야 한다.

심리적 맥락의 요소 중에서 '신뢰'는 가장 중요한 요소라고 해도 과언이 아니다. 그것은 존경과 안정의 의미를 포함하고 있다. '존경'은 슈퍼바이지에 대한 슈퍼바이저의 존중의 표현으로 해석될 수 있다. '안전'의 의미는 슈퍼바이지가 슈퍼바이저의 비판을 두려워하지 않고 자유롭게 논의하고 나눌 수 있다고 느낄 때에 명백하다. 이러한 존경과 안전의 심리적 맥락을 구축하는 데에는 일차적으로 슈퍼바이저의 태도와 슈퍼바이지에 대한 옹호가 요구된다.

거시적 관점에서 물리적, 대인적, 문화적, 심리적 맥락은 형식, 구조, 내용 그리고 사회복지실천의 결과에까지 크게 영향을 미칠 것이다. 이런 의미에서 슈퍼바이저와 슈퍼바이지는 슈퍼비전을 실행하면서 상호에게 민감하고 인간적으로 진실하고 심리적으로 기쁨이 있어야만 한다. 슈퍼비전의 성공은 신체적 안락함, 조화 있는 관계성, 조직적인 적절성, 심리적인 안녕 그리고 문화적 민감성에 달려 있다.

2. 슈퍼비전 과정 및 단계

슈퍼비전 실천은 과정으로 정의된다. 슈퍼비전의 기능을 수행함에 있어서 슈퍼바이저는 연속적 단계 속에서 단계별 과업과 활동들을 기억하면서 신중하고 의식적으로 일해야 한다. 즉, 준비, 시작, 진행, 종결 과정으로 이루어지는 슈퍼비전 과정은 각 단계에 따라 이루어지는 주요 활동들이 있고 이러한 과업 및 활동들을 기억하면서 슈퍼비전을 실행하여야 한다는 것이다. 먼저, 슈퍼비전 실행을 하기 위해 가장 기본적이면서, 슈퍼바이저의 노력과 계획이 중요한 준비단계의 세부적인 과업들에 대해 살펴본다.

1) 슈퍼비전 실행을 위한 준비

슈퍼비전을 위한 준비에는 대표적으로 관계성의 기초를 위한 준비, 물리적 환경, 슈퍼비전의 빈도와 시간 등이 포함된다.

(1) 관계성을 위한 준비

Shulman(1993)은 상호작용적 슈퍼비전 모델을 강조하며 준비단계를 포함한 4단계로 슈퍼비전의 과정을 제시하였는데, 그에 따르면 준비단계는 슈퍼바이저와 슈퍼바이지의 관계에 대한 기초를 세우는 단계이다. 그는 준비단계의 슈퍼바이저를 위한 가장 중요한 기술로 자신을 슈퍼바이지의 상황에 놓음으로써 감정이입을 하는 조율의 기술을 제시했다. 이를 위해서, 슈퍼바이저는 슈퍼바이지의 가치, 문화, 경험, 습관 심지어 취미와 같은 배경에 친숙해야 할 필요가 있음을 강조하였다. 슈퍼바이저는 슈퍼바이지가 있어야만 하는 곳이 아니라 '슈퍼바이지가 있는 그곳'에서 출발해야 한다. 슈퍼바이저는 슈퍼바이지에 대해 비합리적인 기대를 갖지 않고 목표에 도달하기 위한 이슈들에 대해 직접적으로 소통하고 자유롭게 대화할 수 있어야 한다.

(2) 물리적 환경

슈퍼비전을 위해 슈퍼바이지가 안정감을 느끼고, 비밀보장을 받고 있다고 느껴지는 공간 그리고 집중할 수 있는 공간을 준비한다. 정기적인 슈퍼비전을 위한 공간이 있는 것이 가장 이상적이나 앞서 물리적 맥락요인에 대해 살펴본 것처럼 상황과 목적에 따라 장소를 다르게 선정할 수 있다.

(3) 슈퍼비전 시간과 빈도 등 실행지침 확인

슈퍼비전 횟수와 시간은 슈퍼바이저와 슈퍼바이지 각자의 필요, 기관의 상황, 슈퍼바이지 상황, 클라이언트 상황의 긴급성을 고려하여 결정한다. Tsui(2004)는 적절한 슈퍼비전 시간에 대해 90분 정도라고 제시한 바 있으나 한국 상황에서는 30~60분 정도의 시간으로 현황 조사된 바 있다(안정선, 2007).

본서의 11장에 제시된 슈퍼비전 표준 지침을 확인하고 슈퍼비전을 준비한다.

슈퍼비전 시간에 논의하고 나눌 내용이 없다면 상호신뢰가 부족한지 고민해 볼 필요가 있다. 또한 슈퍼비전이 끝나기 직전이나 문을 열고 나가면서 중요한 안건이 제시되는 경우가 발생한다면 슈퍼비전 우선순위에 대해 미리 의사소통을 할 필요가 있다는 것도 염두해야 한다.

2) 슈퍼비전 욕구와 내용

(1) 슈퍼비전 욕구

슈퍼바이지들이 슈퍼비전을 중요하게 여기며 받고 싶다는 욕구에 대해서는 이미 보편적으로 보고되고 있다. 성희자(2002)는 슈퍼비전에서 중요하게 보고 있는 슈퍼비전 내용을 정신보건수련모델의 14개 내용에 따라 중요도와 숙련도를 통해 비교분석한 연구를 실시하였고 직장체험연수생을 대상으로 Fortune(1994)의 실습지도의 핵심적인 내용 모델에 따라 슈퍼비전 욕구를 조사하기도 하였다(성희자, 2004).

김계현(1992)은 Acker와 Holloway(1986)의 슈퍼비전 모델 매트릭스를 근간으로 개별슈퍼비전 사례를 분석하여 모델을 수정하여 슈퍼바이지의 발달단계에 따른 개별슈퍼비전 모델을 제시하고 있다. 그의 연구는 소수 개별 사례이긴 하지만 슈퍼바이지들이 점차 전문가로 성숙해감에 따라 차별화된 교육적 슈퍼비전을 제공하는 발달단계에 따른 슈퍼비전 모델을 제시하였다는 점에 의의가 있다. 문수정 외(2002)는 슈퍼바이지들의 경력수준에 따라 슈퍼비전 교육내용의 요구를 분석하는 연구를 실시하였다. 222명의 슈퍼바이지들에게 상담슈퍼비전에서 다루어지는 21개의 교육내용으로 구성된 설문조사를 실시하였는데, 초보, 중간, 숙련 슈퍼바이지 집단 간에 교육 요구의 우선순위가 뚜렷하게 차이가 나는 내용이 있다고 보고하였다.

Miller와 Robb(1997)은 MSW를 획득한 신입 슈퍼바이지들이 임상 사회사업실천을 하기 위해 얼마나 잘 준비되어 있으며 수행 향상을 위해 학습할 필요가 있는 영역에 대해 슈퍼바이저 관점에서 조사하였는데, 신입 슈퍼바이지들의 지식, 기술, 임상적 능력은 업무 요구보다 유의미하게 낮게 나타났고 가치의 영역은 업무 요구 수준보다 높게 나타났으며 학습이 더 강화되어야 할 영역으로 치료전략, 기술, 단계에 대한 지식, 개인병리, 사정 기술, 방어를 확인하는 것 등으로 보고하였다.

(2) 슈퍼비전 내용

슈퍼비전의 시간이나 빈도, 기법 등의 기본 실행 틀을 갖추는 것도 중요하지만, 무엇보다 슈퍼비전 시에 다루어야 할 내용을 개발해야 할 필요성이 있다. 특히, 사회복지실천 영역에서 슈퍼바이지들에게 어떠한 내용으로 슈퍼비전을 주어야 할 것인지를 고민해 보고, 슈퍼비전 내용을 구성하는 것이 요구되고 있는 상황이다.

사회복지실천현장에서 기본적으로 기반이 되는 내용으로는 일반주의실천과 생태체계적 관점이라고 볼 수 있다. 특히, 일반주의 실천에 기반하여 Fortune(1994)은 사회복지실천에 필요한 능력들을 나타내 줄 수 있는 포괄적인 지식 내용과 기술모델을 개발하였는데, 세부적인 영역으로 전문적 발달 측면, 행정적 측면, 정책적 측면, 기본적 대인관계 측면, 클라이언트 체계 개입을 위한 측면의 지식과 기술의 5가지 영역과 하위 내용들을 제시하고 있다

또한 사회복지 슈퍼비전 실천의 기본 토대가 되는 영역은 생태체계적인 접근이다. 사회복지실천과 마찬가지로 슈퍼비전실천은 실천 과정에 영향을 주는 생태체계적 요소들에 둘러싸여 이들과의 상호작용을 통해서 이루어진다. 주요 요소들로서 지역사회(일반적 지역사회, 전문직 지역사회, 비전문가집단 지역사회), 사회복지 전문직, 사회복지조직과 기관, 사회복지기관 내의 부서, 슈퍼바이저가 근무하는 기관 내 부서,

슈퍼바이저-슈퍼바이지 관계 등이다. 생태체계를 기반으로 슈퍼비전실천은 다양한 관련체계들과의 관계성을 사정하고 활용하도록 실천되어야 한다(Kadushin & Harkness, 2002).

사회복지사들이 슈퍼비전을 통해 다루었으면 하는 욕구 내용을 조사한 결과(안정선, 2007) 다음과 같은 내용들이 높은 결과로 나타났다.

슈퍼비전의 주요 내용

- **필수내용: 슈퍼바이지의 현 담당 직무**
- **사회복지 제반 및 표준 직무 일부 영역**
  - 전문가로서의 태도 및 시간 · 건강관리 등 자기관리
  - 재정관리, 인력관리, 문서관리 등 기관행정
  - 사회복지 동향과 변화추세
  - 지역사회 문제해결을 위한 실천 제반지식과 기술
  - 직무관련 신규 이론과 지식
- **일반주의실천 기반 핵심지식과 기술**
  - 클라이언트 체계 개입을 위한 내용: 프로그램계획, 실행, 평가, 면접, 사정, 평가 및 종결, 집단개입, 의뢰 및 사례관리 등
  - 전문적 발달을 위한 내용: 자신의 실천 활동에 대한 평가, 전문적 성장에 대한 책임감, 자기인식, 사회복지전문직 가치와 윤리의 내면화 등
  - 기본적 대인관계 기술 내용: 의사소통기술, 대인관계기술 등
  - 행정적 측면의 기술 내용: 조직 내에서 기능하는 능력, 기록 유지와 기록 활동, 기관의 특성, 미션과 비전, 가치에 대한 이해 등
  - 지역사회 · 정책적 측면의 기술 내용: 지역사회 이해, 관련 정책 및 서비스 전달체계(연계망 등) 이해, 자원개발 및 관리 등

(3) 발달 과정에 따른 슈퍼비전의 초점

① 슈퍼바이지의 발달단계

슈퍼바이지가 발달해 가면서 슈퍼비전의 초점도 달라져야 한다. 다음의 4가지 단

계에 따라 방향이 달라질 수 있다.

- **오리엔테이션 과정**: 슈퍼바이지는 업무를 배워 가고 기본 전문적 실천기술을 습득하면서 불안감이 커질 수 있다. 처음 시기에는 슈퍼바이지가 편안해질 수 있도록 지지적인 슈퍼비전이 필요하다. 이때에 슈퍼바이저는 슈퍼바이지가 어떤 질문이든 하도록 격려해 주고, 매일매일 서비스에 필요한 정보를 구체적으로 제공해 주어야 한다.
- **독립성의 강화단계**: 전문적 실천에서 자율성을 갖게 된다. 이 단계는 의존성에서 독립으로의 발전을 의미한다. 즉 슈퍼바이지는 전문적인 실천에서 높은 자율성을 가지게 될 것이다.
- **독립성 및 상호지원의 단계**: 슈퍼바이저는 슈퍼바이지가 서비스 팀의 구성원이 되도록 도와주어야 한다.
- **전문적 발달단계**: 슈퍼바이지는 슈퍼바이저의 원조에 친숙하며, 직접적 실천의 서비스 기술 및 전문적 영역을 개발시킨다. 전문적 발달 과정을 통해, 직무 만족과 직원 사기는 증가한다.
- **미래의 슈퍼바이저로의 준비단계**: 슈퍼바이저는 슈퍼바이지가 미래의 슈퍼바이저로 성장하도록 도와야 한다.

② 슈퍼바이저의 발달단계

슈퍼바이저 역시도 자신의 역할을 수행해 나가면서 성장하고 여러 발달을 거치게 된다. 초보 슈퍼바이저는 실천가에서 슈퍼바이저로 역할이 변화되게 된다. 슈퍼바이저가 관리적 임무를 수행하면서 관리자가 된다. 관리적 업무에 적응하고 관리자의 업무와 전문가로서의 책무성에 조화를 얻게 되면 그들은 성숙한 전문가가 된다. 슈퍼바이저도 계속적으로 성장하여야 할 필요가 있다.

슈퍼바이저가 성장함에 따라 슈퍼바이지에게 더욱 지지적이고, 자신의 자기효능감을 슈퍼바이지에게 덜 드러내고, 덜 비판적이고, 덜 고압적인 경향이 있다고 하며 이러한 결과는 구체적인 훈련에 의한 결과물이라고 한다(Steven & Goodyear, 1997).

Watkins(1993)의 슈퍼비전 복합 모델에 따르면, 슈퍼바이저의 역할 적응 과정을 4단계로 논의하고 있는데, 이는 역할 충격, 역할 회복 및 변화, 역할 강화, 역할 정복의 단계이다. 첫째 단계인 역할 충격 단계에서는 초보 슈퍼바이저들이 그들의 약점과 부족에 직면한다. 그들은 불안해하고 자신감이 부족하다. 역할 회복 및 변화 단계에서 슈퍼바이저들은 이전 단계보다 더 좋아지고 불안감이나 긴장이 회복된다. 세 번째 역할 강화 단계에서는 슈퍼바이저들의 자신감이 커지고, 슈퍼비전 기술들을 사용하는 방법들을 알게 되고, 욕구를 조절할 줄 알게 된다. 마지막 단계인 역할 정복 단계에서는 기술과 서비스의 질, 그리고 책무성이 통합된다.

이러한 슈퍼비전 실천의 기반과 욕구 내용, 슈퍼바이지와 슈퍼바이저의 발달 과정의 토대 위에 사회복지사 세부직무와 관련한 슈퍼비전 내용을 구성해야 한다. 슈퍼바이저로서 본인이 소속된 사회복지실천현장에서 고유하게 다루어야 하는 슈퍼비전 내용은 무엇인지에 대한 답을 준비하고 구조화하는 것이 슈퍼비전 실행을 위해서 필요하다.

3) 시작단계

시작단계에서 가장 중요한 이슈는 슈퍼바이저와 슈퍼바이지 간에 동의를 얻고, 상호 신뢰를 쌓는 것이다. 이는 슈퍼비전에 대한 계약이나 구두 동의에 의해 이루어질 수 있다. 만약 슈퍼바이저와 슈퍼바이지 간에 상호 신뢰가 없다면, 슈퍼비전을 위한 계약은 의미 없는 하나의 서류 조각일 뿐이다.

계약은 슈퍼바이저와 슈퍼바이지에게 현실적인 업무를 알게 하고, 슈퍼바이저에게는 책임감을, 슈퍼바이지에게는 안정감을 주는 도구로 활용될 수 있다.

Powell(1993)은 계약이 슈퍼바이저와 슈퍼바이지 모두에게 현실적인 업무들을 제공하고, 슈퍼바이지에게 책임감을 제한시켜 줌으로써, 불안해하는 슈퍼바이지들을 안심시킨다고 하였다.

슈퍼비전 계약에서 다루어야 할 내용으로 Osborne과 Davis(1996)는 슈퍼비전의 목표, 서비스의 맥락, 평가 방법, 의무와 책임감, 절차상의 사안들, 슈퍼바이저의 실천 영역의 문제들을 중점적으로 다루어야 한다고 하였다. Fox(1983)는 보다 전문적인 슈퍼비전 계약은 확고한 지식 기반, 합리적인 의사결정, 욕구에 대한 기본적 이해와 사정, 학습동기, 분배된 책무성, 능력 평가의 기초, 독립적 기술 발달의 토대 위에 이루어져야 한다고 하였다. 세부적으로 계약에서의 효과적인 목표들은 구체적이고, 분명하고, 실행할 수 있고, 현실적이고, 달성할 수 있고, 업무들과 관련되고, 수정가능하며, 우선순위가 결정되어 있는 것이라는 기준을 제시하였다.

Fox(1983)는 슈퍼비전 계약을 확실히 하기 위해서 나누어야 할 내용들을 6가지로 제시했는데, 이를 요약정리하면 다음과 같다.

① 서로에게 기대하는 것

슈퍼바이저와 슈퍼바이지는 서로에 대한 자신의 기대들을 나누어야 하며, 기대는 가능한 구체적으로 설명되어야 한다. 그러나 그들은 이러한 기대에 대해 논의하기 전에, 먼저 그러한 기대를 형성하게 된 가치와 신념, 그리고 경험들에 대해 나누고자 할 수도 있다. 이러한 논의에서 슈퍼바이저는 먼저 자신의 생각들을 솔직하게 나누어야 한다. 이를 통해 슈퍼바이지 또한 자신의 생각들을 나누게 될 것이다.

② 서로에게 줄 수 있는 것

슈퍼바이저와 슈퍼바이지는 슈퍼비전 과정 동안 주고받는 관계를 형성한다. 슈퍼비전은 절대 일방적인 과정이 아니다. 또한 간결한 발표와 보고 과정도 아니다. 슈퍼바이저와 슈퍼바이지 모두는 헌신에 대한 책임감과 학습권을 가지고 있다. 전문지의 동료로서 수평적 관계에 있는 양자는 경험, 관심사, 아이디어 등 서로의 관점을 나눌 준비를 해야 한다. 이를 위해 기본적인 관계성이 동반되어야 한다는 것을 기억할 필요가 있다.

③ 목표가 동일한지의 내용 점검과 합의

명확하게 정의되고 상호 동의된 목표 없이 슈퍼비전이 성공적으로 자연스레 진행될 수 없다. 사실 슈퍼비전의 방향은 슈퍼바이지뿐 아니라 슈퍼바이저에게도 전문적인 발전을 위한 중요한 가이드라인이 된다. 만약 슈퍼바이저와 슈퍼바이지가 그들의 목표가 서로 다르다는 것을 발견한다면, 그러한 차이에 대해 함께 공개적으로 논의해야 한다. 양쪽 모두 수용적인 자세를 가지고, 단지 타협이 아닌 합의를 도출할 수 있는 공통의 요소들을 찾아야 한다.

④ 목표를 성취하는 방법

슈퍼비전의 방향에 대한 동의만으로 슈퍼비전의 성공을 보장할 수 없다. 단계적으로 프로그램을 어떻게 진행할지에 대한 논의가 필요하다. 즉 슈퍼비전 형식, 각 회기의 시간 및 횟수, 준비사항, 슈퍼비전 과정 동안의 시간 사용, 슈퍼바이저와 슈퍼바이지의 역할에 대한 밑그림이 그려져야 한다. 가장 중요한 요소는 일정한 간격을 두고 슈퍼비전 회기를 가지는 것이다. 물론 슈퍼바이지는 자신이 어려움에 처했을 때, 언제든 슈퍼바이저와의 면담이 가능하다는 것을 알아야 한다. 이를 통해 슈퍼바이지는 안정감과 전문적인 지지를 얻게 되고, 개입 과정 중에 있는 슈퍼바이지들의 자신감이 키워진다. 정기적인 슈퍼비전 회기는 슈퍼바이지의 전문적 발달을 위한 슈퍼바이저의 지속적인 헌신이 나타나야 한다. 일단 슈퍼비전 회기 일정이 결정되면, 그 일정은 계속해서 지켜져야 한다.

⑤ 제약 내용

슈퍼비전은 조직의 맥락 속에서 이루어지고 슈퍼바이저와 슈퍼바이지들은 다양한 제약들에 직면하게 된다. 어떤 것들은 자원 부족과 같이 조직과 관련된 것이고, 다른 것들은 타 조직과의 경쟁 등 과업환경과 관련된 것일 수 있다. 비록 이러한 제약들을 줄일 수 없을지라도, 그러한 제약들을 바로 알고, 현실적이고 효과적인 슈퍼비전이 될 수 있도록 해야 한다. 슈퍼바이저와 슈퍼바이지는 조직 내에서의 한계내용과 다루기 어려운 내용 등에 대한 현실적 장애들을 점검할 필요가 있다.

⑥ 목표 성취 여부의 확인방법

목표가 설정되면, 슈퍼바이저와 슈퍼바이지는 목표 성과지표를 선정해야 한다. 성과에 대한 정기적 검토는 개입 과정의 기초가 되어야 하며 평가를 통해 슈퍼바이저는 슈퍼바이지의 향상도에 관심을 가져야 한다.

사회복지 실습지도에 있어서 실습학습계약은 실습성과를 위한 중요한 기제로 보고되고 있다(Fortune, 1994). 정수경(2004)의 연구에서도 학습계약을 중요한 슈퍼비전 구조 변수로 보고 연구가 이루어졌는데, 학습계약에 대한 논의를 많이 하고 슈퍼비전 시간이 많을수록 슈퍼바이지의 실천수행능력이 높게 나타남이 보고되었다. 일반적으로 계약은 실습지도를 위한 맥락에서 사용되었고 기관의 슈퍼바이저와 슈퍼바이지의 서면계약에는 문화적 속성이나 슈퍼바이저와 슈퍼바이지의 위계관계상 적극적으로 이루어지기 어렵다는 보고를 하고 있기도 하다(김계현, 1992). 그러나 기관의 슈퍼비전에 있어서도 슈퍼비전 계약은 필수적인 것으로 보고 있고(Tsui, 2004) 슈퍼비전 계약이 주는 긍정적인 측면들을 볼 때에 한국적 슈퍼비전 상황에서 적합한 형식의 슈퍼비전 계약이 진행되고 지속적으로 논의될 필요가 있다.

만약, 계약이 없다면 슈퍼바이저의 기대, 목표들은 슈퍼바이지의 것과는 다를 수도 있다. 또한 슈퍼비전이 이미 진행되고 있는 중간시기에는 이러한 차이에 대해 협상하는 것이 쉽지 않으므로, 슈퍼비전 회기의 시작 전에 이러한 문제들이 해결되어야 한다(부록 II-7. 슈퍼바이지 욕구 수렴 양식, 부록 II-11. 슈퍼비전 계획서 양식 참조).

4) 진행단계

먼저, 구체적인 슈퍼비전을 위해서는 집중적으로 다루어야 할 의제가 필요하다. 슈퍼비전의 진행은 업무에 대한 느낌에 대해 슈퍼바이저, 슈퍼바이지 상호가 나누는 시간을 갖고, 행정적 업무에 대한 보고를 하며 사회복지실천과 관련된 가치, 지식, 기술 등의 문제에 대해 집중적으로 토론하고 다른 업무에 대한 이해를 도모하는 내용으로 진행된다. 토론을 할 때에는 사전에 슈퍼비전에서 다루어야 할 내용에 대해 논의과정을 거쳐야 하고 상호준비가 필요하다. 토론은 지지적 내용으로 시작하여 행정적인 문제와 교육적인 문제를 포함하여 진행한다. 초보직원의 슈퍼비전은 조직과 직무에 있어서 안내와 안정시키는 것에 초점을 두어야 하고 숙련직원의 슈퍼비전은 훈련이자 개발차원에 초점을 두어야 한다. 사례를 다룰 때에는 세세한 실천기술과 세부내용에 대한 관여보다는 사례를 다루는 윤리, 원칙에 집중하는 것이 적절하다.

슈퍼비전 기록(부록 II-13~15 참조)을 남겨야 하나, 개인적 어려움을 대화할 때에는 기록을 중단하고 집중하는 것이 좋다.

진행단계는 슈퍼비전 과정의 핵심 단계이다. Shulman(1993)에 따르면 이 단계에서 얻어지는 기술들에는 조율, 계약, 촉진, 감정이입, 기술 공유, 주장, 정보 공유, 종결 기술 등이 있다.

① 조율 기술

이 기술은 문제를 피하는 것이 아니라 직면하는 것이다. 슈퍼바이지가 봉착한 난처한 문제나 스트레스를 집중적으로 다루어서 눌린 감정을 표현하도록 한다. 이 과정을 통해 상호신뢰와 효과적인 의사소통을 하게 된다.

② 계약 기술

각 슈퍼비전 시에 슈퍼비전 내용을 결정하고 합의할 수도 있다. 그러나 슈퍼바이저는 기본적인 의제를 갖고 있어야 하고 처음 15분 안에 중요한 주제가 나와야 한다. 토론 중에는 문제에 대해서 슈퍼바이지가 어떻게 느끼고 판단하는지 알기 전까지 해결책을 제시해서는 안 된다. 권위를 주장하지 않는 것이 좋고 특히 숙련된 슈퍼바이지에게는 정보를 주는 것보다는 경청하는 것이 더 중요하다.

③ 구체화 기술

일반적인 문제에서 구체적인 문제로 나아가야 한다. 슈퍼바이지가 관심 있는 내용에 대해 충분히 경청하고 감정을 나눈 이후에는 슈퍼바이지가 직면한 문제를 더 구체적으로 이해하기 위해 5W1H(언제, 어디서, 누가, 무엇을, 누구를 위해, 어떻게) 질문방법을 통해 질문을 한다.

④ 감정이입 기술

슈퍼바이지의 감정을 공감하는 것이 필요하다. 슈퍼바이지가 직면한 상황을 마지막에 정리해 주는 것도 좋은 방법이다. 감정이입 기술을 통해 슈퍼바이지는 수용받는 느낌과 안도감을 얻을 수 있다.

⑤ 감정을 나누는 기술

슈퍼바이저의 감정을 먼저 나누는 것도 좋은 대안일 수 있다. 슈퍼바이저가 완벽하고 냉철한 인간으로 보이기보다는 인간임을 보여주는 것이다.

⑥ 요구 기술

슈퍼비전은 클라이언트에게 효과적이며 효율적 서비스를 제공하는 것이므로 업무가 종결되었는지, 종결에 대한 자세가 어떠한지 알기 위해 구체적으로 질문을 해야 한다. 슈퍼바이저는 슈퍼바이지의 실행과정을 모니터링해야 한다. 이를 위한 질문을 할 때에는 명확한 질문을 하는 것이 필요하다.

⑦ 장애물을 지적하는 기술

슈퍼바이저는 슈퍼바이지의 개인적인 어려움이 있을 수 있음을 인식해야 하나 슈퍼바이지의 개인적 성격이나 성향보다는 업무수행 자체를 강조해야 한다. 만약 더 열심히 일하도록 말하려 한다면, 업무에 대해 기대하고 있는 구체적인 결과들을 알려주고, 사용할 수 있는 자원을 명확하게 해야 한다.

⑧ 회기 종결 기술

이는 각 회기를 마무리하는 기술로 슈퍼비전 시간을 통해 논의된 내용을 요약하는 것이다. 슈퍼비전 중에 합의한 목표를 성취하기 위해서 필요한 다음 단계가 무엇인지를 설명하는 것도 유용하다.

5) 종결단계

종결단계에서 슈퍼바이저는 전체 슈퍼비전 과정의 다양한 단계에 대한 요약을 하고, 슈퍼바이지가 무엇을 배웠고, 어떻게 성장해 왔는가를 설명한다. 또한 슈퍼바이지의 강점과 약점도 알려주어야 한다. 이를 통해 슈퍼바이지는 도전을 받게 된다.

만약 슈퍼바이지가 승진, 학업, 사직, 은퇴 등으로 인해 떠나는 상황에 있을 경우, 슈퍼바이저는 슈퍼바이지가 직무를 통해 성취한 것을 요약하고, 슈퍼비전 과정이 종결되는 것에 대한 감정을 표현해야 한다. 매우 자신 있는 슈퍼바이지라도 분리와 미래에 대한 불확실로 인해 불안을 가질 수 있다. 슈퍼바이저는 또한 슈퍼바이지가 슈퍼비전 과정에 참여한 노력에 대해 감사를 표해야 한다. 이러한 대화는 슈퍼바이저와 슈퍼바이지가 또 다른 시작을 하는 기초를 제공한다(슈퍼비전과 평가의 구체적인 내용은 제9장 참고).

3. 슈퍼비전 유형

슈퍼비전을 어떠한 형식으로 진행할 것인가를 의미하는 슈퍼비전의 유형은 매우 다양하다. 자신의 업무에 대해서 스스로 점검하는 자기분석 슈퍼비전, 슈퍼바이저가 슈퍼바이지에게 일대일로 슈퍼비전을 제공하는 개별슈퍼비전, 동료 간 일대일로 진행하는 동료 간 개별슈퍼비전, 슈퍼바이저와 여러 명의 슈퍼바이지가 슈퍼비전 관계를 형성하는 집단슈퍼비전, 동료들이 집단을 구성하여 서로 슈퍼비전을 주고받는 동료집단슈퍼비전, 마지막으로 한 부서・팀이 외부에서 슈퍼바이저를 초빙해서 슈퍼비전을 받는 부서・팀슈퍼비전 등이 있다. 이러한 슈퍼비전 유형은 각각 장단점이 있고 상황에 알맞게 활용될 수 있어야 한다(이시연 외, 2003). 특히, 이 중에서도 최근 동료슈퍼비전은 슈퍼바이저와 슈퍼바이지의 협력적이고 상호공유적인 관계의 중요성이 강조되면서 더욱 중요한 슈퍼비전 유형으로 대두되고 있다(Kadushin & Harkness, 2002; Zorga and Kobolt, 2001).

슈퍼비전의 유형에 대해서는 주로 개별, 집단슈퍼비전의 실태와 활용에 대해서 연구되었고(유조안, 1999; 김선화, 2001; 김지은・김광웅, 2003) 동료슈퍼비전과 팀슈퍼비전을 포함하여 슈퍼비전 유형의 세부내용에 대한 연구는 충분하지 못한 상황이므로 차후 더욱 활용과 논의가 필요하다. 이 책에서는 대표적인 슈퍼비전 유형으로 개별, 집단, 동료슈퍼비전에 대해 살펴본다.

1) 개별슈퍼비전

개별슈퍼비전은 슈퍼바이저와 슈퍼바이지가 일대일로 슈퍼비전을 실행하는 것이다. 가장 일반적으로 이루어지며 효과성도 높은 것으로 보고되고 있다. 개별슈퍼비전을 실행하는 슈퍼바이저는 사회복지에 대한 지식, 학습 과정, 개인 행동에 대한 이해를 할 수 있어야 한다.

개별슈퍼비전은 슈퍼바이지를 개별화하여 지도하며 한 개인에게 보다 많은 시간을 투입할 수 있다는 장점이 있으나 시간과 비용이 많이 소모된다. Carroll(1996)에 따르면 개별슈퍼비전의 장단점을 다음과 같이 제시하고 있다(이시연 외, 2003).

표 8-1 개별슈퍼비전의 강점 및 약점

강 점	약 점
• 슈퍼바이지에게 보다 많은 시간 투입 • 개별화된 목표에 초점을 맞출 수 있음 • 강력한 멘토링 관계 형성 • 슈퍼바이지가 다수 클라이언트의 면담 가능 • 비경쟁적인 환경 • 슈퍼바이지의 향상을 쉽게 모니터할 수 있음	• 모든 초점이 슈퍼바이지의 개인적인 사항에 맞추어질 수 있음 • 단지 한 명(슈퍼바이저)으로부터의 인풋 • 슈퍼비전 관계가 깨지면 어려워짐 • 하나의 관점에서 평가와 피드백 • 슈퍼바이지의 의존심 유발 가능 • 다른 일을 하는 슈퍼바이지들과 비교 불가능

2) 집단슈퍼비전

집단슈퍼비전은 기획회의, 팀회의, 사례회의, 위원회, 소집단 세미나와 집단토론과 같이 다양한 활동에서 활용된다. 집단슈퍼비전은 슈퍼비전의 행정적, 교육적, 지지적 기능의 이행을 위해 집단 세팅과 집단의 발달 과정들을 이용한다(Brown & Bourne, 1996; Kadushin & Harkness, 2002). 이것은 개별적인 슈퍼비전을 대체하기보다는 대부분 보완적인 것으로서 사용된다. 이러한 소집단의 이용은 집단의 성원들에게 그들이 혼자서 성취하기 어렵거나 불가능해 보이는 목표를 달성하는 기회를 제공할 수 있다.

개별슈퍼비전 다음으로 집단슈퍼비전은 슈퍼비전의 보편적 유형이다. 그러나 슈퍼바이저가 집단슈퍼비전의 활용 유무를 결정하기 전에, 다음의 내용들을 고려하면서 최종 활용방법을 결정하고 준비해야 한다.

- 실행구조 검토: 운영방향(집단슈퍼비전, 동료자문, 팀슈퍼비전 등), 주요 슈퍼비전 대상 및 인원결정, 구성방법(기준), 일정과 시간, 제안내용과 제시방법, 집단 내 슈퍼바이저의 수, 전체 집단의 수, 목표(집단목표, 개별슈퍼비전과의 차이점), 집단 내에서의 원칙과 의무, 정체성과 헌신의 논의, 기록의 종류와 분량
- 다루어질 의제(agenda)의 내용 검토: 집단 내에서 논의되기 어려운 문제에 대한 대안, 보완적 방법, 의제의 설정책임, 선정방법
- 집단역동에 따른 대처방법 검토: 구성원 간 경쟁, 배경과 문화와 경험의 차이, 구성원의 성향 차이, 전이 및 역전이 문제, 저항과 대처, 기관과 조직에의 영향력 사정
- 활용 기술 검토: 집단슈퍼비전의 장점 활용 방법, 상호작용 방법, 피드백, 주요 핵심기술의 선정, 사례 모니터링 방법 결정, 작업관계 증진을 위한 집단 활용 기술, 부족한 발표 기술 보완 방법, 사례발표 기술(슈퍼바이저의 시범발표도 고려함)

Brown과 Bourne(1996)은 슈퍼바이저가 집단슈퍼비전의 활용을 결정하기 전에, 다음과 같은 질문들을 해결할 수 있는 답을 가져야 한다고 하였다. 집단슈퍼비전을 실행하기 위해, 슈퍼바이저는 기한, 빈도, 규칙성, 회원제 여부, 참가 요건, 비밀 보장, 차별성과 같은 집단슈퍼비전의 경계를 분명히 해야 한다. 집단슈퍼비전 회기에서 슈퍼바이저는 그 집단의 리더이다. 슈퍼바이저는 토론의 의제와 내용에 대해 확실히 알고 있어야 한다. 또한 직원들의 참여를 유도하는 적절한 구조와 기제를 마련해야 한다. 예를 들어 집단 과정에서 구성원들은 서로 다른 역할들을 부여받아야 한다. 숙련된 사회복지사라면 자신의 경험들을 다른 사람들에게 나눌 수 있어야 하고 슈퍼바이저는 이런 기회를 권유하여야 한다. 집단슈퍼비전에서 슈퍼바이저는 강조점을 찾고, 시간을 지혜롭게 사용하도록 구조를 설계해야 하고, 토론의 내용을 명확히 해야 하며, 직원들의 참여와 상호작용을 촉진시켜야 한다. 진행 과정의 촉진을

위해 누가 무엇에 대해 슈퍼비전을 줄 것인지에 대해 명확히 하는 것이 중요하다. 일반적으로 집단슈퍼비전은 슈퍼바이저에 의한 팀 내 소집단슈퍼비전, 슈퍼바이저에 의한 전체집단슈퍼비전, 구성원들에 의한 집단 또는 팀에 대한 슈퍼비전, 집단 내지 팀에 의한 개별슈퍼비전으로 분류되고 또한 선택할 수 있다.

개별슈퍼비전과 비교해서, 집단슈퍼비전은 역할 연기, 소집단 토론, 브레인스토밍(brainstorming), 의사결정기법 등과 같은 다양한 방법의 활용이 가능하다.

그러므로 집단슈퍼비전을 실시하는 슈퍼바이저는 집단지도에 대한 상당한 기술을 갖추고 있어야 한다. 집단 과정의 기본 원칙과 역동성 그리고 학습의 일반적인 원칙은 집단슈퍼비전에 적용될 수 있기 때문이다. 집단 리더로서의 슈퍼바이저는 집단상호작용을 활성화하고 초점을 유지해 가는 기술과 집단에 대한 책임을 집단성원들과 함께 공유하게 된다(Kadushin & Harkness, 2002).

사회복지 슈퍼비전에서 집단슈퍼비전의 활용은 효과적일 것이다. 그러나 집단슈퍼비전은 장단점을 가지고 있다. Brown과 Bourne(1996)은 〈표 8-2〉와 같이 집단슈퍼비전의 장단점을 요약한다.

집단슈퍼비전은 개별슈퍼비전의 활용에 대한 보충적이고, 상보적인 형식이다. 그러나 무엇보다 먼저 슈퍼바이저와 슈퍼바이지 모두가 슈퍼비전의 과정에서 혜택을 얻을 수 있기 이전에, 모두 스스로 마음을 열고 집단 과정에 참여하는 것이 필요하다.

그렇다면 집단슈퍼비전은 어떤 과정을 통해 진행되는 것이 좋은 것인지, 집단슈퍼비전의 단계를 Corey와 Corey(2002)가 제시한 집단 과정에 적용해 보면 다음과 같다(Haynes et al., 2003).

표 8-2 집단슈퍼비전의 강점 및 약점

강 점	약 점
• 다양한 학습경험의 이용 • 슈퍼바이지들의 경험들의 공유기회 • 정서적 지지 • 구성원 수로 인한 안전감 • 자신의 경험을 타인과 비교할 수 있음 • 집단의 유대와 정체성 강화 • 슈퍼바이지를 다른 형태의 관계 안에서 바라볼 수 있는 기회 • 다양한 집단구조에서 발생할 수 있는 문제를 인식할 수 있음 • 슈퍼비전과정에 대한 책임과 역할 공유, 위임의 허용 • 동료의 영향을 통한 행동수정의 용이 • 슈퍼바이저에 대한 관찰 및 역할모델 용이 • 집단 내에서의 자신감과 기술의 개발을 통한 서비스기술 강화 용이(업무전이) • 슈퍼바이저에 대한 의존성단계에서 점차 발전함 • 학습과 동료지지를 통한 역량강화	• 구체적이고 긴급성이 있는 토론이 어려움 • 동료 간의 과다한 경쟁으로 인한 장애 • 새로운 구성원의 집단슈퍼비전 적응의 어려움 • 문제해결, 의사결정에 대한 책임 간과 • 개인적 자신감이 부족한 경우, 피드백의 기회 축소 • 슈퍼바이저의 자기노출 확대와 자기 확신 요구 • 자율성을 강화시키는 반면, 집단의 생산적인 집중에 어려움이 있음 • 슈퍼바이저의 집단역동, 상호작용에 대한 지식 필요 • 개인과 집단 모두에 초점을 두어야 함 • 한 명의 구성원에게만 집중할 경우에 전체집단의 문제가 될 수 있음 • 집단의 생각과 태도에 따르도록 압박과 긴장이 있을 수 있음

(1) 시작단계

시작단계의 초점은 집단구조, 집단규칙, 개인의 목적, 기대, 두려움, 안전한 장소로서 집단 발달의 시작에 대한 오리엔테이션과 탐색이다. 슈퍼비전 초기단계 동안에 슈퍼비전 계약을 하고 모든 슈퍼바이지들이 자신에게 기대되는 것을 인식하고 이에 대한 고지된 동의를 얻는다. 이 단계는 목적을 형성하고 집단슈퍼비전을 어떻게 실시할 것인가를 논의하고 슈퍼바이지가 각 회합의 아젠다 형성을 스스로 능동적으로 할 수 있도록 준비시키는 시기이다. 슈퍼바이지가 집단 내에서 자신의 생각과 감정을 공유함으로써 신뢰할 수 있는 분위기를 형성하도록 진행하는 것이 중요하다. 또한 슈퍼바이저는 이러한 과정을 격려해야 한다.

(2) 과도기단계

과도기단계의 특징은 집단에서 불안, 저항, 통제에 대한 투쟁, 갈등, 문제행동이 나타난다는 것이다. 집단슈퍼바이저는 집단이 실행단계로 진행할 수 있도록 일관성 있게 도와야 한다. 슈퍼바이지는 자신에 대한 다른 사람들의 수용이나 거부에 당황할 수 있고, 성과에 대한 불안이 종종 나타날 수 있다. 이 단계는 슈퍼바이지가 훈련경험을 통해서 자신의 취약점을 표현하고, 자신의 생각이 노출되며, 집단 내에서 슈퍼비전에서 바라는 것에 대해 질문하는 것과 같은 위험에 처하게 되는 시기이다.

(3) 실행단계

실행단계는 집단이 안전함을 느끼고 갈등과 저항을 해결하면서, 능동적으로 문제를 해결하며 슈퍼바이저로부터 배우게 될 때 시작된다. 이 단계는 응집력이 강화되고 동질감이 증가하는 시기이다. 슈퍼바이지는 서로 간에 그리고 슈퍼바이저와 자유롭고 직접적으로 상호작용한다. 만일 집단 내에서 갈등이 나타난다면, 직접적이고 효과적으로 다루어야 한다. 참여자들은 슈퍼비전 집단에 기꺼이 그들의 관심사를 가져오고 서로 피드백을 주고 자신의 사례에 대해서 피드백을 요청한다.

(4) 종결단계

종결단계에서 집단은 배운 것을 실천에 적용하려는 준비를 시작한다. 종결과 이별의 이슈는 집단이 각 참여자에게 어떤 의미가 있었는가를 토론함으로써 다루어져야 한다. 이 시기는 각 슈퍼바이지가 실천현장과 슈퍼비전 집단에서 배운 것을 확인하는 단계이다. 집단슈퍼바이저는 슈퍼바이지가 집단에서 배운 것을 이해하고 통합하고 견고히 하고 기억하도록 도울 개념틀을 개발하도록 돕는다.

3) 동료슈퍼비전

동료슈퍼비전은 동료들 간의 슈퍼비전을 의미한다. 즉, 슈퍼바이저의 참여 없이 슈퍼바이지들끼리 주기적으로 만나서 주제를 선정하여 함께 토론하고 배우는 방법이다. 그러나 이러한 동료슈퍼비전을 실시하기 위해서는 참여자들이 사회복지에 충분한 경험과 지식과 기술이 있어야 하고, 필요할 때 도움을 제공할 수 있어야 한다는 전제가 요구된다. 이러한 점은 한편으로 동료슈퍼비전을 실시할 때 나타날 수 있는 한계점을 보여주고 있다. 따라서 동료슈퍼비전 회합은 슈퍼바이지들이 모임을 진행하고 마친 후에 이에 대하여 슈퍼바이저가 점검을 하는 것과 같은 방법을 활용하는 것도 가능하다. 주로 동료슈퍼비전은 집단슈퍼비전의 형태로 진행되는데, Carroll (1996)에 따르면 동료집단슈퍼비전의 장단점을 다음과 같이 제시하고 있다(이시연 외, 2003).

표 8-3 동료집단슈퍼비전의 강점 및 약점

강 점	약 점
• 사회복지사들 간의 동등한 파워 공유	• 클라이언트 복지에 대한 최종 책임성 결여
• 참여자들에 대한 보다 많은 임파워먼트	• 개인의 훈련 및 경험의 상이성
• 한 명의 리더에 대한 적은 의존	• 과도한 경쟁, 비판
• 성인학습 원칙	• 집단 역동성 우세
• 비위계적인 관계	• 집단 과정 및 참여자에 대한 모니터 불가능
• 시간과 경제에 있어서 효율적	• 사적인 문제를 도움받으려 참여할 수 있음
• 집단구성원들 간의 응집력	• 슈퍼비전 집단보다는 친구 관계가 되기 쉬움
• 가치 공유	• 직면 결여 및 도전에 대한 주저
• 상부상조	• 공식적인 평가 결여
• 의뢰 네트워크 형성	• 너무 비공식적이 될 수 있음
• 집단 과정 학습 가능	• '불평' 집단이 될 수 있음

그 외 '외부자문'의 방법을 활용할 수 있다. 지역사회나 학계의 전문가에게 기관의 핵심사업이나 팀사업 전반에 관한 자문을 받는 방법도 널리 활용되고 있다. 이러

한 자문 형태를 외부슈퍼비전이라고 명명하며 활용되고 있기는 하나, 슈퍼비전이 주로 조직적 맥락에서 직무에 대한 공동책임과 협력으로 상급자와 하급자 사이의 슈퍼비전 관계를 통해 이루어지는 것으로 정의되는 것을 볼 때에 외부슈퍼비전보다는 외부자문이라는 용어를 사용하는 것이 적절하다고 하겠다.

다른 슈퍼비전 유형으로 '자기슈퍼비전(self-supervision)'이 있다. 좋은 슈퍼비전을 원한다면 이러한 자기슈퍼비전이 가장 좋은 슈퍼비전이라고 할 수 있다. 모든 슈퍼비전의 한 가지 목적은 사회복지사가 그들이 일하는 동안 스스로 효과적으로 접근할 수 있는 소위, 내적 슈퍼바이저로 발전하도록 돕는 것에 있기 때문이다. 자기슈퍼비전을 위해 필요한 것은 슈퍼바이지에게 충분한 시간을 주고 자신의 업무수행방법에 직면하도록 할 수 있어야 한다. Border와 Leddick(1987)은 이러한 자기슈퍼비전을 위한 방법으로 자기 자신의 실천에 대한 반영과정을 제시하고 있다. 이러한 반영을 위한 요소에는 자기관찰과 자기사정이 있는데, 자기관찰이란 클라이언트의 행동과 연계되는 사회복지사 본인의 생각과 행동에 대한 고찰을 의미하고 자기사정이란 관찰 중인 클라이언트의 반응에 의한 실천 과정을 평가하는 것을 의미한다.

이러한 자기슈퍼비전을 위해서는 사회복지사 스스로 녹음 및 녹화의 방법을 통해 자신들의 실천에 대해 더욱 발전적인 방법을 활용할 수 있다. 조직 내부에서 자기슈퍼비전의 방법만을 선택하는 데에는 논란의 여지가 있을 것이다. 그러나 전문직으로서 훈련받고 기능해야 하는 사회복지사로서 기본적으로 자기슈퍼비전의 중요성을 인식하고 실천할 수 있는 노력 또한 필요하다.

4. 슈퍼비전 기법

슈퍼비전의 방법으로는 사례활용, 참관, 기록과 레코딩, 역할극, 강의 및 교육, 기법전수, 책읽기, 질문기법, 녹음 및 녹화, 슈퍼비전 사후지도 등이 있다(Munson,

2002). 특히, 교육적 슈퍼비전에서 다양한 교육적 도구들을 활용하여 슈퍼비전을 제공하였을 때에 슈퍼바이지의 만족도 높게 나타난다.

전통적으로 언어적인 의사소통과 직접 관찰은 가장 일반적인 슈퍼비전 방법이다. 슈퍼바이저와 슈퍼바이지가 클라이언트 사례, 윤리적 및 법적 이슈, 개인적인 개발 등의 주제에 대하여 토론하는 언어적인 의사소통 방법이 가장 선호되었고, 슈퍼바이저가 슈퍼바이지의 실천하는 현장을 직접 관찰하며 슈퍼비전을 제공하는 직접 관찰 방법도 증가하는 추세이다(Haynes et al., 2003).

1) 사례회의 및 사례발표

사례회의와 발표는 슈퍼바이지의 사례에 대한 토론을 하는 방법으로 가장 일반적인 슈퍼비전 방법이라고 할 수 있다. 슈퍼바이저는 슈퍼바이지의 사정 기술을 탐색하고 특정 이론과 기법을 조사하고 병행 과정 및 전이와 같은 관계의 이슈를 다루며 슈퍼바이지의 자기인식을 증진시키게 된다. 그러나 사례에 대하여 설명하는 슈피바이시의 자기보고의 정확성 여부가 중요한 사안이 된다. 사례회의는 다른 방법들과 함께 활용할 때 가장 효과적일 수 있다(Haynes et al., 2003).

(1) 사례발표 방법

사례와 관련된 슈퍼비전을 제공하기 위해서 주로 초보 사회복지사들에게는 사례분석을 실시하고 사례를 발표하도록 하는 방법을 사용한다. 사례발표 방법에 의해 슈퍼비전을 진행할 때의 지침에 대해 살펴보면 다음과 같다. 다음과 같은 지침(Munson, 2002)을 따름으로써 슈퍼바이지의 불안을 줄일 수 있다.

① 슈퍼바이저가 먼저 사례를 발표해야 한다.

② 슈퍼바이지에게 발표사례를 준비할 시간을 주어야 한다.

③ 발표는 기록 자료나 시청각 자료에 근거해서 이루어져야 한다.

④ 발표는 대답되어야 할 질문들에 기초를 두고 구성해야 한다.

⑤ 발표는 조직화되어야 하고 초점이 있어야 한다.

⑥ 발표는 클라이언트의 역학에서 시작해서 사회복지사의 역학으로 옮겨가야 한다.

- 슈퍼바이저는 클라이언트와 동일시를 해야 하며, 슈퍼바이지에게 클라이언트가 어떤 경험을 하고 있을 수 있으며, 어떻게 반응할 수 있는지를 말해 주어야 한다.
- 슈퍼바이저는 도움을 주기 전에, 문제를 다루는 모든 노력들을 설명하도록 슈퍼바이지에게 요구해야 한다.
- 슈퍼바이지의 관심 영역과 강점을 강화를 기준으로 하여, 어떤 사례들과 어떤 사례자료가 검토될 것인가에 대해 우선 순위가 정해져야 한다.

⑦ 사례발표에서 일어나는 공통적인 주의산만 요인들로는 짧은 시간 동안에 여러 사례들을 발표하는 것, 관련 사례보다 특정 문제를 발표하는 것, 단일 사례에서 추가 문제들을 발표하는 것, 토론 중에 사례역학에 앞서 슈퍼바이지의 역학을 다루는 것, 슈퍼바이지의 역량을 넘어서는 개입 기대 등이다. 이러한 요인들에 대해 유의하며 발표와 토론이 진행되어야 한다.

(2) 사례질문기법

사례에 관련된 다음과 같은 질문을 함으로써, 슈퍼바이지들이 차후의 개입 회기에 대해 생각해 볼 수 있도록 돕는다.

(1) 이 클라이언트에 대해 어떤 점을 좋아합니까?
(2) 이 클라이언트가 당신에 대해 좋아하는 점이 무엇이라고 생각합니까?
(3) 이 클라이언트에게는 당신을 닮은 점이 얼마나 있습니까?

(4) 이 클라이언트와 함께 있을 때 당신 나름대로는 어떤 느낌을 가집니까?
(5) 이 클라이언트에 대해 당신이 제시한 것들의 이론적 근거는 무엇입니까?
(6) 클라이언트와의 세션에서 당신이 쓴 기법들을 사용하게 한 근거는 무엇입니까?
(7) 이 세션의 주요 초점은 무엇입니까?
(8) 이 사례에 대해 당신이 가장 걱정하는 것은 무엇입니까?
(9) 이 사례에 대해 다음에 하려는 일은 무엇입니까?

사례발표 외에 일반적으로 슈퍼비전에서는 질문기법이 활용된다. 훌륭한 질문기법을 사용하는 7가지 지침을 정리해 보면 다음과 같다.

① 질문은 실제로 일반적이면서도 슈퍼바이지의 구체적인 답변을 이끌어 낼 수 있는 것이어야 한다.

② 슈퍼바이저는 상호 합의된 응답이 나올 때까지 되풀이해서 질문하고 말을 바꾸어 가며 질문하여야 한다.

③ 슈퍼바이저가, 슈퍼바이지에게 개입결정을 하기 위한 충분한 사례 지식이 있는지에 대해 확신할 수 없을 때에는 일반적 질문에서 구체적 질문으로 옮겨갈 필요가 있다.

④ 일반적 질문이 철저한 사례지식을 나타내는 대답들이라는 확신이 들 때, 슈퍼바이저는 개입전략들에 관한 질문들로 옮겨갈 수 있다.

⑤ 질문은 슈퍼바이지로 하여금 사례에 대한 현재의 지식은 물론 잠재적인 지식까지도 분명히 말할 수 있도록 돕기 위해 사용할 수 있는 최선의 기법들 중 하나이다.

⑥ 진단적 이해에 관련한 질문은 개입전략과 기법들에 관한 질문보다 더욱 구체적이어야 한다. 진단적 질문은 사례에 대한 일반화나 결론에 귀착될 수 있는 구체적 질문들을 필요로 한다.

⑦ 질문은 알기 쉽고, 분명하고, 간결해야 한다.

2) 보조진행 및 참관

보조진행은 슈퍼바이저와 슈퍼바이지가 개별, 가족, 집단이나 혹은 프로젝트 업무를 함께 하는 것을 말한다. 단지, 관찰이나 참여 관찰의 수준이 아니라 슈퍼바이저와 슈퍼바이지가 사정, 계획, 실행, 평가의 일련의 과정을 능동적으로 함께 진행해 가는 것이다(Bogo & Vayda, 1998; 이시연 외, 2003). 이 과정에서 슈퍼바이저와 슈퍼바이지는 공식적인 슈퍼비전 회기를 갖고 공동 업무에 대한 토론을 하게 된다. 슈퍼바이저는 슈퍼바이지의 기술을 관찰한 후에 모델링을 하게 된다. 이 방법은 앞서 언급한 '자기보고'의 단점을 보완할 수 있고, 가장 정확한 정보를 볼 수 있게 해주며 슈퍼바이지에게 흥미로운 실제적인 경험을 제공할 수 있다(Haynes et al., 2003).

함께 업무를 수행하는 것보다는 소극적이지만, 슈퍼바이지가 진행하는 프로그램에 대해 슈퍼바이저가 참관하여 관찰한 후, 세세한 피드백을 제공하는 방법도 정확한 정보를 통해 슈퍼비전을 제공할 수 있는 방법 중의 하나이다. 특히, 신임 사회복지사가 진행하는 프로그램이나 숙련 사회복지사라 하더라도 신규로 맡게 된 프로그램 활동에 대해서는 슈퍼바이저가 1회기 이상 반드시 참관을 수행한 후에 슈퍼비전을 제공하는 방법을 모색할 필요가 있다.

3) 녹음과 녹화 : 음성 및 영상기록

녹음과 녹화 방법은 클라이언트의 상황을 있는 그대로 포착할 수 있기 때문에 구술이나 기록을 할 때 나타날 수 있는 누락이나 왜곡을 방지할 수 있다. 녹화는 슈퍼바이저와 슈퍼바이지 모두에 의해서 가장 유용한 기술로 평가받고 있다. 특히, 슈퍼바이저 입장에서는 슈퍼바이지의 기술을 직접 관찰할 수 있으며, 테이프를 멈추거나 필요하면 여러 번 돌려서 다시 볼 수 있기 때문에 이 방법을 선호하기도 한다(Protinsky, 1997). 녹음도 슈퍼바이지의 실천에 대한 직접적이고 유용한 정보를 제공하지만 녹화가 사회복지사와 클라이언트의 총체적인 상황 전체를 시각적으로 제시하고 파악할 수 있기 때문에 보다 더 선호되는 것으로 나타났다(Vogo & Vayda, 1998; 이시연 외, 2003).

그러나 녹음과 녹화의 활용을 위해서는 기자재 및 소품구입 비용의 문제도 있을 수 있고 촬영과 녹음 이후 다시 세부내용을 확인해야 하기에 슈퍼비전 준비를 위해 많은 시간이 소모된다는 점도 고려해야 한다.

4) 역할극 및 사전 시연

역할극은 슈퍼바이저와 슈퍼바이지가 다양한 시나리오를 가지고 사회복지사와 클라이언트 역할을 하면서 슈퍼비전을 제공하는 방법으로 주로 집단슈퍼비전에서 적용하기에 적절한 방법이다. 역할극은 앞으로의 상황이나 과거의 상황 모두에 적용한다. 슈퍼바이저와 슈퍼바이지가 이미 진행했거나 앞으로 해야 할 면담의 일부분을 연습하고자 할 때 역할극을 실시한다. 역할극을 통해서 슈퍼바이지들은 클라이언트에게 보다 더 쉽게 감정이입할 수 있고, 이전에는 인식할 수 없었던 클라이언트의 정서적인 측면을 발견할 수 있게 된다. 역할극을 실행한 후에는 느낀 점에 대해서 함께 토론하는 시간을 가져야 한다.

사전 시연은 리허설의 방법이라고 설명되는데, 주로 개별상담이나 집단활동을 실행하기 전에 슈퍼바이저 앞에서 사전에 계획된 활동을 시연하고 피드백을 받는 것이다. 사전 시연을 통해 계획된 내용들을 확인하고 진행시의 표현, 어투, 진행태도 등을 세세하게 점검하고 보다 효과적인 방법으로 수정하게 된다.

5) 모델링과 기법전수

모델링은 슈퍼바이저의 행동을 통해서 슈퍼바이지를 가르치는 방법으로 슈퍼비전 과정 전반에 걸쳐서 이루어진다(Haynes et al., 2003). 즉, 모델링은 슈퍼바이지로 하여금 슈퍼바이저나 다른 사회복지사들의 업무현장을 관찰할 수 있는 기회를 갖게 해주는 것이다. 따라서 모델링은 슈퍼바이지에게 말로 설명하는 것보다 학습에 적절한 실마리를 제공하고 더 쉽게 모방하도록 도울 수 있는 방법이다.

모델링이 더욱 효과적이기 위해서는 모델링의 내용에 대해 기록하게 하고 함께 나누며 피드백을 제공하는 방법이 있다.

또한 기법전수는 주로 슈퍼바이저가 실천현장에서 활용되는 주요 기법이나 슈퍼바이저가 자신 있게 사용할 수 있는 실천기법들을 직접 시연하고 훈련을 통해 전수하는 것이다. 기법전수를 위한 특정한 회기와 빈도를 정하고 계획적으로 진행될 때, 효과적인 학습의 기회가 될 수 있다. 슈퍼비전이 상호 협력적 파트너십과 수평적 관계를 기초로 한다고 했을 때에는 기법전수는 반드시 슈퍼바이저에 의해서만 진행될 필요는 없다. 때로는 슈퍼바이지에 의해서 또는 타 부서의 사회복지사나 동료슈퍼바이저에 의해서 진행될 수도 있는 것이다. 이러한 기회를 통해 슈퍼바이지도 더욱 역량강화될 수 있고 내·외부자원의 활용도도 높이게 된다.

6) 서면기록과 검토

기록을 활용한 슈퍼비전 방법에서는 기관에서 사용하고 있는 각종 양식들은 물론이고 실천 전반에 대한 과정기록을 주로 활용한다. 과정기록은 슈퍼바이지와 클라이언트 간의 역동적인 상호작용에 대하여 시간의 흐름에 따라 서술한 것이다. 즉, 사정, 목적, 목표, 개입 전략을 포함하여 슈퍼바이지의 개입에 대한 개념화를 기록한 것이다. 슈퍼바이지는 실천경험 그 자체를 상기해서 기록하고 슈퍼바이저와 그 경험에 대해서 의사소통을 하게 된다. 직접적인 접근을 할 수 있는 방법들과 달리 과정기록은 슈퍼바이지가 실제 경험의 일부분을 누락하거나 왜곡할 수 있다. 그러나 과정기록은 슈퍼바이지들이 자신이 실행한 개입 효과를 평가하기 위해서 면담 내용을 회상하고 반영해 볼 수 있는 시간을 갖게 한다(Bogo & Vayda, 1998; 이시연 외, 2003). 과정기록은 사례회의 방법을 보완할 수 있고 다른 슈퍼비전 방법들과 함께 활용할 수 있다.

7) 과제 및 확인

과제를 부여하는 방법은 슈퍼비전 회기에서 보조적인 방법으로 활용된다. 필요한 자료를 검토하거나 책을 읽게 하거나 관련 주제의 영화나 영상기록을 보게 하는 것 등이 해당된다. 과제를 부여하기 위해서는 슈퍼바이지의 당면한 어려움이나 과업에 관련한 주요 동향 등에 관한 정보를 슈퍼바이저가 파악하고 있어야 한다.

또한 책 읽기와 같은 경우, 실천에 필요하다고 판단되는 책을 지정하고 팀 내에서나 집단에서 토론하는 시간을 가질 수도 있는데, 역시 직무와 관련한 서적들을 사전에 확인하고 과제를 제시하여야 한다. 이러한 과제부여는 슈퍼바이지가 필요한 학습을 미리 해오도록 함으로써 학습시간을 단축시키고 슈퍼비전 시간을 효과적으로 쓸 수 있다는 장점이 있다. 과제를 부여했을 때에는 슈퍼비전 시간에 반드시 점검하고 확인, 평가하는 시간을 가져야 함에도 유의해야 한다.

8) 코칭

코칭(coaching)은 인적자원 개발방법의 하나로 경영학, 교육학, 체육학 등의 분야에서 널리 활용된 방법이다. 코칭은 슈퍼바이지가 처해 있는 문제 상황에 대해 점검하고 이를 구체적으로 해결할 수 있도록 슈퍼바이지의 학습을 촉진하는 기법이다. 코칭이란 발전하고자 하는 의지가 있는 개인이나 그룹이 가진 잠재능력을 최대한 개발하여 그들 스스로 사고하고, 움직이는 주도적인 인재로 성장시키며 현재 있는 지점에서 그들이 바라는 목표를 설정하고 전략적인 행동을 통하여 결과의 성취를 이루도록 인도해 주는 기술이자 행위를 의미한다.

코칭은 피코치(coachee), 즉 슈퍼바이지 스스로 필요한 결정을 하도록 촉진하며, 슈퍼바이지 스스로 이러한 것을 해낼 수 있는 능력이 있다는 전제하에 시작된다. 따라서 코치로서의 슈퍼바이저는 권위적 역할이 아닌, 조언자로서의 역할을 수행하게 된다.

9) 컴퓨터 및 온라인 활용

슈퍼바이저는 슈퍼바이지의 실천을 관찰실에서 관찰하면서 모니터를 통해 슈퍼바이지가 볼 수 있도록 컴퓨터를 활용하여 피드백을 제공한다. 또한 온라인 슈퍼비전은 인터넷을 활용하여 원거리에 있는 슈퍼바이지에게 슈퍼비전을 제공하는 방법이다. 이러한 방법으로는 전자우편, 화상회의, 채팅 등이 활용된다(Haynes et al., 2003).

Kanz(2001)에 의하면 화상회의는 온라인 슈퍼비전의 가장 유용한 도구이다. 그러나 이러한 방법들은 비밀보장이라는 점에 있어서 윤리적인 문제가 나타날 수 있다. 슈퍼바이저는 클라이언트의 정보를 온라인에서 사용할 때 정보가 유출되지 않도록 신중히 다루어야 한다(이시연, 2003).

앞으로 컴퓨터와 온라인을 활용한 슈퍼비전에 대한 방법이 더욱 연구되고 논의될 것이라 생각된다. 많은 사회복지법인을 포함한 비영리법인에서 해외원조사업을 개발, 실행하고 있고, 사회복지현장도 슈퍼바이저와 슈퍼바이지가 근접한 거리가 아닌 곳에서 실천을 하게 되는 경우도 발생하고 있다. 이와 같은 공간적 거리감이 큰 경우, 주로 컴퓨터와 온라인을 활용하여 슈퍼비전이 진행될 수밖에 없다. 컴퓨터와 온라인 슈퍼비전의 경우, 대면접촉 슈퍼비전과 비교하여 충분한 의사소통과 정서적 공감을 하기에는 다소의 어려움이 있는 것도 사실이다. 그러나 논의할 사안이나 결정 내용들이 대부분 서면 또는 영상으로 보관되고 기록이 남겨진다는 점은 의사소통을 명확히 할 수 있는 이점으로 작용할 수도 있다.

10) 동시적 슈퍼비전

동시적 슈퍼비전(live supervision)은 슈퍼바이저가 슈퍼바이지의 실천활동을 직접 관찰하거나, 일방경이나 비디오 모니터를 통하여 관찰하면서 슈퍼비전을 제공한다. 즉, 슈퍼비전 회기가 진행되는 동안에 직접적으로 또는 전화나 이어폰을 통해서 슈퍼비전을 제공한다. 클라이언트의 문제가 매우 복잡하거나 즉각적인 치료적 개입이 필요해서 전화로 전달하기에 무리가 있을 때에는 슈퍼바이저가 면담장소에 직접 들어가서 슈퍼비전을 제공하기도 한다. 일방경 뒤에서 슈퍼바이저와 함께 다른 슈퍼바이지들도 관찰할 수 있다. 관찰과 동시적 슈퍼비전이 끝난 후에 회합에 대해 토론하는 시간을 가져야 한다. 이는 동시적 슈퍼비전에서 매우 중요한 부분이다(Bogo & Vada, 1998). 이 방법을 활용할 때 고려할 점은 클라이언트의 서면 동의를 받아야 한다는 것이다(이시연, 2003).

이와 같이 다양한 슈퍼비전 기법들에 대해 살펴보았다. 이 외에도 일반적으로 슈퍼비전 시에 활용되는 기법들로는 구두보고, 토론하기, 강의, 세미나 발표, 발표 점검 및 평가 등이 있다. 슈퍼바이저는 슈퍼바이지들에게 적합한 방법과 자신이 선호하는 방법, 슈퍼비전의 목적을 달성하기에 적절한 방법을 고려하여 기법을 선택하여야 한다. 물론, 슈퍼바이저는 한 가지 방법만을 고수할 것이 아니라 다양한 기법을 활용하여 슈퍼비전을 진행할 수 있어야 한다.

09

CHAPTER

슈퍼비전 평가

본 장에서는 슈퍼비전에서의 평가의 개념과 의미, 평가의 내용, 평가방법, 사회복지사의 역량, 직무평가측정방법, 평가 과정, 성과관리, 슈퍼바이저 평가, 슈퍼비전 체계 평가에 대해 살펴본다. 또한 평가를 위해 활용할 수 있는 평가틀을 참고로 제시한다.

Chapter

09 슈퍼비전 평가

1. 평가의 의미와 내용

기관은 슈퍼바이지가 업무평가를 수용하고 슈퍼바이저가 자신의 역할을 충분히 이해하도록 설명할 만한 지침을 마련해야 하고(Munson, 2002), 이러한 평가들은 업무수행의 질과 양 모두와 관련되어 있어야 하며 현실적으로 달성 가능한 기준으로 명확하게 기술되어 있어야 한다(조휘일, 2001).

슈퍼비전 평가는 사실 슈퍼바이저나 슈퍼바이지 모두에게 부담과 불안을 초래한다. 실제로 많은 슈퍼바이지들이 평가에 대한 준비가 되지 않은 상태에서 비판받는 것에 대한 두려움을 가지고 있으며, 슈퍼바이저는 자신의 평가로 인해 슈퍼바이지가 상심할 것을 우려하여 비판적 평가를 주저하기도 한다. 그러므로 슈퍼바이저는 평가가 가지는 유익함을 수용하여 공정한 기준으로 객관성을 가지도록 노력해야 하며 슈퍼바이지는 슈퍼바이저가 평가자로서 자격이 있음을 인정하는 것이 필요하다(Munson, 2002). 이지연의 연구가 이를 뒷받침하고 있다. 이지연(2002)은 의료사회복지사를 대상으로 한 슈퍼비전 만족요인 연구에서 슈퍼비전에 대한 공정한 평가를 경험할수록 슈퍼비전 만족도가 높게 나타났음을 보고하고 있다. 이를 위해서 슈퍼바이저와 슈퍼바이지가 협력적으로 공유하는 슈퍼비전 평가가 요구된다.

Kadushin과 Harkness(2002)는 평가 과정에 있어서 평가의 초점을 슈퍼바이지 개인에 두지 말고 그가 수행하는 업무를 중점으로 강점과 약점을 검토하도록 할 것과,

평가결과에 대하여 슈퍼바이저와 슈퍼바이지가 공유할 것을 당부하고 있다. 또한 평가가 최종점수가 아닌 수정 가능한 과정이라는 인식을 가지게 하기 위해서 모든 직원이 기준 마련에 참여하는 것을 권고하고 있다. 따라서 사회복지조직들은 슈퍼비전 평가에 대한 기준마련에 대한 기관의 책임을 통감하고 이에 대한 적극적인 노력의 자세를 가질 필요가 있다.

1) 슈퍼비전에서의 평가의 개념과 의미

(1) 평가의 개념

Kadushin과 Harkness(2002)는 "슈퍼비전에서의 평가는 사회복지사가 속한 기관에서 요구되는 역할의 수행정도를 신뢰도와 타당도를 가지고 결정하기 위한 체계적인 절차를 적용시키는 과정"이라고 정의하였다. 평가는 마지막 단계에 집중적으로 이루어지나 슈퍼비전 전체 과정에서 계속적으로 이루어진다. 또한 평가는 상세하고 현실적이며 달성 가능한 기준에 근거하며 업무수행의 질과 양을 모두 포함한다. 평가는 교육의 질을 향상시키는 교육적 절차이며 전문적 성장에 공헌해야 하는 행정적 절차이다.

평가란 일정기간 동안 특정 사회복지사가 자신의 업무수행에 있어서 전체적으로 기능한 것을 객관적으로 평가하는 것이다. 사회복지사에게 부여된 요구에 대한 성취도를 신뢰성과 타당성을 가지고 측정하는 체계적인 절차를 적용하는 과정이라고 할 수 있다. 기관은 사회복지사의 업무수행이 기관에서 수행되는 정도에 대해 정기적으로 사회복지사에게 알려주어야 할 필요가 있다. 평가는 분명하고 공식적으로 이루어져야 하며 공식적 평가회의는 전체적인 업무량의 점검과 관련된다.

넓은 의미에서 평가는 서비스 전달의 질과 양에 대한 책무성에 대한 것이다. 그 첫째는 서비스가 효과적·효율적·인간적으로 전달되는지의 여부를 사정하는 것,

둘째는 전문적 지식과 기술이 서비스 공급에 어느 정도 능력 있게 그리고 윤리적으로 적용되었는지의 여부, 셋째는 클라이언트가 요청하고 필요로 하는 서비스 전달에 관한 것이며, 넷째는 지속적인 전문직의 발전을 사정하고 전문적 자격을 정기적으로 증명하는 것이다(Tropp, 1974).

(2) 평가의 가치

이러한 평가는 슈퍼바이지, 기관, 클라이언트, 슈퍼바이저의 4가지 차원에서의 의미가 있다.

① 슈퍼바이지에 대한 가치

평가는 슈퍼바이지의 위치를 인식하게 함으로써 불안을 해소하게 하고 정보와 능력을 갖고 있고 자격이 있는 사람으로부터 자신의 업무수행에 대해 명확한 승인을 얻는 기회가 된다.

또한 평가는 업무수행에 대한 분명한 사정을 요하므로 학습을 동기화할 수 있고 자신의 스타일을 파악하게 되며 경력계획을 정립하는 데에 도움을 준다.

② 기관에 대한 가치

평가는 기관의 책무성을 구조화하는 기회를 제공하고 슈퍼바이저로부터 행정가에게 연결되는 커뮤니케이션이 이루어질 수 있도록 유도한다.

사회복지사의 행동을 통제하고 표준화하는 절차이며 기관의 정책을 확인하도록 하는 데에 도움을 준다.

③ 클라이언트에 대한 가치

평가는 클라이언트가 효과적인 서비스를 보장받고 부적절한 서비스로부터 보호받을 수 있게 하는 데 도움을 준다.

④ 슈퍼바이저에 대한 가치

슈퍼바이지의 인식 정도와 필요한 교육내용을 파악함으로써 미래 교육적 슈퍼비전을 위한 의제를 제공한다. 사회복지사의 장점과 약점에 대한 정확한 평가를 통해 효율적인 인력배치 및 업무부여가 가능하다.

재가(sanctioning)를 하는 데 있어 슈퍼바이저를 편견으로부터 보호하게 해주는 기능을 할 수 있다.

(3) 평가의 목표

행적적인 측면에서의 평가의 목표는 직원의 유지, 공적 평가에 의한 급료의 인상, 승진, 징계 등의 근거 있는 행정적 결정에 대한 체계적인 보고서 작성을 가능하게 하는 것이다. 사회복지사의 전문적 성장과 발달 측면에서의 평가의 목표는 사회복지사의 업무수행상의 강점과 약점을 확인할 수 있도록 하여 사회복지사의 업무수행능력을 증진시킬 수 있는 교수-학습 과정이 되게 하는 것이다.

(4) 바람직한 평가의 의미

평가를 받는 것 자체는 그리 유쾌한 일이 아닐 수 있다. 평가의 필요성은 인정하면서도 많은 슈퍼바이지들이 평가에 대한 부정적 감정을 갖기도 하고 평가로 인해 슈퍼바이저와 슈퍼바이지의 거리감이 많아진다고 토로하기도 한다.

그러나 평가는 슈퍼비전 권력의 가장 확실한 표현이며 통제를 위한 잠재적인 도구이기 때문에 평가에 대한 반감과 저항에도 불구하고 슈퍼바이저들은 평가를 포기하지 않을 것이다. 우리가 평가를 지속해야 하는 이유는 슈퍼바이저의 권력 논의만이 아니라 평가의 궁극적인 목적이 클라이언트를 위한 옹호와 최선의 서비스 질의 향상에 있음을 명심해야 할 것이다.

그렇다면 바람직한 평가의 속성은 어떠해야 하는가? 평가는 간헐적이기보다는 계속적인 과정이어야 한다. 슈퍼바이저는 슈퍼바이지와 함께 평가 과정을 사전에 논의해야 한다. 평가는 긍정적 관계의 맥락 안에서 전달되어야 하고 평가절차는 상호적이고 과정을 공유하는 것이 되어야 한다. 평가는 슈퍼바이지의 업무 수행을 결정지을 수 있는 현실적인 요소들에 대한 고려와 인식의 바탕 위에서 이루어져야 하며 한 개인으로서의 사회복지사에 대한 평가가 아니라 슈퍼바이지의 업무수행 자체에 초점을 두어야 한다.

평가는 강점(strength)·약점(weakness), 성장(growth)·정체(stagnation) 등 이러한 영역들에 대한 공정하고 균형 잡힌 검토가 되어야 한다.

훌륭한 평가란 특정 행동의 원인, 절차의 정당성과 효과성 등을 분석하는 것이다. 평가는 사회복지사의 업무수행에 대한 수정 가능한 측면들에 초점을 두어야 하며, 사회복지사의 발전과 향상에 대한 기대를 잠정적으로 가지고 있어야 한다.

또한 평가는 일관성을 가지고 이루어져야 한다. 슈퍼바이저는 슈퍼바이지들이 행하는 자기평가도 기꺼이 수용할 수 있다는 것을 나타내야 한다. 직원을 참여시켜 평가기준을 확립함으로써 더욱 적절한 평가기준을 선별할 수 있고 평가 과정에 대한 책임감, 사명감을 심화시킬 수 있으며, 평가에 대한 기대를 명확화할 수 있다.

Munson(2002) 또한 평가를 위한 슈퍼바이저의 지침을 제시하고 있는데 이를 다섯 가지 내용으로 간단히 요약해 보면 다음과 같다.

첫째, 평가정책은 조직의 상부에서 수립되고 하부에서 실시되며, 다시 상부에서 재검토되어야 한다.

둘째, 평가기간 최초에 평가의 형식, 내용, 절차를 슈퍼바이지에게 알려주어야 하며 똑같은 평가도구가 사용되어야 한다. 물론 수년간 같은 도구를 사용해야 한다는 의미는 아니며 한 기관 안에서는 동일한 도구를 사용해야 한다는 의미이다.

셋째, 슈퍼바이지들은 평가도구 개발에 참여해야 한다.

넷째, 사람 자체가 아닌 직책과 직무수행을 평가해야 한다. 또한 평가하도록 지정받지 않은 것은 어떠한 것도 평가하지 말아야 하며 명확한 평가정보를 가지고 있는 사람을 평가해야 한다. 이는 평가자가 직무 수행의 과정과 결과가 어떤 모습이어야 하는지를 명확히 안다는 것을 전제한다.

다섯째, 평가자는 평가도구 자체에 대해서도 명확히 이해하고 있어야 하며 슈퍼바이지는 종합평가점수가 어떻게 계산되었는지를 판난할 수 있어야 한다.

결론적으로 평가는 슈퍼바이저의 일방적인 통고가 아니며 함께하는 '참여' 과정으로 진행되어야 하고 기관의 목적이나 방향과 일치되어야 하며 다각적인 차원에서 평가방법이 활용될 수 있도록 발전되어야 한다.

또한, 다양한 평가정보자료를 수집해야 하며 측정방법 또한 정교성을 가지고 진행되어야 한다. 슈퍼바이지의 잠재력에 대한 사정은 물론 보다 발전할 수 있는 차원에서 대안을 제시하는 방향으로 이루어져야 할 것이다.

2) 평가의 내용

(1) 사회복지사 평가의 일반적 내용

Kadushin과 Harkness(2002)은 평가기준을 인지기준(자기인식), 감정기준(태도와 관계감정), 수행기준(면접기술, 사정기술, 개입기술)을 포함한다고 하면서 이를 세부적으로 7가지로 분류하여 제시하였다.

① 클라이언트 체계와 의미 있고 효과적이며 적절한 전문적 관계를 수립하고 유지하는 능력

- 클라이언트에 대한 적절한 행동으로 나타나는 태도: 공감적 이해, 비심판적 수용, 개별화, 클라이언트 자기결정에 동의, 배려 등
- 관계형성에서 클라이언트를 위한 객관적이며 통제된 자아의 사용
- 클라이언트와의 접촉 시 전문적으로 수용된 가치에 충실

② 사회사업실천 과정–지식과 기술

- 사회조사 및 자료수집 기술
- 사정 기술
- 개입 기술
- 면접 기술
- 기록 기술

③ 기관행정에 대한 오리엔테이션–목표, 정책, 절차

- 기관의 목표, 정책, 절차에 대한 지식, 헌신성과 동일시
- 클라이언트를 도울 때에 기관의 정책과 절차를 창의적으로 이용

④ 슈퍼비전에 대한 관계 및 슈퍼비전의 활용

- 행정적 측면: 회의준비, 자료준비
- 대인관계적 측면: 적절한 슈퍼비전과 지시의 수용, 자문의 활용

⑤ 직원 및 지역사회와의 관계

- 모든 직급의 직원과 조화롭고 효과적인 관계 수립
- 관련 있는 학문분야들의 동료들과 긍정적인 관계를 발전시키고 활용
- 다른 전문가들과 일반 지역사회에 대하여 소속기관을 건설적으로 설명

⑥ 업무수행 요건과 업무량의 관리

- 균형 있고 적절한 업무분담
- 주어진 시간 내에 업무를 계획하고 조직하는 능력
- 기록, 출근부, 각종 보고서의 신속한 제출
- 성실한 근무태도

⑦ 전문가로서의 속성과 태도

- 자신의 한계에 대한 사실적, 비판적 사정
- 적절한 수준의 자기인식 및 자기평가 능력
- 직무에 대한 융통성과 협력, 열정
- 지속적인 전문직 성장의 책임(독서, 훈련참여, 학습 등 자기개발)

이러한 Kadushin과 Harkness(2002)의 직무평가 내용을 척도화하여 직무성과의 측정도구로 활용되고 있다.

(2) 사회복지사의 역량

최근에는 조직의 핵심역량을 규명하여 직무를 수행하는 데에 성공적인 특성인 역량을 평가하는 방법을 활용하기도 한다.

역량이란 개인성과를 예측하거나 설명할 수 있는 다양한 심리적, 행동적 특성(McClelland, 1973)이라는 의미로 최초로 개념화되어, 개인이 역할을 수행함에 있어 성공적인 결과를 가져오는 그 개인이 가지고 있는 내재적 특성(Boyatzis, 1982), 직무수행에서 뛰어난 수행자와 관련된 개인의 능력 특성(McLagan, 1982)으로 정의되었다. Hoffmann(1999)은 관찰가능한 성과, 개인성과의 기준 혹은 자격요건, 개인의 내면적 특성이라고 정의하였는데 이 중 개인의 내면적 특성이 채용과 선발 등과 같은 인적자원관리와 밀접한 관련이 있다고 하였고 역량은 업무 자체가 아니라 잠재적 능력, 개인의 기술, 지식 및 개인적 특성 전체에 초점을 두는 것이라 하였다. 역량은 개인이 무엇을 할 수 있는가를 발견하려는 것이 아니라 충분한 수준의 성과를 달성하기 위하여 필요한 기술 혹은 특성이 무엇인지를 밝히려는 것이다(박천오 외, 2004).

또한 역량은 직무 목표달성에 사용되는 측정 가능한 업무습관 및 개인적 기술의 개념으로도 정의되며 업무를 성공적으로 수행하기 위해 필요한 지식, 기술, 태도(KSA)의 3가지 하위차원(Sparrow, 1996)으로도 규명되고 있다. 이것을 정교한 역량개념을 사용하는 경우로 볼 수 있는데, 보다 세부적으로 Spencer와 Spencer(1993)는 지식, 기술, 자기개념, 개인특성, 동기의 5대 요소로 정리하기도 하였다.

역량 모델링이란 각 직위에 대하여 성공적인 직무수행에 필요한 지식, 기술, 태도 등 역량 범주 규명, 각 범주별로 필요한 능력을 설정, 각 능력별로 어느 정도의 숙련성이 요구되는가를 정해줌으로써, 각 직위별로 성공적인 직무수행에 필요한 능력 및 특성이 무엇인지를 보여주는 것이다. 또한 역량 모델이란 조직에서 직무수행을 효과적으로 수행하기 위하여 필요한 지식과 기술, 태도 등의 특정한 조합을 의미하며 직원 선발과 배치, 교육훈련과 개발, 직원평가, 성과관리, 임금관리, 직무명세와 관리, 승격과 승진을 위한 인적자원관리 도구로 활용되고 있다. 역량 모델링이란 바로 이러한 활용 목적을 위해 성공적인 직무수행 특성과 준거기준을 규명하여 제시하는 것이다. 즉, 역량 모델링은 조직의 미션과 비전, 환경분석, 전략과제들을 기반으로 공통역량을 파악하고 역량프로필을 작성하여 직원모집, 선발, 배치 승진, 평가, 개발, 보상 등의 인적자원개발과 관리체계에 적용하는 과정을 의미한다(이홍민 외, 2003).

일반적으로 역량 모델의 이점으로는 직무수행자격 요건에 대한 완전한 이해를 할 수 있으며 역량중심으로 조직이 필요로 하는 교육에 초점을 둘 수 있다는 점이다. 또한 평가자와 피평가자가 우수한 성과를 산출하기 위해 핵심역량에 대해 공감대를 형성, 육성형 책임평가제도를 수립할 수 있으며 역량에 기초한 조직 리더 및 인재 양성 시의 근거가 된다고 보고되고 있다.

이태수 외(2007)의 연구에서 12개 사회복지기관의 조직원으로서 직원들이 가져야 할 기본적인 핵심역량을 분석하였는데, 그 결과는 다음의 〈표 9-1〉과 같다.

표 9-1 사회복지조직 공통역량

공통역량	주요 내용
조직이해와 참여(팀리더십)	미션·비전·조직과 환경이해, 팀 지향성, 애사심
자기관리능력(self-leadreship)	자기경영, 시간관리
의사소통능력(팀워크)	대인관계, 의사소통기술, 상호이해, 프레젠테이션
고객지향	사명감, 고객이해, 친절, 인권, 실천기술

분석결과, 공통된 역량의 내용은 조직에 대한 이해와 참여, 자기관리능력(self-leadership), 의사소통능력, 고객지향의 역량이었다.

또한 공통역량과 달리 각 직무와 직위의 특성을 고려하여 직무역량을 정의하였는데, 12개 사회복지기관에서 제시한 직무역량의 공통된 내용은 〈표 9-2〉와 같이 정리되었다. 주요 직무과업에 따른 직무역량을 규명한 경기복지재단(2013)의 연구는 〈표 9-3〉과 같다.

표 9-2 직무역량과 주요 내용

직무역량	주요 내용
직급별 리더십역량	• 미션·비전·전략수립, 리더십 • 조직관리, 슈퍼비전, 코칭
기본직무역량	시설기본행정, 전산능력
서비스관련 전문직무역량	• 서비스 대상별, 업무별 전문직무역량 • 직종별 직접 서비스 수행능력 • 직접서비스, 기획, 자원개발관련 역량 • 프로그램 개발과 실행, 평가능력 • 홍보·마케팅·지역사회 네트워크 역량 • 서비스관련 환경·정책변화 이해
행정업무역량	인사·재무·회계·시설관리

표 9-3 주요 직무과업에 따른 직무역량

주요 직무과업	세부직무역량
프로그램 개발과 평가	• 프로포절작성 • 자원관리 • 프로그램 전략수립 • 조사설계/분석 • 프로그램운영/모니터링 • 성과평가 • 프레젠테이션 • 프로그램 마케팅 • 프로그램 예산수립 및 관리 • 회의운영
지역사회조직화	• 지역사회(주민) 이해 • 지역욕구조사/분석 • 지역자원 분석/관리 • 지역사회 네트워크 • 주민조직화 • 지역문제해결 기획력 • 지역사회홍보/아웃리치 • 다문화 수용 • 주민리더 발굴/양성 • 지역사회활동
사례관리	• 클라이언트 욕구파악 • 사례관리 기록 • 관련 법규 이해/적용 • 사정 • 자원확보/연계 • 사례접수 • 사례계획/목표수립 • 점검/평가 • 조정 • 다문화 수용 • 위기개입 • 클라이언트 권익옹호 • 사례회의 운영

위와 같은 선행연구들에서의 핵심역량과 직무역량을 고려하여 역량평가설문지로 활용하거나 조직의 인재상에 따라 역량평가척도를 신규 개발하고 평가를 시행할 수 있다.

3) 직무성과 평가 측정방법

직무성과를 측정하는 데에 있어서 조직들은 절대평가방식이나 상대평가방식을 사용한다. 절대평가방식으로 대표적인 것은 도표평정척도법이 있다. 이것은 주어진 평가기준에 따라 평가받는 사람의 위치를 다른 이와 비교하는 것 없이 체크하는 방식이다. 도표평정식은 가장 일반적인 활용방법인데, 평가요소(좌측 나열)에 따른 직무수행수준(우측)을 평가하는 것으로 주로 조직의 성공적인 운영을 위해 조직구성원이 나타내야 하는 바람직한 특성을 평가한다.

상대평가방식으로는 순위법(ranking), 강제배분법(forced distribution), 짝비교법(paired comparison)이 있다. 순위법은 평가대상자들을 각 평가기준, 즉 항목별로 순위를 매기고 이를 합하여 평가하는 방식이고 강제배분법은 평가대상자들이 받을 수 있는 등급의 비율을 정해 놓고 이러한 할당비율에 따라 평가대상자들의 등급을 각 기준별로 평가하는 방식이다. 짝비교법은 평가기준에 대해 모든 평가대상자들을 둘씩 비교하고 이를 합하는 방식을 통해 순위를 계산하고 평가하는 방식이다(황성철 외, 2009).

기타 평가방법으로 행동계류평정식이란 중요사건을 전문가를 이용한 델파이 기법을 통해 그 사건과 관련된 행동의 효과성에 대해 평가하는 것인데, 타당성은 높지만 시간과 노력이 많이 드는 단점이 있다. 중요사건평가식은 조직원들 직무 중에서 성공적인 사건과 실패사건을 기록하고 직원들과 검토하는 방법이다.

일반적으로 많은 조직에서 직무평가 시 도표평정식과 강제배분식의 방법을 활용하고 있다.

4) 평가의 오류 및 평가정보원

평가를 수행하는 데에 있어서 일반적으로 범하게 되는 평가의 오류들이 있다. 평가는 슈퍼바이지의 자기효능감, 급여, 직무만족 등에 영향을 미칠 수 있기에 민감한 사안이 될 수 있다. 슈퍼바이저들은 평가정보원을 초기부터 계획적으로 수집, 확보하여야 하며 평가 상의 오류를 범하지 않도록 각별히 신경을 써야 한다. 일반적인 평가의 오류와 평가정보원들에는 다음과 같은 것들이 있다. 먼저 평가 시에 발생할 수 있는 오류들이 있는데, Kadushin과 Harkness(2002)는 다음과 같이 6가지로 소개하고 있다.

① **후광효과**(halo effect): 한 가지 측면의 강한 인상이 업무수행의 모든 측면들에 영향을 주는 것으로 공정한 평가를 방해하게 된다.

② **관대함 오류**(leniency bias): 슈퍼바이지의 부정적 수행을 공평하고 정직하게 평가하지 못하는 것으로 슈퍼바이지 자신을 바르게 인식하지 못하게 한다.

③ **중앙화 경향**(central tendency): 슈퍼바이저가 슈퍼바이지의 업무수행과정 및 결과에 대해 정확히 모르고 있을 때 범하는 오류이다. 모든 평가항목에 보통이나 그 이상을 주면서 자신을 정당화하는 것이다.

④ **최근**(recency)**오류와 과적**(overweighting)**오류**: 업무수행 기간 전반을 평등하게 평가하지 않고 최근 업무에 비중이 실리는 것을 의미한다. 이러한 오류에서 벗어나기 위해 평가는 패턴화되고, 전형적인 평가수행에 근거를 두어야 하며 평가기록을 남겨야 한다.

⑤ **대조**(contrast)**오류**: 특정부서의 선임 업무자와의 비교에서 나타나는 배경과 관련된 것으로 슈퍼바이저가 자신을 평가의 기준으로 생각할 때 나타나는 오류이다.

⑥ **부정성 효과**(negativity effect): 관대함 오류의 상대적인 것으로 부정적인 시각에서 슈퍼바이지를 평가하는 것이다.

그 외 나타날 수 있는 오류로는 어느 특정 집단에 속해 있어 한 개인이 그 집단 전체의 점수대로 받게 되는 맥락효과, 신체적 매력의 효과, 개인적 선호도에 따른 개인적 호감의 효과 등이 있다.

이 외에 한국적 상황에서 나타날 수 있는 평가 시의 오류들로는 특정지역 출신에 대한 편견, 성별에 대한 편견 그리고 학연, 지연을 강조하는 등 조직정치 맥락과 관련한 오류들이 발생할 수 있다.

슈퍼바이저들은 이러한 오류들이 슈퍼바이지를 평가할 때에 발생하지 않도록 스스로 자신의 태도를 성찰하며 평가서 제출 시기의 정보만을 가지고 슈퍼바이지를 평가하지 않도록 다음과 같이 다양한 평가자료들을 수집해야 한다. 평가를 위한 정보원들의 예는 다음과 같다.

- 슈퍼바이지의 필기기록
- 슈퍼바이지의 활동구두보고
- 슈퍼바이지와 클라이언트 간 접촉을 녹음한 테이프
- 슈퍼바이지와 클라이언트 간 접촉을 녹화한 테이프
- 일방경을 통한 슈퍼바이지의 업무수행 관찰
- 연석(joint)면접에서 슈퍼바이지 관찰
- 집단슈퍼비전 회합에서 슈퍼바이지의 활동 관찰
- 직원회의 또는 진문가팀과의 컨퍼런스에서 슈퍼바이지의 활동관찰
- 슈퍼바이지의 수행에 대한 클라이언트의 평가(동료평가)
- 슈퍼바이지의 통신문, 보고서, 통계서식, 주별 스케줄, 일별행동일지, 월별수행기록 등

5) 평가 과정

Shulman(1993)의 제안을 토대로 슈퍼비전의 평가 과정을 살펴보면 슈퍼바이저에게 7단계의 협력적 평가 과정을 제안하고 있다. 평가기준을 논의하는 단계, 기준을 적용하는 단계, 형식을 갖춘 피드백을 제공하는 단계, 협동적 평가 과정을 개발하는 단계, 서류평가를 정착시키는 단계, 슈퍼비전 회의를 실시하는 단계, 최종평가를 기

록하는 단계이다(Falvey & Bray, 2002).

Kadushin과 Harkness(2002)에 따르면 평가 과정을 진행하기 위해서는 먼저 평가지침이 있어야 한다고 강조하고 있다. 평가지침은 표준화되어 있고 명문화되어 있어야 한다. 그는 평가의 과정을 평가회의 계획, 평가회의 준비, 평가회의 진행의 3단계로 논의하고 있다. 이러한 3단계와 평가결과의 정리라는 4단계를 보완하여 평가의 과정을 정리해 보면 다음과 같다.

(1) 평가회의 계획

슈퍼바이저는 슈퍼바이지에게 평가회의가 있을 때 적어도 일주일 전에 통보하여야 한다. 평가회의는 일정간격으로 계획하거나 슈퍼바이지의 직무변경이나 계약만료 시기 등에는 비정기적으로 이루어질 수 있다.

평가회의는 반기 1회 중간점검 차원에서 진행되고 연간 업무 종료시점을 즈음하여 진행되거나 1년간의 업무를 모두 종료한 시점에서 이루어지는 것이 일반적이다.

(2) 평가회의 준비

평가회의 일정이 공지되면 슈퍼바이저와 슈퍼바이지는 평가회의를 준비하여야 한다. 슈퍼바이저는 이전의 평가자료를 살피고 슈퍼바이지에 대한 기록, 보고서, 그리고 본인이 기록해 둔 슈퍼바이지에 관한 메모를 읽는다. 슈퍼바이지의 행위에 대해 관찰하며 주위를 기울여야 한다. 또한 객관적 평가를 흐리게 하는 요소가 없는지, 자신에 대한 성찰 과정이 필요하다.

슈퍼바이지는 기관의 평가 개요나 자신이 경험한 평가등급 등을 검토한다. 일정기간 전과 현재를 비교하여 업무수행 과정과 성취도를 비교 분석하여 준비한다. 슈퍼바이지 또한 객관적으로 자신의 직무수행을 성찰하면서 강점요인과 약점요인 등에 대한 분석이 필요하다.

(3) 평가회의 진행

본격적으로 평가회의를 진행할 때에, 먼저 초기에는 슈퍼바이지의 불안과 긴장을 다루어 주며 평가 시에 확인하고 나눌 내용에 대해 간단히 요약한다. 평가면담은 긍정적인 부분으로 시작하여 문제점과 취약점으로 옮겨가면서 최종 긍정적인 피드백으로 끝맺는 방식이 좋다.

평가면담 시, 단순히 제시된 항목에 대한 양적 평가에만 초점을 둘 것이 아니라, 각 영역별 강점과 약점, 그리고 사회복지사로서의 비전 등에 관한 나눔을 갖는 시간으로 활용해야 한다.

또한 공식적인 평가는 은유적인 방법을 사용하기보다 명확하고 솔직하며, 직접적인 표현을 사용하는 것이 바람직하다. 평가회의의 종결부분에서 슈퍼바이지의 감정적 반응을 해결하도록 지원하고 변화에 대한 행동계획을 세워야 한다. 마지막으로 전체적인 핵심내용에 대해 요약한다.

(4) 평가결과의 정리 및 문서화

평가의 결과는 즉시 문서화되고 공식적 절차에 의해 처리되어야 한다. 추후 슈퍼바이지에게는 평가기록의 확인과 평가기록의 사본을 보유할 수 있는 기회가 주어진다. 최근에는 이 과정이 전산화되면서 직무 평가결과를 본인이 직접 어느 때에라도 확인할 수 있는 체계로 변화되고 있다.

2. 슈퍼비전과 성과관리

직무성과 평가란 직원들의 업무성과에 대한 평가를 설계하고 실행하는 과정을 의미하는데, 이는 결국 직무를 대부분 구성하는 하위사업들의 성과 및 성과지표, 목표치의 선정 및 평가 과정을 의미한다고 할 수 있다.

이러한 맥락에서 먼저 직원들은 본인이 담당하고 있는 사업과 관련하여 성과관리를 실행할 수 있어야 한다.

1) 성과평가모형의 활용

최근에는 프로그램과 사례의 성과관리를 강조하고 있는 추세이고 이를 반영하기 위해서는 논리모델 등 평가모형을 활용하여 핵심 평가지표를 선정하고 성과를 측정할 수 있도록 기관의 지침과 방향을 제공해야 한다. 또한 객관적인 클라이언트 중심의 성과 측정을 위해서는 무엇보다 효과성 검증능력을 키울 수 있도록 다각적인 평가틀 설계의 선정과 실행, 이를 위한 슈퍼비전을 실시해야 할 것이다.

논리모델을 활용한 성과 측정에 대해 참고로 간단히 제시해 보면 다음과 같다.

- 논리모델의 성과는 프로그램의 개입수준, 즉 개인, 집단, 가족, 조직, 시스템, 지역사회 차원에서 다양하게 규명되고 나타날 수 있으며 프로그램의 성격, 개입시간 등에 따라 단기, 중기, 장기로 구분되어 확인이 가능하다.
- 성과 측정을 위해서는 성과를 경험적으로 제시할 수 있는 지표가 수반되어야 하는데 지표(indicator)란 일종의 증거(evidence)나 정보로서, 성과가 달성되었는지를 확인시켜 주는 경험치를 나타낸다. 성과지표는 보통 특정 수치로 나타나는데, 몇 점, 몇 %, 변화 유무, 빈도로 표현될 수 있다.
- 성과평가를 위해서는 성과내용, 성과지표, 목표치, 자료원, 자료수집방법 및 도구, 자료수집시기 등이 규명되어 있어야 한다.

성과내용	성과지표	목표치	자료원	자료수집방법 및 도구	자료수집시기

위와 같은 틀에 의해 각 성과별로 어떤 평가방법과 도구를 사용할지에 대해 선정, 정리하여 최종 수합된 정보들을 종합하여야 한다. 직무성과를 평가하는 과정도 이와 다르지 않다고 본다.

2) 직무분석과 성과평가

직무성과 평가를 위해서는 먼저, 면밀한 직무분석의 과정이 조직 차원에서 선행되어야 한다.

직무분석(job analysis)은 조직관리의 고전모형인 Taylor의 과학적 관리법 이후, 시간 및 동작연구를 토대로 직무의 세분화, 표준화가 진행되면서 소위 직무분석이 일반화되기 시작하였으며 조직의 합리화, 직원배치 및 승진 시 활용, 인사고과, 교육훈련, 정원관리, 관리제도 및 업무개선, 직무등급 설정 등의 기초로 활용되고 있다(김태수, 2002).

직무분석은 어떤 직무를 구성하고 있는 직무의 내용과 직무를 수행하기 위하여 담당자에게 요구되는 경험, 자질, 기능, 지식, 능력, 책임과 그 직무가 타 직무와 구별되는 요인을 각각 명확하게 밝혀 기술하는 절차로 정의할 수 있다. 직무분석은 직무에서 수행하는 과제나 활동이 어떠한 것인지를 파악하는 과제중심 직무분석과 직무를 수행하는 데 요구되는 인간의 지식, 기술, 능력 등과 같은 특성 파악에 초점을 두는 작업자중심 직무분석이 있다. 이러한 직무분석의 결과, 직무기술서와 직무명세서가 작성되게 되고 직원의 성과평가가 가능하게 되는 것이다.

최근에는 직무기술서와 직무명세서를 통합하여 사용하는 경우가 많은데, 일반적으로 직무기술서에는 직무정의, 직무내용 및 과업, 해당 과업의 비중, 보유해야 하는 지식 및 기술, 훈련 및 경력, 자격사항 등이 포함된다.

그러나 직무성과 평가를 위해서는 직무기술서 양식을 성과관리에 근거해서 더욱 정교하게 개발할 필요가 있다. 특히 사회복지조직과 같이 다양한 업무를 담당하게 되는 경우, 앞서 논리모델에서 검토한 것처럼 기관 내부 및 업무담당자들의 심도 깊은 논의를 통해 세부직무의 명확한 성과, 성과지표, 목표치들을 선정할 수 있어야 할 것이다(부록 II-2. 직무기술서 양식 참고).

3) 성과관리를 위한 요구조건

성과관리를 위해서는 기관과 슈퍼바이저 차원에서 다음과 같은 요구조건들을 충족할 수 있어야 한다.

첫째, 사업들이 어떻게 전개되고 있는지와 잘 되는 것, 잘 되지 않는 것에 관한 정보를 수집해야 한다.

둘째, 어떤 수준에서 과업을 수행하고 있는지를 검토해야 한다.

셋째, 어떻게 과업수업능력을 제고시킬 수 있는지에 관한 다양한 방법을 파악하고 있어야 한다.

넷째, 기관의 목적과 동일한 방향에서 과업을 수행할 수 있도록 하여야 한다.

다섯째, 직원들에 대한 동기부여를 할 수 있어야 한다.

여섯째, 슈퍼바이저는 의사소통능력의 챔피언이 될 수 있어야 한다.

상사의 의사소통능력이 부재할 때, 직원들은 상사의 의도를 정확히 파악할 수 없다. 슈퍼바이저는 무엇보다 말하기, 읽기, 토론하기, 쓰기, 경청하기, 전달하기 등 다양한 의사소통의 능력을 보유하고 이를 활용할 수 있어야 한다.

마지막으로 슈퍼바이저는 문서화의 능력을 갖추고 있어야 한다. 슈퍼바이저는 다양한 기록 양식을 작성해야 한다. 이러한 양식은 기관마다 다르지만 슈퍼바이저의 기록 활동은 슈퍼바이지에게 효과적인 역할 모델이 될 수 있다. 슈퍼바이저와 슈퍼바이지의 공동 기록(joint writing)활동은 서로에게 도움이 될 수 있는 방법이다. 또한 사회복지사 수행의 검증은 대부분 문서작성을 통해 이루어진다. 슈퍼바이저는 문서작성에 대한 구체적인 슈퍼비전을 제공할 수 있어야 한다.

3. 슈퍼바이저 및 슈퍼비전 체계 평가

1) 슈퍼바이저 평가

슈퍼바이지에 의해 이루어지는 슈퍼바이저에 대한 평가는 슈퍼바이저에게 업무에 대한 결점을 보완하기 위한 피드백을 제공함으로써 효과적인 슈퍼비전에 기여하게 한다. 또한 슈퍼바이지의 사기를 진작시키고 조직의 공평성에 대한 신념을 강화시키며 슈퍼바이지도 조직에서 어느 정도의 위치를 차지하고 있다는 느낌을 가지게 한다는 점에서도 긍정적이 측면이 있다. 따라서 슈퍼바이지가 슈퍼바이저에 대하여 실행하는 평가를 조직의 절차로 수용한다면 슈퍼바이저도 자신의 업무는 물론 슈퍼바이지의 슈퍼비전 욕구에 대해서 보다 큰 관심을 가지게 될 것이다.

대부분의 기관에서 슈퍼바이지가 슈퍼바이저에 의해 평가받는 반면에 슈퍼바이저에 대한 평가는 적게 이루어지고 있는 실정이다. 슈퍼바이저 스스로의 양심적인 자기평가만으로는 효과적인 변화를 가져오기에는 역부족이다. 그러므로 보다 효과적인 슈퍼비전을 위한 내외부의 피드백과 평가가 필요한 것이다.

그러나 현실적으로 슈퍼바이저에 대한 평가는 슈퍼바이지에 대한 평가보다 더욱 어려운데 왜냐하면 슈퍼바이저는 케이스 기록이나 보고서가 슈퍼바이지에 비해 적기 때문이다. 즉, 사례기록이나 보고서 등 객관적 평가자료가 현저하게 적기 때문에 슈퍼바이지가 인식한 직접적이고 상세한 정보에 의존할 수밖에 없다. 비록, 슈퍼바이저의 업무수행에 관하여 제한된 정보만을 가지고 있음에도 불구하고 슈퍼바이지에 의한 평가가 가치 있는 일로 여겨지면서 평가에 대한 노력이 지속되어 왔다. 슈퍼바이저에 대한 슈퍼바이지의 평가내용에는 슈퍼비전 관계에 관한 항목과 슈퍼비전 책임에 대한 슈퍼바이저의 태도와 행동에 관한 것들이 포함되어 있다. 슈퍼바이지는 필요시 슈퍼바이저의 활용 가능성, 슈퍼비전에 대한 슈퍼바이저의 헌신 정도, 슈퍼바이지를 돕기 위한 슈퍼바이저의 노력(슈퍼바이저의 의지, 슈퍼바이지와의 약속이행 등), 슈퍼바이지가 바람직한 모델로서 슈퍼바이저를 보는 정도, 만약 슈퍼바이저를 선택할 수 있다면 선택할 것인가의 여부 등에 대한 평가를 요청받기도 한다(Kadushin & Harkness, 2002).

기관 행정가에 의한 슈퍼바이저에 대한 평가는 기존의 문항과 더불어 생산성 수준 변화, 오류 발생률, 클라이언트로부터 접수된 불만 건수, 직원개편 비율, 기록 공백 및 지연, 다른 기관과의 관계성, 지역사회에 대한 기관의 기능 설명, 슈퍼바이지의 욕구를 기관에 대변하는 능력, 기관의 정책과 절차의 서비스 효과를 의사소통하는 능력 등과 같은 질문이 포함될 수 있다.

(1) 슈퍼바이저 평가의 세부내용

Borders와 Leddick(1987)는 슈퍼바이저에 대한 평가를 위한 유용한 체크리스트를 제시하였는데, 여기에 포함되는 내용은 다음과 같다(Hawkins & Shohet. 2000).

① 슈퍼비전 과정을 쉽게 느끼도록 돕는다.
② 슈퍼바이지로부터 피드백을 가능하게 하고 수용할 수 있다.
③ 클라이언트와 함께 작업함에 있어서 슈퍼바이지의 목표를 명확히 하도록 돕는다.
④ 슈퍼바이지의 업무를 분명하게 평가하는 기준과 행동방식을 설명한다.
⑤ 슈퍼바이지가 자신의 클라이언트와 관련하여 새로운 방식으로 개념화할 수 있도록 슈퍼바이지를 격려한다.
⑥ 슈퍼비전 과정에 슈퍼바이지를 적극적으로 관여하도록 한다.

다른 평가틀로 Kadushin과 Harkness(2002)는 슈퍼바이저 업무수행 평가의 내용들에 다음과 같은 슈퍼바이저의 기능들이 포함된다고 한다.

① 의사소통의 명확성
② 업무의 계획과 할당
③ 권위와 책임의 위임

④ 업무의 지도와 점검

⑤ 업무의 조정과 통합

⑥ 기술적 문제들의 해결

⑦ 사회복지사를 동기화하는 능력

⑧ 기관으로 사회복지사를 이끌고 통합시키는 능력

⑨ 가르치는 기술

⑩ 지지적인 개입

⑪ 평가의 객관성과 포괄성 등

기타 슈퍼바이저에게 요구되는 주요 능력에는 정책기획, 조직관리, 슈퍼비전의 질적인 제공, 마케팅과 홍보, 지역사회 자원개발 및 연계, 부하 육성 등이 있다. 사회복지조직에서는 각 기관의 인재상과 슈퍼바이저의 핵심역량에 따라 슈퍼바이저의 직무수행 평가문항을 개발하여 평가를 시행할 수 있다.

그러나 이러한 평가와 관련된 문제점 또한 고려해야 한다. 슈퍼바이지는 슈퍼바이저에 대한 평가에 있어서 자신의 사적인 욕구와 선호 측면에서 평가하지는 않는지, 슈퍼바이저가 좋은 평가를 받기 위해 슈퍼바이지의 비위를 맞추고 슈퍼바이지는 슈퍼바이저에게 인정받기 위해 좋은 평가를 하지는 않는지, 조직에서 위계관계에 있는 슈퍼바이저에 대하여 과연 슈퍼바이지는 객관적 평가를 할 수 있는지, 슈퍼바이지가 평가에 대한 능력을 갖추었는지 등에 대하여 신중한 검토가 필요하다.

(2) 슈퍼바이저 자기평가의 틀

슈퍼바이저는 조직 내에서 기관행정가와 슈퍼바이지에게 평가받음은 물론 자신에 대해 스스로 자기평가를 할 수 있어야 한다(부록 II-5. 슈퍼바이저를 위한 슈퍼비전 평가 설문 참고). 전문직으로서 스스로 체계적으로 배우고 훈련하고자 한다면 아래와 같은 도구에 의해 자기평가를 실시하고 그 결과에 따라 더 많은 성장발전을 위한 노력을 할 수 있어야 한다.

자기평가를 위한 틀로, Hawkins와 Shohet(2000)에 의해 제시된 목록들을 살펴보면 다음과 같다.

① 슈퍼비전 지식 영역

- 슈퍼비전의 목적
- 슈퍼비전의 한계
- 행정, 교육, 지지적 슈퍼비전의 이해
- 슈퍼비전 계약

② 슈퍼비전 관리기술 영역

- 슈퍼비전 목적의 설명
- 상호동의와 분명한 계약을 통한 협상
- 적절한 경계의 유지
- 슈퍼비전 분위기의 조성: 감정이입, 진실함, 협력적, 신뢰 있음, 중재적임
- 행정, 교육적, 지지적 기능들 사이의 균형 유지
- 적절한 슈퍼비전 시간 유지, 제시간 내의 종결

③ 슈퍼비전 개입기술 영역

- 다양한 개입유형의 사용: 지시, 정보제공, 직면, 정화, 촉진, 지지 등
- 피드백의 사용
- 슈퍼비전의 초점 유지: 보고내용, 개입내용, 슈퍼바이지와 클라이언트와의 관계성, 슈퍼바이지의 역전이, 자신의 역전이, 슈퍼바이저와 슈퍼바이지의 관계 등
- 업무방법의 설명
- 적절한 자신의 경험을 제공, 활용

- 슈퍼바이지의 자기슈퍼비전(self-supervision) 개발 지도

④ 슈퍼바이저의 특성 영역

- 슈퍼바이저의 역할에 전념
- 슈퍼바이저의 권위에 만족
- 적절한 낙관주의로 슈퍼바이지를 격려, 동기화
- 슈퍼바이지의 욕구에 대한 민감
- 슈퍼바이지의 개별적 차이(성, 나이, 문화적 배경, 계층, 성격, 전문적 훈련 정도 등)를 인식하고 적응
- 유머감각

⑤ 지속적인 개발 영역

- 자기슈퍼비전의 지속
- 슈퍼비전 기술과 지식들에 대한 지속적 획득
- 자신의 강약점을 지속적으로 사정, 한계를 인식
- 슈퍼바이지, 동료, 선임슈퍼바이저로부터의 정규적인 피드백을 수용

⑥ 집단슈퍼비전을 위한 영역

- 집단역동성의 지식 보유
- 슈퍼비전을 위한 집단 과정의 활용
- 집단의 경쟁을 다룸

⑦ 조직적 맥락의 영역

- 조직적, 업무적 문제들을 다룸
- 조직의 개발단계에 대한 지식 보유
- 하위집단과 하위문화를 이해하고 표면화시킬 수 있음

- 조직적 변화를 촉진
- 슈퍼비전의 활성화 및 학습문화의 창조

2) 슈퍼비전 체계 및 만족도 평가

보다 높은 질의 슈퍼비전 체계의 보완과 슈퍼비전의 만족도를 평가하기 위해 기관의 슈퍼비전 체계와 슈퍼바이저에 의한 슈퍼비전 실행을 평가한다.

먼저 기관의 슈퍼비전 체계 운영에 관한 평가가 이루어질 필요가 있는데, 교육담당부서 내지 슈퍼비전 정책수립 담당자에 의한 연 1회의 슈퍼비전 운영과 효율성, 효과성에 대한 평가를 실시한다. 주로 슈퍼비전 실행과 관련한 세부내용과 기관의 슈퍼비전 표준내용의 적절한 실행 정도에 대한 설문으로 진행된다. 또한 팀별로 슈퍼바이저의 주도하에 연간 진행된 슈퍼비전의 운영과 효과성에 대한 토론을 실시한다. 마지막으로 기관장의 주도하에 각 부서 내지 팀에서 이루어진 슈퍼비전 기록을 제출하도록 하고 점검하는 방법에 의해 슈퍼비전 체계에 대한 평가가 이루어질 수 있다. 이러한 세 가지 차원의 슈퍼비전 평가결과는 차기년도 슈퍼비전 체계의 보완에 반영되어야 한다.

슈퍼비전 체계의 평가와 더불어 슈퍼비전 만족도 평가가 수행되어야 한다. 실질적으로 슈퍼바이지의 입장에서 슈퍼바이저를 면밀하게 평가하는 작업이 용이한 것은 아니다. 슈퍼바이저는 슈퍼바이지들이 편안한 마음으로 기관의 슈퍼비전 체계(부록 II-4. 슈퍼비전운영평가 보고서 양식 참고)와 슈퍼비전 만족도(부록 II-3. 슈퍼비전 만족도 평가 목록 참고)를 평가할 수 있도록 분위기를 조성하여야 한다.

기관의 제도로서만 존재하는 슈퍼비전은 무용지물이다. 실질적으로 사회복지사의 역량강화와 직무성과의 달성, 나아가 클라이언트를 위한 서비스 질의 향상이라는 궁극적인 슈퍼비전의 목적을 성취하기 위해서는 슈퍼비전에 대한 다각적인 평가와 모니터링 과정이 필요하다.

10

CHAPTER

슈퍼비전과 조직

본 장에서는 슈퍼비전이 사회복지조직 맥락 속에서 이루어짐을 전제로 슈퍼비전의 성공을 위한 조직요인들과 슈퍼비전의 제도화를 위한 전략을 살펴보고 조직 전체 직원개발체계 속에서의 슈퍼비전의 위치 및 차이점에 대해 알아본다. 또한 슈퍼비전에서 활용될 수 있고 또한 슈퍼바이지를 역량강화하는 데 기본적 토대가 되는 사회복지조직의 효과적인 학습체계들을 제시한다.

Chapter

10 슈퍼비전과 조직

1. 슈퍼비전의 성공을 위한 조직요인과 실행방법

슈퍼비전을 둘러싼 대표적인 환경으로서 조직의 특성은 슈퍼비전의 원활한 실행을 위해 중요하다. 슈퍼비전은 사회복지전문직 조직 내에서 기관 내부 제도로서 의무적으로 채택되고, 이러한 제도를 적극 실행하고자 하는 기관 내부의 리더십과 조직원의 의지가 수반될 때 효과적으로 이루어질 수 있다. 기관, 조직요인과 관련해서 기관이 공정하고 선명한 규율과 절차를 갖고 그것을 따르고 활용하게 했을 때에 슈퍼비전의 질과 결과변인에 매우 중요한 영향을 미칠 수 있는 것이다.

Bogo와 McKnight(2005)는 지난 10년간 미국에서 이루어진 다양한 연구들을 소개하면서 조직적 토대가 슈퍼비전의 기능과 영역, 과정에 영향을 주고 심지어는 슈퍼비전의 본질과 유용성에도 지대한 영향을 미치는 강력한 요소라고 보았다. 조직적 토대는 조직의 형태와 조직의 정책, 그리고 조직의 분위기를 포함하는 것으로 조직의 권한으로부터 슈퍼비전의 형식과 기능이 발산되므로 조직요인이 중요하게 작용한다는 것이다.

또한 Kadushin과 Harkness(2002)는 특히 슈퍼비전의 생태체계적인 측면을 강조하면서 슈퍼바이지와 슈퍼바이저의 관계는 그들이 속한 기관의 부서, 조직, 전문적 체계로부터 영향을 받고 있음을 강조하고 있다. 슈퍼비전은 기관 내에서 슈퍼바이저와 슈퍼바이지의 전문적 관계를 통해 이루어지는 행위이므로 조직적 배경으로부터 따로 분리해서 생각할 수 없다.

한국의 연구에서도 기관의 특성은 슈퍼비전에 영향을 미친다는 연구들이 보고되고 있고(이은진, 2002; 이지연, 2002) 특히, 조직의 슈퍼비전에 대한 강조가 부족하고 업무상의 배려가 미흡한 부분이 슈퍼비전 실시에 큰 장애요소가 될 수 있음을 밝히고 있다(임일환, 1996).

이러한 슈퍼비전과 관련한 조직요인들에 대해 구체적으로 살펴보면 다음과 같이 7가지로 정리된다. 이는 슈퍼비전을 효과적으로 수행하기 위한 세부요인에서부터 슈퍼비전 실행의 기반이 되는 조직특성요인까지 다양하게 제시된다.

1) 슈퍼비전 정책 : 슈퍼비전 제도화

슈퍼비전에 대한 기대가 분명한 조직들은 자신들만의 명시적 슈퍼비전 정책을 가지고 있다(Hawkins & Shohet, 2000). Lewis 외(2001)는 조직이 공정하고 명확한 직원규율과 절차를 가지고 있고 직원들이 이를 따르도록 하고, 즉각적인 피드백 체계를 가지는 것이 슈퍼비전 결과에 중요하다고 하였으며, Morrison(2001)은 조직의 성과관리에 있어서 가장 중요한 도구가 슈퍼비전임을 강조하고 효과적인 슈퍼비전을 위해서는 이러한 성과관리 체계 내에 확고한 슈퍼비전 정책이 포함될 것을 권고하고 있다. 이를 뒷받침하듯 이재용(2000)의 연구는 한국 내 사회복지관에서 슈퍼비전에 관한 정책에 의해 정기적인 슈퍼비전이 이루어지는 기관에서 지지적 슈퍼비전이 더 많이 주어진다고 보고하고 있고, 이은진(2002)의 슈퍼비전 실태조사 연구에서도 슈퍼비전의 올바른 확립을 위해서 기관의 제도적 측면이 가장 중요한 요인이므로 슈퍼비전을 기관의 공식적 업무로 규정화하는 것이 시급하다 하였다.

이러한 제도적 측면의 필요성은 특히 우리나라에서 이루어진 선행연구들을 통해 더욱 확고해진다. 슈퍼비전이 활성화되지 못하는 이유와 장애요소로 운영 주체의 배려 부족(오유경, 2006; 이수진, 2002; 임일환, 1996)과 슈퍼바이저 또는 슈퍼바이지의 업무과다로 인한 시간 부족(이은주, 2004; 이지영, 2003; 전경아, 2006; 최미경, 1999)을 지적하고 있다.

(1) 슈퍼비전 정책의 세부내용

슈퍼비전의 세부정책은 슈퍼비전 규정, 기록 및 기록 유지, 평가체계, 슈퍼바이저와 슈퍼바이지 교육체계 및 이수, 지침활용 등을 명문화하는 것으로 볼 수 있다. 안정선(2007)이 제시한 한국적 상황에서의 슈퍼비전 정책의 내용을 구체적으로 제시해 보면 다음과 같다.

① 명문화된 슈퍼비전 규정 수립

슈퍼바이저 자격, 책임, 구조, 내용, 교육이수 등을 포함하는 명문화된 슈퍼비전 규정을 수립한다.

② 슈퍼비전 기록 및 모니터링

주기적으로 시행되는 슈퍼비전에 대한 기록을 남기며 지속적으로 기록이 유지되고 조직에 의해 슈퍼비전 실행과 그 기록내용을 모니터링한다.

③ 슈퍼비전 평가체계 구축 및 실행

효과적인 슈퍼비전의 실행과 체계의 수정·발전을 위해 슈퍼바이저 평가, 슈퍼비전 운영 평가, 슈퍼비전 만족도 평가, 슈퍼비전 구조에 대한 피드백 등 다양한 평가체계를 구축·실행하도록 한다. 자세한 진행내용은 제9장에서 다루었다.

④ 슈퍼비전 교육체계 구축 및 실행

슈퍼비전 교육체계는 슈퍼바이저 및 슈퍼바이지를 위한 교육체계를 모두 구축해야 하며, 특히 슈퍼바이저로서의 직무를 담당해야 할 인력들에게는 사전에 필수 이수하도록 한다.

⑤ 슈퍼비전 지침 개발 및 활용

슈퍼비전의 원활한 수행을 위해 기관슈퍼비전 지침을 개발하고 적극 활용한다.

(2) 슈퍼비전 정책 구축 단계와 전략

슈퍼비전 정책의 성공을 위해서는 면밀한 사전준비와 조사의 과정이 선행되어야 한다. Hawkins와 Shohet(2000)는 슈퍼비전 정책과 실천을 개선하거나 구축하기 위한 조직 차원에서의 개발과정을 7단계로 제시하고 있는데, 이를 정리해 보면 다음과 같다.

① 이미 실행되고 있는 슈퍼비전에 대한 조사를 실시하라

이미 발생한 변화의 내용과 개인과 팀이 성취한 것들에 대해 확인하고 조사하는 것에서 슈퍼비전의 정책화가 용이할 수 있다. 슈퍼비전과 같은 맥락에서 이미 유사한 실행을 하고 있는 선구자적인 직원들이 차후 조직적 차원의 슈퍼비전 정책을 개발하고 실행하는 데에 중요한 협력자가 될 수 있을 것이다.

② 슈퍼비전 실천과 정책을 개발하는 데에 흥미를 일으켜라

조직의 변화에 대해 그 필요성을 인식하지 못하는 부서나 팀을 변화시키는 시도는 적절하지 않다. 변화를 위한 힘은 반드시 내부로부터 나와야 한다. 슈퍼비전을 실시하지 않음으로 얻지 못하는 손실과 좋은 슈퍼비전의 이점을 분명히 설명하고 비전을 제시할 수 있어야 한다. 또한 변화를 위해 힘과 권위를 가진 사람들을 활용하고 이들로부터 헌신을 얻어낼 수 있어야 한다. 이를 위해 문제의 정보를 알고 있는 자가 누구인지, 누가 이 문제를 위해 걱정하고 감정적인 투자를 하고 있는지, 누가 변화를 일으키기 위해 행동할 수 있는지 그리고 긍정적인 에너지를 가지고 있는

지를 확인하고 함께 분위기를 만들 수 있어야 한다.

③ 몇몇 슈퍼비전 시범실행을 시작하라

조직을 변화시키는 데 있어서는 조직의 상부에서부터 변화를 몰아가는 것보다 조직의 중간에서부터 개혁적 변화의 에너지를 서서히 세워 나가는 것이 효과적일 수가 있다. 몇 개의 시범실행 집단을 구성하여 슈퍼바이저들을 위한 외부교육 참여, 모범적인 슈퍼비전 집단에 대한 지지 및 독려, 모델링, 새로운 슈퍼비전 실천의 도입 집단 운영 등 새로운 슈퍼비전 실천을 위한 시도를 시행한다.

④ 변화를 위한 저항을 다루어라

조직에서 변화란 사전 준비에도 불구하고 저항을 가져올 수밖에 없다. 무지와 실패에 대한 두려움, 정보의 부족, 잘못된 정보, 조직에 대한 불신, 낮은 관계성, 권한에 대한 위협, 실험이나 수동성에 대한 거부, 관습의 속박 등, 기본적으로 변화하지 않으려 하는 저항이 나타난다. 이때 강하게 정책을 추진하면 할수록 더 강한 저항에 부딪칠 수 있다. 이때 슈퍼비전 정책개발자는 긍정적 추진력의 요소들과 부정적 억제력의 요소들을 면밀히 관찰하고 그러한 힘들의 내용과 원천이 무엇인지를 분석하는 역장분석(force field analysis)을 실시하고 이를 해결하기 위한 전략을 수립할 필요가 있다.

⑤ 슈퍼비전 정책을 개발하라

슈퍼비전의 정책은 명확하게 명문화된 내용으로 제시되어야 한다. 슈퍼비전 정책은 슈퍼비전의 목적과 기능, 기관의 목표달성에의 슈퍼비전의 기여도, 슈퍼비전 실천에 있어서의 표준내용, 슈퍼비전 빈도, 의제, 계약내용, 슈퍼비전 기록, 슈퍼비전과 평가, 슈퍼바이저와 슈퍼바이지의 권리와 책임, 슈퍼비전 과정에 있어서의 갈등 시의 해결방법과 절차, 슈퍼비전에서의 비밀보장, 직무수행의 평가기준(좋은 수행과 부적절한 수행내용), 슈퍼비전의 초점 등에 대해 면밀히 기술되어야 한다.

⑥ 슈퍼바이저와 슈퍼바이지를 위한 발달적 과정과 지속적인 학습을 개발하라

좋은 슈퍼바이저가 되기 위해서는 먼저 좋은 슈퍼비전을 받아야 하고 한 사람 이상의 슈퍼바이저로부터의 슈퍼비전 경험이 있어야 한다. 또한 혁신적인 슈퍼바이저가 되기 위한 교육훈련이 있어야 한다. 그러나 슈퍼바이저의 교육은 지속적으로 이루어져야 하며 기본적인 자기학습 과정이 진행되어야 한다.

⑦ 슈퍼비전 과정을 고찰하고 지속적인 평가를 하라

슈퍼비전은 지속적인 과정이다. 매년 조직은 슈퍼비전에 있어 일정한 형태의 평가를 실시해야 한다. 기본적으로 슈퍼비전의 빈도, 슈퍼비전에 대한 사회복지사의 만족도, 실천적 측면에서의 슈퍼비전의 효과성, 슈퍼바이저들의 교육훈련 정도와 질, 조직 내의 최상의 실천사례들의 내용, 전문직 내에서의 최상의 실천과의 비교 등의 내용이 슈퍼비전 평가에 포함되어야 한다.

이상에서 제시한 7가지 단계별 내용은 일시적이거나 단회성의 과정이 아니라 슈퍼비전 정책개발과 발전을 위한 전략이자 계속적인 순환과정으로 진행될 필요가 있다.

(3) 슈퍼비전 지침개발의 준비목록

O'Donoghuei(2003)는 슈퍼비전에 관해 기관차원에서 논의되고 준비되어야 할 목록들을 제시하고 있는데, 슈퍼비전 관련 정책을 준비하고 있는 기관과 슈퍼바이저들에게 중요한 지침을 제공해 준다고 하겠다.

슈퍼비전 지침개발의 준비목록

- 기관의 목적과 가치에 의거한 슈퍼비전의 분명한 정의를 제공하라.
- 슈퍼비전과 슈퍼비전 활용자들의 욕구 및 성과 사이의 명백한 연결성을 만들어라.
- 슈퍼비전 빈도, 구조, 기록 여부 등 기대를 명료화하라.
- 슈퍼비전 계약과 기록을 위한 기관 양식을 제공하라.
- 비밀보장의 제한점과 경계를 분명히 하라.
- 슈퍼비전을 통해 클라이언트를 위한 실천의 질 보증을 촉진할 수 방법을 명료화하라.
- 슈퍼비전에서의 기관, 전문직 그리고 개인적 욕구들을 설명하라.
- 슈퍼바이저 및 슈퍼바이지의 역할, 과업, 권리, 책임성을 분명히 만들어라.
- 다학제훈련 세팅에서 발생할 수 있는 슈퍼비전 이슈들에 대해 설명하라.
- 슈퍼비전 관계가 훼손될 수 있는 상황들을 위해 자문, 중재 기제들을 제공하라.
- 모든 전체 직원들을 위한 슈퍼비전의 틀을 구축하라.
- 슈퍼바이저들의 훈련을 위한 틀을 제공하라.
- 슈퍼비전의 질을 유지하기 위한 표준과 함께 기본틀을 제공하라.

당신의 기관에 위와 같은 슈퍼비전에 있어서의 어떠한 정책도 없다면

- 누가 당신에게 위와 같은 것들을 말해줄 수 있는가?
- 위와 같은 슈퍼비전 정책을 일반화하기 위해 조직 차원에서 어떠한 기회들이 존재하는가?

위와 같은 조직 차원에서의 슈퍼비전 정책 지침들을 검토해 보면서 우리는 현재 상황에서 미흡한 기준들을 준비할 수 있고 이러한 정책 마련에 긍정적인 영향을 미칠 수 있는 기회요인들을 분석하고 대안을 수립해야 할 것이다.

2) 슈퍼비전 직무배정

슈퍼바이저의 시간 부족이 슈퍼비전의 장애요인으로 언급되고 있는데 이는 슈퍼바이저들이 고유업무를 맡고 있는 상황에서 슈퍼비전 업무가 부수적 업무로 할당되기 때문이다. 따라서 슈퍼비전 업무를 슈퍼바이저의 고유업무 중 하나로 배정하고 이를 직무기술서 등에 명기하려는 기관의 노력이 필요하다. Skidmore(1983)는 이와 관련하여 조직이 슈퍼비전을 줄 수 있는 시간을 확보해 주고 직무분석이나 직무기술서 등을 준비하는 것이 필요하며 기관이 추구하는 목표를 전 직원이 공유하는 조직 분위기를 만드는 것이 바람직한 슈퍼비전을 이끌게 된다고 주장하였다.

3) 기관장의 의지와 리더십

슈퍼비전은 조직 내의 제도로서 의무적으로 채택되고 적극 실행하고자 하는 기관 내부의 리더십과 조직구성원의 의지가 수반될 때 효과적으로 이루어질 수 있다. 특히 기관장의 리더십은 사회복지사의 직무성과에 영향을 미치며 조직분위기를 조장(김태희, 1997)하므로, 기관장의 슈퍼비전에 대한 확고한 의지는 슈퍼비전 정책을 수립하고 슈퍼바이저를 양성하는 데 직접적인 영향을 미치게 될 것이다.

4) 슈퍼비전 교육체계

조직요인 중 주시해야 할 또 다른 영역은 슈퍼바이저를 위한 역량 개발 차원의 슈퍼비전 교육과 관련된 부분이다. 이 또한 슈퍼바이저가 개인적 차원에서 해결하기 어렵기 때문에 조직 차원에서 준비되어야 한다. Borman과 동료들(1993)은 슈퍼비전에 있어서 슈퍼바이저의 경험과 능력 모두 요구되지만 능력이 더 중요한 역할비중을 가지므로 실천가들이 훈련의 기회 없이 슈퍼비전에 임하게 된다면 슈퍼비전의 효과성은 현저히 감소될 것이라고 일깨워 주고 있다. 또한 Kilminster와 Folly(2000)는 슈퍼바이저 훈련 과정의 내용에 대하여 비판하였는데, 즉 경험적이거나 이론적 토대를 근거로 제공되는 것이 아니라 주로 슈퍼비전의 개념과 목적에 대한 이해, 슈퍼바이지를 훈련시키는 것, 슈퍼비전 계약방법과 슈퍼비전의 구조와 유형을 파악하고 비판적 평가를 주고받는 것, 그리고 상담기술이나 대인관계 역동을 이해하는 것 등, 주로 교육적 슈퍼비전의 사정을 기반으로 이루어지고 있다는 것이다. 국내의 경우는 슈퍼비전 교육내용에 관한 연구보다는 교육의 필요성에 대하여 언급되고 있는 수준이다. 이선민(2006)의 조사에 따르면 슈퍼바이저와 슈퍼바이지 모두 슈퍼비전에 관한 교육의 필요성을 절감한다고 하였으며, 이은진(2002)의 연구에서도 응답자의 93.2%가 슈퍼바이저를 위한 교육이 매우 필요하다고 응답하고 있어서 우리나라의 사회복지실천현장에서 슈퍼비전 교육이 활성화되지 못한 것을 알 수 있다.

실질적으로 슈퍼비전 교육은 슈퍼바이저는 물론, 슈퍼바이지에게도 실행되어야 한다. 슈퍼비전은 그 정의에서 살펴보았듯이 상호작용적인 과정이며 상호합의와 헌신을 통해 진행되기 때문이다. 안정선(2007)이 제시한 슈퍼바이저 및 슈퍼바이저의 교육내용에 대해 간단히 제시해 보면 다음과 같다.

(1) 슈퍼바이저 교육체계

기관 내부에서 슈퍼바이저 역할을 수행하는 직원들에 대해 슈퍼바이저 교육체계를 마련하여 시행하여야 한다. 슈퍼바이저로 입문하는 직원들에 대한 기본양성교육과 기존 슈퍼바이저들에 대한 보수교육이 모두 진행되어야 한다. 슈퍼바이저 교육의 주요 내용은 다음과 같다.

- 슈퍼바이저 역량
- 슈퍼바이저 직무과업
- 슈퍼비전 욕구
- 기관의 비전과 미션, 전략 등 기관 고유 특성
- 슈퍼비전 실행기술
- 인간관계 및 의사소통기술

위의 내용을 기본으로 슈퍼바이저의 교육은 슈퍼바이저가 보유한 역량에 따라 강화되고 차별화되어야 하며 기관별 슈퍼바이저들의 역량보유도에 대한 평가 후 세부적인 교육내용을 개발하여 시행하도록 한다.

슈퍼바이저 교육은 내부교육과 전문직협회 주관의 외부교육을 적절히 활용하며 기본양성교육 후에 주기적으로 보수교육 과정을 마련하여 시행한다.

(2) 슈퍼바이지 교육체계

슈퍼비전 교육은 슈퍼바이저만이 아니라 슈퍼바이지에게도 실시되어야 한다. 슈퍼바이지 교육의 주요 내용은 다음과 같다.

- 슈퍼비전 책임 공유
- 슈퍼비전 받을 권리
- 슈퍼바이지 역량
- 슈퍼비전 준비와 자기개발계획 수립

슈퍼바이지 교육 또한 해당 기관의 슈퍼바이지가 보유한 슈퍼비전 관련 역량에 따라 차별화하여 진행될 필요가 있다.

5) 슈퍼비전 평가체계

슈퍼비전 평가는 슈퍼바이저와 슈퍼바이지 관계에서 이루어지는 행위이지만 이는 개인적 차원이 아닌 조직의 규정과 절차에 의해 마련된 평가틀에 따르게 되므로 조직요인에서 다루어져야 할 부분이다. Kadushin과 Harkess(2002)는 슈퍼비전 평가가 특별히 슈퍼바이지에게 가장 중요한 가치를 주지만 슈퍼바이저와 클라이언트, 그리고 기관에도 도움을 준다고 하였다. 즉, 슈퍼바이지에게는 자신의 능력과 부족한 점에 대한 객관성과 전망을 제공하며 학습을 동기화시킨다는 측면에서 매우 유용하며, 슈퍼바이저에게는 공식적이고 명확한 평가로 보상과 재가(sanction)의 권위가 주어지고 인력의 효율적 배치는 물론 인사결정에 있어서도 슈퍼비전 평가기록을 통해 슈퍼바이저를 보호해줄 수 있다는 것이다. 무엇보다도 슈퍼바이저에게 있어서 슈퍼비전 평가는 슈퍼바이지가 무엇을 배웠으며 더 가르쳐야 할 것이 무엇인지를 알게 해줌으로써 앞으로의 교육적 슈퍼비전에 대한 의제를 제공해 준다는 점에 그 가치를 둘 수 있다. 슈퍼비전 평가는 또한 결과적으로 클라이언트가 효과적인 서비스를 보장받고 부적절한 서비스로부터 보호받는 통제장치로서 가치를 가지게 되며, 기관 입장에서 평가는 사회복지사의 행동을 통제하고 표준화시키는 절차로 사회복지사가 자신의 현 위치를 깨닫게 해준다. 이처럼 슈퍼비전 평가에서 기관의 역할은 매우 중요한 요인이라 할 수 있다. 슈퍼비전 평가의 세부적인 내용은 제9장에서 구체적으로 다루었다.

6) 슈퍼비전 보상체계

슈퍼비전 보상체계는 슈퍼비전의 성공에 영향을 주는 중요한 요인으로 평가된다(최원희, 2009). 그러나 슈퍼바이지 집단에서는 슈퍼비전 직무를 수행하는 것에 대한 보상체계가 필요한가에 대한 이견을 제기할 수 있다. 왜냐하면, 슈퍼비전은 슈퍼바이저의 직무 중 하나로 슈퍼바이저로서의 책임과 의무사항일 뿐만 아니라 슈퍼바이저도 슈퍼비전을 통해 얻게 되는 유익과 보람이 있기 때문이다. 그러나 많은 조사연구들(이은주, 2004; 이지영, 2003; 전경아, 2006; 최미경, 1999)이 우리나라의 사회복지기관들에서 슈퍼비전이 활성화되지 못하는 이유를 슈퍼바이저의 업무과다로 지적하고 있는 현실이고, 어떤 조직 내에서는 사회복지사가 슈퍼바이저로서의 자격을 갖추었다고 해서 반드시 슈퍼바이저의 역할을 수행하는 것은 아니므로 슈퍼바이저 역할과 책임에 대한 상대적인 부담을 가질 수 있다. 이러한 차원에서 본다면, 조직이 슈퍼비전의 성공적 수행을 위해 슈퍼바이저에 대한 보상체계를 마련하는 것은 바람직한 기관정책이 될 수 있을 것이다.

7) 조직 전반의 슈퍼비전 실행을 위한 기본 토대 구축

슈퍼비전이 효과적으로 실행되기 위해서는 기관 전반의 슈퍼비전 실행의 기반이 되는 체계가 구축되어야만 한다.

O'Donoghuei(2003)는 슈퍼비전이 효과적이기 위해서는 전반적인 조직의 성과관리 틀 속에 운영되어야 한다고 하면서 조직적 차원에서의 직무성과 관리(performance management)의 틀에 대해 적절한 직원 선발, 기관의 목적과 가치에 대한 효과적인 소개, 명백한 정책과 실천지침, 명백한 표준과 역량, 슈퍼비전 정책, 작업계획에 기초한 훈련, 지속적 사정평가, 능력 하부구조(framework), 직원원조 자원, 명백한 훈련 및 규율에 관한 규칙의 10가지 요소로 제시하고 있다. 그는 물론 슈퍼비전만으로는 문제가 되지만 슈퍼비전이 위에서 제시한 기제들 중에서 가장 중요한 직무성과 관리의 도구임을 강조하고 있다.

기본적으로 슈퍼비전을 실행하는 조직은 조직의 미션과 비전을 우선적으로 정립하며 조직운영의 방향성에 대한 합의를 도출하고 지속적으로 공유해야 한다. 행정적 슈퍼비전의 우선적 과제는 조직의 신념과 가치를 모든 슈퍼바이지가 공유하고 내재화하도록 하는 과업이다. 실질적으로 행정적 슈퍼비전의 과제는 슈퍼바이지를 효율적인 조직에 연결하는 것(Kadushin & Harkness, 2002)에 있다.

또한 슈퍼비전을 실행하는 조직은 슈퍼비전 체계를 포함하는 기관 전반의 인사관리체계를 구축하고 실행하여야 한다. 조직의 인재상과 핵심역량의 규명, 직원임용과 선발 및 배치기준의 명확성, 직무기술서 및 직무표준의 마련, 공정한 직원관련 규정과 절차, 그리고 조직 전반의 협력적인 분위기를 구축하고 슈퍼비전에 대해 조직성원들이 전반적으로 긍정적으로 인식할 수 있도록 지속적으로 노력하여야 한다. 슈퍼비전에 대한 인식화 작업은 슈퍼바이저들만이 아닌 슈퍼바이지들에게도 이루어져 슈퍼비전에 대한 책임공유와 슈퍼비전 받을 권리에 대해 강조하여 이루어져야 한다.

너불어, 슈피비전을 실행하는 조직은 슈퍼비저을 위한 물리적, 구조적 환경 조성을 위해 노력해야 할 필요가 있다. 개별 및 집단슈퍼비전 등을 실행할 수 있는 준비된 공간을 마련해야 한다. 그 외 슈퍼비전을 실행하는 조직은 지속적 학습과 공유, 다각적인 학습 실행, 학습지원 체계 구축 등 조직의 학습조직화를 추구하여야 하며 지역사회 및 전문직 체계와의 연계와 교류를 위해 노력하여야 한다.

이상과 같이, 슈퍼비전의 성공을 위한 조직요인은 슈퍼비전 정책과 슈퍼비전 직무에 대한 공식적 배정, 기관장의 리더십과 의지, 슈퍼바이저에 대한 교육과 평가, 슈퍼비전 보상체계, 조직 전반의 슈퍼비전 실행을 위한 기본 토대 마련 등이다.

조직 차원에서의 슈퍼비전 실행을 위해 점검해야 할 요소들을 전체적으로 정리해 보면 다음과 같다.

조직 차원에서의 슈퍼비전 실행을 위해 점검해야 할 요소

① 슈퍼비전 정책 수립

- 조직이 슈퍼비전에 대한 규정 또는 절차를 가지고 있는 것. 이러한 규정과 절차는 명문화되어 있어야 하며 공정성을 확보해야 함

② 슈퍼비전 직무 배정

- 슈퍼비전 업무를 슈퍼바이저의 고유업무 중 하나로 공식적으로 배정하고 이를 직무기술서 또는 업무분장표에 명시함

③ 기관장의 슈퍼비전 실행의지와 지속적 관심 표명

- 슈퍼비전을 조직 내의 제도로 채택하고 적극 실행하고자 하는 기관장의 의지와 리더십을 의미함
- 기관대표자와 운영진은 슈퍼비전의 실행에 대해 지속적으로 모니터링하며 피드백을 수렴함

④ 슈퍼비전 교육체계

- 슈퍼바이저의 역량을 개발하기 위한 슈퍼비전 교육을 실시함
- 슈퍼바이저 교육을 중심으로 슈퍼바이지 교육도 실시함

⑤ 슈퍼비전 평가체계

- 슈퍼비전 평가는 조직의 규정과 절차에 의해 마련된 평가틀에 따라 이루어져야 함
- 슈퍼비전 평가는 슈퍼바이지의 현재 수준과 앞으로의 교육에 대한 의제를 제공함

⑥ **슈퍼비전 보상체계**
- 슈퍼바이저의 슈퍼비전 직무성과에 대한 공정한 보상을 제공함

⑦ **조직 전반의 슈퍼비전 실행을 위한 기본 토대 구축**
- 조직 인사관리 체계를 구축하고 실행함
- 조직전반의 협력적인 분위기 구축을 위해 노력함
- 조직의 미션과 비전을 우선적으로 정립하며 조직운영의 방향성에 대한 합의를 도출하고 지속적으로 공유함
- 슈퍼비전을 위한 물리적, 구조적 환경을 조성함
- 지속적 학습과 공유, 다각적인 학습 실행, 학습지원 체계 구축 등 조직의 학습조직화를 추진함

위의 틀은 슈퍼비전의 성공을 위해 조직 차원에서 마련해야 할 준비과업에 대한 사정도구로 활용될 수 있다.

2. 직원개발과 슈퍼비전

슈퍼비전은 사회복지기관의 직원개발의 주요 방법으로, 직원개발과 동시에 행정적인 과정이다. 슈퍼비전과 직원개발을 별도의 과정으로 분리해서 생각할 수 없다. 직원개발의 맥락 속에 있는 한 요소로서 슈퍼비전을 바라보아야 할 것이다. 이와 같은 맥락에서 직원개발의 다양한 방법들을 이해하고 사회복지조직 배경에서의 직원개발 동향을 이해하는 것은 중요한 일이라 하겠다. 실질적으로 직원개발을 위한 다양한 방법들과 슈퍼비전은 별도로 분리된 방법들이 아니다. 슈퍼비전을 슈퍼바이저와 슈퍼바이지가 전문적 관계를 통해 공식적, 계획적으로 진행하며 직원이 서비스를 효과적, 효율적으로 전달하기 위하여 지식과 기술을 잘 사용할 수 있도록 도와주는 의사소통과정이자 활동이라고 할 때에 슈퍼비전은 직무중심적이며, 개별적인 차원에서 이루어지는 직원개발 기제임을 일 수 있다.

보다 구체적으로 슈퍼비전과 관련한 직원개발 차원의 기제들에 대해 그 개념을 살펴보자면 다음과 같다.

1) 슈퍼비전, 현임훈련 그리고 직원개발, 자문의 차이점

직원개발(staff development), 현임훈련(in-service training), 슈퍼비전 중 교육적 슈퍼비전(educational supervision) 그리고 자문(consulting) 사이의 차이점을 알 필요가 있다.

첫째, 직원개발은 직무와 관련된 전체 직원의 지식, 기술, 그리고 태도를 향상시키기 위해 기관이 채택하는 모든 절차들을 말한다. 이러한 의미에서 볼 때에 다음에서 제시하는 모든 기제들은 직원개발에 모두 포함되어 있다고 할 수 있다.

둘째, 현임훈련은 직원개발의 보다 구체적 형태이다. 이것은 직원들 중 동일한 직무에 분류되었거나 동일한 직무책임을 갖는 등의 한정된 직원 집단에게 제공되는 계획적이고 공식적인 훈련을 말한다. 가장 직접적이고 통제적인 것이라고 할 수 있다.

셋째, 교육적 슈퍼비전은 현임훈련을 보완하며 개개인 슈퍼바이지의 구체적 업무수행에 적용해서 일반적 학습을 개별화하는 것이다. 학습목표가 상호간의 협력에 의해 정해지거나 적어도 슈퍼바이지의 의견을 어느 정도 반영시켜 진행된다. 따라서 교육적 슈퍼비전은 일반적 직원개발의 보다 구체적인 종류의 직원개발방법이다.

교육적 슈퍼비전 책임을 수행하는 데 있어서 슈퍼바이저는 슈퍼바이지로 하여금 현임훈련 프로그램을 통하여 제공된 일반적인 학습내용을 실제로 적용하도록 돕는다. 즉, 교육적 슈퍼비전에서 훈련의 방법을 사용하는 것이다. 슈퍼비전은 수평적인 직원기능이라기보다는 수직적인 계선기능(line function)이며 그 관계도 수직적인 집행관계라고 볼 수 있다. 이는 권력체계에 있어서는 불평등한 관계라는 것을 알 수 있다. 그러나 실행에 있어서는 정규적이며 의무적인 것으로 슈퍼바이저는 자신이 훈련을 담당하는 슈퍼바이지에 대해 행정적 책임을 진다.

넷째로 자문은 조언을 듣고 참조하기 위한 것으로 자문 요청자가 자문내용의 수용 및 선택 여부를 결정할 수 있기 때문에 가장 덜 직접적이고 덜 통제적이라고 할 수 있다. 슈퍼비전에서 슈퍼바이지는 결정되고 합의된 사항은 지키고 따라야 하지만, 자문가로부터 받은 자문의 내용은 판단에 따라 조언을 따를 수도 있고 무시할 수도 있다.

이제까지 슈퍼비전과 관련이 있는 다양한 기제들에 대해 살펴보았다. 중요한 것은 조직 차원에서 슈퍼비전만으로 직원들을 역량강화하기에는 한계가 있다는 점이다. 위에서 제시한 다양한 방법들이 논의되고 실질적으로 체계를 갖추고 있어야 한다.

2) 슈퍼비전과 학습조직화

사회복지조직은 어떤 조직보다도 사회가 필요로 하는 서비스에 어떤 조직보다도 능동적으로 대처하여야 하는 기관운영의 책임성을 가지고 있다. 전문적이고 질적인 서비스 전달과업을 중심으로 한 책무성 수행을 위해서는 사회복지조직의 직원들에 대한 직원개발차원에서의 역량강화전략이 필요하다. 사회복지조직은 전문가들의 역량과 기술이 서비스의 효과성을 좌우하는 특징이 있기 때문이다. 조직원들의 역량과 기술에 의해 효과성이 좌우되는 사회복지조직에서 조직학습의 일상화로 설명되는 학습조직의 구축은 조직경쟁력을 높이는 중요한 대안이 될 수 있으리라 본다. 실질적으로 안정선(2007)의 결과에서 슈퍼비전의 조직요인으로 학습조직화가 중요하게 제시되었는데, 슈퍼비전을 실행하는 조직들은 지속적 학습과 공유, 다각적인 학습 실행, 학습지원체계 구축 등 조직의 학습조직화를 추구하여야 하며 이를 활성화하기 위해 지역사회 및 전문직 체계와의 연계와 교류를 위해 노력해야 할 필요가 있다. 직원들의 역량강화전략의 일환으로서 학습조직을 활용하는 것은 전문가 조직의 공동체가 스스로의 학습에 기반하여 그것을 구조적으로 공유, 전달하는 체계를 구축할 수 있는 21세기 지식사회 변혁의 하나의 대안이 될 수 있을 것이다. 이러한 맥락에서 슈퍼비전을 효과적으로 실행하기 위해서, 학습조직의 개념에 대해 살펴보고 이어서 사회복지조직들에서 직원들의 학습체계와 학습지원체계를 구축한 주요 내용에 대해 고찰해 보고자 한다. 앞에서 논의한 것처럼 이러한 직원개발 기제들은 슈퍼비전 시에 직접 활용될 수 있고 슈퍼바이저가 슈퍼바이지의 역량을 개발하도록 원조함에 있어 기본적으로 함께 고려하여 계획되어야 하는 요소라고 할 수 있다.

(1) 학습조직의 개념

급변하는 외부환경 속에서 조직이 생존하고 이에 적극적으로 대처하여 변화·발전하기 위한 하나의 방향으로서 학습조직, 학습조직화에 대한 관심과 실증적 연구가 최근 증가하고 있다. 그러나 학습조직에 관한 연구 자체가 초기단계여서 통일된 개념은 아직 정립되지 않고 주요 학자들에 의해 다양한 개념이 제시되고 있다.

학습조직(learning organization)에 대한 개념으로는 Senge(1990)가 제시한 내용이 주로 인용되고 있는데 그는 학습조직을 "구성원들이 진정으로 원하는 요구를 끊임없이 창출시켜 주는 조직, 집단적인 열망으로 가득 찬 조직, 종업원들이 함께 학습하는 방법을 지속적으로 학습하는 조직"이라고 정의하고 있다.

Senge(1990)의 정의가 조직 구성원의 관점에서 조직에 대한 이상적 기대를 표현한 것이라면, Marquardt(1994)는 학습조직을 "강력하고 집합적으로 학습하며 조직의 성공을 위해 정보와 지식을 보다 잘 수집하고 관리하여 이용할 수 있도록 지속적으로 변화하는 조직"이라고 정의하여 조직의 능동적인 학습과 이를 통한 변화에 초점을 맞추고 있다.

국내 연구에서는 박광량(1994)이 학습조직이란 늘 새로운 학습을 일상적으로 되풀이함으로써 위기상황이든 아니든 관계없이 자기변화가 신속하고 효과적으로 일어날 수 있는 상태에까지 이른 조직이라고 정의하며 일상적인 학습을 통한 유연하고 효과적인 변화 대처가 일어날 수 있는 조직의 상태를 설명하고 있다. 유영만(1995)은 학습조직을 조직 내외적으로 정보를 발굴, 입수하여 조직의 전 구성원이 공유함은 물론 일상적 업무활동에 적용함으로써 급변하는 경영환경에 대한 대처능력과 국제 경쟁력을 향상시켜 조직 자체의 성장, 발전능력을 배가시킬 수 있도록 지속적인 학습활동을 전개하는 조직이라고 정의한 바 있다.

사회복지조직의 학습조직을 근간으로 한 학습체계 및 지원체계 구축 사례연구를 실시한 안정선(2006)의 연구에서는 위와 같은 선행연구자들의 의견을 기초로 학습조직을 "조직 내외적으로 정보를 발굴, 입수하여 조직의 전 구성원이 공유하고 업무활동에 적용함으로써 새로운 지식을 창출하고 이를 조직 전체에 전파 보급하는 역동적인 학습이 일어나는 조직이며 지식의 창출, 지식의 활용, 지식의 공유, 지식의 저장과 관련된 학습 프로세스가 활성화되고 개인, 팀, 조직 단위의 수준에서 학습활동이 활성화되어 있는 조직"으로 정의하였다. 또한 "학습활동을 촉진하고 체계적으로 학습을 수행하도록 지원하는 조직구조, 조직 시스템 구축과 조직 구성원의 행동특성을 정착시켜 나감으로써 조직경쟁력과 조직 구성원의 가치실현을 극대화시키는 조직"을 학습조직의 개념으로 정리하였다.

(2) 학습조직의 특성 및 구성요소

학습조직의 개념에 대해 다양한 정의가 존재했던 것과 마찬가지로, 학습조직의 특성에 대해서도 학자들마다 약간씩의 관점 차이를 보이고 있다. 이 가운데에서 Senge(1990)는 학습조직이 전통적인 관료조직과 다른 근본적인 이유를 중심으로 공유비전, 사고모형, 개인적 숙련, 팀 학습, 시스템 사고의 다섯 가지 학습조직의 원리를 제시하고 있다. 이 다섯 가지 원리는 서로 유기적 관계에 있으며 조직이 원리에 능통해질 때 학습조직이 가능해질 것이라고 보았다.

Hitt(1995)는 학습조직이 기존의 전통적인 조직과 어떠한 차이를 갖는지 〈표 10-1〉과 같이 비교함으로써 학습조직의 특성을 보여주고 있다(조정은, 2002).

표 10-1 전통적 조직과 학습조직의 특성 비교

	전통적 조직	학습조직
공유비전	효과성, 효율성	탁월성, 조직적 변화
리더십 유형	통제자	촉진자
팀	작업 집단	시너지 팀
전략	안내지도(Road map)	학습지도(Learning map)
구조	계층적 구조	역동적 네트워크
스텝	알고 있는 집단(People who know)	학습집단(People who learn)
기술	적응학습(adaptive learning)	생성학습(generative learning)

위의 차이점을 살펴보면 민주적인 리더십, 조직 및 개인의 유연성, 주체성과 자발성, 수평적 관계와 긴밀한 네트워크, 성찰과 경험을 통한 학습의 지속과 순환 등이 학습조직의 일반적인 특징이라 할 수 있다.

3. 학습조직화 및 슈퍼비전 활용을 위한 사회복지조직들의 학습체계

이태수 외(2008)의 연구를 중심으로 학습조직화를 위해 평생학습체계를 구축한 12개 사회복지시설에서 가장 일반적으로 채택한 제도들을 살펴보자면, 개별 직무자 학습지원 및 자기개발계획(Individual Development Plan: IDP) 수립과 팀별 및 팀형 학습제도들이다. 이러한 체계들은 슈퍼비전과 함께 사회복지조직에서 유용한 직원 개발 기제로 활용될 수 있다. 슈퍼바이저가 슈퍼바이지의 교육적 슈퍼비전 및 연간 직원개발계획을 수립하도록 슈퍼비전을 제공할 때에도 활용할 수 있는 방법들이기 때문에, 특히 사회복지조직에서 유용도가 높은 내용들을 확인하고 적극 도입, 지원

할 필요가 있다.

1) 슈퍼바이지 개별 학습지원 및 자기개발계획 수립

첫째로 직원들 개개인에 대한 자기개발계획 수립과 지원이 공통적이었는데, 직원의 자기개발을 의무화하고 비용을 지원하며 슈퍼바이저로 하여금 그 결과를 모니터링하도록 하는 방법으로 설계되었다. 직원의 자기개발은 직무관련 외부교육 참여 외에도 외국어, 건강, 교양 등으로 영역을 확대하는 경우가 많았다. 또한 연간 자기개발계획서를 작성하여 관리하고 근무시간에도 학습을 위한 시간으로 일정시간을 배려하는 등 이는 전체적으로 직원들을 수동적인 교육대상자가 아닌 학습의 주체자로 재정의했다는 점에서 의의가 있다.

이러한 직원 자기개발계획서는 전반적인 교육적 슈퍼비전의 기초자료로 활용될 수 있으며, 몇몇 사회복지기관에서는 슈퍼비전 계획서와 자기개발계획서를 통합하여 사용하고 있기도 하다.

2) 팀형 학습, 팀별 학습 강화: 캔미팅, 학습동아리(CoP), 액션러닝

둘째로 팀별 학습, 팀형 학습 강화이다. 직무역량은 조직의 특성은 물론 개인이 맡은 업무에 따라 다양한 역량이 요구되는 것이 현실이므로 기관 주도의 학습만으로는 직무역량을 강화하는 교육 과정을 개발하기가 어렵다. 이러한 장애요인을 고려하여 대부분의 기관에서는 부서장 또는 팀장 주도의 학습활동을 신규 제도화하거나 강화하는 대안을 채택하고 있다. 또한 규모가 크고 다양한 직종이 근무하는 조직에서는 팀 내부, 팀 간의 단합과 정보 공유, 주요 사안 토론의 장을 마련하는 또 다른 팀 학습방법인 캔미팅(Can Meeting, Town Meeting)제도가 효과적이라고 보고되었다.

특히, 학습동아리(Community of Practice: COP)는 가장 일반적으로 선택하고 있는 학습제도였는데, 부서의 경계를 넘어 주로 동종 관심을 가진 직원들이 집단을 구성하여 지속적으로 함께 모여 학습하고 학습의 결과물을 공유하는 직무중심의 동아리를 의미한다.

또한 기업의 중장기 발전 전략에 기반을 두고 있는 핵심적인 추진과제를 팀 학습을 통해서 해결하는 핵심적인 방법으로 액션러닝(Action Learning)이 활용되고 있다. 액션러닝은 1954년 영국의 Revans 교수가 국가석탄위원회 초대 교육훈련 담당관으로서 광부들을 대상으로 집단컨설팅을 실시, 30% 이상의 생산성 향상 효과를 가져온 결과에서 시작되었다. 이후 Revans는 병원, 정부부처 및 대학 등 다양한 분야에서 액션러닝의 개념을 적용한 프로젝트를 실시하고 그 성과를 전파하였다. 이러한 액션러닝의 개념은 1970년대 중반 이후 여러 기업들에서 적용하면서 성과를 보여주고 있다(김정우, 2002). 액션러닝은 실제 경영 현장에서 성과와 직결되는 이슈 혹은 과제를 정해진 시점까지 해결하고 이를 통해 조직이 함께 성장할 수 있도록 하는 학습기법이며 이는 '문제해결 과정 및 프로그램'이자 '학습과 성찰의 지속적인 과정'이라고 할 수 있다(유영만, 2002).

실질적으로 사회복지조직에서 액션러닝을 실행하기 위해서는 액션러닝의 구성요소와 실행단계에 대해 고찰할 필요가 있는데, 이에 관한 선행연구자들의 정리내용과 이를 제도화한 사회복지조직의 사례를 간략히 살펴보고자 한다.

효과적인 액션러닝을 위한 구성요소로 Marquardt(1999)는 문제, 학습팀, 질의와 성찰 과정, 실행의지, 학습의지, 팀 자문가의 6가지 핵심구성요소를 설명하고 있다.

문제(real problem)는 가상의 문제가 아닌 실패의 위험을 갖는 실제의 문제로 참가자의 능력과 권한 내에 있어 실현 가능한 과제여야 한다. 문제를 통한 학습이 가능해야 하며, 표준화된 해결방안이나 정답이 없는 문제여야 하고, 본질적으로 여러 부서의 이익이나 문제와 관련이 있는 '조직'적인 문제여야 한다.

학습팀(set)은 능력수준이 비슷한 다양한 구성원으로 혼합하며 문제해결에 대한

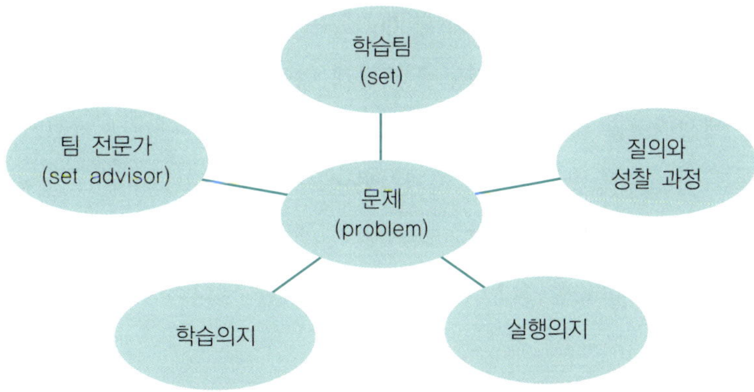

그림 10-1 **액션러닝의 구성요소**

열의와 경청능력, 자신과 타인에 대한 질문능력을 소유한 구성원이 적합하다. 팀을 통한 학습을 위해 타인을 존중하고 자신과 타인의 잠재력에 대한 신뢰가 있어야 하며, 무엇보다 실행과 성취에 대한 의지가 중요하다. 학습 팀의 구성은 책임자에 의해 이루어지거나 자신 혹은 조직의 추천을 통해 이루어진다.

질의와 성찰은 액션러닝 과정 전반을 통해 이루어지는데 질문을 통해서 구성원들은 고정관념과 정형화된 가정을 흔들고, 사물 또는 현상 간의 새로운 연결관계를 형성할 수 있게 된다. 성찰을 통해서는 문제 자체와 해결을 위한 행동, 팀 미팅 과정에 대한 통찰이 이루어지며 성찰의 주도적 역할은 팀 자문가가 담당하게 된다.

학습 과정에서 도출된 문제를 해결하기 위한 팀 및 구성원 개개인의 실행의지가 또 다른 핵심요소이며, 이와 동시에 액션러닝을 통한 학습 극대화를 위해서는 학습의지 또한 매우 중요하다.

마지막으로 팀 자문가(set advisor, 학습코치)는 학습 팀을 지원하고 활동 전반과 과정을 촉진시키는 촉진자(facilitator)의 역할을 하게 된다. 적극적인 경청, 기술적인 질문기법, 집단역동 관찰, 통찰력 자극 및 적절한 주의 환기, 요약, 재명명 등의 기술이 액션러닝을 촉진시키기 위해 학습코치가 주로 사용하는 역량이다(봉현철 외, 2001).

액션러닝의 실행단계에 대해 Rothwell(1999)은 여러 학자들에 의해 제안된 액션러닝모델을 통합하여 보다 구체적이고 명확하게 다음의 7단계를 제시하고 있다.

1단계는 액션러닝을 실행하기에 적합한 상황을 인식하는 단계로 액션러닝이 최적의 문제해결 및 학습방법이라는 의사결정이 이루어지는 단계이다.

2단계는 액션러닝팀을 선정하고 조직하는 단계이다. 해결해야 할 이슈와 관련한 전문지식과 기술을 소유한 오픈 마인드의 구성원을 액션러닝팀의 일원으로 선정한다.

3단계는 팀 구성원 선정에 대한 이유와 팀 차원의 문제상황에 대한 정보를 브리핑하는 단계이며, 이 단계에서 팀 활동의 제한범위 및 권한에 대한 인식을 명확히 한다.

4단계는 팀의 상호작용을 촉진하는 단계로 팀 구성원이 서로 협력하여 함께 일할 수 있는 분위기를 촉진시킨다. 이를 위해 조직된 팀 구성원에 대한 워크숍을 기획하여 팀 운영의 목적과 방향, 비전공유, 상호 이해 및 친밀감을 형성할 수 있는 기회를 마련하는 방법도 효과적이다(안정선, 2006).

5단계는 본격적인 팀 활동을 통해 해결방안을 규명하고 검증권한을 부여하는 단계로 정보수집, 원인규명, 해결책 모색, 현장 적용을 실시한다.

6단계는 학습팀의 결과를 평가하는 단계로 팀원들의 팀활동 만족도, 학업성취도, 현업에서의 변화 정도, 긍정적/부정적 결과를 측정한다.

마지막 7단계에서는 향후 방향을 설정하는데 팀 구성원들은 이 단계에서 액션러닝을 통해 개인적으로 또는 그룹으로 무엇을 학습했는지, 또 개인 및 팀 역량을 강화시키기 위해 어떠한 역량을 강화시켜야 하는지에 대해 탐구하게 된다(Rothwell, 김미정 외 역, 2002).

이제까지 살펴본 학습방법 외에 슈퍼비전 유형 중에서는 팀 슈퍼비전이나 집단슈퍼비전이 팀별, 팀형 학습의 대표적인 방법이라 할 수 있다. 슈퍼비전의 유형들에 대해서는 제8장에서 세부적으로 다루었다.

이러한 사회복지조직에서 선호하는 새로운 팀 학습 제도들인 학습동아리(CoP), 캔미팅, 액션러닝 제도에 대해 개별적 지침(안정선, 2006)을 마련한 T복지관의 내용을 간단히 소개하자면 다음과 같다.

표 10-2 신규 학습제도(태화기독교사회복지관, 2006)

	학습동아리(CoP)	캔미팅(Can Meeting)	액션러닝(Action Learning)
정의	지식생성 촉진을 위한 지식경영 활동의 수단으로서 조직 내 특정 지식 분야에 대해 관심을 같이하는 구성원들의 모임	부서 간 및 부서 내 과제 해결과 공동체의식 강화를 위한 모임	조직의 목적달성과 과업해결을 위한 학습을 병행한 팀활동
목적	조직목적달성과 직무역량 향상	부서 간 및 부서 내 공동과제 해결, 단합. 팀공동체, 팀워크, 조직미션과의 한방향 정렬	팀 학습을 통한 과업해결과 혁신
방법	• 직원 3인 이상 • 활동계획서 교육담당자 제출 • 교육담당부서장, 관장의 승인 • 분기 1회 보고 (서면 또는 인트라넷) • 활동과정 및 활동결과에 대한 지속적 공유	• 부서장 주도 • 별도의 신청서 제출 • 부서 내 연 2회 • 부서 간 연 2회 • 활동과정 및 활동결과에 대한 지속적 공유	• 기관주도/부서장 주도의 과제 선정 및 팀구성(기관 진단 시 도출된 전략과제 등에 따라 선정) • 학습코치의 선정 • 기관장과 부서장의 적극적 지원의지 • 액션러닝 학습의 우선적 실시 필요 • 활동과정 및 결과에 대한 지속적 공유
지원	• 근무시간 내(주 2시간 이내)/외 • 1인당 연 5만원 • 장소 및 기자재 사용 가능 • 정보시스템 활용 지원 • 직원평가 반영 및 우수사례 포상	• 근무시간 내/외 • 1인당 1회 1만원 • 장소 및 기자재 사용 가능 • 정보시스템 활용 지원	• 전략과제의 단계별 선정, 집중적 해결 필요(업무배려 및 조정) • 근무시간 내 • 우수사례 포상 • 자문비 지원 • 장소 및 기자재 사용 가능 • 정보시스템 활용 지원

사회복지조직의 선호도를 반영한 학습제도들 외에 일반적으로 활용할 수 있는 학습체계 세부내용들의 예시는 〈표 10-3〉과 같다. 학습체계는 다음의 내용들을 참고

하여 기관의 상황 및 특성과 전체 직원의 역량을 고려하여 균형적으로 마련되어야 한다. 세부적인 학습체계 내용구성과 함께 전체적으로 어떠한 학습 과정과 세부 과목을 선정하고 어떤 학습방법으로 접근할 것인지에 대한 결정이 필요하다.

표 10-3 학습체계의 내용과 분류[1)]

<table>
<tr><th colspan="2">항목</th><th>내용</th></tr>
<tr><td rowspan="7">기관 주도 학습</td><td>전체 직원교육</td><td>친절교육, 서비스 교육
직원연수, 영성훈련
직원특강
필독서선정 및 관리, 독후감발표회</td></tr>
<tr><td>법정교육</td><td>성희롱 예방교육 / 소방안전교육</td></tr>
<tr><td>신입직원교육</td><td>신입직원 발생 시, 표준화된 내용으로 진행</td></tr>
<tr><td>직급별/연차별 교육</td><td>신임 직급자 교육 과정: 신임 과정
직급자 재교육 과정
연차별 과정</td></tr>
<tr><td>실습지도자 교육</td><td>신임 실습지도자 교육 과정
기존 실습지도자 재교육 과정</td></tr>
<tr><td>직무교육/
직종별 교육</td><td>사회복지사 교육 과정
유아교사, 보육교사, 특수교사, 방과후교사, 간호사 교육 과정
사회체육지도자 교육 과정 / 사회교육담당자 교육 과정
회계담당 교육 과정 / 사무원 교육 과정
관리기사 교육 과정 / 주방근무자 교육 과정 등
특정직무간 사례연구회
기타 직무 과정</td></tr>
<tr style="display:none"><td></td><td></td></tr>
<tr><td rowspan="2">팀 학습</td><td>슈퍼비전</td><td>기관 규정에 따른 슈퍼비전 계획 및 실행
개별 및 집단슈퍼비전
동료슈퍼비전
슈퍼비전 모니터링 및 평가: 개별, 기관차원
윤리경영 스터디 및 토론</td></tr>
<tr><td>액션러닝</td><td>기관 전체 사안에 대한 팀 구성 / 부서내부 팀 구성</td></tr>
</table>

1) 안정선 · 이근영(2008)이 제시한 감리회태화복지재단 직원학습체계의 내용을 보완하여 제시하였다.

	팀별 학습	팀별 직무능력 향상 교육 팀별 스터디 팀 캔미팅
	학습동아리	각종 직무와 교양 관련 학습동아리(CoP)
	외부자문	팀별 / 직무별 / 특정 직무에 대한 자문
개인 학습	외부교육 지원	교육비와 여비규정에 따른 외부교육 지원
	개인개발 계획/평가	자기개발계획 작성 / 평가 / 개인별 학습수첩 활용
기타 학습	기타	진학지원 독서통신교육, 인터넷교육 안식년(월) 제도 연구발표 워크숍 관내 문화교육프로그램 활용 : 교양, 건강관리 등 무료이용

3) 사회복지조직 학습지원체계

위에서 논의한 학습체계들은 그것이 아무리 사회복지조직에서 공통적으로 활용도가 높다고 보고되고 있다 하더라도 학습지원체계가 제대로 구축되지 못했을 경우 계획으로 그치거나 매우 비효율적으로 운영될 가능성이 높다. 학습조직화는 학습체계와 지원체계가 유기적으로 결합되어야만 그 효과를 발휘할 수 있는 것이다. 학습지원체계는 주로 학습계획을 추진하는 추진조직, 학습지원예산, 학습계획 및 관리, 학습결과의 반영과 보상, 학습시간 확보, 정보 공유를 위한 시스템 등 6개의 영역들인데, 이를 정리해 보면 다음의 〈표 10-4〉와 같다(이태수 외, 2008).

표 10-4 사회복지조직들의 학습지원체계

학습추진조직	• 학습추진 담당인력 선정 및 운영 • 학습체계 추진위원회 구축
예산	• 저비용 고효과의 학습방법 활용 • 학습의 우선순위로 예산의 효과적 사용 및 집행 • 연간 개인별 학습지원액을 지정하여 개인학습을 지원하고, 교양 또는 직무관련 학습동아리에 대한 활동비 지원 • 각종 포상비 예산 마련
학습계획 및 관리	• 학습욕구조사 및 반영 • 학습체계의 기본방향에 따라 전체 직원교육, 팀별 학습 연간일정과 주제, 동아리별 학습목표와 내용, 관리방안 등 마련 • 다양한 직원학습지원에 관한 운영방안, 학습달력, 학습수첩 등을 제작 • 각종 학습 추진보고서 수합 및 관리
학습결과반영 및 포상	• 학습결과에 대한 지속적이고, 구체적인 평가와 피드백, 그리고 개인 또는 조직의 연간 성과평가에 반영 • 기관차원의 학습 진행 모니터링 • 조직 학습의 기여도를 직원평가 항목에 반영 • 상사의 부하직원 육성의 문항을 슈퍼바이저 평가 항목에 반영 • 학습자료 공헌도, 학습동아리 참여도, 학습참여도(학습소감, 평가의 글 게시)등을 고려하여 포상 • 우수한 개인학습자 또는 동아리에 대한 포상, 학습제안에 대한 포상, 우수 사내강사에 대한 시상, 학습결과물 발표에 대한 포상
학습시간 확보	• 업무효율화를 통한 근무시간 내 학습 • 기관주관 교육, 부서장주관 교육 전체를 대상으로 학습시간 계산
정보체계 및 공유	• 인트라넷 등에 학습활동 공간 마련 • 자료 공유, 자료제본, 인트라넷 자료실 활용

조직 차원에서의 슈퍼비전 성공은 슈퍼비전 제도만의 가동을 통해서는 이루어지기 어려울 것이다. 슈퍼비전과 함께, 또한 제도 간 연동을 통해, 그리고 슈퍼비전 시의 활용과업으로 슈퍼비전이 성공적으로 이루어질 수 있다. 슈퍼바이저는 조직의 상황과 슈퍼바이지의 역량에 맞는 조직학습체계와 지원체계들을 모색하고 선정하며, 슈퍼비전 시에도 이러한 제도들을 함께 다루고 슈퍼바이지의 발전과 성장의 모습을 평가하며 피드백을 제공할 수 있어야 할 것이다.

PART 03

사회복지 슈퍼비전의 실천현장 적용

3부는 사회복지 슈퍼비전을 실천현장에 적용해 보기 위한 내용으로 구성하였다. 실천현장에서는 슈퍼비전의 기능과 효과에 대하여서는 이미 그 인식이 뿌리가 깊어졌기에 슈퍼비전의 체계화에 관심을 가지고 있다. 그러나 이러한 높은 욕구에도 불구하고 지침의 역할을 할 만한 자료들이 충분하지 않은 현실이다. 이에 따라 먼저, 제11장에서는 실천현장의 슈퍼비전 표준체계를 살펴보고 제12장에서는 슈퍼비전의 현황과 과제를 고찰함으로써 실천현장에서 사회복지 슈퍼비전을 실행하고 발전방향을 모색하는 데 실제적인 도움을 제공하고자 한다.

- 제11장 실천현장을 위한 사회복지 슈퍼비전 표준지침
- 제12장 슈퍼비전의 현황과 과제

11
CHAPTER

실천현장을 위한 사회복지 슈퍼비전 표준 지침

본 내용은 사회복지실천현장에서 광범위하게 활용할 수 있는 사회복지 슈퍼비전 표준지침이다. 본 지침은 사회복지관 직원 슈퍼비전 표준체계개발 연구를 수행한 안정선(2007)의 연구와 사회복지기관의 슈퍼비전 성공요인에 관한 최원희(2009)의 연구를 주요 토대로, 대표적인 슈퍼비전 모델(Fortune, 1994; Kadushin & Harkness, 2012; Wonnacott, 2012)을 적용하여 최종 개발되었다. 최종 개발된 내용은 슈퍼비전의 종합적 구성요소를 고려하여 슈퍼바이저, 슈퍼바이지, 슈퍼비전 관계, 슈퍼비전과 조직, 슈퍼비전 실행구조의 5가지 영역 기본틀로 정리되어 있다(Wonnacott, 김은혜 외 편역, 2014: 225-250). 본 지침은 기관의 슈퍼비전 상황을 분석하고 슈퍼비전의 지침을 개발, 보완하고자 하는 사회복지기관들에게 기초적인 틀로 활용될 수 있다.

Chapter

11 실천현장을 위한 사회복지 슈퍼비전 표준 지침

1. 슈퍼바이저

1) 슈퍼바이저의 지식 및 기술

슈퍼바이저의 자질로 전문지식과 실천기술이 요구된다. 슈퍼바이저들은 슈퍼비전을 위한 사회복지관련 '지식'과 '기술'을 습득하기 위해 지속적으로 노력해야 하며 기본적으로 다음과 같은 영역에서의 지식과 기술의 보유가 필수적이다. 이러한 지식과 기술 능력의 각 내용들은 각 기관의 슈퍼바이저 양성교육과 평가를 위한 기본 내용으로 활용될 수 있다.

(1) 지식

- 슈퍼바이저는 자신의 강약점, 편견 등에 대한 자기인식과 지속적인 자기분석, 성찰을 위해 과학적 지식을 갖추어야 한다.
- 슈퍼바이저는 프로그램 계획, 실행 및 효과성 평가 관련 제반 지식에 대한 이해도가 높아야 한다.
- 슈퍼바이저는 사회복지 윤리 및 가치에 대한 이해도가 높아야 한다.
- 슈퍼바이저는 다양한 클라이언트의 특성을 이해하고 개입방법에 대한 지식을 갖추고 있어야 한다.

- 슈퍼바이저는 담당 슈퍼바이지의 직무 전반에 대한 이해가 높아야 한다.
- 슈퍼바이저는 기본적으로 슈퍼비전을 실행하기 위해 슈퍼비전 이론, 슈퍼비전 모델과 방법, 슈퍼바이저 역할 등 슈퍼비전 관련 지식을 보유하여야 한다.
- 슈퍼바이저는 해당 기관 및 조직관리 지식 그리고 조직 리더로서 리더십 관련의 전반적인 지식을 갖추어야 한다.
- 슈퍼바이저는 조직이 지역사회에서 갖는 미션을 이해하고 지역사회욕구에 부응할 수 있도록 지역사회 및 전달체계에 관한 지식을 갖추어야 한다.
- 슈퍼바이저는 효과적인 슈퍼비전을 위해 사회복지 전반의 동향과 변화추세, 관련 복지정책에 대한 이해를 도모하여야 한다.

(2) 기술

- 슈퍼바이저는 사회복지 전문적 실천 기술, 즉 개인, 집단, 조직 및 지역사회실천의 기술을 보유하여야 한다.
- 슈퍼바이저는 효과적인 슈퍼비전을 위해 경청, 의사표현, 의사전달 등 의사소통 기술을 보유하여야 한다.
- 슈퍼바이저는 슈퍼바이지의 직무수행과 노력에 대해 긍정적 지지를 제공하고 격려할 수 있는 기술을 보유하여야 한다.
- 슈퍼바이저는 조직상하 및 동료와의 관계형성 기술을 보유하여야 한다.
- 슈퍼바이저는 조직과 부서 내, 그리고 슈퍼바이지 간 갈등을 중재할 수 있는 기술을 보유하여야 한다.
- 슈퍼바이저는 조직 내 집단슈퍼비전, 팀 활동의 주도자로서 팀워크 형성 및 집단을 이끄는 기술을 보유하여야 한다.
- 슈퍼바이저는 슈퍼바이지들의 직무에 대한 과학적 분석 및 업무분장과 조정의 기술을 보유하여야 한다.
- 슈퍼바이저는 담당 슈퍼바이지의 개인성향, 특성 그리고 교육적 욕구를 사정하

고 슈퍼바이지 개인에 따른 학습계획을 수립하고 학습을 촉진할 수 있는 기술을 보유하여야 한다.

- 슈퍼바이저는 슈퍼바이지의 직무와 개인의 전문적 성장에 관한 모니터링 및 평가 기술을 보유하여야 한다.
- 슈퍼바이저는 지역사회자원을 분석하고 활용할 수 있는 기술을 갖추어야 하며 각종 문서관리와 기록 유지에 대한 지도를 위해 기록능력에 집중하여야 하고 사회복지 동향 및 다양한 관련 정보를 수집하는 기술을 보유하여야 한다.

2) 슈퍼바이저의 가치

슈퍼바이저의 가치는 슈퍼바이저의 전문가로서의 가치관과 신념을 말한다. 슈퍼바이저의 개인적 가치나 신념은 슈퍼비전에 영향을 주므로 전문가로서의 가치관 확립이 필요하다.

슈퍼바이저는 전문가로서의 지속적인 성장 및 전문적 자아의 확립을 위해 노력하고 적극적으로 학습하여야 하며 슈퍼바이지 전문적 성장에 대해 신념을 가지고 헌신적으로 임할 수 있어야 한다.

3) 슈퍼바이저의 태도

슈퍼바이저가 슈퍼바이지를 대하고 슈퍼비전에 임하는 태도 또한 중요한 슈퍼바이저의 능력이 된다. 슈퍼비전에 시간을 할애하고 슈퍼바이지를 훈련시키려는 열정 및 적극적 자세, 공감적이고 유연한 태도는 성공적인 슈퍼비전을 이끈다.

- 슈퍼바이저는 직무수행과 지도감독에 있어 일관적인 태도를 갖추어야 한다.
- 슈퍼바이저는 사회복지 윤리의 내재화 및 기관 규정 준수 등 윤리적 태도를 갖

추어야 한다.

- 슈퍼바이저는 다양한 의견개진 수용과 관점 공유 등 개방적 태도를 갖추어야 한다.
- 슈퍼바이저는 직무수행의 모델로서 기능하기 위해 업무수행에 있어 책임감 있는 태도를 갖추어야 한다.
- 슈퍼바이저는 직무평가 및 슈퍼바이지에 대한 처우에 있어 공정한 태도를 갖추어야 한다.
- 슈퍼바이저는 슈퍼바이지에 대한 진실한 태도로 공감적 이해를 할 수 있어야 한다.
- 슈퍼바이저는 슈퍼바이지를 수용하고 슈퍼바이지가 담당하고 있는 직무의 어려움을 이해하며 지속적으로 기대를 유지할 수 있는 인내하는 태도를 갖추어야 한다.
- 슈퍼바이저는 슈퍼바이지와 협력하고 협동하는 태도로 직무를 수행하며 슈퍼바이지의 자율성에 대해 적극적으로 인정하는 태도를 갖추어야 한다.

4) 슈퍼바이저의 일반적 특성과 경험

슈퍼바이저의 성별, 연령, 실무 및 슈퍼비전 제공 경험, 학력 등 일반적 특성은 슈퍼비전의 성과에 만족도를 주는 영향요인으로 보고되었다.

슈퍼바이저는 사회복지학을 전공한 사회복지사로 5년 이상의 사회복지관련 실무경험과 기관 내에서 권한을 부여받은 자로 한다. 현 해당 기관에서 최소한의 근무경력을 가진 자로 기관과 기관 환경에 대한 이해를 가진 자로 한다.

선임과 과장 등 숙련사회복지사들에 대한 슈퍼바이저는 일반사회복지사 대상 슈퍼바이저보다 많은 경력을 가지는 것이 적절하다.

또한 슈퍼바이서는 슈퍼비전 관련 교육을 이수하고 자격을 갖춘 슈퍼바이저에게 전문적 슈퍼비전을 받은 경험이 있어야 한다. 이를 위해 각 사회복지관은 슈퍼바이저 자격을 위해 기관 내외부에서 전문적 슈퍼비전 경험을 위한 체계를 갖추고 슈퍼바이저를 훈련시켜야 한다.

2. 슈퍼바이지

1) 슈퍼바이지의 지식 및 기술

슈퍼바이지가 가지고 있는 자신의 업무와 관련된 전문적 지식과 기술은 슈퍼비전의 성과에 영향을 준다. 슈퍼바이지들은 기본적으로 직무수행을 위한 사회복지관련 '지식'과 '기술'을 습득하기 위해 지속적으로 노력해야 한다. 본 슈퍼비전 지침에서는 슈퍼비전을 위한 지식 및 기술에 초점이 있기에, 슈퍼바이지 영역에서는 슈퍼바이지가 갖추어야 하는 태도 역량을 중심으로 표준을 제시한다.

2) 슈퍼바이지의 태도

슈퍼바이지의 슈퍼비전에 임하는 자세와 태도는 슈퍼비전의 성공을 위해 중요하다. 슈퍼바이지의 배우려는 열정과 자세, 슈퍼비전에 대한 개방성, 슈퍼비전에 대한 준비, 솔선성 등은 성공적 슈퍼비전의 중요 요인이 된다. 다음과 같은 내용들은 슈퍼비전에 관련한 슈퍼바이지 교육이나 슈퍼비전 정책에 관한 오리엔테이션을 시행할 시에 기초적인 내용으로 활용될 수 있다.

- 슈퍼바이지는 본인 직무에 대해 책임감 있는 태도를 갖추어야 한다.
- 슈퍼바이지는 직무수행에 대해 적극적 태도 갖추어야 한다.

- 슈퍼바이지는 슈퍼비전 내용에 대한 자발적 적용 자세와 실행능력을 갖추어야 한다.
- 슈퍼바이지는 본인 직무수행에 대한 시기적절하고 명확한 업무보고를 실행할 수 있어야 한다.
- 슈퍼바이지는 슈퍼비전에 대한 공동책임을 인식하고 슈퍼비전에 대해 준비하여야 한다.
- 슈퍼바이지는 슈퍼비전에 대한 수용적인 태도를 갖추고 슈퍼비전의 욕구를 표현할 수 있어야 한다.

3) 슈퍼바이지의 자아인식 발달

사회복지사는 자신의 자아를 전문적 자아로 활용해야 하므로 기본적으로 전문가로서의 자신에 대한 이해가 필수이다. 따라서 슈퍼바이지 자신의 개인적 성향, 전문가로서의 장단점에 대한 자아인식 발달은 성공적인 슈퍼비전의 중요한 요소가 된다. 슈퍼바이지는 자신에 대한 인식과 이를 위한 과학적 지식을 확보하여야 하고 자기계발에 관한 명확한 계획을 수립할 수 있어야 한다. 이를 위해 자기인식 훈련을 위한 활용서식과 자기계발에 관한 계획 서식 등을 기관차원에서 활용할 수 있다.

4) 슈퍼바이지의 실무경력 수준

슈퍼바이지의 실무경력은 슈퍼비전에 대한 욕구와 만족도에 차이를 보이며, 결과적으로 슈퍼비전 효과에 영향을 준다.

따라서 슈퍼바이저는 슈퍼비전 계획을 수립할 시에 슈퍼바이지의 실무경력을 파악하며 슈퍼바이지의 경력수준에 따른 슈퍼비전을 설계할 수 있이야 한다.

3. 슈퍼비전 관계

효과적인 슈퍼비전을 위해 슈퍼바이저와 슈퍼바이지는 다음과 같은 슈퍼비전 관계를 구축하기 위해 노력한다.

1) 상호신뢰

상호신뢰는 슈퍼비전의 심리적 맥락에서 가장 중요하게 다루어져야 할 요인으로 이를 바탕으로 슈퍼비전이 행해질 때 슈퍼비전에 대한 긍정적 수용이 가능하다. 슈퍼바이저와 슈퍼바이지는 관계에 있어서의 신뢰성 확보를 위해 노력한다.

2) 명확한 의사소통 및 피드백

명확하고 긍정적인 의사소통은 서로 간에 동의를 근거로 한 공유된 의미를 설정하는 데 도움이 되며 이러한 공유가 슈퍼비전의 결과에 영향을 미친다. 슈퍼바이저와 슈퍼바이지는 활발하게 상호작용하며 긍정적 의사소통에 집중한다.

3) 상호이해와 존중

슈퍼바이저와 슈퍼바이지가 서로의 차이를 이해하고 이를 존중하는 것은 슈퍼비전 관계를 보다 긍정적으로 발전시켜 효과적인 슈퍼비전으로 이끈다. 슈퍼바이저와 슈퍼바이지는 서로를 이해함과 동시에 자유로운 사고와 관점을 표현하는 등 서로에게 개방적 태도로 임한다.

4) 동료의식

동료의식은 슈퍼바이저와 슈퍼바이지가 클라이언트와 조직의 목적달성을 위해 '함께 일하는 동료'라는 수평적 관계를 의미한다. 이는 활발한 논의를 이끄는 바람직한 슈퍼비전 관계를 발전시킨다. 슈퍼바이저와 슈퍼바이지는 슈퍼비전에 대한 책임을 공유하며 협력적 파트너십을 발휘한다.

5) 친밀감

친밀감은 슈퍼바이저와 슈퍼바이지가 서로 거리감 없이 친밀한 느낌을 가지는 것이다. 이러한 친밀감은 긍정적 슈퍼비전 관계를 형성하여 슈퍼비전의 만족과 업무만족을 가져온다.

6) 인정과 격려

슈퍼바이저와 슈퍼바이지가 서로의 역할과 능력에 대하여 인정과 격려함으로써 슈퍼비전에서의 역할 책임을 강화시켜 슈퍼비전 효과를 높이게 된다. 슈퍼바이저와 슈퍼바이지는 상호를 이해하고 배려하도록 노력한다.

7) 전문적 관계 유지

슈퍼바이저와 슈퍼바이지가 클라이언트에게 양적 · 질적 서비스를 전달하기 위한 목적적 관계를 객관적으로 유지할 때 성공적인 슈퍼비전이 가능하다. 슈퍼바이저와 슈퍼바이지는 전문적 관계를 형성하고 친밀감 강화와 라포 형성을 위해 노력하여

공적 관계와 사적 관계의 경계와 균형을 조율한다. 또한 성장하는 관계가 되도록 상호 헌신한다.

4. 슈퍼비전 실행

1) 슈퍼비전의 목적 및 목표

슈퍼비전에 대한 목적과 목표를 설정하고 공유하는 것은 성공적 슈퍼비전을 위해 매우 중요하게 관리되어야 할 요인이다.

기본적으로 슈퍼비전의 목적은 사회복지사들의 동기부여와 전문적 성장을 통해 궁극적으로 클라이언트의 문제해결은 물론 보다 질 높은 서비스를 제공하기 위함이다. 즉, 슈퍼비전을 통해 사회복지사들이 업무를 효율적·효과적으로 수행할 수 있도록 도움으로써 클라이언트에게 최대한 양질의 서비스를 제공하고 직원 및 기관이 책무성을 이행할 수 있도록 보장하는 것이다.

2) 슈퍼비전의 정규성

정규성이란 슈퍼비전이 정해진 간격을 두고 정기적으로 이루어짐을 의미한다. 슈퍼비전 실행에 있어서 구조화된 절차에 의해 정규성을 가지고 지속적으로 이루어질 때 슈퍼비전의 만족도와 효과가 높아진다.

개별슈퍼비전은 월 1회 이상[1] 제공되어야 하며 개별·집단·동료슈퍼비전의 형태로 최소한 주 1회 이상 슈퍼비전을 유지한다. 슈퍼비전은 정기적인 일정수립을 통

1) 개별슈퍼비전의 횟수는 사회복지사의 경력이나 직위, 숙련성에 따라 차별화될 수 있는 영역이다. 월1회는 슈퍼비전횟수의 최소 기준으로 책정되었다.

해 진행되어야 하며 상황과 사안에 따라 정기적인 일정 외에 부가적으로 슈퍼비전을 시행할 수 있다.

3) 슈퍼비전 제공시간

충분한 슈퍼비전 시간할애는 슈퍼비전의 효과를 높이는 데 기여한다. 정기적 슈퍼비전은 통상적으로 최소 30분~1시간 수준 이상 진행한다. 통상적으로는 1시간 전후가 일반적이다. 월 1회 이상 유지되는 개별슈퍼비전의 경우, 충분한 시간을 확보하고 일정한 과정에 의해 진행되어야 한다. 그러나 특정 상황과 사안에 따라 슈퍼비전이 필요한 경우에는 시간을 조정하여 효과적으로 진행한다.

4) 슈퍼바이지의 수[2)3)]

슈퍼비전 실행을 위해 적절한 슈퍼바이지의 수는 보통 슈퍼바이저 1인당 3~4명이 적절하다. 슈퍼바이저 1인당 과다한 슈퍼바이지가 배정되어 있을 때에 효과적인 슈퍼비전이 이루어지기 어렵기 때문에 임시적으로 대안적 슈퍼비전 체계를 구축할 필요가 있다.

2) 기관의 사정상, 1인의 슈퍼바이저당 3~4명을 초과하는 슈퍼바이지를 담당할 시에는 업무조정 또는 제2선 상급 슈퍼바이저의 협력, 직무훈련 등 기관차원에서 슈퍼비전을 원활히 수행할 수 있는 대안을 마련해 줄 필요가 있다.

3) 한 명의 슈퍼바이지에게 슈퍼바이저는 단 한 명만 배정되는 것이 원칙이다. 또한 그 한 명은 슈퍼바이지와 슈퍼바이저의 선택이 아닌 조직직재상 부서장이 배정되는 것이 당연하다. 이는 슈퍼바이저의 주요 직무인 슈퍼바이저의 업무수행 관리와 성장을 위해서이며 의사소통의 갈등을 예방할 수 있기 때문이다. 간혹, 특정 사업이나 교육영역에 대한 슈퍼바이저가 별도로 배정될 수는 있지만 이럴 경우 반드시 그 내용이 명시되어야만 슈퍼비전 관계와 내용에서 혼선을 막을 수 있다.

5) 슈퍼비전 장소

기관은 개별 및 집단슈퍼비전 등을 실행할 수 있는 준비된 공간을 마련한다. 슈퍼바이저는 슈퍼바이지가 슈퍼비전을 편안히 느낄 수 있도록 최대한의 환경을 준비한다. 그러나 슈퍼비전은 임시적으로 또는 상황에 따라 고정화된 장소에서만 이루어지는 것이 아니라 클라이언트를 만나는 현장과 지역사회에서 또는 인터넷 공간 등에서 즉각적으로 이루어질 수 있다.

6) 슈퍼비전 제공형태

슈퍼비전 제공형태란 개별 및 집단, 서면 또는 구두, 동료 슈퍼비전 등 슈퍼비전이 제공되는 다양한 형태를 일컫는 것으로, 제공형태는 슈퍼비전의 효과에 영향을 준다.

(1) 슈퍼비전 유형

슈퍼비전은 개별슈퍼비전, 집단슈퍼비전, 동료슈퍼비전, 외부자문 등의 유형을 활용할 수 있으며 기관 및 부서의 상황 및 사안에 따라 다양한 유형을 적절히 선택하여 실시한다. 단, 슈퍼바이지를 개별화하여 실시하는 개별슈퍼비전은 월 1회 이상 유지되어야 한다. 조직 내 외부 인적자원을 최대한 활용하여 슈퍼비전이 효과적으로 실행될 수 있도록 한다.

(2) 슈퍼비전 도구개발 및 활용

슈퍼비전은 슈퍼비전 계획, 실행, 평가 등 일련의 과정으로 진행되며 각 단계에서 활용할 수 있는 다양한 도구와 서식을 적극 활용한다. 사회복지관 차원에서 슈퍼비전 계획서, 슈퍼바이지 학습사정도구, 슈퍼비전 욕구수렴지, 슈퍼비전 기록, 슈퍼비전 만족도 및 운영평가서, 슈퍼바이저 평가서 등의 양식을 적극 개발, 적용한다.

(3) 슈퍼비전 기법

슈퍼비전 기법은 슈퍼바이지의 훈련목적과 사안에 따라 다양하게 사용하여야 한다. 슈퍼비전 기법은 일반적으로 슈퍼바이지의 사례나 프로그램 기록 검토, 역할극, 토론, 책읽기, 기법전수, 코칭, 녹음과 녹화, 관찰 및 참관 등이 대표적이다. 일정한 기법에 고정되지 않고 다양한 기법을 사용할 수 있도록 상호 노력한다.

7) 슈퍼비전 계약

슈퍼비전 계약은 슈퍼비전의 빈도와 시간, 내용, 유형 등 슈퍼비전 구조를 문서화하여 공식적으로 서면계약을 하는 것을 의미한다. 세부사항에 대한 분명한 명시는 슈퍼바이저와 슈퍼바이지가 목표하는 슈퍼비전을 성공적으로 수행하는 지침서 역할을 한다.

슈퍼비전 계약은 연간 슈퍼비전 계획에 대한 조율과 상호동의의 방법으로 활용한다. 슈퍼바이저와 슈퍼바이지는 상호간에 슈퍼비전에 대한 기대와 욕구를 표명하고 서식을 통해 기록을 남기도록 한다.

8) 슈퍼비전 기능

슈퍼비전을 제공함에 있어서 슈퍼비전의 기능에 따른 비중은 슈퍼비전의 만족 및 성과에 영향을 미친다. 슈퍼비전의 기능은 일반적으로 교육, 행정, 지지의 3대 기능

(Kadushin & Harkness, 2002) 내지 관리, 발달, 지지, 중재의 4가지 기능(Wonnacott, 2012)으로 분류된다. 슈퍼바이저는 슈퍼비전을 실행할 때 이러한 기능을 수행하여야 한다.

(1) 슈퍼비전의 3대기능

구분	행정적 슈퍼비전	교육적 슈퍼비전	지지적 슈퍼비전
목표	작업배경 제공	업무능력 개선	업무만족감 지원
장애물	비합리적 조직	무지와 낮은 인지능력	정서불안정
내용	조직의 구조와 사회복지사의 업무를 도울 수 있는 기관자원에의 접근법 제공	업무에 필요한 지식과 기술 제공	효과적으로 업무를 수행할 수 있도록 심리적 자원 제공
관심 영역	효율적인 조직에 사회복지사를 연결시켜 사회복지사가 조직의 구조와 자원을 효율적으로 이용할 수 있도록 하는 것	지식과 기술의 향상을 통해 사회복지사의 효율성을 증대하는 것	업무수행을 방해하는 스트레스를 감소시키고 사기를 증진시켜 사회복지사의 효율성을 증대하는 것
사회복지사 모델	효율적으로 과제를 수행하는 사회복지사	자질 있고 능력 있는 사회복지사	공감적이고 이해심 많은 사회복지사
과제	① 직원의 채용과 선발 ② 직원의 임명과 배치 ③ 업무계획 ④ 업무 할당 ⑤ 업무위임 ⑥ 업무모니터링 ⑦ 업무조정 ⑧ 의사소통 촉진 ⑨ 행정적 완충 ⑩ 변화 대행	① 가르침 ② 학습촉진 ③ 훈련 ④ 경험과 지식공유 ⑤ 정보제공 ⑥ 명확화 ⑦ 가이드 제공 ⑧ 사회복지사 원조 ⑨ 전문적 성장 제고 ⑩ 조언, 제안, 문제해결원조	① 스트레스 유발상황 방지 ② 스트레스 해소 ③ 스트레스 대처 원조 ④ 신뢰형성 ⑤ 관점 공유 ⑥ 결정에 대한 책임공유 ⑦ 성공 위한 기회 제공 ⑧ 동료를 통한 지지 제공 ⑨ 업무관련 긴장완화

출처: Kadushin & Harkness(2002).

(2) 슈퍼비전의 4대 기능(Wonnacott, 2012)

학습내용의 체계

① **관리기능 : 책임성 있는 수행**
예) 직무수행의 질 관리, 기관정책과 절차 이해 및 준수, 직무 역할과 책임성 이해, 기관 성책에 따라 기록 유지

② **개발기능 : 전문적 개발 지속**
예) 전문적 능력 개발, 이론적 기반, 기술, 지식 확대, 슈퍼바이지의 가치 기반과 업무에 끼치는 영향 에 대한 이해, 선호하는 학습스타일과 학습의 장애물에 대한 이해

③ **지지기능 : 지지와 격려**
예) 전문가 및 한 인간으로서 슈퍼바이지를 인정, 자신의 실천과 그 영향을 볼 수 있도록 안전한 분위기 조성, 슈퍼바이지가 두려움, 분노, 슬픔, 혐오, 무기력 같은 감정에 대해 이야기하도록 허용하고 보고 듣기, 업무에 있어 정서적인 방해요인을 탐색하도록 도움

④ **중재기능 : 개인을 타 분야 전문가 및 조직과 융합**
예) 팀의 역할과 책임성을 협상하고 명확화, 자원의 결핍이나 영향에 대한 관리, 사회복지사들 간, 팀 내 또는 다른 부서나 기관 외부와 중재, 옹호, 타 기관과 일하는 데 있어 직원을 대변하거나 동행

9) 슈퍼비전 내용

슈퍼바이지에게 제공되는 슈퍼비전의 구체적 내용에 따라 슈퍼비전의 성과가 달라진다. 슈퍼비전 내용은 사회복지 윤리와 관련 규정, 슈퍼바이지의 담당직무와 욕구, 슈퍼바이저의 슈퍼비전 세부 직무, 사회복지사의 표준 직무, 일반주의실천가로서의 핵심지식과 기술영역으로 구성되어 있다. 세부적인 내용을 살펴보면 다음과 같다.

① 사회복지 슈퍼비전은 기본적으로 사회복지전문직 체계 내에서 요구되는 사회복지 윤리와 관련규정을 기반으로 한다. 사회복지사 윤리강령과 사회복지시설 운영과 관련된 규정 그리고 사회복지 관련법의 적법성 내에서 기능한다.

② 사회복지 슈퍼비전은 또한 슈퍼바이지의 담당 직무와 욕구에 1차적으로 초점

을 두어 실행된다. 현재 슈퍼바이지가 담당하는 사례와 프로그램에 대한 지원과 협력 그리고 슈퍼바이지의 전문성 향상을 위한 교육과 훈련차원에서 실행된다. 또한 궁극적으로 사회복지기관의 서비스의 질 향상과 클라이언트 문제해결을 위한 방향에서 실행되어야 한다.

③ 또한 슈퍼바이저는 슈퍼바이저로서 책임을 감당하기 위해 요구되는 세부직무[4](슈퍼바이지 이해, 행정, 교육, 지지적 슈퍼비전, 슈퍼비전 준비 · 실행 · 평가)에 따라 슈퍼비전을 제공한다.

④ 슈퍼비전은 위에서 제시한 슈퍼바이지 담당직무와 욕구 그리고 슈퍼바이저의 세부직무과업들 중심으로 우선적으로 진행된다. 그러나 슈퍼비전은 사회복지사들이 기본적으로 필요하다고 생각하는 슈퍼비전 욕구에 따라 실행되어야 한다.

영 역		슈퍼비전 내용	
전문적 발달을 위한 교육내용	➡	• 가치 및 윤리적 사명감 • 인간의 다양성 존중 • 사회 및 경제 정의 증진의 사명감	• 자기인식 • 전문적 성장의 책임감 • 효과성 평가
행정적 측면의 지식 및 기술	➡	• 기관 사명의 이해 • 기관 구조 파악	• 관료주의 내에서의 기능하는 방법 • 기록 유지와 기록 활동
정책적 측면의 교육내용	➡	• 사회복지정책 • 지역사회에 관한 지식	• 서비스 전달체계의 지식
기본적 대인관계 기술	➡	• 대인관계적 의사소통 기술	• 동료와의 관계기술
클라이언트 체계 개입을 위한 일반적 기술	➡	• 인간행동과 다양성 지식의 적용 • 면접 기술 • 사정 기술 • 개입계획 및 적용 기술 • 평가 기술	• 종결 기술 • 집단에의 개입 기술 • 의뢰와 사례관리 기술 • 옹호 활동

4) 슈퍼바이저의 직무는 슈퍼바이저가 수행해야 하는 직무이면서 또한 직무의 세부과업들은 슈퍼비전의 주요 내용이 된다.

슈퍼바이지 직무 수행의 실천기반으로는 일반주의 실천가로서 기본적인 핵심지식과 기술(Fortune, 1994)을 적용할 수 있도록 슈퍼비전을 제공하며 사회복지사에게 표준 직무로서 요구되는 영역에 대하여 슈퍼비전을 제공한다.

그러나 직원에 대한 슈퍼비전은 슈퍼바이지의 경력과 역량수준, 욕구에 따라 보다 질적인 향상과 내용개발을 위한 노력이 수반되어야 한다. 또한 공통적인 내용 외에 각 특정 직무별 슈퍼비전 내용기반(특정 직무별 역량, 직무별 성과 표준)을 구축하고 그에 따라 슈퍼비전을 제공하고자 하는 노력 또한 수반되어야 한다.

10) 슈퍼비전 기록

슈퍼비전 기록은 슈퍼비전에 대한 피드백 및 평가를 위한 근거가 되므로 이는 곧 성공적 슈퍼비전에 영향을 미치게 된다. 주기적으로 시행되는 슈퍼비전에 대한 기록을 남기며 지속적으로 기록이 유지되고 조직에 의해 모니터링 되어야 한다.[5)]

11) 슈퍼비전 단계 및 과정

슈퍼비전의 단계는 다음과 같이 교육적 사정, 계획수립, 실행, 평가 및 피드백의 일반적인 기획의 단계로 진행된다.

- **교육적 사정 → 계약(계획 수립) → 실행(도구 활용) → 평가 및 피드백**

5) 부록 2. 다양한 사회복지 슈퍼비전 관련 활용 양식 참고.

슈퍼바이지에 대한 교육적 진단, 즉 슈퍼바이지의 직무역량과 학습능력을 사정하고 그에 따라 슈퍼비전 계획을 수립하고 계약을 실시하여야 한다. 슈퍼바이지 사정을 위해 다각적인 방법을 활용하여 슈퍼바이지 개인의 슈퍼비전에 대한 욕구와 필요한 훈련의 영역을 파악한다.

슈퍼바이지에 대한 교육적 사정 후, 슈퍼비전 내용과 과정, 의무에 대하여 슈퍼바이저와 슈퍼바이지 상호의 협약을 맺는다. 다양한 기법 및 도구 활용을 통해 슈퍼비전을 실행하고 슈퍼비전 실행에 대한 평가 및 피드백을 수렴한다. 이러한 평가의 내용은 다시 슈퍼비전을 계획하고 실행하기 위한 근거로 환류되어야 한다.

또한 슈퍼바이지의 역량을 강화하기 위해 다음과 같은 과정으로 슈퍼비전을 진행한다. [그림 11-1] 슈퍼비전 순환 과정에서는 이 4가지 단계 사이를 오가며 사회복지사의 경험을 고려하여 직관적 반응을 더 탐색하게 하는 것이다. 주요 이슈들에 대한 해결방법을 찾기 위해 조사 지식과 실천적 지혜를 사용하여 현 시점의 경험 및 정서적 반응을 탐색하고, 이후 요구되는 성과와 다음에 이루어져야 할 일에 대해 탐색하게 된다.

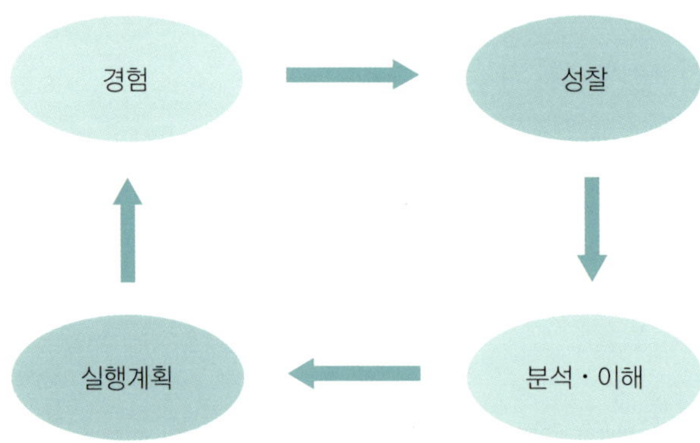

그림 11-1 슈퍼비전 순환과정

4가지의 구체적인 순환 과정별 요소는 다음과 같으며 과정별 슈퍼바이지들의 주요 과업들은 다음과 같다(Wonnacott, 2012).

과정별 슈퍼바이지들의 주요 과업

■ 경험 : 이야기 발견하기

- 클라이언트의 상세한 의견을 파악한다.
- 자신의 대처(감정, 태도, 말, 행동)에 대해 주목한다.
- 자신이 주목하지 못한 것에 대해 알고자 한다.
- 클라이언트가 서비스나 개입을 어떻게 경험했는지를 파악하는 데 관심을 집중한다.

■ 성찰 : 경험 살피기

- 감정을 주의 깊게 탐색한다.
- 자신의 감정 원천을 이해할 수 있다.
- 클라이언트의 상황에 빠져 있는 것에서부터 분리시킨다.
- 발생하고 있는 상황에 대해 이전의 경험 및 지식과의 연결점을 찾는다.
- 어려운 점이나 불편한 부분을 논한다.

■ 분석과 이해

- 가치, 연구, 정책, 요구 등을 참고해 직무를 분석한다.
- 권한, 차이, 인식 이슈를 탐색한다.
- 대안적인 설명이나 가정을 고려한다.
- 다른 의미를 탐색한다.

■ 실행 계획

- 장단점을 고려한 가능한 선택대안들을 살펴본다.
- 다른 이해관계자들의 욕구들이 고려된다.
- 성공 기준을 고려하여 계획이 수립된다.
- 공간 및 자원과 지지가 준비된다.
- 위험과 변화를 탐색한다.
- 한계를 명확히 한다.
- 뜻하지 않은 사건들도 고려된다.

5. 슈퍼비전을 위한 조직체계

1) 슈퍼비전 실행을 위한 조직적 고려요소

슈퍼비전 실행을 위한 조직적 고려요소로는 크게 기관 목적과의 일치성, 책무성 이행, 다양한 이해관계자 요구수렴, 서비스 질, 직무성과의 5가지 요소로 정리된다.

첫째, 기관 목적과의 일치성을 고려한다. 사회복지기관의 목적은 조직으로서 기관의 사명에 일치하는 성과와 방향을 정해준다. 대부분의 사회복지사들은 사회복지조직에서 피고용자로 일한다. 따라서 그들의 업무는 기관의 목적을 달성하는 것이다. 슈퍼비전은 기관의 목적과의 일치성 영역에서 이루어진다.

둘째, 책무성 이행을 고려한다. 사회복지기관은 정부와 같은 자금원을 통해서 클라이언트에게 간접적으로 책임을 진다. 자금을 받은 기관은 다양한 방침과 절차가 요구하는 대로 일을 완수해야 한다. 사회복지기관의 책무성이란 사회사업 프로그램 혹은 조직이 주어진 자원을 가지고 어떤 구체적인 목적을 얼마나 효과적으로 또는 효율적으로 달성했는가 하는 것을 객관적으로 증명할 것을 요구하는 것이라고 정의하고 있다(이창호, 1999). 이러한 조직 내에서 책무성을 추구하는 과정은 슈퍼비전의 전반적인 철학이자 가치가 된다.

셋째, 이해관계자의 요구 수렴을 고려한다. 슈퍼비전과정에는 슈퍼바이저와 슈퍼바이지만 포함되는 것이 아니다. 직무수행과 관련된 관계자들, 즉 클라이언트, 슈퍼바이저, 슈퍼바이지, 기관과 다른 직원들이라는 여러 이해당사자들이 참여하는 것이다. 슈퍼비전의 과정에서 이러한 이해관계자들의 요구를 모두 분석할 수 있어야 한다.

넷째, 서비스 질을 고려한다. 슈퍼비전의 기본 과정은 서비스 방향에 맞게 제공된 서비스 질과 과업이 잘 완성되었는지를 확인하는 것이다. 슈퍼비전은 명백하게 서비스의 질과 결과를 확신하는 방법이다.

다섯째, 직무성과의 달성과 평가를 고려한다. 외부적 자원에 의존하는 사회복지조직은 책무성 이행의 의무를 수행해야 하고 이를 위해서는 성과평가의 도입과 실행이 필요하게 되었다. 조직구성원인 사회복지사의 책무성 평가는 직접서비스를 담당하고 있는 사회복지사의 직무성과평가를 통해 이루어질 수 있다.

2) 슈퍼비전 촉진을 위한 조직요인

효과적인 슈퍼비전을 위해서 조직은 제도 실행의 기반이 되는 다양한 전략을 수립하고 제도의 실행력을 확보하며 아울러 슈퍼비전을 위한 조직적 환경을 조성해야 한다.

슈퍼비전 촉진의 기반조성을 위한 조직 특성의 세부내용은 다음과 같다.

- 슈퍼비전을 실행하는 조직은 조직의 미션과 비전을 우선적으로 정립하며 조직 운영의 방향성에 대한 합의를 도출하고 지속적으로 공유해야 한다.
- 슈퍼비전을 실행하는 조직은 기관대표자가 슈퍼비전에 대한 이해와 관심을 가지고 슈퍼비전의 적극적인 실행을 표명하여야 한다. 기관대표자와 운영진은 슈퍼비전의 실행에 대해 지속적으로 모니터링하며 피드백을 수렴한다.
- 슈퍼비전을 실행하는 조직은 공정하고 명문화된 규정과 절차를 확보하여야 한다. 또한 슈퍼비전 실행 정책을 수립하여야 한다.
- 슈퍼비전을 실행하는 조직은 슈퍼비전 체계를 포함하는 기관 전반의 인사관리 체계를 구축하고 실행하여야 한다.
- 슈퍼비전을 실행하는 조직은 조직 전반의 협력적인 분위기를 구축하고 슈퍼비전에 대해 조직성원들이 전반적으로 긍정적으로 인식할 수 있도록 지속적으로 노력하여야 한다. 슈퍼비전에 대한 인식화 작업은 슈퍼바이저들만이 아닌 슈퍼바이지들에게도 이루어져 슈퍼비전에 대한 책임공유와 슈퍼비전 받을 권리에 대해 강조하여 이루어져야 한다.
- 슈퍼비전을 실행하는 조직은 슈퍼비전을 위한 물리적, 구조적 환경 조성을 위해

노력하여야 한다. 개별 및 집단슈퍼비전 등을 실행할 수 있는 준비된 공간을 마련해야 한다.

- 그 외 슈퍼비전을 실행하는 조직은 지속적 학습과 공유, 다각적인 학습 실행, 학습지원 체계 구축 등 조직의 학습조직화를 추구하여야 하며 지역사회 및 전문직 체계와의 연계와 교류를 위해 노력하여야 한다.

3) 슈퍼비전 정책

① 슈퍼비전 규정과 절차

슈퍼비전의 규정과 절차 유무는 슈퍼비전 결과에 영향을 미치는 중요한 요인이 된다. 슈퍼바이저 자격, 책임, 구조, 내용, 교육이수 등을 포함하는 명문화된 슈퍼비전 규정을 수립한다. 또한 슈퍼비전의 원활한 수행을 위해 슈퍼비전 표준을 기반으로 하는 기관슈퍼비전 지침을 준비하여 적극 활용한다.

② 슈퍼비전 직무배정

슈퍼비전 업무를 슈퍼바이저의 고유 업무 중 하나로 공식적으로 배정하고 이를 직무기술서 또는 업무분장표에 명시하는 것은 슈퍼비전의 성공적 수행을 위해 중요하다.

일반적으로 슈퍼바이저의 직무는 행정, 교육, 지지적 목적의 세부직무와 슈퍼비전의 준비, 실행, 평가 세부직무로 구성되어 있다. 세부내용을 살펴보면 다음과 같다.

슈퍼비전 업무

- **슈퍼비전을 위한 기본 준비 세부 직무**
  가장 우선적으로 슈퍼비전을 위해 슈퍼바이저 스스로 자기개발 및 지식습득을 위해 노력하며 슈퍼바이지의 특성과 역량에 대한 사정을 위해 지속적으로 정보를 수집한다.

- **슈퍼비전 영역의 세부직무**
  슈퍼바이저는 세부 프로그램 및 사례진행에 대한 분석과 피드백을 제공하고 슈퍼바이지의 담당직무를 과학적으로 분석하며 업무분장 및 조정, 위임의 역할을 수행한다.
  슈퍼바이지의 직무를 주기적으로 검토하고 평가하여 피드백을 제공하고 직무수행의 방향성을 논의한다.
  또한 슈퍼바이지가 조직의 특성을 이해할 수 있도록 도움을 제공하고 조직 핵심가치와 방침을 내재화할 수 있도록 한다.
- **교육적 슈퍼비전 영역의 세부직무**
  슈퍼바이저는 슈퍼바이지 직무에 필요한 기술전수를 위해 슈퍼바이지를 교육훈련하며 관련 사회복지 정보를 제공한다.
- **지지적 슈퍼비전 영역의 세부직무**
  슈퍼바이저는 슈퍼바이지와의 정서적 유대 관계 속에서 슈퍼바이지의 업무스트레스 관리와 직무만족의 증진을 위해 지지, 격려하는 역할을 수행한다.
- **슈퍼비전 실행과 평가 세부 직무**
  슈퍼바이저는 슈퍼비전 전반의 계획을 수립하고 슈퍼비전 실행을 위한 장소와 일정을 준비하며 개별, 집단슈퍼비전 등 의사소통의 장을 운영한다.
  또한 정기적으로 진행되는 슈퍼비전의 진행과 결과에 대해 기록을 남기고 슈퍼비전에 대해 모니터링하며 슈퍼비전 실행효과에 대해 평가한다.

이 중 현재 슈퍼바이저가 전략적으로 강화해야 할 직무는 슈퍼바이저 자신의 자기개발, 업무스트레스 관리 및 직무만족 증진을 위한 지지격려, 슈퍼바이지와의 정서적 유대 강화 노력, 세부 프로그램 및 사례에 대한 분석과 피드백, 조직 전반의 핵심가치와 방침의 내재화 도모, 직무검토 및 평가·방향성 논의, 슈퍼바이지 교육훈련과 전수 등이다. 슈퍼바이저들은 이러한 세부직무의 전략적 강화를 위해 노력하여야 한다.

특히, 슈퍼바이저의 효과적인 직무수행을 위해 우선적으로 강화해야 할 직무는 슈퍼바이지 교육훈련·기술 전수, 슈퍼비전 모니터링·평가, 조직 핵심가치와 방침의 내재화를 돕는 직무이다. 슈퍼바이저들은 이러한 세 가지 세부과업을 수행하는 데 있어서 현실적인 장애와 문제를 해결하기 위해 집중적으로 노력하여야 한다.

③ 슈퍼비전 교육체계

슈퍼비전 교육체계

▪ **슈퍼바이저 교육**

조직 차원에서 슈퍼바이저의 역량을 개발하기 위한 슈퍼비전 교육실시는 슈퍼비전 성공에 영향을 준다.

기관 내부에서 슈퍼바이저 역할을 수행하는 직원들에 대해 슈퍼바이저 교육체계를 마련하여 시행하여야 한다. 슈퍼바이저로 입문하는 직원들 및 기존 슈퍼바이저들에 대한 보수교육도 진행되어야 한다. 슈퍼바이저 교육의 주요 내용은 슈퍼바이저로서의 역량 및 슈퍼바이저 직무과업, 슈퍼비전의 내용 욕구 그리고 기관의 특성에 관련한 고유의 내용을 기반으로 한다.

우선적으로 강화되어야 할 영역은 특별히 슈퍼비전에 관한 기술 영역이며 인간관계 및 의사소통 기술에 대한 집중적인 교육이 필요하다.

또한 슈퍼바이저의 교육은 슈퍼바이저가 보유한 역량에 따라 강화되고 차별화되어야 하며 기관별 슈퍼바이저들의 역량보유도에 대한 평가 후 세부적인 교육내용을 개발하여 시행하도록 한다. 슈퍼바이저 교육은 내부교육과 전문직협회 주관의 외부교육을 슈퍼바이저 훈련 기본내용에 따라 적절히 활용하며 기본 양성교육 후에 주기적으로 보수교육 과정을 마련하여 시행한다.

▪ **슈퍼바이지 교육**

슈퍼비전 교육은 슈퍼비전에 대한 책임공유와 슈퍼비전 받을 권리 그리고 슈퍼바이지의 역량에 대한 내용을 주제로 슈퍼바이지에게도 실시되어야 한다. 특히, 슈퍼비전의 준비와 자신의 자기개발 계획에 대한 내용이 강화되어야 한다. 슈퍼바이지 교육 또한 해당 기관의 슈퍼바이지가 보유한 슈퍼비전 관련 역량에 따라 차별화하여 진행될 필요가 있다.

④ 기관장의 의지

슈퍼비전을 조직 내의 제도로 채택하고 적극 실행하고자 하는 기관장의 의지와 리더십이 수반될 때 슈퍼비전이 효과적으로 이루어진다.

⑤ 슈퍼비전 점검 및 평가

슈퍼비전이 잘 이루어지고 있는지 조직 차원에서의 점검이 필요하며, 슈퍼비전 평가는 조직의 규정과 절차에 의해 마련된 평가틀에 따라 이루어져야 한다. 주기적으로 시행되는 슈퍼비전에 대한 기록을 남기며 지속적으로 기록이 유지되고 조직에 의해 모니터링 되어야 한다.

효과적인 슈퍼비전의 실행과 체계의 수정, 발전을 위해 슈퍼바이저 평가, 슈퍼비전 운영평가, 슈퍼비전 만족도 평가, 슈퍼비전 구조에 대한 피드백 등 다양한 평가 체계를 구축·실행하도록 한다.

⑥ 슈퍼비전 제공에 대한 보상체계

슈퍼비전을 진행하는 것에 대한 조직 차원의 보상체계는 성공적 슈퍼비전에 영향을 준다. 예를 들어 슈퍼바이저 경력을 인사관리에 반영하거나 성공적 슈퍼비전 사례 발표 기회 제공, 필요시 수당 지급 등으로 슈퍼비전에 대한 인정 등을 통해 슈퍼비전 실행에 대한 보상체계를 고려한다.

12
CHAPTER

슈퍼비전의 현황과 과제

본 장에서는 사회복지 슈퍼비전의 성공요인과 현황 및 문제점에 대해 살펴보며, 사회복지 슈퍼비전의 발전을 위한 실천적, 정책적, 연구의 차원에서 방향성 및 과제에 대해 제시한다.

Chapter

12 슈퍼비전의 현황과 과제

1. 슈퍼비전의 성공요인

슈퍼비전의 성공요인을 알게 된다면, 조직이 성공적인 슈퍼비전을 위해 어떤 영역을 더 집중해서 관리해야 하는지를 파악할 수 있게 되고 궁극적으로 조직 차원에서 성공적인 슈퍼비전을 수행하게 된다. 한 연구결과[6]를 중심으로 우리나라 실천현장에서의 슈퍼비전 성공요인을 살펴보고자 한다.

1) 슈퍼비전 성공요인의 구성

슈퍼비전의 성공요인은 슈퍼바이저 요인, 슈퍼바이지 요인, 슈퍼비전 관계요인, 슈퍼비전 실행요인, 조직요인 등 5개의 주요 요인으로 분류되었다. 슈퍼바이저 요인으로는 지식 및 기술, 가치, 태도, 연령, 실무경력, 슈퍼비전 제공경험, 학력 등 7개 요인이 포함되며, 슈퍼바이지 요인으로는 지식 및 기술, 태도, 실무경력, 자아인식 발달 등 4개 요인이 해당된다. 슈퍼비전 관계요인으로는 상호신뢰, 명확한 의사소통 및 피드백, 상호이해와 존중, 동료의식, 친밀감, 인정과 격려, 전문적 관계유지 등 7

6) 이 연구는 슈퍼바이저와 슈퍼바이지, 학계전문가를 대상으로 2009년에 수행된 것이다. 자세한 내용은 "최원희(2009). 사회복지 슈퍼비전의 중요성공요인에 대한 델파이 및 AHP분석" 논문을 참조하기 바란다.

개 요인이, 슈퍼비전 실행요인으로는 슈퍼비전 목적 및 목표, 정규성, 제공시간, 제공형태, 슈퍼비전 계약, 슈퍼비전 기능, 슈퍼비전 내용, 슈퍼비전 기록 등 8개 요인이 포함된다. 마지막으로 조직요인은 슈퍼비전 정책, 슈퍼비전 직무배정, 슈퍼바이저 교육, 기관장 의지, 슈퍼비전 점검 및 평가, 슈퍼비전 보상체계 등 6개 요인이다.

표 12-1 슈퍼비전 주요 성공요인의 구성

주요 성공요인	세부 성공요인
슈퍼바이저 요인	① 지식/기술 ② 가치 ③ 태도 ④ 연령 ⑤ 실무경력 ⑥ 제공경험 ⑦ 학력
슈퍼바이지 요인	① 지식/기술 ② 태도 ③ 실무경력 ④ 자아인식 발달
슈퍼비전 관계 요인	① 상호신뢰 ② 의사소통 ③ 상호이해와 존중 ④ 동료의식 ⑤ 친밀감 ⑥ 인정과 격려 ⑦ 전문적 관계 유지
슈퍼비전 실행 요인	① 목적/목표 ② 정규성 ③ 제공시간 ④ 제공형태 ⑤ 슈퍼비전 계약 ⑥ 슈퍼비전 기능 ⑦ 슈퍼비전 내용 ⑧ 슈퍼비전 기록
조직 요인	① 슈퍼비전 정책 ② 슈퍼비전 직무배정 ③ 슈퍼바이저 교육 ④ 기관장 의지 ⑤ 슈퍼비전 점검/평가 ⑥ 슈퍼비전 보상체계

2) 주요 성공요인의 중요도

5개의 주요 성공요인 모두 슈퍼비전을 성공적으로 수행하기 위해 중요하게 관리되어야 하겠지만, 가장 우선적으로 집중해야 할 요인은 조직요인이다. 조직요인은 5개의 주요 요인 중 우선순위에서 가장 중요한 것으로 나타났고, 다음으로 슈퍼바이저 요인, 슈퍼비전 실행요인, 슈퍼비전 관계요인, 슈퍼바이지 요인 순서대로 관리되는 것이 효율적인 것으로 볼 수 있다.

〈표 12-2〉를 보면, 조직요인이 슈퍼바이지 요인에 비해 중요도가 2배 이상인 것으로 나타났고 슈퍼바이저 요인과 슈퍼비전 실행요인의 중요도는 비슷한 것을 알 수 있다. 이 결과를 [그림 12-1]로 보면, 펜타곤 모형을 이루게 되는데 밖으로 도출

된 부분이 더 우선적으로 관리되어야 함을 의미한다.

표 12-2 슈퍼비전 성공요인의 순위

상위 요인	중요도(가중치)	순위
슈퍼바이저 요인	.232	2
슈퍼바이지 요인	.110	5
슈퍼비전 관계요인	.183	4
슈퍼비전 실행요인	.228	3
조직요인	.247	1

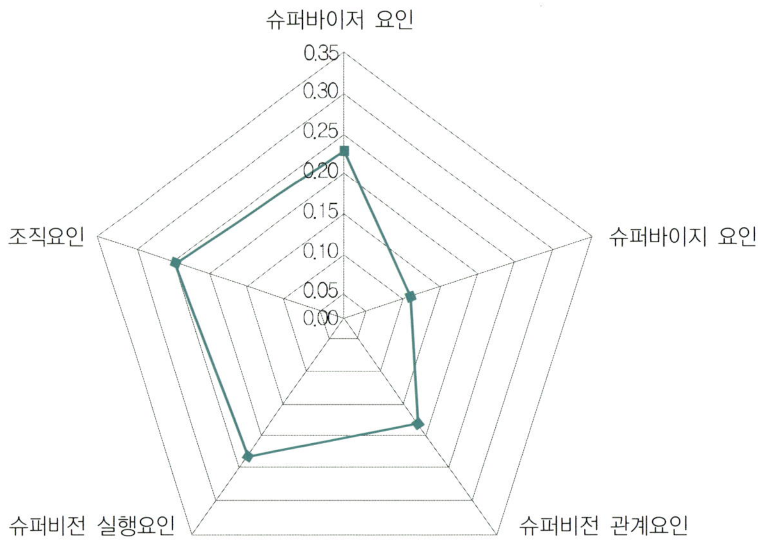

그림 12-1 슈퍼비전 주요 성공요인의 상대적 중요도

3) 세부 성공요인의 중요도

실천현장에서 사회복지 슈퍼비전을 성공적으로 수행함에 있어서 중요하게 관리되어야 할 세부 요인은 32개로 나타났다. 슈퍼바이저 요인, 슈퍼바이지 요인, 슈퍼비전 관계요인, 슈퍼비전 실행요인, 조직요인 등 5개의 주요 요인이 슈퍼비전의 성공에 영향을 주기 때문에 주요 요인에 포함되어 있는 세부요인들을 집중적으로 다루게 되면 각각의 주요 요인이 관리될 것이고 보다 성공적인 슈퍼비전 수행이 가능해지는 것이다.

그림 12-2 사회복지 슈퍼비전 중요 성공요인

슈퍼비전의 성공요인을 주요 성공요인과 세부 성공요인으로 살펴보았다. 이러한 요인들은 결국 성공적인 슈퍼비전이라는 목표를 달성하기 위해 집중적으로 관리되어야 할 요인인 것이다. [그림 12-2]는 이를 종합적으로 한눈에 볼 수 있게 도와준다. '성공적인 사회복지 슈퍼비전'을 달성하기 위해서 5개의 주요 성공요인과 각 세부 성공요인들이 얼마만큼 중요한가를 점수로 보여준다.

4) 슈퍼비전 세부 성공요인의 우선순위

세부 성공요인을 중요도에 따라 우선순위 목록을 작성해 보면 〈표 12-3〉과 같다. 표에서 요인명칭 옆의 괄호 안에 기재된 숫자(어느 정도 중요한지를 보여주는 가중치)가 클수록 우선순위가 높음을 의미한다.

표 12-3 슈퍼비전 성공요인의 우선순위 목록

순위	중요 성공요인	순위	중요 성공요인
1	슈퍼바이저 가치(.053)	17	슈퍼비전 제공경험(.031)
2	기관장 의지(.052)		슈퍼비전 보상체계(.031)
3	슈퍼비전 내용(.050)	19	상호신뢰(.030)
4	슈퍼바이저 태도(.047)	20	명확한 의사소통 및 피드백(.029)
5	슈퍼비전 점검/평가(.045)	21	슈퍼비전 정규성(.027)
	슈퍼바이저 교육(.045)	22	전문적 관계유지(.026)
7	슈퍼비전 목적/목표(.044)	23	슈퍼비전 기록(.021)
8	슈퍼바이저 지식/기술(.043)	24	슈퍼비전 제공형태(.020)
	슈퍼바이지 태도(.043)	25	슈퍼바이지의 지식/기술(.018)
10	슈퍼비전 정책(.041)	26	슈퍼바이지 실무경력(.017)
11	슈퍼바이저 실무경력(.036)	27	슈퍼비전 계약(.017)
	인정과 격려(.036)	28	동료의식(.016)
13	상호이해와 존중(.034)		슈퍼비전 제공시간(.016)
	슈퍼비전 기능(.034)	30	슈퍼바이저의 학력(.013)
15	슈퍼바이지 자아인식 발달(.032)		친밀감(.013)
	슈퍼비전 직무배정(.032)	32	슈퍼바이저의 연령(.008)

2. 슈퍼비전의 현재 : 한국 사회복지 슈퍼비전의 현황

1) 슈퍼비전에 대한 실천현장의 인식

사회복지 슈퍼비전의 미래를 논하기에 앞서 현재의 현황을 간단히 살펴보고자 한다. 현재 우리의 모습들을 통해 보다 나은 발전적 대안들을 모색할 수 있을 것이다.

먼저 사회복지실천현장에서 몇몇 사회복지사들의 사회복지 슈퍼비전에 대한 인식 내용을 정리해 보았다.

① 사명과 가치의 공유터널

"나무가 뿌리에서부터 가는 가지 끝까지 영양분이 전달되고 흡수되듯, 슈퍼비전이 그렇게 해주는 것 아닌가요?"

➡ 슈퍼비전은 조직의 사명과 가치가 기관장과 슈퍼바이저로부터 일선사회복지사들에게까지 전달되고 공유되는 통로이자 도구이다. 또한 일선사회복지사들은 이 통로를 통해 실천기술에 대한 학습과 동기화 및 지지와 지원을 받고 계속적으로 성장할 수 있는 동력을 얻게 된다.

② 지역사회에 대한 고민

"지역사회를 고민하지 않는, 지역사회에 대한 고민이 담겨 있지 않은 슈퍼비전은 도태될 것이라고 생각합니다."

➡ 슈퍼비전 속에는 지역사회에 대한 고민이 담겨 있어야 한다. 즉, 지역사회의 특성과 동향, 그리고 이에 따른 사업의 변화전략, 직무수행 등이 슈퍼비전의 내용으로 다루어져야 한다. 미시적인 관계에만 집중하거나 조직 내부의 사안에만 머물러 있는 슈퍼비전은 제기능을 수행하지 못하고 있는 것이나.

③ 맞춤형 슈퍼비전을 위한 철저한 준비

"지난 달 슈퍼비전을 마치고 나오면서 시원함을 느꼈어요. 나의 슈퍼바이저가 내 고민이 무엇인지 미리 알고 철저히 정답을 준비하려고 노력한 듯 보였거든요. 나의 고민을 콕 집어 주고 대안을 제시해 주었지요."

➡ 슈퍼비전은 현재의 직무수행의 성과와 개선에의 도움을 주기 위한 협력과정이다. 슈퍼바이지의 직무와 현재의 과업을 파악하고 또한 적극적으로 이에 대한 도움을 제공하기 위해 구체적인 정보를 탐색하는 슈퍼바이저의 노력이 필요하다.

슈퍼비전 방의 문을 닫고 나오며 새로 떨어지는 일들과 대안 없는 푸념만 무성해 진다면 슈퍼비전은 피하고 싶은 기제로 전락하고 말 것이다. 슈퍼바이지가 슈퍼비전을 사모하도록 함께 내용을 고민하고 실질적인 대안을 제시할 수 있는 그야말로 '시원한' 슈퍼비전이 절실하다.

④ 슈퍼비전 제도의 점검

"모니터링하지 않는 슈퍼비전 제도가 의미 없는 부담감만 주곤 하네요."

➡ 슈퍼비전은 사회복지전문직의 역량강화와 서비스 수행의 성과 향상을 위한 조직관리 기제로 대부분의 사회복지조직에서 그 필요성을 인정하고 내부 정책적으로 제도화되어 운영되고 있다. 그러나 실행성이 없이 사장되고 있는, 소위 시설평가만을 위해 제도와 지침만을 만들어버린 슈퍼비전 제도운영의 현황도 무시할 수 없는 현재의 일면임을 부인할 수 없다.

슈퍼비전이 효과적으로 운영되기 위해서는 조직 맥락 속에서 기관의 정책으로 슈퍼비전 정책이 개발되고 실질적 실행 및 결과에 대한 모니터링이 지속적으로 이루어져야 한다. 모니터링은 슈퍼비전과 관련한 기획부서와 기관장의 차원에서 공식적, 주기적으로 진행되어야 할 것이다.

⑤ 슈퍼비전에 대한 두려움: 채움의 대안

"슈퍼바이저로서 두려움이 많이 생기더라고요. 슈퍼비전 시간에 무엇을 줄지 잘 모르겠기도 하고 사실, 좀 피하고 싶은 생각도 들기도 했습니다. 피하는 것은 결국, 대안이 아니라는 것은 알고 있었어요. 어찌하건 슈퍼바이저로서 줄 것이 있도록 채우는 것이 대안이겠지요."

➡ 슈퍼바이저가 슈퍼비전에 대한 준비가 되어 있지 않거나, 새로운 부서장으로 발령받은 경우, 슈퍼바이지의 업무에 대한 이해도가 낮은 경우 등에 있어 슈퍼비전을 피하고 싶은 마음이 들 수도 있다. 물론 피하는 것이 대안이 되지 않는다는 것은 당연히 예측될 수 있는 결과이다. 해결대안은 채우는 것만이 대안이다. 무엇보다 슈퍼바이지의 업무 분야에 대한 이해도를 높이고, 슈퍼비전에 대해 학습하며 역량을 키워 나가야 한다. 교육적 슈퍼비전에 자신이 없다면 일정기간 슈퍼바이저 스스로 학습과 훈련에 집중하고 주로 행정적, 지지적 슈퍼비전에 집중하면 된다. 슈퍼바이지의 동의를 구하고 외부자문이나 슈퍼바이지의 자기개발 계획의 이행, 외부교육을 활용한 학습을 주로 활용하도록 한 후, 약속된 기간 안에 슈퍼바이저는 공격적, 적극적으로 본인을 채워 가는 데에 집중하여야 할 것이다.

⑥ 슈퍼비전의 기록과 계획수립

"기억력이 좋으셨으면 좋겠어요."

➡ 이는 슈퍼바이지들의 평가내용이다. 슈퍼비전을 주고 나서 기록도 하지 않는 체계, 이전의 슈퍼비전 내용도 기억하지 못한 채 다른 방향의 슈퍼비전을 제공하는 슈퍼바이저의 오류…. 명확한 기록과 슈퍼비전에 대한 계획이 요구된다.

⑦ 슈퍼바이저에 대한 모델링의 어려움

"나조차도 슈퍼바이저가 되어 똑같은 패턴으로 슈퍼비전을 제공하지 않을까 걱정이 됩니다."

➡ 지속적인 슈퍼비전의 불만족과 모델링하기 어려운 슈퍼바이저의 행동패턴은 슈퍼바이지에게도 부정적인 영향을 미치게 된다. 오랜 시간 동안 이러한 패턴 속에서 훈련받지 못한 예비 슈퍼바이저는 자신이 비판해 왔음에도 비슷한 모습의 슈퍼바이저가 되어버릴까 자신에 대한 의구심마저 갖게 된다.

⑧ 슈퍼바이지의 역량

"사실상, 쉬운 말로 하면 원하는 놈에게 떡 하나 더 주게 되던데요."

➡ 슈퍼바이지의 역량을 표현한 의미라고 본다. 슈퍼비전은 상호작용의 과정이고 그러기에 상호책임이 요구된다. 슈퍼비전을 위해서는 슈퍼바이지의 준비도 필요하다. 슈퍼비전에 대한 요청, 원하는 욕구에 대한 표현, 슈퍼비전을 위한 의제의 준비 등 슈퍼바이지의 슈퍼비전 역량도 강화될 필요가 있다.

⑨ 협력적 파트너십

"난 이제 슈퍼바이저의 입장까지 이해하고 함께하고 싶어요. 함께 성장해야 하는 것 아닌가요? 당연하지요!"

➡ 슈퍼비전은 협력적 파트너십을 통해 상호성장할 수 있는 도구이다. 슈퍼바이저, 슈퍼바이지 모두 슈퍼비전 역량을 강화하고 지속적으로 상호작용을 하면서 서로의 성장에 긍정적인 영향을 미칠 수 있는 것이다.

2) 슈퍼비전의 현황 및 대안

슈퍼비전의 구성요소별로 실천현장의 사회복지사를 대상으로 실시한 설문조사 및 인터뷰(안정선, 2007)를 중심으로 슈퍼비전의 현황과 그 대안을 제시해 보면 다음과 같다. 한국 슈퍼비전의 현 주소를 분석해 보면서, 사회복지사들의 역량강화를 위해 나아가 클라이언트를 위한 질 높은 서비스 제공을 위해 어떠한 대안들을 구축해야 하는지 모색해야 할 것이다.

(1) 슈퍼비전과 조직체계

슈퍼비전 조직체계에 대해 슈퍼비전 직무수행 빈도, 슈퍼비전 정책, 슈퍼비전 교육, 조직 전반의 특성요소를 중심으로 현황을 살펴본 결과, 교육적 슈퍼비전 영역과 조직가치 내재화 및 과학적 직무분석과 조정 그리고 슈퍼비전 준비와 평가직무가 다른 슈퍼비전 직무들에 비해 낮게 수행되는 것으로 나타났다.

표 12-4 슈퍼비전과 조직체계 현황 및 대안 요약

영역	내용	대안방향
슈퍼바이저 직무	• 슈퍼바이지 교육훈련 및 기술 전수와 관련한 교육적 슈퍼비전, 조직가치내재화 및 과학적 직무분석과 조정을 위한 슈퍼비전, 그리고 슈퍼비전 준비와 평가 직무가 낮게 수행됨	• 교육적, 행정적 슈퍼비전 차원의 보완이 필요함 • 평가적 슈퍼비전 직무도 강화가 필요함 • 슈퍼바이저 직무기술 확정 및 슈퍼비전 직무성과 평가가 필요함
슈퍼비전 정책	• 슈퍼비전 관련 규정수립, 지침개발 및 활용, 직무기술서 확립 및 활용, 슈퍼비전 평가체제 수립노가 낮음	• 슈퍼비전을 위한 세부 정책 수립이 필요함 • 슈퍼비전 표준마련: 시행 및 모니터링, 평가가 필요함
슈퍼비전 관련교육	• 교과목 이수 43.8% 수준, 내부교육 22.9%, 외부교육 17.6% 이수수준임	• 교과목 개설 확대, 내외부교육 개설 및 강화가 필요함 • 슈퍼바이저 및 슈퍼바이지 교육이 함께 진행되어야 함 • 슈퍼비전 시의 슈퍼비전에 대한 공유, 중요성 인식을 강화함
조직 특성	• 슈퍼비전을 위한 조직특성 평균으로 5점 만점에 3.67점 수준임 • 특히, 슈퍼비전을 위한 환경준비, 학습조직화, 인사관리체계 구축 및 실행이 미흡함	• 슈퍼비전의 실행과 정착을 위한 조직적 차원의 체계구축 및 강화가 필요함(학습체계, 근무평정 등)

(2) 슈퍼바이저 역량

슈퍼바이저 역량에 대해 지식, 기술, 가치 및 태도역량을 살펴본 결과, 보유도가 5점 만점에 모두 4점 미만으로 나타났으며 세부적으로 리더십과 인사관리, 슈퍼비전 지식, 의사소통기술의 보유도가 가장 낮게 나타났다.

표 12-5 슈퍼바이저 역량 현황 및 대안요약

내용		대안방향
• 슈퍼바이저 역량보유도 분석 결과, 5점 만점에 지식 3.87점, 기술 3.67점, 가치 및 태도 3.85점임 • 세부적으로 리더십과 인사관리, 슈퍼비전지식, 의사소통 기술이 미흡하였음	➡	• 슈퍼비전 역량 보유도 향상을 위한 자기학습, 기관훈련, 정책차원의 개선이 필요함 • 특히, 슈퍼비전 기술 영역 강화전략이 필요함 • 소통 및 조정 역량, 지지와 견책의 균형, 자기개발과 학습능력강화 필요함

(3) 슈퍼바이지 역량

슈퍼바이지 역량을 살펴본 결과, 보유도가 5점 만점에 3.78점으로 모든 영역이 4점 미만으로 나타났으며 세부적으로 슈퍼비전 요청과 사전준비, 슈퍼바이지 자신의 자기계발에 대한 계획수립이 특히 미흡하게 나타났다.

표 12-6 슈퍼바이지 역량 현황 및 대안요약

내용		대안방향
• 역량보유도 분석결과 5점 만점에 3.78점으로 나타남 • 슈퍼비전 요청과 슈퍼비전 사전준비, 자신의 자기계발에 대한 계획수립 미흡함	➡	• 보유도 향상을 위한 인식화 작업이 필요함

(4) 슈퍼비전 관계

슈퍼비전 관계의 수준을 살펴본 결과, 5점 만점에 3.76점으로 모두 4점 미만으로 나타났다.

표 12-7 슈퍼비전 관계 현황 및 대안 요약

내용		대안방향
• 슈퍼비전 관계 전체 영역 평균은 5점 만점에 3.76으로 나타남	➡	• 관계의 중요성과 협력관계에 대한 인식 강화가 필요함 • 상호성장, 공유의 중요성 인식 강화 필요함

(5) 슈퍼비전 실행

슈퍼비전 실행을 위한 운영구조 및 도구 영역에서 전체적으로 60% 이하의 실행을 하고 있는 것으로 나타났으며 슈퍼비전 계약의 실행도는 가장 낮게 나타났다. 슈퍼비전 유형과 방법 영역에서 정기적 슈퍼비전이 미흡하였고 다양한 방법을 활용한 슈퍼비전의 실행도도 낮게 조사되었다.

표 12-8 슈퍼비전 실행구조 현황 및 대안 요약

영역	내용		대안방향
운영 구조 및 도구	• 슈퍼비전 방법의 다양화 • 외부자문 활용 • 사회복지사 숙련도별 슈퍼비전 제공 • 슈퍼비전 계획수립과 실행·평가 과정 실시 및 관련도구 활용 • 슈퍼비전 내용에 대한 합의·문서화 등 슈퍼비전 계약 등 전체 영역에서 60% 이하의 실행을 하고 있었음	➡	• 슈퍼비전 운영구조 구축 및 실질적인 실행, 평가가 필요함 • 숙련도별, 직종별 내용차별화, 방법차별화가 필요함 • 양식 및 도구개발이 필요함 • 사전 준비를 강화(의제준비, 내용, 과제 등)함 • 정기적 운영, 개별화에 따른 접근이 필요함
슈퍼비전 유형과 기법	• 슈퍼비전 시간이 부족함 • 정기적인 슈퍼비전 진행이 미흡함 • 슈퍼비전을 위한 장소마련이 미흡함 • 다양한 기법의 활용이 미흡함	➡	• 다양한 슈퍼비전 유형과 방법 활용이 필요함

(6) 슈퍼비전 만족도 및 수행 차이

슈퍼비전 전반에 대한 만족도는 5점 만점에 3.16점으로 낮게 나타났으나 반면, 슈퍼비전의 중요성에 대해서는 4.40점으로 높게 조사되었다. 슈퍼비전을 위한 전체 구성요소의 필요도에 비해 보유도가 낮게 나타났고, 실무경력이 높을수록 슈퍼비전 역량 보유도가 높았다.

표 12-9 슈퍼비전 만족도 및 수행 차이 현황과 대안 요약

영 역	내용	대안방향
만족도 및 중요성 인식	• 슈퍼비전 만족도는 총 5점 만점에 3.16으로서 낮은 수준임 • 슈퍼비전 중요성 인식은 5점 만점에 4.40으로 높게 나타남	• 슈퍼비전 만족도를 높이기 위한 대안수립이 필요함
슈퍼비전의 수행 차이	• 슈퍼바이지가 평가하는 슈퍼바이저의 역량이 낮게 평가됨 • 슈퍼비전을 위한 필요도에 비해 보유도가 낮게 나타남 • 실무경력이 높을수록 보유도가 높게 나타남 • 여성슈퍼바이저의 보유도가 높게 나타남	• 슈퍼바이저와 슈퍼바이지 간의 간극을 좁히기 위한 실행 노력이 필요함. • 슈퍼비전 역량을 필요수준까지 높이기 위한 노력이 필요함 • 근무연한을 높일 수 있는 종합적인 대책 필요함 • 슈퍼바이저의 특성별 슈퍼비전 인식화, 역량 차이에 대한 접근 필요함

위와 같이 6가지 요소에 의해 한국 사회복지 슈퍼비전의 현 주소를 간단히 살펴보았다. 그러나 슈퍼비전을 둘러싼 환경적 요소에 대한 평가는 구체적으로 다루어지지 못한 한계가 있다. 슈퍼비전은 내용적인 면에서 지역사회 및 전달체계, 사회복지 전문직 체계, 사회복지학계의 동향 등 환경변화의 요소들이 다루어지고 그에 따라 변화를 시도해야 할 것이다. 이것이 무엇보다 환경의 영향력을 받는 사회복지조직의 특성에 적합한 슈퍼비전의 방향이라 할 것이다.

다음으로는 이러한 환경적 요소를 고려하여 한국 슈퍼비전의 미래에 대해 선행연구결과들을 종합하여 슈퍼비전 구성요소에 따른 방향성과 세부전략 그리고 차후 필요한 연구과제들에 대해 제시해 보고자 한다.

3. 슈퍼비전의 미래 : 한국 사회복지 슈퍼비전의 발전방향 모색 및 과제

1) 실천적 차원

(1) 조직 차원에서의 슈퍼비전 정책 구축과 실행 강화

① 기관장의 의지와 리더십 강화전략

기관장의 의지와 리더십이 슈퍼비전의 성공적 수행에 중요한 요인임은 여러 연구들을 통해 확인할 수 있다. 기관이나 운영 주체의 관점이 슈퍼비전 활성화에 큰 영향을 미친다는 양정남 등(2006a)의 주장과 국내의 실증적 연구(오유경, 2006; 이수진, 2002; 임일환, 1996)에서 찾아볼 수 있다. 특히, 최근의 한 연구(최워희, 2009)에서는 슈퍼비전의 성공적 수행에 영향을 주는 중요한 요인 32개 중에서 기관장의 의지가 2위를 차지하였다. 또한, 슈퍼비전이 활성화되지 못하는 이유와 장애요소로 운영 주체의 배려 부족이 종종 언급되고 있는데, 이는 기관장의 의지와 관련된 것으로 볼 수 있다. 왜냐하면 모든 조직에 있어서 기관장의 리더십과 의지는 사회복지사의 직무성과에 영향을 미치며, 조직의 분위기를 조성(김태희, 1998)하기 때문이다. 즉, 조직이 슈퍼비전 정책을 수립하는 일, 슈퍼비전 직무를 공식적으로 업무에 배정하는 일, 슈퍼바이저를 양성하거나 재교육하는 일, 슈퍼비전을 공식적으로 점검하고 평가하는 일, 슈퍼비전 보상체계를 확립하는 일 등은 기관장의 의지가 반영되어야 가능하다.

이처럼 기관장의 의지는 슈퍼비전을 성공으로 이끄는 매우 중요한 요인이지만 의지를 강화시키는 방안에는 많은 고민과 논의가 필요하다. '의지'란 어떤 것을 하고자 하는 마음이라는 사전적 의미를 가진다. 따라서 슈퍼비전에 있어서 기관장의 의지는 슈퍼비전을 '잘해보겠다'는 마음을 가져야 한다는 뜻이다. 그러나 조직의 최고관리자인 기관장의 의지를 조직 내부 차원에서 향상시킨다는 것이 가능하지 않기 때문에 사회복지전문직 단체나 사회복지기관 협의체 등에서 관심을 가질 것을 기대할 수밖에 없다. 예를 들어, 기관장 연수나 워크숍 등을 통해 슈퍼비전의 필요성과 중요성, 슈퍼비전이 조직구성원의 직무성과 및 조직의 목표달성에 미치는 영향 등에 관한 교육을 실시하는 것이 도움이 될 것이다. 더 장기적으로는 미래의 기관장이 될 현재의 슈퍼바이저를 대상으로 기관장 의지의 중요성을 인식시키는 것도 필요할 것이다.

② 슈퍼비전 정책 구축 및 규정과 절차의 명문화

슈퍼비전에 대한 기대가 분명한 조직들은 명시적인 슈퍼비전 정책을 가지고 있다(Hawkins & Shohet, 2000). Morrison(2001)은 슈퍼비전이 조직성과 관리의 가장 중요한 도구라고 강조하고 성과관리체계에 확고한 슈퍼비전 정책을 포함시킬 것을 권고하고 있다. 이재용(2000)과 이은진(2002)의 연구도 슈퍼비전 정책의 중요성을 지지하는 결과를 제시하고 있다. 이와 같이 최근의 슈퍼비전 문헌과 실증적 연구들에서 슈퍼비전 정책의 중요성이 강조되고 있다.

실제로 우리나라 사회복지기관의 현실에서 슈퍼비전 정책이 문서화되어 있는 경우가 많지 않기 때문에 정책 유무보다는 슈퍼비전에 대한 조직의 분위기(Bogo & McKnight, 2005)와 기관장의 의지가 더 큰 영향을 미친다고 볼 수도 있다. 그러나 이에 못지않게 조직에서 슈퍼비전 정책을 수립하는 것은 성공적인 슈퍼비전에 매우 결정적인 영향을 주게 된다. 기관장은 교체될 수 있고, 이로 인해 조직의 분위기 역시 달라질 수 있지만 슈퍼비전 정책이 수립되어 있다면 그 조직은 슈퍼비전의 성공에 지속적인 관심을 가질 수밖에 없기 때문이다. 따라서 조직은 슈퍼비전 정책 수립을 성공적인 슈퍼비전을 위한 최우선의 과제로 삼고, 이를 위해 슈퍼비전에 대한 규정과 절차를 문서화하는 데 주력해야 할 것이다.

이에 앞서, 기관의 슈퍼비전 정책은 구축에 급급하기보다 이해관계자들의 필요성에 대한 인식화와 제도 실행 및 모니터링이 보다 중요한 요인으로 지적된 만큼 기관차원에서는 슈퍼비전 제도의 실질적인 효과를 위한 조직 분위기 조성 및 사회복지조직 관리자들의 인식화 작업을 함께 고려하여 정책을 시행하여야 할 것이다.

③ 슈퍼비전의 점검과 평가체계 가동

슈퍼비전을 점검하고 평가하는 것은 슈퍼바이지에게는 물론 슈퍼바이저와 클라이언트, 그리고 기관에게도 도움이 된다. 슈퍼바이지에게는 학습을 동기화시키고 자신의 능력에 있어서 객관성과 전망을 제공하며, 슈퍼바이저에게는 공식적인 평가에 대한 보상과 권위가 주어지고 슈퍼바이지가 무엇을 배웠고 무엇을 더 가르쳐야 하는가를 알게 해주는 교육적 슈퍼비전의 의제를 제공한다는 점에서 유익하다(Kadushin & Harkness, 2002). 또한 클라이언트에게는 효과적인 서비스를 보장받고 부적절한 서비스로부터 보호받는 통제장치로서 기능하며, 기관입장에서는 사회복지사의 행동을 통제하고 표준화시키는 절차로 유용하다.

이처럼 슈퍼비전을 점검하고 평가하는 것이 많은 장점을 가지고 있음에도 불구하고 슈퍼바이저와 슈퍼바이지 모두 평가에 대한 불안과 부담감으로 제대로 이루어지기 어려운 것이 사실이다. 이는 평가에 대한 준비 부족으로 인한 두려움(Munson, 2002)을 가장 큰 원인으로 볼 수 있다. 따라서 공정한 기준을 가진 객관적인 평가틀을 적용하고 이를 구체적으로 문서화시킨다면 평가에 대한 불안감을 경감시킬 수 있을 것이다. 무엇보다도 기관차원의 객관적인 평가틀은 마련하는 것은, 슈퍼비전에 대한 점검 및 평가가 슈퍼바이지 개인에 대한 평가가 아닌 그가 수행하는 업무를 평가할 수 있게 한다는 점에서 공정한 평가를 기대할 수 있게 한다. 슈퍼바이지가 공정한 평가를 경험할수록 슈퍼비전에 대한 만족도가 높아진다고 한다(이지연, 2002). 이러한 슈퍼비전 평가틀을 마련하기 위해 전 직원이 함께 과정에 참여하고 공유해 볼 수 있는 Shulman(1993)[7]의 협력적 평가단계를 적용해 보는 것도 유용할 것이다.

④ 슈퍼바이저의 슈퍼비전 직무강조 및 공식화

조직적 기반은 슈퍼비전의 기능과 과정은 물론 슈퍼비전의 본질과 유용성에도 영향을 미치는 강력한 요소(Bogo & McKnight, 2005)라 할 수 있다. Skidmore(1983)는 조직이 슈퍼비전을 줄 수 있는 시간을 확보해 주고 직무분석이나 직무기술서 등을 통해 슈퍼비전 직무를 공식화할 것을 제안하면서, 기관이 추구하는 목표를 전 직원이 공유할 수 있는 조직분위기가 바람직한 슈퍼비전을 이끌게 된다고 조직요인을 강조하고 있다.

슈퍼비전은 기관차원에서의 정책인 만큼 슈퍼비전의 제공과 참여는 부가적인 업무가 아닌 의무적으로 시행해야 하는 하나의 직무로서 정의되어야 한다. 슈퍼비전은 궁극적으로 클라이언트에 대한 질적인 서비스를 제공하기 위한 도구이며 기관의 직무자들이 중요하게 감당해야 하는 직무로서 인정되고 인식되어야 하는 것이다.

한국의 몇몇 연구들(이은주, 2004; 이지영, 2003; 전경아, 2006; 최미경, 1999)은 우리나라의 사회복지기관들에서 슈퍼비전이 활성화되지 못하는 이유는 슈퍼바이저의 업무과다에 있다고 지적하고 있다. 그리고 어떤 조직에서는 경험이 있는 사회복지사가 모두 슈퍼바이저의 역할을 수행하지 않고, 일부 경력자만 슈퍼바이저 역할과 책임을 가지기 때문에 슈퍼바이저의 역할에 대하여 상대적으로 업무과중을 느끼게 된다. 그러므로 슈퍼비전 직무를 공식화시키는 방법으로 직무기술서 활용이나 슈퍼바이저에 대한 보상체계 마련 등을 고려해 볼 수 있다.

---

7) Shulman(1993)은 협력적 평가 과정의 7단계로 평가기준을 논의하는 단계, 기준을 적용하는 단계, 형식을 갖춘 피드백을 제공하는 단계, 협동적 평가 과정을 개발하는 단계, 서류평가를 정착시키는 단계, 슈퍼비전 회의를 실시하는 단계, 최종평가를 기록하는 단계를 제안(Shulman, 1993; Falvey & Bray, 2002에서 재인용)하고 있다.

⑤ 조직관계 체계의 구축 및 학습조직으로의 변혁

슈퍼비전의 실행과 서비스 질의 향상은 사회복지조직의 전략기획, 조직설계, 인사관리, 자원개발, 리더십 등 조직관리 체계가 적절히 수립되어야 효과적으로 진행될 수 있다. 슈퍼비전 제도가 성공적이기 위해서는 슈퍼비전만을 논할 것이 아니라 사회복지기관의 사회복지행정체계 전반의 점검과 개선 그리고 생태체계적인 맥락에서 슈퍼비전의 각 이해관계자들과 관련 체계들에 대해 전체적으로 접근하려는 노력이 필요하다. 이는 조직이 과업환경의 요구를 민감하게 파악하여 해당 사업에 반영하려는 전략을 의미하는데, 이러한 요구파악과 업무로의 전이과정을 신속하게 수행해내기 위해서는 학습조직화의 과정이 필요하다. 팀슈퍼비전, 집단슈퍼비전, 자기개발계획과 자기주도학습 및 평가 등의 적극적 실행은 학습조직화의 주요한 도구가 될 수 있을 것이다.

(2) 슈퍼바이저 교육 및 훈련 과정 확보

① 슈퍼바이저의 전문성 역량강화

슈퍼바이저의 가치는 슈퍼비전 실천의 기반으로 중요한 의미를 갖는데, 소휘일 외(2008)는 사회복지사가 단순한 직업인이 아닌 개인과 사회문제해결의 사명과 책임을 수행하는 전문가이기 때문에 사회복지실천에서 가치는 지식이나 기술보다 상위의 개념이 되어야 한다고 강조한 바 있다. 또한 Haynes 외(2003)는 가치로부터 자유로운 슈퍼비전은 사실상 불가능함을 주장하면서 특별히 종교와 영성, 결혼 또는 이혼, 낙태, 자살, 임종결정 등에 대한 슈퍼바이저의 가치와 신념이 슈퍼비전에 영향을 주는 요인이라고 하였다. 이처럼 슈퍼바이저의 가치와 신념은 슈퍼바이저의 행동과 태도에 결정적 영향을 미치기 때문에 지식과 정보, 경험을 공유하게 되는 슈퍼비전의 전 과정에서 있어서 슈퍼바이지에게 영향을 미칠 수밖에 없는 것이다. 따라서 슈퍼바이저는 자신의 가치가 슈퍼비전 과정에 얼마나 영향을 미치는가를 인식하고 슈퍼바이저 자신의 가치와 슈퍼바이지의 가치가 다를 수 있음을 인식할 필요가 있다. 따라서 슈퍼바이저는 전문가로서의 가치와 신념체계를 정립하고자 노력해야 하는데, 이를 위한 방안 중 하나가 자기인식의 발달이다. 이러한 차원에서 조직은 슈퍼바이저의 자기인식 발달과 자기지식 개발을 위한 훈련 과정을 개발하는 데 주력할 필요가 있다.

슈퍼바이저의 태도 역량도 강화되어야 한다. 슈퍼바이저의 바람직한 태도로는 슈퍼바이지에 대한 개방적 태도(Skidmore, 1983), 슈퍼바이지를 칭찬하고 인정하는 태도(Travers, 1988), 일관적인 태도(Dye & Border, 1990), 슈퍼비전에 대한 헌신과 열정(Haynes et al., 2003; Skidmore, 1983) 등이 언급되고 있다. 특히, 슈퍼바이저의 열정적인 태도가 슈퍼비전의 성공요인임에도 불구하고 최근에는 직접서비스 제공자로서만 역할을 하고자 하고 슈퍼바이저로서의 책임을 다하지 않으려는 경향(Smith, 2000; Austin & Hopskin, 2004)을 보인다. 이는 국내에서 이루어진 실증적 연구(이은주, 2004; 이지영, 2004; 전경아, 2006; 최미경, 1999)의 결과를 비추어볼 때, 슈퍼바이저의 업무과다가 중요한 이유로 해석되지만 또 다른 이유는 슈퍼비전을 제공하는 것이 사회복지사로서 클라이언트에게 서비스를 제공하는 것만큼이나 중요하다는 인식이 부족한 데서 발생할 수도 있다. 슈퍼바이저는 직접 서비스를 제공하지 않으면서도 슈퍼바이지에게 영향을 줌으로써 서비스의 질적 수준에 간접적인 영향을 주는(Kadushin & Harkness, 2002) 사람이라는 것을 인식해야 한다. 따라서 기관에서는 슈퍼바이저를 대상으로 하는 양성교육이나 재교육을 통해 슈퍼바이저의 인식변화의 기회를 제공해야 할 것이다.

전통적으로 슈퍼바이저의 자질로 가장 우선시되는 조건은 해당 분야에 대한 전문지식과 기술을 보유하고 있는가이다. 문헌에서도 슈퍼바이저의 지식 및 기술은 성공적인 슈퍼바이저의 특성 중 하나(Skidmore, 1983)이며, 그 내용으로는 실천기법의 활용능력(Travers, 1988)과 임상적 지식 및 기술(Kilminster & Folly, 2000)로 요약된다.

② 슈퍼바이저 양성교육 및 보수교육 실시

슈퍼바이저 교육은 슈퍼바이저의 역량 개발을 목적으로 실시되는데, 슈퍼바이저 개인 차원보다는 조직 차원에서 준비되어야 한다. 슈퍼바이저에게 공통적으로 필요한 직무교육은 일반적으로 전문직 단체에서 정기적으로 실시되어 왔다. 2013년 경기복지재단과 2014년 한국사회복지협의회에서는 한국사회복지 슈퍼비전센터와 연계로 18시간의 슈퍼바이저 양성 과정을 개설하여 진행하고 있다. 외부교육의 경우, 이를 활용하고 슈퍼바이저가 소속된 조직의 특성에 따른 교육내용은 조직 내부에서 실시하여 병행하는 것이 바람직할 것이다. 또한 슈퍼바이저 교육을 양성교육과 재교육으로 구분하여 그 내용을 달리하는 것도 효과적일 수 있다. 예를 들어, 양성교육일 경우는 슈퍼바이저가 되기 위한 입문 과정으로서 슈퍼비전의 효과성 및 필요성, 슈퍼바이저로서의 자세 및 태도, 슈퍼바이저의 자기인식 발달과 더 나아가 자기지식 개발 과정 등을 위주로 구성하고, 재교육일 경우에는 슈퍼비전 실행구조에 대한 이해, 슈퍼비전에서 요구되는 전문적 지식과 기술, 슈퍼바이저의 직무 및 욕구 등에 초점을 두는 것이다. 그러나 무엇보다도 슈퍼바이저 교육은 슈퍼바이저들의 욕구와 슈퍼바이지의 기대를 반영함과 동시에 기관의 현재 이슈를 다루는 기회의 장으로서 활용될 때 더 유용할 것이다.

(3) 슈퍼비전 실행구조 활용과 지속적인 평가 및 보완

① 구체적인 슈퍼비전 실행구조 및 방법 활용

'슈퍼비전의 구조' 요인들은 그동안 선행연구에서 슈퍼비전의 만족도를 설명하는 중요한 요인(Munson, 1979; 성희자, 2007)으로 언급되어 왔으며, 슈퍼비전을 구조화하는 데 필수요소(Kilminster & Folly, 2000; Tsui, 2004)로 강조된 요인들이다.

보다 다양한 슈퍼비전 방법의 활용, 외부자문체계 활용, 슈퍼비전 계획수립과 실행·평가 과정 체계 수립 및 관련도구 활용, 계약의 활용 등이 강화되어야 한다. 슈퍼비전을 위한 준비된 공간이 마련되고 정기적인 슈퍼비전이 진행되어야 하며 다양한 슈퍼비전 기법과 도구를 활용할 수 있어야 한다.

그러나 조직이 관리에 있어서 우선순위를 두고자 할 때는 슈퍼비전 구조와 관련된 요인들보다는 슈퍼비전 내용이나 슈퍼비전의 목적 및 목표를 더 우선적으로 관리해야 하는데, 다음으로 슈퍼비전의 목적 및 목표요소를 살펴본다.

② 슈퍼비전 목적 및 목표

슈퍼비전 목적 및 목표는 다양하게 구분되고 있지만, 각 기관마다 그리고 슈퍼바이저와 슈퍼바이지와의 관계에서 구체화되는 것이 바람직하다. Tsui(2004)는 기존의 문헌과 지침서 등을 분석하여 슈퍼비전의 목표를 클라이언트의 복리증진, 슈퍼바이지를 위한 교육, 슈퍼바이지가 전문가협회에 가입하고 자격증을 취득하도록 점검, 슈퍼바이지의 역량강화 등 4가지 차원으로 분류하였다. 또한 안정선(2007)은 사회복지관의 사회복지사를 대상으로 한 연구를 통해 슈퍼비전의 목표를 슈퍼바이지의 전문적 성장, 서비스의 질 향상, 클라이언트 문제해결, 슈퍼바이지에 대한 동기부여 등을 우선으로 제시하였다. 이러한 문헌에서 언급된 목표들은 실제로 기관 또는 슈퍼바이저와 슈퍼바이지의 슈퍼비전 관계에서 슈퍼비전의 목적 및 목표를 설정할 때 참고하면 유용할 것이다. 이처럼 기존문헌을 통해 언급된 슈퍼비전의 목표들을 모두 나열한 후 해당 기관 또는 해당 슈퍼바이지에게 가장 현실적인 목표를 설정해 본다. 그런 다음 우선순위를 정하는 절차를 거쳐 구체화, 세분화시킬 수 있다. 그러나 슈퍼비전 목적 및 목표가 어떻게 설정되었는지보다 더 중요한 것은 슈퍼바이저와 슈퍼바이지가 슈퍼비전의 목표를 함께 설정하고 이를 공유해야 한다는 것이다. 이렇게 상호 공유된 슈퍼비전의 목적 및 목표는 슈퍼비전 계약을 통해 문서화하는 것이 필요하다. 왜냐하면 슈퍼비전 목표를 설정하는 것은 슈퍼비전의 방향성을 제시함과 동시에 슈퍼비전의 효과를 측정하는 평가지표로서 슈퍼비전 점검 과정과 평가 과정에 있어서 설정된 목표를 확인할 수 있기 때문이다.

③ 슈퍼비전 내용 및 욕구 확인

슈퍼비전의 내용구성은 특정 클라이언트 집단이나 조직에 따라 달라질 수 있다. 그러나 실제로 슈퍼비전의 구체적인 내용에 무엇이 포함되어야 하는지를 다룬 연구는 찾기 어렵다(Kilminster & Folly, 2000). 슈퍼비전의 내용을 지식 및 기술, 이론, 질문과 답변 등의 형태로 전해지는 정보들과 슈퍼비전에서 토론되는 이슈라고 본 Stein(2005)의 개념적 정리를 제외하고는 비교적 많은 연구들(Lazar & Erera, 1996; Pettes, 1971; Weissman et al., 1983; 성희자, 2007)이 조직에서 이루어지고 있는 슈퍼비전의 3대 기능[8])의 역할과 욕구를 통해 슈퍼비전의 내용을 추론하고 있다.

이러한 상황에서 안정선(2007)의 연구는 우리나라 실천현장에서의 내용에 대해 조사하여 그 결과를 제시하고 있어 기관별 슈퍼비전 내용개발을 하고자 할 때 도움이 될 수 있다. 사회복지관의 사회복지사를 대상으로 조사한 이 연구는 슈퍼비전의 내용으로 슈퍼바이지의 담당직무와 욕구, 일반주의 실천 기반의 지식과 기술, 지역사회실천 기반의 지식과 기술, 기관사명과 비전 및 철학과 기관행정, 전문가로서의 태도와 책임감, 사회복지 전문직의 윤리와 가치, 사회복지 동향과 변화추세 등이 슈퍼비전에서 다루어지기를 희망하고 있다고 밝히고 있다.

사회복지기관에서는 실천대상 및 조직의 특성에 따라 슈퍼비전 내용을 구체화시키는 작업을 추진해야 할 필요가 있다. 이를테면, 슈퍼비전 내용으로 기존의 슈퍼비전 기능 모델, 일반주의실천가를 양성하기 위한 지식 및 기술 모델, 직무성과를 평가하기 위한 내용 등을 실천대상 및 조직의 특성을 고려하여 구성하는 것이다. 이를 위해 기관에서 일하는 슈퍼바이저 및 슈퍼바이지를 대상으로 현재 받고 있는 슈퍼비전 내용과 희망하는 슈퍼비전 내용에 대한 욕구를 파악하고 이를 분석하는 방법 등을 활용한다면 유용할 것이다. 이 밖에도 슈퍼비전의 내용에 대한 선행연구가 부족한 현실에서, 슈퍼비전이 잘 수행되고 있는 기관의 슈퍼비전 내용을 검토하는 등 보다 다양한 방법을 개발하기 위한 논의가 요구된다.

8) 슈퍼비전의 3대 기능은 행정적 슈퍼비전, 교육적 슈퍼비전, 지지적 슈퍼비전을 말한다.

또한 슈퍼비전의 내용을 합의하고 결정하는 과정에서 슈퍼바이저와 슈퍼바이지는 상호 간의 욕구 차이를 조율해야 할 필요가 있다는 것이 안정선(2007)의 결과에서 나타났다. 슈퍼바이저는 행정적 관점의 슈퍼비전 제공의 중요성에, 슈퍼바이지는 지지적 관점의 슈퍼비전 내용에 대한 욕구가 있는 것으로 나타나 슈퍼바이저와 슈퍼바이지 상호 간의 조정과 기관차원에서는 슈퍼비전 방향에 대한 합의와 조정작업이 있어야 할 것으로 보인다.

슈퍼비전 내용의 합의 과정에 있어서는 슈퍼바이지의 학력과 역량, 욕구를 반영하는 것이 필요하다. 즉, 슈퍼비전의 내용개발 및 체계수립에 있어서 개인역량에 따른 접근과 개별화에 초점을 둔 슈퍼비전 계획수립, 슈퍼비전 내용의 질적인 개선, 차별화된 접근전략이 필요하겠다. 이러한 사회복지사의 숙련성과 역량수준과 직무특성별로 차별화된 슈퍼비전 내용 모델을 개발하기 위해서는 사회복지 인사관리 차원에서 논의되고 있는 면밀한 직무분석과 역량모델에 관한 논의가 더욱 활발해져야 한다.

(4) 슈퍼비전 관계 강화 및 협력을 위한 지속적인 노력

슈퍼비전 관계는 슈퍼비전에 있어서 가장 핵심적 요소이며 성공적인 슈퍼비전에 영향을 미치는 요소로 강조되면서, 슈퍼비전 관계에 초점을 둔 연구들이 많이 이루어져 왔다(Lucila & Esnil, 2002). 슈퍼비전 관계는 슈퍼비전의 다른 모든 요인들에게 영향을 주며, 관련 요인들을 더욱 구체화시킨다(Holloway, 1997). Tsui(2004)는 이러한 슈퍼비전 관계를 슈퍼바이지와 슈퍼바이저뿐 아니라 기관과 클라이언트가 포함되는 다면적 관계로 재정의할 것을 주장하였다. 이는 슈퍼비전 관계가 다른 슈퍼비전 요인들로부터 완전하게 독립적이기 어려우며 슈퍼비전 과정에서 고려될 수 있는 모든 관계를 포함하는 포괄적인 개념으로 보아야 한다는 것이다.

슈퍼비전 관계는 슈퍼바이저의 일방적인 노력이나 실행이 아닌 슈퍼바이저와 슈퍼바이지의 상호작용을 통해 수행되는 공동협력의 과정이다(안정선, 2007). 따라서 향후 슈퍼비전은 보다 협력적이며 수평적인 관계를 강조하는 방향에서 논의되어야 할 것으로 판단된다.

슈퍼비전이 성공적이기 위해서는 슈퍼바이지들 또한 슈퍼비전에 대해 이해하고 중요성을 인식하고 있어야 하며 슈퍼비전을 위해 준비하는 노력이 필요한 것이다.

(5) 슈퍼바이지의 슈퍼비전 역량강화

슈퍼바이지가 갖추어야 할 바람직한 태도는 배우고 발전하려는 열정과 소망, 슈퍼바이저가 주는 피드백에 대한 개방과 비방어적인 자세, 일반적인 융통성과 개방성, 슈퍼비전을 준비하는 자세와 책임감, 위험을 감수하려는 마음과 솔선성 등(Haynes et al., 2003)이 있다. 특별히 안정선(2007)은 슈퍼비전을 수용하고자 하는 슈퍼바이지의 태도가 효과적인 슈퍼비전의 중요한 요소임을 강조하고 있다. 슈퍼비전에 대한 이러한 개방적 태도와 수용적 자세는 슈퍼비전 받은 내용을 적용하고자 하는 슈퍼바이지의 의지를 반영하는 것으로, 슈퍼바이지가 수행하는 사회복지실천에 직접적인 영향을 주기 때문에 더욱 중요하다고 볼 수 있다. 따라서 실천현장에서는 슈퍼바이지로 하여금 슈퍼바이지의 태도가 슈퍼비전에 어떤 영향을 미치는지와 구체적으로 어떤 자세와 태도를 갖추어야 하는지를 배울 수 있는 교육 과정을 준비할 필요가 있다. 그리고 이러한 교육 과정은 사회복지사가 새롭게 채용됨과 동시에 이루어지는 것이 효과적일 것이다.

따라서 조직에서는 슈퍼바이지의 의견을 반영하여 슈퍼비전에 임하는 바람직한 슈퍼바이지의 태도 및 자기인식을 발달시키기 위한 구체적인 프로그램을 개발하고 이를 시행하는 데 주력할 필요가 있다.

2) 정책적 차원

(1) 슈퍼비전 실행과 교육, 평가의 제도적 정립

① 보수교육체계 마련 및 운용 강화

슈퍼비전은 클라이언트를 위한 전문적 실천과 조직구성원 및 조직의 책무성 이행을 보장하는 또 하나의 사회복지실천으로 개념화되어야 하며 사회복지실천과 슈퍼비전이 분리될 수 없다(Brasherars, 1995; 조휘일, 1999, 2002). 슈퍼비전 교육은 조직차원에서 중요하게 다루어져야 할 중요한 영역임에도 불구하고, 실제로 사회복지기관들이 조직의 규모나 예산 및 교육인력 등의 한계로 시행하지 못하는 경우가 있으므로 이에 대한 제도적 의무화가 필요한 것이다.

그 대안 중 하나로 2009년부터 의무화된 사회복지사 보수교육제도를 적극적으로 활용하는 방안이 있다. 서울시가 보수교육 시행에 앞서, 커리큘럼 개발을 위해 사회복지사를 대상으로 조사(서울복지재단, 2008)를 실시한 바 있다. 그 결과, 13개의 보수교육 커리큘럼 중 리더십 · 슈퍼비전 · 사회복지사의 자기역량강화 영역을 가장 선호하는 것으로 나타났다. 이를 토대로 5개의 보수교육영역 중 사회복지행정 영역으로 슈퍼비전 교육을 1순위로 선정하고, 교육내용을 경력자 및 관리자를 대상으로 한 슈퍼비전 일반론[9]과 경력자만을 대상으로 한 슈퍼비전 기법[10]으로 구성하고 있다. 그러므로, 이러한 보수교육 과정에 보다 다양하고 구체적인 슈퍼비전 관련 내용을 포함시킴으로써 실천현장의 사회복지사들에게 필요한 슈퍼비전 교육을 제공할 수 있을 것이다. 또한 슈퍼바이지의 태도가 슈퍼비전을 성공시키는 매우 중요한 요인 중 하나로 확인(최원희, 2009)되었음에도 불구하고, 실제로 슈퍼바이지를 대상으로

---

9) 슈퍼비전 일반론은 슈퍼비전 개념과 발달배경, 슈퍼비전의 기능(행정적, 교육적, 지지적)과 목표, 슈퍼바이저의 특성 등 슈퍼비전의 전반적인 이해를 도모하는 교육이 내용으로 이루어져 있다.

10) 슈퍼비전 기법은 교육적 슈퍼비전에서의 학습의 원칙과 관련된 슈퍼비전 지침과 과정, 기법 등 실제 슈퍼비전 계획과 설계를 실천하는 실무적인 교육이 내용으로 이루어져 있다.

한 슈퍼비전 교육은 거의 실시되지 않은 것으로 보인다. 따라서 보수교육을 실시하고 있는 사회복지관련 전문직협회나 기관협의체 등의 단체들은 슈퍼비전에 있어서 슈퍼바이지에 대한 교육의 중요성 또한 인식하여 이를 반영한 보수교육 내용을 마련할 필요가 있다.

② 사회복지 슈퍼비전 체계의 외부평가 강화

슈퍼비전 관리체계를 구축함에 있어 강력한 영향을 주는 요소 중 하나로 사회복지조직에 대한 외부평가를 꼽을 수 있다.

우리나라의 사회복지기관은 사회복지사업법(제43조 및 동법 시행규칙 제27조)에 의해 3년마다 지방자치단체로부터 평가를 받도록 되어 있다. 즉, 이렇게 실시되는 사회복지시설 평가지표의 인적자원관리 부분에 포함되어 있는 슈퍼비전 관련항목을 확대하고 구체화시킴으로써 조직의 슈퍼비전 관리체계를 확보할 수 있을 것으로 본다. 사회복지시설에 대한 평가지표[11)]에서 슈퍼비전과 관련된 평가항목을 검토해 보면, 사회복지관[12)], 장애인복지관[13)], 노인복지관[14)] 등 세 개 유형 모두에서 기관의 슈퍼비전의 상태를 평가하는 항목은 단 하나의 항목이며, 4개 범주(우수, 양호, 보통, 미흡)로 평가하도록 되어 있다. 평가기준은 슈퍼비전의 정규성과 기록, 외부자문활

11) 장애인복지관은 2014년에 평가가 이루어졌고, 종합사회복지관과 노인종합복지관은 2015년 하반기 평가가 이루어졌다. 따라서 장애인복지관은 2014년 지표를, 노인복지관과 사회복지관은 2015년 지표를 비교하였다.

11) 사회복지관(2015년 기준)은 "직원을 대상으로 하는 슈퍼비전 및 외부전문가 자문이 적절하게 이루어지는가?"라는 항목에 대하여 체계적인 슈퍼비전을 위한 지침 유무, 월 1회 정기적 슈퍼비전 실시, 집단 및 개별 등 다양한 슈퍼비전 체계 활용, 슈퍼비전의 기록 및 관리, 외부전문가로부터의 연 2회 이상의 자문에 대한 실시 여부를 평가문항으로 하고 있다.

12) 장애인복지관(2014년 기준)은 "제공되는 서비스의 질적 향상을 위해 슈퍼비전 및 외부전문가 자문이 적절하게 이루어지는가?"라는 항목에 대하여, 슈퍼비전 지침의 문서화, 외부전문가로부터의 연 1회 이상의 자문, 공식적인 자문위원 위촉, 전체 또는 사업관련 회의의 정기적인 실시, 월 1회 이상의 정기적인 내부슈퍼비전 제공 여부를 평가문항으로 하고 있다.

13) 노인복지관(2015년 기준)의 경우에는 사회복지관의 5가지 직원슈퍼비전 평가내용을 기본으로 외부전문가로부터 받은 자문의 사업운영 반영 여부를 추가하여 6가지를 평가문항으로 하고 있다.

용 여부가 주요 기준이고 슈퍼비전 정책수립이나 점검 및 평가, 보상체계 등 슈퍼비전의 체계화에 직접적인 영향을 줄 수 있는 측면에 대한 평가는 여전히 미흡한 것으로 보인다.

다만, 최근의 지표들은 이전에 비해 슈퍼비전 실행구조뿐 아니라 슈퍼비전 지침을 포함하는 등 슈퍼비전 체계에 대한 평가를 포함시키려는 시도를 하고 있음을 알 수 있다.

사회복지기관들은 이러한 평가지표를 충족시키기 위해서 많은 노력을 기울이기 때문에 시설평가는 기관을 운영하는 지침 역할을 한다고 해도 과언이 아니다. 그러나 단순한 횟수산정과 기록 여부, 지침준비 여부에 대한 평가만으로 슈퍼비전 실행과 내용의 질을 보장할 수는 없다. 이러한 측면에서 볼 때, 슈퍼비전 관련 항목이 평가지표에 보다 구체적으로 포함된다면 사회복지기관들은 슈퍼비전에 대하여 높은 관심을 가지고 기관의 슈퍼비전 체계화에 주력하게 될 것이다.

더불어, 슈퍼비전 실행이 클라이언트를 위한 서비스의 질 향상과 기관 책무성 이행이 궁극적 목적이라 할 때 관련전문직협회 차원의 슈퍼비전 표준체계 개발과 도입 노력이 적극 요구된다.

(2) 슈퍼비전 관련 대학 교과목 개설 및 운영 강화

전국의 93개 사회복지학과를 대상으로 슈퍼비전 교과목 개설 여부를 전화로 조사한 결과(최원희, 2009), 30개의 대학과 31개의 대학원[15]에서 슈퍼비전 교과목이 교과과정에 포함되어 있는 것으로 나타났다. 그러나 수강을 희망하는 학생이 적어서 개설되지 못하고 있는 학교를 제외하고 실제로는 47개 대학(또는 대학원)에서만 개설되고 있었다. 이는 실천현장의 사회복지사들이 보수교육 커리큘럼으로 가장 우선으로

15) 조사대학 93개 중 47개가 학부 또는 대학원에서 슈퍼비전 교과목을 교과 과정으로 지정하고 있는 것으로 파악되었다. 학부에선 규정되지 않고 대학원에서만 규정되어 있는 대학이 14개였으며, 학부와 대학원 둘 다 개설과목으로 규정되어 있는 대학은 17개였다.

희망한 영역에 슈퍼비전이 포함된 것(서울복지재단, 2008)과는 대조를 보이는 현상[16]이다. 슈퍼비전이 상호적인 관계를 통해 이루어지고 상호인식화가 중요한 기제인 만큼, 슈퍼비전이 효과적으로 이루어지기 위해서는 기본적으로 대학 교과목에 과목이 개설되어 일차적인 인식화 작업이 이루어져야 한다. 슈퍼비전에 대한 별도의 교과목이 대학원에 개실되고 학부생들의 경우에는 실습지도과목 진행 시에도 슈퍼비전에 대한 기본적인 이해가 있도록 세부 커리큘럼이 보완되어야 할 것이다. 또한 사회복지 전반의 교과목의 세부내용 구성에 있어서도 본 연구에서 취약하게 나타난 기술역량을 전반적으로 향상시킬 수 있도록 커리큘럼 내용이 개선되고 강화되어야 할 필요가 있다.

즉, 학부 과정과 대학원 수준에서 슈퍼비전 교과목 개설을 정착시키고 실천현장의 욕구를 반영한 체계적인 교과내용을 개발하기 위해서는 한국사회복지교육협의회 차원의 적극적인 관심과 노력이 필요하다고 본다.

3) 연구의 차원

(1) 사회복지 슈퍼비전 관련 연구 활성화

① 다양한 시설 유형별 슈퍼비전 관련 요인, 내용개발 연구

다양한 영역, 분야에 대한 연구와 시설들의 지역적 특성을 반영한 세부적인 내용 개발이 필요하다. 현장의 특성에 따른, 기관과 지역사회 특성에 따른 보다 심도 깊고 세분화된 슈퍼비전 체계 및 성공요인에 대한 규명이 필요하다.

16) 이러한 현상은 학생들이 실천현장에서 직접 일한 경험이 없기 때문에 그 필요성에 대한 인식부족에서 비롯된 결과일 수도 있지만, 현재 사회복지학을 전공하는 대학생들이 처한 현실을 반영한 것일 가능성도 높다. 즉, 사회복지사 자격증 관련과목 및 사회복지현장실습 등 사회복지사로서 기본적으로 이수해야 할 교과목수가 많을 뿐 아니라 대다수의 학생들이 복수전공과 부전공 등을 병행하고 있기 때문에 슈퍼비전 교과목이 다른 과목에 비해 상대적으로 우선 선택되기 어려운 상황인 것으로 해석할 수 있다.

② 종합적 슈퍼비전 모델, 지침 개발

보다 종합적인 슈퍼비전 모델 개발이 필요하다. 이제까지의 몇몇 선행연구들은 슈퍼비전을 위한 전체요소들을 고려하지 못하고 일부 요소에 집중하여 제시된 경우가 많았다. 한국적 상황에서 필요한 보다 포괄적인 슈퍼비전 요소들을 종합하는 모델 개발이 필요하다.

③ 슈퍼비전 제도화 전략, 조직적 관점 논의

조직 차원에서 슈퍼비전을 제도화하기 위한 전략들에 관한 연구가 필요하다. 추진 과정별 제도의 실행성을 강화하기 위한 세부적인 접근 및 성공전략에 대해서도 논의될 필요가 있다. 또한 조직적 관점에서 다양한 세부요인에 대한 규명이 이루어질 필요가 있다.

④ 슈퍼비전 모델 및 제도 적용의 효과성 검증

한국적 상황에서 활용된 슈퍼비전 모델의 효과성에 대한 검증이 필요하다. 이제까지의 슈퍼비전의 효과는 주로 사회복지사에 대한 효과로 검증이 이루어졌는데, 물론 사회복지사에 대한 보다 다양한 차원의 검증은 물론 슈퍼비전의 궁극적인 결과인 클라이언트와 조직성과에 대한 검증을 시도하는 연구들이 이루어져야 할 것이다.

⑤ 슈퍼비전 진행 과정 및 과정상의 문제와 갈등에 대한 사례연구

다양한 포커스그룹을 통해 슈퍼비전의 과정과 세부내용을 면밀하게 탐색해 보는 것이 필요하다. 슈퍼비전의 구성요소와 과정, 세부내용에 대한 탐색이 이루어져야 하고 슈퍼비전의 역동성에 대한 논의가 필요하다.

⑥ 슈퍼비전 사정도구 개발

슈퍼바이저 및 슈퍼바이지 역량모델과 세부 구성요소들에 대한 재검증을 통해 사정 및 평가도구를 개발하는 것이 필요하며 또한 각 역량의 하위수준별 세부내용 규

명에 관한 연구가 필요하다. 개발된 사정도구를 통해 현재 한국적 상황에서의 요소별 수준에 대한 평균 점수도 함께 제시될 필요가 있다.

⑦ 슈퍼바이지의 발달에 따른 차별화된 슈퍼비전 연구

슈퍼바이지의 숙련성에 따른 차별화된 슈퍼비전 내용을 연구하여 제시할 필요가 있다. 사회복지사의 발달수준에 따라 세부적으로 어떠한 슈퍼비전이 이루어질 필요가 있는지 공통적인 요소들을 넘어 차후의 단계별 슈퍼비전 내용이 규명될 필요가 있다.

⑧ 슈퍼비전 훈련 과정 개발, 슈퍼바이저 양성 연구

슈퍼비전을 위한 훈련 과정 개발에 관한 연구가 필요하다. 슈퍼비전을 위해 습득해야 하는 지식, 기술, 태도에 기반한 실질적인 훈련 과정과 효과성 검증, 구체적인 커리큘럼이 개발될 필요가 있다.

부록

APPENDIX

- 부록 I. 사회복지 슈퍼비전 실천현장 지침 사례
- 부록 II. 사회복지 슈퍼비전 관련 활용 양식

APPENDIX

부록 I 사회복지 슈퍼비전 실천현장 지침 사례

부록 1 T 사회복지관 슈퍼비전 지침 사례[1)]

제1조 【목적】

태화기독교사회복지관 및 부속시설(이하 기관이라 한다)의 슈퍼비전은 다음 목적을 수행하기 위해 실시한다.

1. 클라이언트에게 질적 및 양적으로 최상의 서비스를 제공하기 위함이다.
2. 직원들의 업무 수행에 필요한 지식 영역과 취약한 역량을 보완하여 업무능력 증진과 전문적 성장을 도모하고자 함이다.
3. 직원들이 업무의 연속성과 서비스 전달체계의 실행력을 갖추어 효과적이고 효율적으로 업무를 수행하게 하기 위함이다.
4. 공유와 전수, 상호성장 촉진의 조직문화를 형성하기 위함이다.
5. 기관 및 직원의 책무성을 실현하기 위함이다.
6. 기관의 사명과 비전을 실현하기 위함이다.

제2조 【슈퍼비전 정의】

본 기관의 슈퍼비전이란 본 지침 제1조의 목적을 달성하기 위하여 기관차원에서

1) 본 지침은 태화기독교사회복지관의 직원슈퍼비전 지침임

공식적인 정책과 절차에 따라 슈퍼바이저와 슈퍼바이지에 의해 이루어지는 구조화된 상호작용을 말한다.

제3조 【대상】

슈퍼비전 대상은 기관의 전 직원으로 하되 그 구체적인 대상은 아래와 같다.

1. 사회복지직: 사회복지사가 이에 속한다.
2. 교사직: 사회체육지도교사, 유아교사, 보육교사가 이에 속한다.
3. 사무직: 서무, 경리, 안내접수원, 생활지도원 등이 이에 속한다.
4. 관리직: 운전기사, 안전관리인, 시설관리기사, 탈의실관리자, 조리인 등이 이에 속한다.

제4조 【내용】

본 기관의 슈퍼비전모델은 Tsui(2004)의 포괄적 모델을 토대로 개발된 '사회복지관 슈퍼비전 표준 모델'과 Kadushin(1976)의 '과제중심 슈퍼비전 모델'을 이론적 근거로 하며, 슈퍼비전에서 다루어야 할 주요 내용은 Kadushin(1976)의 슈퍼비전 3대 기능으로 다음과 같다.

1. 행정적 슈퍼비전은 슈퍼바이지가 기관 정책 및 절차를 엄수하고 이행하도록 업무분장, 업무계획과 평가, 의사소통 촉진, 행정적 완충과 변화대행을 주요 내용으로 다룬다. 다만 행정적 슈퍼비전은 평소에 수시로 실시되는바 슈퍼비전 시에는 차별화된 내용으로 실시한다.
2. 교육적 슈퍼비전은 슈퍼바이지의 업무 능력을 향상시키고, 임상적 지식과 기술을 최대화하여 전문적으로 성장하고 발달하도록 가르침, 훈련, 학습촉진, 경험과 지식공유, 정보제공, 가이드라인제공, 문제해결원조 등을 주요 내용으로 실시한다.
3. 지지적 슈퍼비전은 업무수행 과정에서 나타날 수 있는 각종 스트레스 유발상황을 방지하고 스트레스를 해소하도록 도우며, 신뢰를 형성하며 책임과 관점

을 공유하기 위한 내용으로 실시한다.

제5조 【슈퍼바이저 자격】

본 기관의 슈퍼바이저 자격은 아래와 같다.

1. 팀장급 이상의 직책을 가진 직원으로서 슈퍼바이저 관련 내부교육 또는 기관에서 인정한 외부교육을 이수한 자이다.
2. 선임, 주임 중 필요시 기관의 재가를 득하여 상기와 같은 슈퍼바이저 교육을 이수한 자이다.

제6조 【유형 및 방법】

1. 슈퍼비전의 유형으로는 개별슈퍼비전, 집단슈퍼비전, 외부슈퍼비전을 중심으로 활용하며 구체적인 내용은 아래와 같다.

① 개별슈퍼비전은 슈퍼바이저와 슈퍼바이지가 1 : 1로 진행하는 구조이다.

② 집단슈퍼비전은 슈퍼바이저와 슈퍼바이지들이 집단(슈퍼바이저 외 2인 이상)으로 진행하는 구조이다.

③ 외부슈퍼비전은 기관에서 선정한 외부전문가에 의해 이루어지는 구조로 사업의 특수성이나 전문성으로 인해 해당 분야의 외부전문가의 슈퍼비전이 필요한 경우 해당 부서의 슈퍼바이저와 기관장의 협의를 통해 시행하는 것을 말한다.

2. 슈퍼비전의 방법으로는 슈퍼비전 기록, 모델링, 멘토링 및 코칭, 참관(신입직원과 새로운 프로그램의 경우 필수사항이며 횟수는 슈퍼바이저가 판단하여 정함), 과제, 교육, 토론, 보고서 제출, 독서, 녹음 및 녹화, 역할극, 토론회 및 스터디 등 다양한 방법을 활용한다.

제7조 【과정】

1. 계획단계

① 본 기관의 슈퍼비전 담당부서(총무팀, 부속시설)는 기관의 슈퍼비전 실행과 모니터링, 평가를 내용으로 하는 연간 슈퍼비전 운영계획서를 작성하여 기관장의 승인을 받는다.
② 슈퍼바이지는 연초에 연간 슈퍼비전 계획서(별첨서식 11)를 작성하여 슈퍼바이저에게 제출하고, 슈퍼바이저는 이를 검토한 후 슈퍼바이지와 합의하여 연간 슈퍼비전 계획을 수립하여 기관장의 결재를 득해야 한다.
③ 결재를 득한 연간 슈퍼비전 계획서는 총무팀에 사본 1부를 제출하고, 총무팀은 이를 취합하여 보관한다.

2. 실행단계

① 슈퍼바이지는 개별슈퍼비전 최소 3일 전까지 슈퍼비전 신청내용을 개별슈퍼비전 기록지(별첨서식 13)에 작성하여 담당 슈퍼바이저에게 제출하고 슈퍼바이저는 이를 검토하여 슈퍼비전을 준비한다.
② 슈퍼비전은 업무시간 내에 실시를 원칙으로 하되 기관의 상황에 따라 실시하며, 슈퍼비전 방해요소가 없는 독립된 장소에서 최소 60분 이상 실시한다.
③ 사회복지직은 최소 월 1회 이상 정례화된 개별슈퍼비전을 실시한다.
④ 교사식, 사무직, 관리직의 경우 최소 년 2회 이상 개별슈퍼비전을 실시해야 하며, 모든 신입직원과 신규 직책 보직자는 3개월 동안 월 2회의 슈퍼비전을 실시하는 것을 원칙으로 하고 그 이후에는 직종별 빈도에 따른다.
⑤ 기관장의 경우 법인의 사무총장이 슈퍼비전을 실시하며, 신규 임용 기관장은 임용 후 1년 동안 반기 1회 이상 슈퍼비전을 실시하고 재임기관장은 연 1회 이상 슈퍼비전을 실시한다.
⑥ 집단슈퍼비전과 외부슈퍼비전은 필요에 따라 수시로 실시하며, 외부슈퍼비전의 경우에는 회의록 또는 슈퍼비전 기록지를 활용하여 그 내용을 남기도록 한다.
⑦ 개별슈퍼비전과 집단슈퍼비전에 대한 기록은 정해진 슈퍼비전기록지 양식(별첨서식 13, 14)에 작성하고 슈퍼바이서와 슈퍼바이지가 내용을 확인하고 서명

하여 각자 보관하고 모든 기록은 반기 단위로 기관장에게 보고하고 결재를 득해야 한다.

⑧ 기관 전체 슈퍼바이저와 슈퍼바이지를 대상으로 슈퍼비전 관련 교육을 기관 내・외부에서 실시한다. 슈퍼바이저는 기관에서 실시하는 슈퍼비전 관련 교육 외에 외부에서 실시하는 슈퍼바이저로서의 역량 개발 및 자질 향상을 위한 관련 교육에 참석한다.

3. 평가단계

① 본 기관의 슈퍼비전 담당부서(총무팀, 부속시설)는 연간 슈퍼비전 운영계획에 따른 평가를 최소 연 1회 이상 실시하고 그 결과를 공유하여 향후 슈퍼비전 계획 수립 및 실행에 반영한다.

② 슈퍼바이저와 슈퍼바이지는 연간 슈퍼비전 평가(별첨서식 12)를 최소 연 1회 이상 실시하고 그 결과를 공유하여 향후 슈퍼비전 계획 수립 및 실행에 반영한다.

제8조 【슈퍼바이저・슈퍼바이지의 역할과 책임】

1. 슈퍼바이저는 슈퍼비전 지침을 준수하여 수용적이고 협력적인 태도로 슈퍼비전을 제공한다.
2. 슈퍼바이지는 슈퍼바이저에게 적극적으로 슈퍼비전을 요청하고 능동적인 태도로 슈퍼비전에 임한다.

제9조 【양식】

본 복지관의 슈퍼비전 양식은 〈별첨서식 11-14〉과 같다.

부 칙

이 지침은 20**년 1월 1일부터 시행한다.

부록 2 H 생활시설 직원슈퍼비전 지침 사례[2)]

생활시설에서의 슈퍼비전의 필요성

1) 행정적 기능
① 사회복지사, 자립전담요원, 임상심리상담원, 간호사, 영양사, 생활지도원, 조리원, 위생원 등 다양한 전문직이 팀워크를 이루어 서비스를 제공하기 때문에 효율적이 업무수행을 위한 상호간 업무를 조정하고 통합해야 한다.
② 종사자의 업무가 표준화되어 있지 않고 아동들과 24시간 동일한 공간 안에서 생활하면서 발생하는 윤리적인 이슈에 대응해야 한다.
③ 시설운영 재원은 정부, 지역사회, 후원자 등의 외부지원기관으로부터 제공되기 때문에 재원을 투명하게 사용하는 데 책무성을 실현해야 한다.

2) 교육적 기능
① 소속사 형태로 아동을 보호하고 있어 종사자들이 제공하는 서비스에 대한 직접 관찰의 어려움으로 서비스 실천 과정의 비공개성으로 인해 종사자에 대한 교육지원이 필요하다.
② 아동이 가진 문제가 다양하고 개별화되어 개입의 효과가 낮고 실패 가능성이 높아 전문적인 교육지원이 필요하다.
③ 사회복지환경 및 입소아동의 변화로 아동양육시설의 역할과 기능 재정립이 필요하며 기관의 미션과 사명에 대한 공유, 종사자로서의 본질을 지킬 수 있는 자세 교육이 필요하다.

3) 지지적 기능
① 최근 입소하는 아동의 경우, 부모의 이혼, 아동학대, 방임 등으로 복합적인 심리, 사회적 문제를 가지고 있어 사회복지실천기술을 활용함에 있어 종사자가 자신감을 상실하고 실패에 대한 좌절과 죄책감으로 소진의 가능성이 크므로 지지적 지원이 필요하다.
② 종사자들의 근무기간의 장기화로 인해 무력감을 극복할 수 있도록 지지적 지원이 필요하다.

1. 슈퍼비전의 목적

슈퍼비전은 직원들의 동기부여와 전문적 성장을 위해 행정적, 교육적, 지지적 기능을 수행하는 과정으로 이를 통해 직원의 자기효능감과 능력을 향상시키고 직무에 대한 만족도를 높여 서비스의 질적 수준을 제고하고 직원 및 기관의 책무성을 이행

2) 본 지침은 현양원의 직원슈퍼비전 지침임

할 수 있도록 돕는 것을 목적으로 한다.

2. 슈퍼바이저와 슈퍼바이지

1) 슈퍼바이저의 자격

팀장 이상의 직책을 보유하고 있거나 본 기관에서 5년 이상의 실무경력이 있는 자로 한다.

2) 슈퍼바이저의 역할과 책임

① 슈퍼바이저는 연 1회 슈퍼바이지가 제출하는 슈퍼비전 계획서, 슈퍼비전 욕구 수렴표, 슈퍼비전 평가서 등을 슈퍼바이지와 함께 검토하고 이에 대한 슈퍼비전을 제공해야 한다.

② 슈퍼바이지와 함께 슈퍼비전 계획서에 대한 합의가 이루어지면 이에 따라 최소 격월 1회 이상의 정례화된 슈퍼비전을 제공해야 한다.

③ 정례화된 슈퍼비전 이외에도 슈퍼바이지 및 기관의 필요에 따라 행정지도를 비롯한 개별상담기록, 집단 과정기록, 프로그램 계획서 및 평가서 작성 등 클라이언트 체계의 변화에 필요한 적절함 슈퍼비전을 수시로 제공해야 한다.

④ 개별슈퍼비전 이외의 프로그램회의, 팀회의, 사례회의 등과 같은 집단슈퍼비전에도 적극 참여, 슈퍼바이저로서 적절한 역할을 수행해야 한다.

3) 슈퍼바이지의 역할과 책임

① 슈퍼바이지는 연 1회 슈퍼바이지가 제출하는 슈퍼비전 계획서, 슈퍼비전 욕구표, 슈퍼비전 평가서 등을 슈퍼바이저와 합의하여 작성하여야 한다.

② 슈퍼바이저로부터 회소 격월 1회 이상의 정례화된 슈퍼비전을 받아야 하며, 이때 슈퍼비전 후 슈퍼비전 기록지를 슈퍼바이저에게 작성, 제출하여야 한다.

③ 정례화된 슈퍼비전 이외에도 수시로 행정체계에 대한 슈퍼비전, 개별상담이나 집단활동, 사례관리 프로그램 계획서 및 평가서 작성 등 클라이언트 체계의 변

화에 필요한 슈퍼비전을 적극 욕구하고 이에 따른 슈퍼바이저의 지도에 적극 응해야 한다.

④ 개별슈퍼비전 이외에도 본인의 필요와 기관의 요구에 따라 집단슈퍼비전, 외부 슈퍼비전 등에도 적극 참여해야 한다.

3. 슈퍼비전의 유형 및 방법

1) 슈퍼비전의 유형

① 개별슈퍼비전, 집단슈퍼비전, 외부슈퍼바이저 초빙 등 슈퍼비전의 세 가지 유형을 중심으로 슈퍼비전을 수행하며, 집단슈퍼비전에는 프로그램 회의, 팀회의, 사례회의 등이 포함된다.

- 개별슈퍼비전 : 슈퍼바이저와 슈퍼바이지가 1:1로 진행하여 구조로 격월 1회 이상의 주기와 40분 이상의 시간으로 진행한다.
- 집단슈퍼비전 : 슈퍼바이저와 슈퍼바이지들이 집단으로 진행하는 구조(3명이상)이며 월 3회 이상, 40분 이상의 구조로 실시한다. 본 기관에서는 직원회의(팀회의, 부서회의 등)와 사례회의, 팀스터디, 팀업무 오리엔테이션, 팀간 직무학습 등도 집단슈퍼비전으로 간주한다. 진행 후, 반드시 기록을 남기도록 한다.
- 외부슈퍼바이저 : 기본적으로 부서별 1인의 외부자문자 선정을 통해 자문을 실시한다. 부서별 기관 특별사업, 프로젝트사업, 초기시범사업에 있어서는 외부자문을 활용한다.

② 슈퍼비전의 방법으로는 슈퍼비전 기록지, 상담기록, 과정기록, 사례활용, 참관, 강의, 보고서 제출 등 다양한 방법을 활용한다.

▶ 개별슈퍼비전

슈퍼바이저 / 슈퍼바이지	원장	국장	행정담당팀장	생활지도팀장	총 횟수
국장	연 6회	–	–	–	6회
팀장	연 2회	연 12회	–	–	16회
행정담당직원	연 2회	연 6회	연 2회		12회
생활지도원	연 2회	연 4회	–	연 12회	12회

▶ 집단슈퍼비전

회의/슈퍼비전	요일/시간	슈퍼바이저	참석대상
주간업무회의	매주 월 8:50	원장	전 직원
부서장회의	매주 수 9:00	원장, 국장	원장, 국장, 팀장
각 팀 회의	매주 월 15:00	국장	팀장, 팀 직원
분기/연평가회의	분기 첫째주 월 8:50	원장, 국장	전 직원
통합사례관리회의	매월 둘째주 화 13:30	원장,외부전문가	국장, 팀장, 복지팀 직원
상시 사례회의	월 1, 2회	국장	팀장, 직원, 생활지도원
전문가 슈퍼비전	각 팀별 연 1회	전문자문위원	각 팀별

4. 슈퍼비전 과정

준비단계	➡	시작단계 (사회적 단계)	➡	과업단계 (진행단계)	➡	종결단계
슈퍼비전 지침을 숙독, 내재화		오리엔테이션 & 탐색		기본의제(슈퍼바이지의 업무수행에 관한 내용들)를 결정하고 토론		전체 슈퍼비전 과정을 요약
슈퍼바이지가 있는 곳에서 출발		슈퍼바이지 사정 및 욕구수렴		과제설정 및 개발		슈퍼바이지의 성장 및 강점관련 내용을 위주로 피드백
		목표설정 및 슈퍼비전 계약*		지속적인 모니터링		평가
				진행결과에 대한 기록		

5. 슈퍼비전 내용과 기능

슈퍼비전에서 다루어야 할 내용은 아래에 제시된 내용을 기본으로 하여 기본정신과 철학, 지지적 기능, 평가적 기능이 함께 수행될 수 있도록 노력한다.

① 사회복지 전반과 표준 직무

② 일반주의 실천 기반 핵심지식과 기술 토대

	1분기(1–3월)	2분기(4–6월)	3분기(7–9월)	4분기(10–12월)
슈퍼비전 방법	개별 1회 이상 집단 3회 이상 외부 자문 1회 교차 필요시 동료 필요시	개별 2회 이상 집단 3회 이상 외부 자문 1회 교차 필요시 동료 필요시	개별 2회 이상 집단 3회 이상 외부 자문 1회 교차 필요시 동료 필요시	개별 2회 이상 집단 3회 이상 외부 자문 1회 교차 필요시 동료 필요시
주요 슈퍼비전 내용	① 연간 슈퍼비전 계획 수립 ② 연사업평가/계획관련 (1, 2월): 집단. 개별 ③ 직원자기개발계획수립점검(3월)(팀장) ④ 개별 업무관련 슈퍼비전(팀장)	① 기관운영과 직원 업무진행(원장) ② 자기개발계획 진행 점검(국장) ③ 지역사회접근점검	① 상반기업무평가관련 점검(7월)(팀장) ② 직무기술 재점검 및 업무진행점검 (팀장)	① 기관사명과 비전에 따른 실천점검 및 계획 수립 ② 연사업계획 수립논의: 개별, 집단 ③ 기관운영과 직원 업무향상점검(원장) ④ 관계성, 스트레스관리 접근(국장)
상시	월 보고서 활용, 기록관리, 사례접근, 개별과제 활용			

6. 슈퍼비전 시기 및 기록

1) 슈퍼비전의 시기

슈퍼비전의 시기는 연도별로 별도의 진행 계획표에 따라 진행한다(347~348쪽의 슈퍼비전 유형 및 방법 표 참조).

2) 슈퍼비전의 기록

① 개별 작성한 슈퍼비전 계획서와 평가서는 복지팀(사무원)에 제출하여 통합관리 보존한다.

② 개별슈퍼비전은 슈퍼바이지가 슈퍼비전 기록지에 기록해야 한다.

③ 기록된 슈퍼비전 기록지는 개별 보관하되 해당 년 12월 복지팀(사무원)에 제출하여 통합관리 보존한다.

④ 집단슈퍼비전의 기록은 집단으로 받는 팀별로 기록자를 정하여 기록하고 결재를 받아 보관한다.

7. 슈퍼비전 계획 및 평가

① 매년 직원으로부터 슈퍼비전의 욕구 파악을 실시한다.

② 매년 직원들 개인에게 슈퍼비전 계획서를 작성하여 계획서와 ①의 욕구에 근거하여 지원체계를 수립하도록 한다.

③ 매년 말에는 연초에 작성했던 슈퍼비전 계획서에 근거하여 슈퍼비전 평가서를 작성하여 자기평가를 실시한다.

8. 문서관리 및 업무체계

① 본 시설의 운영규정 문서 보존연한 지침에 근거한다.

② 시설의 슈퍼비전에 관련 다음 각 호의 장부 및 서류를 비치하여야 한다.

- 개인 : 슈퍼비전 계획서, 슈퍼비전 평가서, 슈퍼비전 기록지-개인 관리
- 집단 : 회의록 일지-팀장 관리
- 슈퍼비전 욕구 파악 리스트-국장 관리

③ 슈퍼비전 욕구 파악 리스트-국장 관리

부록 II 사회복지 슈퍼비전 관련 활용 양식

부록 1 교육적 사정양식(Munson, 2002 재구성)

■ 교육적 사정 목록 ■

1. 이전의 경험

- 이제까지 사회복지사로서 일했던 경험과 직무책임의 내용을 쓰시오.
- 이제까지 자원봉사경험들과 직무책임의 내용을 쓰시오.
- 이제까지 사회복지 이외의 경험이 있다면 무엇인지 직무책임의 내용을 쓰시오.

2. 윤리적 자각(인식)

- 당신은 사회사업윤리강령을 읽었습니까?
- 읽었다면, 당신이 윤리강령을 읽은 이래로 몇 년이 지났습니까?

  (처음 읽은 시기:　　　　　　　　가장 최근에 읽은 시기:　　　　　　　　)

3. 이론적 지식(1-10점 척도로 체크해 보세요. 5점을 보통이라고 봅니다.)

※ 아래의 내용은 조직 전체, 부서, 각 직무에서 필요로 하는 이론적 지식을 나열해 놓고 평가하게 하는 방식으로 수정, 활용할 수 있음

정신분석 · 아드리안 · 융 · 인간중심 · 합리정서 · 행동주의 · 게스탈트 · 현실치료 · 실존주의 · 거래분석 · 싸이코드라마 · 가족치료 · 의사소통 등

4. 사정과 진단(척도로 평가)

사정 · 자료수집 · 개입계획수립 · 인터뷰 평가 등

5. 개입(척도로 평가)

동맹 맺기 · 관여 · 저항 다루기 · 해석 · 명료화 · 지지제공 · 질문하기 · 전이 및 역전이 다루기 · 종결 등

6. 기록(척도로 평가)

초기자료기록 · 개입계획기록 · 진행기록 · 성과 측정기록 · 사례관리기록 등

7. 이전의 슈퍼비전 경험기록

- 이전 고용상태에서의 슈퍼비전 유형:

- 선호, 비선호하는 슈퍼비전 경험:

8. 강점과 한계점(실천 활동과 수행에 있어서)

9. 기타 본인의 사회복지사로서의 역량 개발에 대한 견해(방향성 및 전략 등)

부록 2 직무기술서 양식(태화사회복지연구소, 2006)

■ 직무기술서 ■

1. 직무의 일반적 사항

2. 직무개요

본 직무자가 맡고 있는 전체 직무에 대한 전반적인 책임과 직무내용의 간단한 직무정의

3. 직무수행요건

필요 지식	
필요 기술	
필요 태도 및 가치, 능력	
필요 훈련(내부, 외부)	
자격, 면허	
기초학력	
필요 숙련기간	
기타: 필수 활동 외	

4. 직무내용

- **직무의 과업과 임무**: "직무분류군"에 의해 해당되는 직무의 과업과 임무를 기술한다. 하위 사업에 대해 세부목표와 관련되어 진행되어야 하는 과업과 임무내용을 기술한다.
- **성과지표**: 목표달성결과를 볼 수 있는 지표, 결과를 평가하기 위한 기준을 의미한다.
  효과성 측정수단과 조사방법만을 의미하는 것이 아니다(모금액이나 참여자 수에 있어서는 중복되는 부분도 있다). 기업이라고 하면 경상수지흑자 등의 수익을 볼 수 있는 기준이 명료하지만 휴먼서비스 조직은 서비스의 특성상 다양한 지표를 사용할 수밖에 없다.
- **목표치**: 당해 연도의 성과 목표치를 제시한다. 양적으로 측정 가능한 경우에 모두 기록한다.

세부직무	직무세부과업	비중	성과지표	목표치

5. 타 직무와의 관계

타 부서, 타 직무명	관련업무내용

6. 외부와의 관계

외부자원명 (주요자원, 외부관계자 및 기관, 외부활동 등)	관련업무내용

7. 업무환경관리

책임지고 있는 시설, 비품명	관련업무내용

부록 3 슈퍼비전 만족도 평가 목록(Munson, 2002 재구성)

■ 슈퍼비전 만족도 설문지 요약형(슈퍼바이저) ■

슈퍼바이지의 이름 :
슈퍼바이저의 이름 :

1 : 전적으로 동의하지 않음	2 : 동의하지 않음
3 : 조금 동의하지 않음	4 : 조금 동의함
5 : 동의함	6 : 전적으로 동의함

1) 나의 슈퍼바이저는 나를 전문가로서 존경한다.
2) 나의 슈퍼바이저는 나에게 나의 일을 수행하는 데에 적절한 자율성을 준다.
3) 나는 나의 슈퍼바이저가 나의 전문적인 성장에 공헌해 왔다고 느낀다.
4) 나의 슈퍼바이저는 조직적인 일에 익숙하다.
5) 나의 슈퍼바이저는 가르치는 방법을 안다.
6) 나의 슈퍼바이저는 내가 보다 더 많이 자기인식을 할 수 있도록 발전을 도왔다.
7) 나는 나의 일에 대한 슈퍼바이저의 사정평가가 공정하다고 생각한다.
8) 나의 일에 대한 슈퍼바이저의 사정은 정확하다.
9) 전반적으로 나는 나의 슈퍼비전 경험에 만족한다.
10) 나는 나의 슈퍼비전 회기를 기대한다.
11) 나의 슈퍼바이저는 실천가로서 나의 효율성을 향상시키도록 도와왔다.
12) 나의 슈퍼바이저는 실천가로서 나의 효과성을 향상시켜 왔다.
13) 무엇이 좋은 개입을 구성하는지에 관한 나의 가치들은 나의 슈퍼바이저의 가치와 유사하다.
14) 나는 이슈를 가지고 나의 슈퍼바이저에게 직면할 수 있다.

15) 나의 슈퍼바이저는 새로운 아이디어를 수용하고 있다.

16) 나의 슈퍼바이저는 이론에 대해 얘기하고 나의 케이스들의 실천요소에 그 이론을 적용할 수 있다.

17) 나의 슈퍼바이저는 친근감이 있다.

18) 나의 슈퍼바이저는 내가 슈퍼바이저와 얘기할 때에 편안하게 느끼도록 한다.

19) 나의 슈퍼바이저는 슈퍼비전 대화에 있어서 분명하게 의사소통한다.

20) 나의 슈퍼바이저는 슈퍼비전 회의에서 슈퍼비전의 도구, 재료들로서 다양한 것들을 활용한다.

21) 이 기관은 일하기에 좋은 장소이다.

22) 나는 나의 슈퍼바이저에게(슈퍼바이저로 인해) 거의 화가 나지 않는다.

23) 나는 나의 슈퍼바이저와 거의 직면할 일이 없다.

24) 당신의 슈퍼바이저를 1점에서 10점까지로 놓고 점수를 매겨 보시오(당신이 생각하기에 당신의 슈퍼바이저는 얼마나 좋은지에 따라).

1 ______________________ 5 ______________________ 10

25) 당신은 실천가로서 당신의 효과성과 효율성을 향상시키는 데 슈퍼바이저가 도움을 주어왔다고 생각하십니까?

26) 당신은 슈퍼비전이 실천가로서 당신의 효과성과 효율성을 향상시키는 데에 도움을 주어왔다고 생각하십니까?

27) 슈퍼바이저에 대해 당신이 좋아하는 것이 무엇인지 목록을 적어보시오.

28) 슈퍼바이저에 대해 당신이 싫어하는 것이 무엇인지 목록을 적어보시오.

29) 당신의 슈퍼비전의 주요 가치를 무엇이라고 보십니까?

부록 4 슈퍼비전 운영평가 보고서 양식(홍순혜 외, 2014)

■ 슈퍼비전 운영평가 보고서 ■

1 : 전혀 만족하지 않음	2 : 대체로 만족하지 않음
3 : 조금 만족하지 않음	4 : 조금 만족함
5 : 대체로 만족함	6 : 매우 만족함

* 운영 세부내용에 따라 6점 척도로 만족도를 평가하고 각 문항별로 평가내용을 기록하여 제출하도록 한다.

1. 슈퍼비전 내용/구성

2. 슈퍼비전기본구조 : 횟수, 기간, 장소 등

3. 슈퍼비전 방법 및 기법

4. 문제점 및 제도 개선방안

부록 5 슈퍼바이저를 위한 슈퍼비전 평가 설문(Wannacott, 김은혜 외, 2014)

■ 슈퍼바이저를 위한 슈퍼비전 평가 체크리스트 ■

※ 슈퍼바이저로서 본인이 받았던 슈퍼비전의 질과 지지의 정도를 1부터 10까지의 평가하시오.(1=전혀 그렇지 않음, 10=매우 그러함)

평가문항	(1~10점)
1. 나는 공식적인 1:1 슈퍼비전을 정기적으로 받는다.	
2. 나는 슈퍼바이저와 함께 합의한 슈퍼비전 규정이 있으며, 정기적으로 규정들에 대해 평가하고 있다.	
3. 슈퍼비전은 슈퍼바이저로서의 역할수행에 초점을 두고 진행되고 있으며, 그것은 나 자신의 슈퍼비전 기술과 슈퍼바이지들과의 관계에 대해 평가해 보는데 도움이 된다.	
4. 내가 받은 슈퍼비전 속에는 정서적 지지도 포함되어 있으며, 슈퍼바이저로서 나의 자기개발을 돕는 데 초점을 두고 있다.	
5. 나는 나의 슈퍼바이저로서의 수행을 향상시키기 위한 기반으로 내가 슈퍼바이지들로부터 받았던 피드백에 대해 슈퍼비전 시간에 논의하도록 권장받고 있다.	
위의 슈퍼비전 사항들 중에서 5점 이하인 항목은 어떻게 개선하겠는가?	

부록 6 슈퍼비전 체계 현황진단 및 욕구조사 설문지(안정선, 2007)

본 설문지는 슈퍼비전 체계를 구축 내지 개선하거나 슈퍼비전 역량과 욕구를 파악하고자 하는 기관들에게 활용될 수 있다. 1차적으로 전체 직원들을 대상으로 설문조사를 실시하여 현황을 분석하고 2차적으로 과업추진위원회를 구성하여 지속적인 논의 및 대안수립을 통해 최종 결과물을 산출하는 것이 적절하다

1. 슈퍼바이저 역량 영역

슈퍼바이저 세부역량 내용	슈퍼바이저 역량 보유수준				
〈지식 영역〉	전혀 그렇지 않다	별로 그렇지 않다	그저 그렇다	대체로 그렇다	매우 그렇다
1) 기관 사명·철학·구조·재정 등에 대한 이해	①	②	③	④	⑤
2) 조직운영 및 분석기법 등 조직관리 지식	①	②	③	④	⑤
3) 직원경력개발 및 인적자원체계구축 등 인사관리 지식	①	②	③	④	⑤
4) 슈퍼바이저 자신의 강·약점, 편견 등에 대한 자기인식과 과학적 지식	①	②	③	④	⑤
5) 리더십 관련 지식	①	②	③	④	⑤
6) 관련 국가, 지방단위 복지정책에 대한 이해	①	②	③	④	⑤
7) 지역사회 및 서비스 전달체계에 대한 이해	①	②	③	④	⑤
8) 사회복지 전반의 동향과 변화추세 이해	①	②	③	④	⑤
9) 프로그램 계획, 실행 및 효과성 평가 지식	①	②	③	④	⑤
10) 인간행동의 다양성과 클라이언트 특성 이해	①	②	③	④	⑤
11) 클라이언트 체계에 대한 개입방법 이해	①	②	③	④	⑤
12) 사회복지 윤리, 가치에 대한 이해	①	②	③	④	⑤
13) 슈퍼바이지 직무 전반에 대한 이해	①	②	③	④	⑤
14) 슈퍼비전에 대한 지식	①	②	③	④	⑤

슈퍼바이저 세부역량 내용	슈퍼바이저 역량 보유수준				
〈기술 영역〉	전혀 그렇지 않다	별로 그렇지 않다	그저 그렇다	대체로 그렇다	매우 그렇다
1) 슈퍼바이지 개인 성향·특성 이해	①	②	③	④	⑤
2) 슈퍼바이지 교육적 진단 및 학습계획 수립	①	②	③	④	⑤
3) 학습촉진 기술	①	②	③	④	⑤
4) 정보수집 기술	①	②	③	④	⑤
5) 직무분석·업무분장과 조정	①	②	③	④	⑤
6) 각종 기록 유지와 기록 능력	①	②	③	④	⑤
7) 직무 모니터링 기술	①	②	③	④	⑤
8) 평가정보 수집, 직무수행 피드백 제공, 객관적 평가시행 등 직원평가 기술	①	②	③	④	⑤
9) 팀워크 및 집단을 이끄는 기술	①	②	③	④	⑤
10) 경청, 의사표현, 의사전달 등 의사소통 기술	①	②	③	④	⑤
11) 긍정적 지지 및 격려 기술	①	②	③	④	⑤
12) 조직상하 및 동료와의 관계형성 기술	①	②	③	④	⑤
13) 갈등 중재 기술	①	②	③	④	⑤
14) 개인, 집단, 조직 및 지역사회실천 등 사회복지 전문적 실천 기술	①	②	③	④	⑤
15) 지역사회자원 분석 및 활용 기술	①	②	③	④	⑤

슈퍼바이저 세부 역량 내용	슈퍼바이저 역량 보유수준				
〈가치 및 태도 영역〉	전혀 그렇지 않다	별로 그렇지 않다	그저 그렇다	대체로 그렇다	매우 그렇다
1) 공정한 처우	①	②	③	④	⑤
2) 지속적·적극적인 학습 태도	①	②	③	④	⑤
3) 전문가로서의 지속적 성장 및 전문적 자아의 확립	①	②	③	④	⑤
4) 직무에 대한 책임감	①	②	③	④	⑤
5) 사회복지윤리 내재화 및 기관 규정 준수 등 윤리적 태도	①	②	③	④	⑤
6) 슈퍼바이지 전문적 성장에 대한 신념과 헌신	①	②	③	④	⑤
7) 먼저 행동하고 노력하는 솔선수범	①	②	③	④	⑤
8) 협력 및 협동	①	②	③	④	⑤
9) 다양한 의견개진 수용과 관점공유 등 개방성	①	②	③	④	⑤
10) 공감적 이해	①	②	③	④	⑤
11) 진실함	①	②	③	④	⑤
12) 일관성	①	②	③	④	⑤
13) 슈퍼바이지 및 직무 어려움에 대한 수용, 기대유지 등 인내력	①	②	③	④	⑤
14) 슈퍼바이지의 자율성에 대한 적극적 인정	①	②	③	④	⑤

• 보유도가 낮은 영역의 역량개발계획을 작성해 보자.

2. 슈퍼바이지 역량 영역

슈퍼바이지 세부역량 내용	슈퍼바이지 역량 보유수준				
	전혀 그렇지 않다	별로 그렇지 않다	그저 그렇다	대체로 그렇다	매우 그렇다
1) 슈퍼비전에 대한 공동책임 인식	①	②	③	④	⑤
2) 본인 자기계발에 대한 명확한 계획 수립	①	②	③	④	⑤
3) 슈퍼비전 욕구의 표현 및 슈퍼비전 요청	①	②	③	④	⑤
4) 슈퍼비전에 대한 수용적이며 비방어적인 태도	①	②	③	④	⑤
5) 슈퍼비전 내용에 대한 자발적 적용 자세와 실행 능력	①	②	③	④	⑤
6) 시기적절하고 명확한 업무 보고	①	②	③	④	⑤
7) 사전자료작성 및 제출 등 슈퍼비전에 대한 준비	①	②	③	④	⑤
8) 슈퍼바이지의 자기인식	①	②	③	④	⑤
9) 직무수행에 대한 적극적 태도	①	②	③	④	⑤
10) 직무에 대한 책임감	①	②	③	④	⑤

• 보유도가 낮은 영역의 역량개발계획을 작성해 보자.

3. 슈퍼바이저와 슈퍼바이지의 관계

슈퍼바이저와 슈퍼바이지 관계 영역	현재 나의 슈퍼비전 관계는				
	전혀 그렇지 않다	별로 그렇지 않다	그저 그렇다	대체로 그렇다	매우 그렇다
1) 상호 이해	①	②	③	④	⑤
2) 상호 성장	①	②	③	④	⑤
3) 협력적 파트너십	①	②	③	④	⑤
4) 활발한 상호작용	①	②	③	④	⑤
5) 긍정적 의사소통	①	②	③	④	⑤
6) 전문적 관계와 친밀감 등 라포 형성	①	②	③	④	⑤
7) 신뢰 형성	①	②	③	④	⑤
8) 상호 존중	①	②	③	④	⑤
9) 공적관계와 사적관계의 균형	①	②	③	④	⑤
10) 슈퍼비전 실시와 관계에 대한 책임 공유	①	②	③	④	⑤
11) 상호 배려	①	②	③	④	⑤
12) 감정공유와 자유로운 사고 표현, 관점 허용 등 상호 개방	①	②	③	④	⑤
13) 서로에 대한 관심	①	②	③	④	⑤

• 슈퍼비전 관계 증진을 위한 대안을 정리해 보자.

4. 조직특성 영역

조직특성 영역	현재 나의 조직은				
	전혀 그렇지 않다	별로 그렇지 않다	그저 그렇다	대체로 그렇다	매우 그렇다
1) 조직미션 · 비전의 정립	①	②	③	④	⑤
2) 조직 운영 방향성의 합의와 공유	①	②	③	④	⑤
3) 조직의 공정하고 명문화된 규정과 절차	①	②	③	④	⑤
4) 조직의 인사관리 체계 구축과 실행	①	②	③	④	⑤
5) 조직 전반의 협력적인 분위기	①	②	③	④	⑤
6) 기관장의 슈퍼비전에 대한 이해와 관심	①	②	③	④	⑤
7) 슈퍼비전을 위한 물리적 · 구조적 환경 준비	①	②	③	④	⑤
8) 슈퍼비전에 대한 긍정적 조직문화	①	②	③	④	⑤
9) 지역사회 및 전문직체계와의 연계 · 교류	①	②	③	④	⑤
10) 지속적 학습과 공유, 지원체계 구축 등 학습조직화	①	②	③	④	⑤
11) 원활한 부서 내 관계	①	②	③	④	⑤

• 슈퍼비전 실행을 위한 조직운영체계를 어떻게 개선할지 정리해 보자.

5. 슈퍼비전 운영구조

슈퍼비전 운영구조	현재 기관 구조	
	그렇다	아니다
1) 개별슈퍼비전 월 1회 이상 제공		
2) 개별, 집단, 동료슈퍼비전 등의 형식으로 주 1회 이상 슈퍼비전 유지		
3) 초보, 중간, 숙련 사회복지사별 차별화된 슈퍼비전 내용과 구조 제공		
4) 지역사회나 사회복지학계 등 외부자문을 활용하는 시스템 구축 및 활용		
5) 슈퍼비전 계획수립과 실행, 평가 과정 실시 및 관련 도구 활용		
6) 슈퍼비전 내용에 대한 합의, 문서화 등 슈퍼비전 계약 실시		
7) 기록검토 외 다양한 슈퍼비전 방법의 활용		

5-1. 슈퍼비전 유형 사용현황

슈퍼비전 유형	실시 여부		시간
	실시함	실시하지 않음	현재 1회 평균 소요시간
개별슈퍼비전			분
집단슈퍼비전			분
동료슈퍼비전 (동료간 개별・집단슈퍼비전 포함)			분
외부 자문 내지 슈퍼바이저를 초빙・실시하는 부서/팀 슈퍼비전			분

※ 동료슈퍼비전은 동료 간의 회식이나 비공식적 지지모임이 아닌 공식적인 슈퍼비전 회합을 의미로 응답함.

5-2. 슈퍼비전 방법(도구사용) 현황

____1) 사례에 관한 자문	____2) Co-Work(협동개입)	____3) 직접 관찰
____4) 녹음	____5) 비디오 촬영	____6) 역할극 및 역할시연
____7) 컴퓨터활용	____8) 과정기록	____9) Coaching(코칭)
____10) 심리치료모델에 기반한 기법(예, 정신역동, 인지행동 등)		
____11) 과제활용	____12) 책읽기	____13) 기타( )

6. 슈퍼바이저 세부직무 영역

슈퍼바이저 세부직무		빈 도
행정적	1) 슈퍼바이지 직무 파악을 위한 정보수집, 이해 노력	① ② ③ ④
	2) 직무분석 및 분장, 조정, 위임	① ② ③ ④
	3) 직무 검토 및 평가, 방향성 논의	① ② ③ ④
	4) 세부 프로그램 및 사례에 대한 분석, 피드백 제공	① ② ③ ④
	5) 기관특성 및 미션과 비전 등 조직전반 가치와 방침의 내재화를 위한 이해강화 도모	① ② ③ ④
교육적	6) 슈퍼바이지 교육훈련, 기술 전수	① ② ③ ④
	7) 슈퍼바이지 직무 및 사회복지관련 정보제공	① ② ③ ④
지지적	8) 슈퍼바이지와의 정서적 유대 강화	① ② ③ ④
	9) 업무스트레스 관리 및 직무만족 증진을 위한 지지, 격려	① ② ③ ④
슈퍼바이지	10) 슈퍼바이지의 특성, 성향, 역량 등 대한 정보수집 및 이해 노력	① ② ③ ④
슈퍼바이저	11) 슈퍼바이저 자신의 자기개발, 교육 참여, 지식습득 노력	① ② ③ ④
슈퍼비전 준비, 운영	12) 슈퍼비전 기록 유지	① ② ③ ④
	13) 슈퍼비전 모니터링 및 평가	① ② ③ ④
	14) 슈퍼비전 진행 준비(계획, 장소, 시간 등)	① ② ③ ④
	15) 집단회의, 개별면담 등 의사소통의 장 진행, 운영	① ② ③ ④

7. 슈퍼비전 정책

슈퍼비전 정책	현재 기관 정책	
	그렇다	아니다
1) 슈퍼비전 자격・책임・구조・내용・교육이수 등에 대한 규정 수립		
2) 슈퍼비전 지침 내지 매뉴얼 개발 및 활용		
3) 슈퍼바이저 직무기술서 작성 및 활용		
4) 슈퍼바이저 평가 및 슈퍼비전 진행 평가, 피드백 등 슈퍼비전 평가체계 수립 및 실시		
5) 슈퍼바이저 교육체계 준비 및 실행		
6) 슈퍼비전 기록 및 기록 유지		

8. 슈퍼비전 욕구(내용) 영역

슈퍼비전 욕구 영역 (사회복지 전반과 표준직무)	슈퍼비전 필요도				
	전혀 필요 없음	별로 필요 없음	보통	대체로 필요	매우 필요
1) 일반주의 실천을 수행하기 위한 제반 지식과 기술					
2) 사회복지 윤리와 가치에 따른 실천을 할 수 있는 제반 지식과 기술					
3) 지역사회실천의 제반지식과 기술					
4) 직무와 관련된 신규이론 및 지식					
5) 사회복지 동향과 변화추세					
6) 다학문적 접근 필요성과 사회복지정체성 확립					
7) 슈퍼바이저와의 관계 이해 및 활용					
8) 전문가가 갖추어야 할 속성과 태도					
9) 시간 및 건강관리 등 자기관리					
10) 직원교육, 실습지도, 업무평가 등 인력관리					
11) 각종 기록, 보고서, 회의록 등 문서관리					
12) 기획 및 재정관리					

<table>
<tr><th colspan="2" rowspan="2">슈퍼비전 욕구 영역
(일반주의 실천기반 핵심지식과 기술)</th><th colspan="5">슈퍼비전 필요도</th></tr>
<tr><th>전혀 필요 없음</th><th>별로 필요 없음</th><th>보통</th><th>대체로 필요</th><th>매우 필요</th></tr>
<tr><td rowspan="6">전문적 발달을 위한 내용</td><td>1) 사회사업가치 및 윤리에 대한 사명감: 전문직 가치, 윤리의 내면화 및 증진</td><td></td><td></td><td></td><td></td><td></td></tr>
<tr><td>2) 인간의 다양성 존중: 특성, 문화, 계층이해 및 수용</td><td></td><td></td><td></td><td></td><td></td></tr>
<tr><td>3) 사회·경제정의 증진의 사명감: 사회적 약자에 대한 인식, 개선을 위한 노력</td><td></td><td></td><td></td><td></td><td></td></tr>
<tr><td>4) 자기인식: 자신의 강약점 파악, 전문가로서의 자신에 대한 이해</td><td></td><td></td><td></td><td></td><td></td></tr>
<tr><td>5) 전문적 성장에 대한 책임감</td><td></td><td></td><td></td><td></td><td></td></tr>
<tr><td>6) 자신의 실천활동에 대한 효과성 평가</td><td></td><td></td><td></td><td></td><td></td></tr>
<tr><td rowspan="4">행정적 측면의 지식 및 기술</td><td>7) 기관사명, 비전 이해: 기관철학, 사명, 목적</td><td></td><td></td><td></td><td></td><td></td></tr>
<tr><td>8) 기관구조 파악: 구조분석, 역동성 분석</td><td></td><td></td><td></td><td></td><td></td></tr>
<tr><td>9) 조직 내에서 기능하는 능력: 업무책임, 역할 숙지, 업무 계획</td><td></td><td></td><td></td><td></td><td></td></tr>
<tr><td>10) 기록 유지와 기록 활동: 기록방법과 기록 피드백</td><td></td><td></td><td></td><td></td><td></td></tr>
<tr><td rowspan="4">지역사회·정책적 측면의 교육 내용</td><td>11) 관련 사회복지정책: 기관 및 직무관련 정책</td><td></td><td></td><td></td><td></td><td></td></tr>
<tr><td>12) 지역사회에 대한 이해: 지역 및 자원조사</td><td></td><td></td><td></td><td></td><td></td></tr>
<tr><td>13) 서비스 전달체계 이해: 서비스연계망 활용, 지역사회 내 관련 조직과의 관계 등</td><td></td><td></td><td></td><td></td><td></td></tr>
<tr><td>14) 인적, 물적 자원개발 및 관리: 모금, 홍보, 매체활용, 자원봉사자 개발 및 관리</td><td></td><td></td><td></td><td></td><td></td></tr>
</table>

슈퍼비전 욕구 영역 (일반주의 실천기반 핵심지식과 기술)		슈퍼비전 필요도				
		전혀 필요 없음	별로 필요 없음	보통	대체로 필요	매우 필요
기본적 대인관계 기술 내용	15) 대인관계 의사소통 기술					
	16) 동료와의 관계 기술					
클라이언트 체계 개입을 위한 기술 내용	17) 인간 행동, 다양성에 관한 지식 적용					
	18) 클라이언트 면접 기술					
	19) 클라이언트 사정 기술					
	20) 평가 및 종결 기술					
	21) 집단에의 개입 기술					
	22) 의뢰 및 사례관리 기술					
	23) 옹호 활동 기술					
	24) 프로그램 계획, 실행, 평가 기술					

• 슈퍼바이지의 주요 욕구 영역을 정리해 보자.

• 슈퍼비전 체계 강화를 위해 개선이 필요한 슈퍼비전 정책, 실행구조를 정리해 보자.

부록 7 슈퍼바이지 욕구수렴 양식(태화사회복지연구소, 2006)

■ 슈퍼바이지 욕구수렴 목록 ■

1. 본인의 강점과 보완이 필요한 영역이라고 생각되는 것은?

2. 어떤 영역에 대한 슈퍼비전이 강화되기를 원하는가?

3. 특히, 슈퍼바이저나 집단슈퍼비전을 통해 얻고자 하는 점은 무엇인가?

4. 집단슈퍼비전에서 본인이 기여할 수 있는 영역, 분야는 어떤 부분인가?

5. 올 한 해 본인은 슈퍼비전을 통해 어떤 사회복지사로 성장하고자 하는가?

부록 8 개별슈퍼비전: 사전준비서식[3)]

■ 개별슈퍼비전 준비서식 ■

○ 일 시 : 20**년 0월 0일 00시 ~ 00시
○ 슈퍼바이저 : 국장 ○ 슈퍼바이지 : 팀장(과장, 주임)
○ 주 제 : 중간 관리자로서의 역할(주제 예시)

1. 조직 안에서 "나" 바라보기
   - 시설 전체에서 "나"의 위치 확인
   - 사회복지업무 범주 안에서 "나"의 위치 확인
   - 중간관리자로서의 "나"의 위치 확인
2. 업무보고 관련 건(슈퍼비전 포함)
   - 업무보고 사항에 대한 본인이 생각은?
   - 업무보고 외 논의 및 슈퍼비전이 필요한 사항은 무엇인지?
   - 슈퍼바이저에 대한 본인의 욕구 수준은?
3. 현재 슈퍼바이저에게 기대하는 바는?
4. 우리 조직에 대한 현황에 대한 의견?
   - 우리 조직은 건강한가? (직원들 간의 관계, 상하관계, 문제해결방식, 사업추진 방식, 조직에 대한 신뢰도, 기관사업에 대한 자부심 등)
   - 직원들이 가지는 조직에 대한 만족과 불만사항 등은 무엇인가?
   - 직원들이 가지는 조직에 대한 기대는 무엇인가?

3) 본 양식은 현양원의 직원슈퍼비전 서식임

부록 9 동료슈퍼비전 준비서식[4)]

■ 동료슈퍼비전 준비양식 ■

작성자 :

<table>
<tr><th rowspan="2">팀원</th><th rowspan="2">사업에 대한 comment</th><th colspan="3">개인의 업무수행에 대한 comment</th><th rowspan="2">우리 기관과 나에게 당신은 이런 존재입니다.</th></tr>
<tr><th>강점</th><th>약점</th><th>간략한 Life Coaching</th></tr>
<tr><td></td><td></td><td></td><td></td><td></td><td></td></tr>
<tr><td></td><td></td><td></td><td></td><td></td><td></td></tr>
<tr><td></td><td></td><td></td><td></td><td></td><td></td></tr>
<tr><td></td><td></td><td></td><td></td><td></td><td></td></tr>
</table>

4) 본 양식은 천양원의 직원슈퍼비전 서식임

부록 10 슈퍼비전 서약서[5)]

■ 슈퍼비전 계약(서약)서 ■

본인은 본 기관의 슈퍼바이저와 슈퍼바이지로서 슈퍼비전에 대해 다음과 같이 계약(서약)합니다.

1. 슈퍼비전 실행에 앞서 슈퍼비전 계획서를 확인하였으며, 계획서에 명시된 바와 같이 슈퍼비전에 참여할 것입니다.

2. 슈퍼비전에 있어 슈퍼바이저로서의 지켜야 할 바람직한 태도와 슈퍼바이지로서의 지켜야 할 바람직한 태도를 바탕으로 책임과 의무를 다할 것입니다.

3. 슈퍼비전에 있어 슈퍼바이저로서 슈퍼비전을 위한 사전 준비를 성실히 하고 적극적인 슈퍼비전 실시하며, 슈퍼바이지로서 슈퍼비전에 성실히 임하고 슈퍼바이저의 지도에 적극 응할 것입니다.

4. 슈퍼바이저를 위한, 슈퍼바이지를 위한 슈퍼비전 교육에 적극적으로 참여할 것입니다.

년 월 일

슈퍼바이저: (인)

슈퍼바이지 : (인)

5) 본 양식은 현양원의 직원슈퍼비전 서식임

부록 11 슈퍼비전 계획서 양식: 개별슈퍼바이지별[6)]

■ 슈퍼비전 계획서(연간) ■

1. 일반적 사항

슈퍼바이저		소속부서		슈퍼비전 경력	
슈퍼바이지		소속부서		현직무담당일	

2. 슈퍼바이지 사정 내용

실천 직무분야	
강점 영역	
약점 영역	

3. 욕구수렴 결과 정리

4. 슈퍼비전 목표 및 실행구조

목 표	유형 □개별□집단□외부	방법 □교육□토론□코칭□참관 등	필요 자원	달성 정도 확인방법

5. 추진 일정표

구분	1/4분기	2/4분기	3/4분기	4/4분기
슈퍼비전 일정				
주요 슈퍼비전 내용				

6) 본 양식은 태화기독교사회복지관의 직원슈퍼비전 서식임

부록 12 슈퍼비전 평가서 양식: 개별슈퍼바이지별[7)]

■ 슈퍼비전 평가서(연간) ■

1. 일반적 사항

슈퍼바이저		소속부서		슈퍼비전 경력	
슈퍼바이지		소속부서		현직무담당일	

2. 연간 슈퍼비전 목표에 따른 달성 정도와 그 내용은 어떠한가?

목 표	달성 정도		평가내용
	계획	실행	
2.1.			
2.2.			
2.3.			

3. 슈퍼비전에 대한 전체 평가, 차후 희망하는 바는 무엇인가?

7) 본 양식은 태화기독교사회복지관의 직원슈퍼비전 서식임

부록 13 개별슈퍼비전 기록지[8]

■ 개별슈퍼비전 기록지 ■

<table>
<tr><td rowspan="2">슈퍼바이저</td><td>성 명</td><td>(인)</td><td rowspan="2">슈퍼바이지</td><td>성 명</td><td>(인)</td></tr>
<tr><td>부서명</td><td></td><td>부서명</td><td></td></tr>
<tr><td colspan="2">날짜 및 회기</td><td>년 월 일 (회)</td><td colspan="2">진행시간</td><td>~</td></tr>
<tr><td colspan="2">전 회기 슈퍼비전
진행사항
보고 및 점검</td><td colspan="4"></td></tr>
<tr><td colspan="2">주요
슈퍼비전 내용</td><td colspan="4"></td></tr>
<tr><td colspan="2">차기계획 및
건의사항</td><td colspan="4"></td></tr>
<tr><td colspan="2">슈퍼바이저 의견</td><td colspan="4"></td></tr>
</table>

8) 본 양식은 태화기독교사회복지관의 직원슈퍼비전 서식임

부록 14 집단슈퍼비전 기록지[9)]

■ 집단슈퍼비전 기록지 ■

<table>
<tr><td>슈퍼바이저</td><td>(인)</td><td>부 서 명</td><td></td></tr>
<tr><td>슈퍼바이지</td><td colspan="3"></td></tr>
<tr><td>날짜 및 회기</td><td>년 월 일 (회)</td><td>작 성 자</td><td>(인)</td></tr>
<tr><td>진 행 시 간</td><td colspan="3">: ~ :</td></tr>
<tr><td>내 용</td><td colspan="3"></td></tr>
<tr><td>슈퍼바이저 의견</td><td colspan="3"></td></tr>
</table>

9) 본 양식은 태화기독교사회복지관의 직원슈퍼비전 서식임

부록 15 슈퍼비전기록지(Monson, 2002; 홍순혜 외, 2014 재구성)

■ 슈퍼비전 기록지(슈퍼바이저용) ■

슈퍼바이저 : 슈퍼바이지 :
슈퍼비전 일시 : 회기 / 년 월 일 요일(시작) ~ (끝) 시
작성일시 : 년 월 일 요일

- 세션의 초점(목표) :

- 논의된 내용 :

- 차기 세션을 위한 계획 또는 과제 :
- 기타 :
- **자기 평가** (평가요소 : 슈퍼비전 태도, 내용, 방법, 상호작용, 준비도 등)
  - 이번 세션에서 슈퍼바이저로서의 만족도

    _____매우 불만족 _____불만족 _____보통 _____만족 ______매우 만족
  - 위와 같이 평가한 이유를 기술해 주세요.

- **자기 성찰** (배운 점, 느낀 점, 적용점 등)

- 슈퍼비전을 제공하면서 스스로 부족하다고 느끼는 점, 어려운 점, 장애요인

- 슈퍼바이지에게 바라는 점

부록 16 연간 주제별 슈퍼비전 진행안(태화사회복지연구소, 2006)

■ 연간 슈퍼비전 진행안 예시 ■

<table>
<tr><th></th><th>내용</th><th>유형</th><th>기록 및 평가</th></tr>
<tr><td>1–2월</td><td>1) 슈퍼바이지 사정 – 연간슈퍼비전 개별계획 수립(파일화)
2) 자기개발보고 점검(1월): 개별
3) 연사업평가관련(1월): 집단, 개별
4) 직무기술 점검(1월): 개별
5) 연간업무차트 점검
6) 직원역량평가관련 모니터링과 결과 활용(1–2월): 개별
7) 자기개발계획수립 점검(2월): 개별
8) 부서장주도 학습계획</td><td rowspan="6">개별 1회 이상
집단 3회 이상
외부자문 1회 이상
교차/동료 필요시</td><td>슈퍼비전 기록 제출
슈퍼비전 운영평가
만족도 평가 (주무부서, 1월)</td></tr>
<tr><td>3–4월</td><td>1) 기관사명, 가치, 강령 점검 / 사회복지사 윤리강령(3월): 개별, 집단
2) 자기개발계획 1회 점검(4월): 개별
3) 기관접근점검(4월)–기관 이해, 규정, 세칙점검</td><td rowspan="3">상시
월보고서 활용,
기록관리,
사례 다루기,
개별과제 활용</td></tr>
<tr><td>5–6월</td><td>1) 부서장주도 학습 계속
2) 지역사회접근점검(5월) –자원목록, 지역사회활동, 전달체계, 지역사회이해, 사정, 지역욕구: 개별, 집단</td></tr>
<tr><td>7–8월</td><td>1) 정책접근 점검(6월) – 관련정책
2) 상반기업무평가관련 점검(7월): 개별, 집단
3) 자기개발계획1회 점검(7월): 개별
4) 직무기술 재점검(7월): 개별
5) 여가, 건강관리 점검(8월)</td></tr>
<tr><td>9–10월</td><td>1) 부서장 주도 학습 계속
2) 정보수집과 공유접근(9월): 개별, 집단
3) 자기개발계획 1회 점검(10월): 개별(직원교육이수, 참여 상황 확인)
4) 실천가, 즉 조사자 능력평가(10월)</td><td>슈퍼비전 기록 제출 (업무점검 및 사업평가시, 최고관리자)</td></tr>
<tr><td>11–12월</td><td>1) 연사업계획 수립 관련(11월)
2) 기관사명과 비전에 따른 차기 년도 사업계획 논의(11월)
3) 관계성, 스트레스관리 접근(12월)</td><td>슈퍼바이지 평가 준비, 슈퍼비전 개별 파일 정리</td></tr>
</table>

부록 17 연간 주제별 슈퍼비전 핵심내용(태화사회복지연구소, 2006)

■ 연간 일정에 따른 슈퍼비전 핵심 내용 선정 예시■

일정	주요 내용	관련 도구
1월 사정, 평가	슈퍼바이지 사정, 계획수립, 자기개발보고 점검	학습사정도구, 학습 유형목록, 자기개발보고서, 연사업평가서, 직무기술서, 연간업무차트
2월 개발 계획	직원평가 및 결과 활용, 자기개발수립 점검	직원평가서, 자기개발계획서, 부서장 주도 학습
3월 윤리	기관사명, 윤리강령	기관사명, 핵심가치, 실천강령, 사회복지사윤리강령
4월 기관	기관접근 점검, 자기개발 정기점검	자기개발계획 분기보고, 기관분석틀, 기관 규정과 세칙
5월 지역사회	지역사회접근 점검	지역자원목록, 지역실태자료, 지역사회분석틀, 지역사회 관련협회활동
6월 정책	관련 정책과 이슈 점검	관련정책 자료, 부서장주도학습
7월 중간평가	사업중간평가, 자기계획 점검	자기개발계획 분기보고, 상반기 업무평가서, 직무기술, 업무표준
8월 여가	여가, 건강관리 점검	여가활용 질문리스트, 시간관리자료
9월 학습조직	정보습득・공유 점검, 교육・훈련노력 점검	학습조직이론자료, 부서장 주도학습
10월 연구	실천가, 즉 조사자 역량 점검	실천가, 즉 조사자 역량, 자기개발계획 분기보고
11월 사업기획	차기 년도 사업계획점검	차기 년도 사업계획서, 차기 년도 사업방향
12월 관계	슈퍼바이지 재사정, 관계, 의사소통, 스트레스 점검	스트레스관리 척도

참고문헌

강철희 · 최소연(2004). 수퍼비전 개념과 모델 및 선행 변인과 결과 변인에 관한 고찰: 사회복지조직을 위한 논의. 한국사회복지행정학회 2004년 춘계학술대회 및 워크샵 자료집, 25-48.

____________(2005). 사회복지 수퍼비전의 방향 및 변인들에 관한 고찰: 연구와 실천 방향을 위한 논의. 한국사회복지행정학, 7(1): 29-66.

강흥구 · 윤현숙(2005) 사회복지사의 직무분석과 표준 직무 개발에 관한 연구. 한국사회복지행정학, 14, 33-62.

경기복지재단(2013). 사회복지사의 경력개발 방안 연구. 경기복지재단.

고유나 · 성희자(2002). 정신보건 직장체험 연수생 수퍼비전 욕구. 복지행정 논총(한국복지행정학회), 93-117.

권우희(2014). 슈퍼비전 요인과 직무성과에 관한 연구-서울지역 사회복지관을 중심으로- 서울여자대학교 사회복지 · 기독교대학원 석사학위논문.

권현진(2004). 사회복지전공 학부생의 실습성과에 관한 연구. 서울여자대학교 박사학위 청구논문.

김경실(1999). 효과적인 수퍼비젼. 인간이해 20, 1-15.

김경희(2002). 사회복지관 사회복지사의 책무성에 영향을 미치는 변인. 서울: 신앙과 지성사.

김경혜(2001). 서울시 사회복지관 운영현황과 개선과제. 서울시 사회복지관 운영개선을 위한 토론회자료집. 서울시의회 보건사회위원회.

______(2003). 사회복지시설 기능정립 및 표준운영모델설정 연구. 시정개발연구원.

김계현(1992). 상담교육방법으로서의 개인수퍼비젼 모델에 관한 복수사례연구. 상담과 심리치료, 4(1), 19-53.

김도묵(2004). 수퍼바이저와 수퍼바이지간의 수퍼비전 인식차이에 관한 연구. 경성대학교 사회복지대학원 석사학위 청구논문.
김미례(2004). 사회복지관 수퍼비전 기능수행과 사회복지사 직무성과 및 만족도에 관한 연구. 신라대학교 대학원 석사학위 청구논문.
김선진(2002). 재가복지봉사센터 사회복지사의 수퍼비전 활성화 방안에 관한 연구. 서울여자대학교 대학원 석사학위 청구논문.
김선화(2001). 수퍼비젼의 개선방안에 관한 연구. 서울여대 석사학위 청구논문.
김성국・홍지숙(2002). 직무분석에 대한 새로운 접근법 연구. 기업경영연구, 16, 226-227.
김수미(2006). 수퍼비전의 기능이 정신보건 사회복지사의 역할인식 및 수행에 미치는 영향. 서강대학교 신학대학원 석사학위 청구논문.
김수영(2004). 사회복지법제 적용과 사회복지서비스의 이해. 한국사회복지협의회 교육자료집.
김영인(2015). 슈퍼비전이 지역사회복지관 사례관리자의 자기효능감에 미치는 영향에 관한 연구. 숭실대학교 사회복지대학원 석사학위논문.
김욱(2002). 사회복지실습 수퍼비젼에 있어서 수퍼바이져와 수퍼바이지의 관계에 관한 연구. 경기대학교 사회과학논총, 5, 1-12.
김원중(1989). 표준화의 문제점과 대책. 한국품질경영학회, 창간호, 22-36.
김윤경(2000). 전화상담의 전문성 향상을 위한 사회사업 수퍼비전 활성화 방안. 숭실대학교 대학원 석사학위 청구논문.
김윤정(2000). 지역사회복지기관의 직원 수퍼비전에 관한 연구. 서울여자대학교 대학원 석사학위 청구논문.
김융일(1988). 교육적 수퍼비전 모형의 기본구조에 관한 연구. 서울대학교 대학원 박사학위 청구논문.
김융일・양옥경(2004). 사회복지수퍼비전론. 파주: 양서원.
김지연(2007). 학교사회복지사의 자기효능감 향상을 위한 학습조직 수퍼비전의 적용과 효과. 부산대학교 대학원 박사학위 청구논문.
김지은・김광웅(2003). 놀이치료자가 평가한 가장 만족스러웠던 수퍼비전 경험과 가장 만족스럽지 못했던 수퍼비전 경험 비교. 놀이치료연구, 6(2), 14-25.
김진(2003). 수퍼비젼이 사회복지사의 전문성 향상에 미치는 영향. 전북대학교 대학원 석사학위 청구논문.

김태수(2002). 직무분석. 서울: 북스힐.

김혜원(1998). 수퍼바이저 전문 양성 프로그램 개발에 관한 연구. 서강대학교 대학원 석사학위 청구논문.

김혜진(2005). 수퍼비전이 자기효능감 지각에 미치는 영향 연구. 연세대학교 대학원 석사학위 청구논문.

류시향(1990). 사회사업지도감독에 대한 만족도 연구. 이화여자대학교 대학원 석사학위 청구논문.

문수정 · 김계현(2000). 상담수퍼비전 교육내용 요구분석. **상담 및 심리치료**, 12, 1-18.

문지은(2004). 사회복지관의 수퍼비전이 사회복지사의 전문직업성에 미치는 영향에 관한 연구. 연세대학교 대학원 석사학위 청구논문.

박경애(1998). 지역사회복지관의 효과적인 행정적 수퍼비전 연구. 가톨릭대학교 석사학위 청구논문.

박덕순(2005). 의료사회복지사의 수퍼비전 실태에 관한 연구. 이화여자대학교 대학원 석사학위 청구논문.

박수선(2008). 수퍼비전이 사회복지사의 전문직업적 정체성에 미치는 영향. 숭실대학교 대학원 석사학위 청구논문.

박일연(1998). 지역사회복지관 중간관리자의 지지적 수퍼비전이 워커들의 직무만족에 미치는 영향에 관한 연구. 숭실대학교 대학원 석사학위 청구논문.

박천오 · 김상묵(2004). 정부산하단체 임원의 공통 직무수행역량 설정에 관한 연구. **한국사회와 행정연구**, 15(1).

방기연(2002). 상담 수퍼바이저 교육에 대한 고찰. **연세교육연구**, 15.

보건복지부(2005). **사회복지관 및 재가복지봉사센터 운영관련 업무처리 요령 안내**. 보건복지부.

봉현철 · 유평준(2001). 액션러닝의 기본구조와 핵심개념. **산업교육연구**, 8.

서울복지재단(2005). 사회복지관 사업 매뉴얼 개발 총론. **서울복지재단 연구 보고서**.

서울시사회복지관협회(2005). 지역사회복지관 사회복지현장실습. **실습지도자를 위한 지침**, 9-144. 서울시사회복지관협회.

성희자(2002). 정신보건사회복지사의 자기효능감 향상을 위한 수퍼비전 모형 탐색. 경북대학교 대학원 박사학위 청구논문.

______(2007). 수퍼비전이 사회복지사의 자기효능감에 미치는 영향. 한국지역사회복지학, 22, 73-91.

안정선(2005). 사회복지관 사회복지사의 직무분석에 관한 연구. 사회복지연구, 28(3), 243-274.

______(2006). 액션러닝(action learning)을 활용한 학습조직 구축 사례연구. 한국사회복지학회 춘계학술대회자료집.

______(2007). 사회복지 수퍼비전 표준 체계 개발에 관한 연구–사회복지관 직원 수퍼비전을 중심으로–. 서울여자대학교 대학원 박사학위 청구논문.

______(2009). 감리회태화복지재단 역량모델링 연구보고. 태화사회복지연구소.

안정선 · 윤정혜(2011). 사회복지관 슈퍼바이저의 역량분석에 관한 연구-슈퍼바이저의 지식 · 기술 · 태도역량을 중심으로-. 한국콘텐츠학회논문지, 11(2), 53-366.

안정선 · 이근영(2008). 감리회태화복지재단 직원학습체계 연구보고. 태화사회복지연구소.

안정선 · 엄경남 · 방진우 · 송순혜 · 조성심(2014). 학교현장 사회복지 슈퍼바이저양성 교육과정 개발 및 효과분석. 학교사회복지, 25, 343-374

양옥경(2004). 산학협동체계로서의 실습교육의 현황과 과제. 연세대학교 사회복지현장실습 기관 수퍼바이저 워크샵 자료집.

______(2005). 사회복지윤리와 철학. 경기: 나눔의 집.

______(2005). 사회복지현장실습지침서 개발. 한국사회복지관협회.

양정남 · 최은정 · 정현주(2006a). 사회복지 수퍼비전의 장애 요인 분석. 동신대학교 논문집, 16, 209-234.

____________________(2006b). 사회복지 현장의 수퍼비전 방식 연구. 동신대학교 논문집, 16, 235-261.

양현숙 · 이선미(2004). 아동상담사가 지각하는 수퍼비전 내용과 수퍼바이저 역할에 대한 인과분석. 미래유아교육학회지, 11(4), 135-158.

엄경남(2015). 교육복지현장 사회복지 슈퍼비전 모형개발. 서울여자대학교 대학원 박사학위논문.

여영순(2004). 정신보건영역에서의 수퍼비전과 사회복지사의 소진에 관한 연구. 경성대학교 사회복지대학원 석사학위 청구논문.

염태산(2006). 사회복지기관 수퍼비전이 사회복지사의 자발적 조직행동에 미치는 영향. 서울대학교 대학원 석사학위 청구논문.

오유경(2006). 정신지체인 그룹홈헬퍼의 슈퍼비전에 관한 연구. 원광대학교 대학원 박사학위 청구논문.

오혜경(2008). 윤리적 딜레마 대처방안.

문형구 외(2008). **사회복지 윤리경영 교육·실천 매뉴얼**. 한국사회복지사협회.

유조안(1999). 사회복지 실습 교육의 문제점과 개선 방안. **한국사회복지교육협의회 학술세미나 자료집**.

윤철수·진혜경·안정선(2004). 학교사회복지 실습실태 및 모형개발에 관한 연구. **학교사회사업, 7**.

윤현숙·강흥구(2004). **사회복지사의 표준직무 매뉴얼**. 한국사회복지사협회.

윤혜정(1997). 지지적 수퍼비전이 사회복지사의 사기에 미치는 영향에 관한 연구. 이화여자대학교 대학원 석사학위 청구논문.

이상준(2000). 사회복지관 사회복지사의 전문성 강화에 관한 연구. 대구대학교 대학원 석사학위 청구논문.

이선민(2006). 모자보건시설 종사자의 수퍼비전 실태 및 욕구에 관한 연구. 이화여자대학교 대학원 석사학위 청구논문.

이수진(2002). 정신지체인 그룹홈 사회재활교사의 수퍼비젼 실태에 관한 연구. 강남대학교 대학원 석사학위 청구논문.

이시연(2001). 사회복지 전공 학부생 실습지도 모델 개발에 관한 연구. 서울여자대학교 대학원 박사학위 청구논문.

이시연·안정선·김은영·김영일(2003). **사회복지실습지도**. 파주: 양서원.

이은주(2004). 사회복지관에서의 수퍼비전 인식에 관한 연구. 이화여자대학교 사회복지대학원 석사학위 청구논문.

이은진(2002). 정신보건시설의 수퍼비전 실태에 관한 연구. 이화여자대학교 대학원 석사학위 청구논문.

이재용(2001). 지지적 수퍼비전과 사회복지사 소진과의 관계 연구. 가톨릭대학교 대학원 석사학위 청구논문.

이지연(2002). 의료사회복지사의 수퍼비전 만족요인 연구. 한림대학교 대학원 석사학위 청구논문.

이지영(2003). 노인종합복지관 사회복지사의 수퍼비전 실태 및 욕구에 관한 연구. 이화여대 대학원 석사학위 청구논문.

이태수 · 이봉원 · 안정선(2008). 사회복지시설의 평생학습체계 구축 현황 및 활용 방안. 한국지역사회복지학, 25.

이홍민(2003). 핵심역량 핵심인재. 서울: 리드리드출판.

이홍직(2004). 한국 사회복지조직 내 수퍼비전에 관한 연구동향 고찰. 한국사회복지행정학회 2004년 춘계학술대회 및 워크샵 자료집, 111-120.

임일환(1997). 지역사회복지관의 직원 수퍼비전 실태에 관한 연구. 숭실대학교 대학원 석사학위 청구논문.

장해진(2010). 슈퍼비전이 사회복지사의 임파워먼트에 미치는 영향에 관한 연구. 부산대학교

전경아(2006). 노인종합복지관 중간관리자의 수퍼비전이 사회복지사 임파워먼트에 미치는 영향—서울지역 노인종합복지관을 중심으로–. 중앙대학교 대학원 석사학위 청구논문.

정수경(2004). 사회복지전공학생의 실천수행능력에 영향을 미치는 실습지도요인에 관한 연구. 한국사회복지학, 56(3), 327-355.

정재삼 · 장정훈(1999). 수행컨설턴트의 역량모형 개발을 위한 델파이 연구. 교육공학연구, 15, 99-127.

조정은(2002). 학습조직구축요인과 조직시민행동과의 관계에 관한 연구. 이화여대 사회복지대학원 석사학위 청구논문.

조휘일(1999). 사회사업실습교육에 있어서 학습계약개념 적용에 관한 연구. 정진영교수 정년퇴임기념 논총, 19. 서울여자대학교 사회사업학과.

______(2004). 사회복지 수퍼비전 실천의 방향. 한국사회복지행정학회 2004 춘계학술대회 및 워크숍 자료집, 3-22.

______(2005). 수퍼비전 모델개발의 지침에 관한 연구. 서울여대 사회과학연구.

진동숙(2001). 사회복지관 중간관리자의 수퍼비전과 사회복지사의 소진과의 관계 연구. 부산대학교 대학원 석사학위 청구논문.

차은경(2001). 장애인복지관 사회복지사의 소진과 지지적 수퍼비전과의 관계. 동덕여자대학교

대학원 석사학위 청구논문.

최명민·문순영·김승용(2005). 대학 사회복지실습교육 모델개발에 관한 연구. **사회복지정책**, 22.

최미경(1999). 사회복지관에서의 수퍼바이저와 사회복지사간의 수퍼비전 인식에 대한 연구. 이화여자대학교 대학원 석사학위 청구논문.

최원희(2009). 사회복지수퍼비전의 중요성공요인에 대한 델파이 및 AHP 분석. 서울여자대학교 대학원 박사학위 청구논문.

최원희(2013). 슈퍼바이저의 지식·기술역량에 대한 중요도-실행도분석(IPA)에 의한 슈퍼바이저 교육내용 연구. **한국사회복지교육**, 23, 39-67.

최한나(2007). 좋은 수퍼비전 관계에 대한 수퍼바이지의 인식차원. 서울대학교 대학원 박사학위 청구논문.

최해림(1999). 상담자교육과 수퍼비전의 현재. **대학생활연구**, 17.

태화기독교사회복지관(2006). **수퍼비전 실천 강화 및 지침개발을 위한 연구**. 태화사회복지연구소.

한국사회복지사협회(2004). **사회복지사의 표준 직무 매뉴얼**. 한국사회복지사협회.

홍순혜·안정선·조성심·엄경남·방진희(2013). 학교사회복지실천가의 현장슈퍼비전 현황과 발전방안. **학교사회복지**, 24, 197-218.

홍순혜 외(2014). **사회복지슈퍼비전의 이해와 활용**. 고양: 공동체.

황미경(2007). 사회복지전담공무원의 수퍼비전과 직무관련 변인의 구조적 관계-수퍼비전의 매개효과를 중심으로. 중앙대학교 대학원 박사학위 청구논문.

황성철(2004). 사회복지관 수퍼비전의 실태와 효과성. **한국사회복지관협회 중간관리자 워크숍 자료집**, 59-82.

황성철·정무성·강철희·최재성(2009). **사회복지행정론**. 파주: 학현사.

AASW Standing Commitee on Professional Supervision (1988). *Recommended Standards for Social Work Supervision*. Australian Association of Social Workers(Victorian branch), Melbourne.

Anderson, C. E. (2002). *Comparing Supervisory Needs of Substance Abuse Counselors across Developmental levels*. Ph. D. dissertation Iowa University.

Austin, M. J. (1981). *Supervisory Management for Human Services*. Englewood Cliffs, NJ: Prentice Hall, Inc.

Austin, M. J., & Karen M. Hopkins (2004). *Supervision as Collaboration in the Human Services*. CA: Sage Publication: 21-34, 71-84.

Barron, K. R. (2004). *The Development and Validation of an Observation and evaluation instrument for the supervision*. Dissertation Ph.D. George Washington University.

Baxter, L. A., & Wilmot, W. W. (1986). Interaction characteristics of disengaging, stable, and growing relationships. In R. Gilmour and S. W. Duck(Eds.), *The emerging field of personal relationships*. Hillsdale, NJ: Lawrence Erlbaum.

Bowers, Babara, S. Esmond & M. Canales. (1999). Approaches to Case Management Supervision. *Administration in Social Work*, *23*(1), 29-49.

Brasherars, Freda. (1995). Supervision as Social Work Practice: A Reconceptualization. *Social Work 40*, 692-699.

Brown, A., & Bourne, I. (1996). *The Social Work Supervisor: supervision in community, day care, and residential settings*. Buckingham · Philadelphia: Open University Press.

Burke, R. (2001). Supervision and Service Quality. *Measuring Business Excellence 4*(4), 28-31.

Caspi, J. (1997). *The Task-Centered Motel For Field Instruction*. Dissertation, Ph. D. Albany State University.

Caspi, J., & William J. Reid. (2002). *Educational Supervision in Social Work*. NY: Columbia University Press. 126-133.

Crisp, Beth R., & Lesley Cooper. (1998). The Content of Supervision Scale: An Instrument to Screen the Suitability of Prospective Supervisors of Social Work Student Practicums. *Journal of teaching in social work*, *17*(2), 201-211.

Collins-Camargo, C. E. (2005). *A Study of the Relationships among Effective Supervision, Organizational Culture Promoting Evidence-Based Practice, Worker Self-Efficacy, and Outcomes in Public Child Welfare*. Dissertation, College of Social Work at th

University of Kentucky.

Cruz, Janet Owens. (2000). *The Efficacy of The Social Work Model Of Supervision For Education*. Ph.D. Dissertation University of Illinois at Urbana-Champaign.

D. L. Morgan and R. A. Krueger(1998). **포커스 그룹**. 신경림, 장연집, 김영경, 이금재, 최명민, 김혜영, 김옥현, 김영혜 역(2004). 서울: 현문사.

Dunn, R. L. (2004). *The Knowledge and Competencies of Effective School Counselor Supervision*. Ph.D. dissertation Ohio State University.

Dye, H. Allan & L. D. Borders. (1990). Counseling Supervisors: Standards for Preparation and Practice. *Journal of counselling & Development, 69*, 27-29.

Eisikovits, Z. R., Meier, E., Guttman, E., Shurka and A., Levinstein. (1985). Supervision in Ecological Context: The Relationship Between the Quality of Supervision and the Work and Treatment Environment. *Journal of Social Service Research, 8*(4), 37-58.

Elaine P. Cogress(1999). **사회복지가치와 윤리**. 강선경・김욱 역(2005). 서울: 시그마 프레스.

Ellis, M. V., N. Ladany, M. Krengel, D. Schult. (1996). Clinical Supervision study From 1981 to 1993: A Methodological Critique. *Journal of Counseling Psychology, 43*(1), 35-50.

Engelbrecht, Lambert. (2004). Cultural Friendliness as a Foundation for the Support Function in the Supervision of Social Work Students in South Africa. *International social work, 29*(2), 256-266.

Falvey, J. E., & Bray, T. E. (2002). *Managing Clinical Supervision*. CA: Brooks/Cole.

Fierro, Mary Augusta (2000). *Does Training make a difference? Coaching social work students in how to utilize field supervision effectively*. dissertation, Ph.D. Temple University: 1-4.

Fortune. A. E. (1994). Field Education. *The foundations of Social Work Knowledge*. New York: Columbia University Press.

Fortune, A. E., M. McCarty, J. S. Abramson. (2000). Student Learning Process in Field Education: Relationship of Learning Activities to Quality of Field Instruction, Satisfaction, and Performance among MSW Students. *Journal of Social Work and*

Education, Wntr.

Frederic G. Reamer(1999). 사회복지실천의 가치와 윤리. 고미영・최경원・황숙연 역(2005). 사회복지실천연구소.

French, J. R. P., & Raven, B. (1960). *The bases of social power*. In D. Cartwright & A. Zander(Eds.), Group dynamics (pp. 607-623). Evanston, IL: Row, Peterson.

Froggett, L. (2000). Staff Supervision and Dependency Culture: a case study. *Journal of Social Work Practice, 14*(1).

Greenspan, R. S., Hanfling, E., Parker, S., Primm and D., Waldfogel. (1992). Supervision of experienced agency workers: A descriptive study. *The Clinical Supervisor, 9*(2), 31-42.

Haas, A., & Sherman, M. A. (1982). Reported topics of conversation among same-sex adults. *Communication Quarterly, 30*(4), 332-342.

Harkness, D., & Hensley, H. 1991. "Changing the Focus of Social Work Supervision: Effects on Client Satisfaction and Generalized Contentment. *Social Work, 37*, 506-512.

Hart, G. M. (1982). *The Process of Clinical Supervision*. Baltimore, MD: University Park Press.

Hawkins, P., & R., Shohet. (2000). *Supervision in the helping professions; an individual, group and organizational approach*. Open University Press. Buckingham/ Philadelphia.

Haynes, R., G., Corey & P., Moulton. (2003). *Clinical Supervision in the Helping Professions: A Practical Guide*. Brooks/Cole-Thomson Learning.

Holloway, E. L. (1995). *Clinical Supervision: A system approach*. Thousand Oaksm CA: Sage.

Holloway, S., & Brager, B. (1989). *Supervising in the human services: The politics of practice*. New York: Free Press.

Jeffreys, J. W. (2001). *The Impact of Supervision on Social Worker Perception of Self-Efficacy*. Ph. D. Dissertation State University of New York at Albany.

Kadushin, A. (1974). Supervisor - Supervisee Survey. *Social Work, 19*, 288-298.

__________ (1992). 사회복지실천과 수퍼비전. 조휘일 역(2002). 서울: 학지사.

Kadushin, A., & Harkness, D. (2002). *Supervision in Social Work*. NY: Colombia University Press.

Kaiser, T. L. (1997). *Supervisory relationships: Exploring the human elements*. Pacific Grove, CA: Brooks/Cole.

Kilminster, S. M., & Folly, B. C. (2000). Effective Supervision in clinical Practice Setting. *Medical education, 34*, 827-840.

Lazer, A., & Erera, P. I. (1996). Social Worker Supervision with Novice and Experienced Workers. *Journal of Social Service Study, 21*(3), 57-71.

Lewis, J. A., & Michael D. Lewis, Thomas Packard, Federico Souglee, Jr. (2001). *Management of Human Service Program*. CA: Wadsworth: 170-182.

Lucila, R. S., & Esnile, E. (2002). Negative Supervision Events: Effects on Supervision Satisfaction and Supervisory Alliance. *Professional Psychology Research and Practice, 2*, 197-202.

Melichericik, J. (1984). Social work Supervision in Transition: An exploration of Current Supervisory Practice. *The Social Worker, 52*(3), 108-112.

Middleman, R. R., & Rhodes, G. B. (1985). *Competent supervision*. Making Imaginative Judgements. Englewood cliffs, NJ: Prentice-Hall.

Miller, Roger R., & J. Robin Robb. (1997). New Professionals' Preparedness For Clinical Social Work. *Clinical social work journal, 25*(3), 351-363.

Morrison, T. (2001). Supervision: Purposes, policies and definitions. *Staff Supervision in Social Care*. Pavilion. 13-47.

Munson, C. E. (ed.) (1979). *Social work supervision: classic statements and critical issues*. New York: Free Press.

____________ (1981). Style and Structure in Supervision. *Journal of education for Social Work, 17*(1), 65-72.

____________ (2002). *Handbook of Clinical Social Work Supervision*. New York:

Haworth Press.

NASW. (1994). *Guidelines for Clinical Social Work Supervision.* NASW National Council on the Practice of Clinical Social Work: 1-17.

Payne. M. (1994). Personal Supervision in Social Work. *Performance Review and Social Care.* London: Jessica Kingsley Pub.

Pesut D. J., & Williams, C. A. (1990). The Nature of Clinical Supervision in Psychiatric Nursing: Survey of Clinical Specialists. *Archives of Psychiatric Nursing, 4*(3), 188-194.

Pettes, D. (1979). *Staff and Student Supervision.* London: Allen & Unwin.

Poulin, J. E. (1995). Job Stisfaction of Social Work Supervisors and Administrators. *Administration in Social Work, 19*(4), 35-49.

Poertner, H., & Rapp, C. A. (1983). What Is Social Work Supervision? *The Clinical Supervisor, 1*(2): 53-65.

Rafferty, Mic, E. Jenkins & S. Parke(2003). Developing a Provisional Standard for Clinical Supervision in Nursing and Health Visiting. *Qualitative Health study, 13*: 1432-1452.

Rauktis, M. E., & Koeske, G. F. (1994). Maintaining Social Worker Morale: When Supportive Supervision Is Not Enough. *Administration in Social Work, 18*(1): 39-60.

Reamer, F. G. (2000). *The Social Work Ethics Audult.* NASW Press.

Rennie, S. (2002). Supervising for Success The Support and Supervision of Residential Care Staff Presented Session 06 ACWA 2002 Conference 'What Works!? Evidence Based Practice in child & Family Services' Sydney. 1-12.

Robinson, V. (1949). *The dynamics of supervision under functional controls.* Philadelpha: University of Pennsylvania Press.

Scott, Dorothy & Janet Farrow. (1993). Evaluating Standards of Social Work Supervision in Child Welfare and Hospital Social Work. *Australian social work, 46*(2), 33-41.

Scott, K. J., Ingram, K. M., Vitaza, S. A., & Smith, N. G. (2000). Training in Supervision : A Survey of Current Practices. *The Counseling Psychology, 28*(3), 403-422.

Scott, W. R. (1965). Reactions to Supervision in a Heteronomous Professional

Organization. *Administrative Science Quarterly, 10*, 65-81.

Siebert, D. C. (2004). Depression in North Carolina Social Workers : Implications for Practice and Working under Threat of Political Violence. *Social Work, 48*(4).

Skidmore, R. A. (1990). *Social Work Administration: Dynamic Management and Human Relationships* (2nd ed), Englewood Cliffs, NJ: Prentice Hall, Inc.

Shih, J. S. (2000). *The Effect of Job Level and Supervisor Gender on Female Employees's Experiences of Supervisor Support, Supervisor-Employee Communication, Role Stress, Psychological Strain, and Job Satisfaction.* In Partial Fulfillment of The Requirements for The Degree of Doctor of Philosophy.

Shulman, L. (1993). Interactional Supervision(2rd ed.). The NASW Press.

Smith, Martin. (2000). Supervision of Fear in Social Work－A Re-evaluation of Reassurance. *Journal of social work practice, 14*(1), 17-25.

Smith, R. C. (2002). *The Social Construction of The Problematic Supervisee*, Dissertation Ph.D. New York University.

Stein, L. M. (2005). *Exploratory Study of Social Work Supervision in Not-For-Profit Agencies: The Supervisee's Perception of Its Usefulness in Direct Practice with Clients.* Adelphi University School of Social Work Doctor of Social Welfare.

Stevens C. D., J. P. Guthrie, & C. J. Coate. (2002). Does Personality Predict Preferred Managerial Style? Evidence from New Zealand and United States. *Asia Pacific Journal of Human Resources, 40*, 322-344.

Tannen, D. (1994a). *Gender and Discourse.* New York: Oxford University Press.

________ (1994b). *Talking from 9 to 5: How women's and men's conversational styles affect who gets heard, who gets credit, and what gets done at work.* New York: William Morrow.

Tsui, M. (1997). Empirical study on Social Work Supervision. *Journal of Social work Service study, 23*(2), 39-51.

Tsui, M., & Ho, W. S. (1997). In Search of a Comprehensive Model of Social Work Supervision, *The Clinical Supervisor, 16*(2), 181-205.

_______ (2002). Functions of Social Work Supervision in Hong Kong. *International social work, 48*(4), 485-493.

_______ (2004). *Social Work Supervision.* Sage Publications: 20, 33-61, 137-146.

Wonnacott, J.(2012). **슈퍼바이저를 위한 사회복지슈퍼비전의 적용**. 김은혜 외 편역(2014). 파주: 양서원.

Worthen, V., & McNeil, B. C. (1996). A Phenomenological Investigation of Good Supervision Events. *Journal of Counseling Psychology, 43*(1), 25-34.

Worthington, E. L., & Roehlke, H. J. (1979). Effective Supervision as Perceived by Beginning Counsellors in Training. *Journal of Counselling Psychology, 26*, 64-73.

Zorga, S., B. Dekleva and A. Kobolt. (2001). The Process of Internal Evaluation as a Tool for Improving Peer Supervision. *International Journal for advancement of Counselling, 23*, 151-162.

찾아보기

가치기반 • 76
가치체계 • 121
감정이입 • 207
강선경 • 43
강압적 권력 • 140
강제배분법 • 239
강철희 • 50
개념적 지식 • 94
개발기능 • 297
개별 지도식의 슈퍼비전 • 29
개별슈퍼비전 • 33, 209
개업실천 • 34
개인적 기능 • 123
개인적 욕구 • 122
개입연구 • 51
게임 거절하기 • 152
견책 • 169
경험적 지식 • 94
계선기능 • 268
공개적으로 직면하기 • 152
공유된 의미 • 141
공평성의 원칙 • 83
과업지향 • 155
과정지향 • 155
과제중심 슈퍼비전 모델 • 51, 57
과제중심 실천 • 57
관계 권력 • 140
관료제도 • 55
관료제적 특성 • 24
관리기능 • 297
교육복지 • 72
교육적 기능 • 172
교육적 사정 • 300
교육적 슈퍼비전 • 268, 296
권력과 권위 • 139
기관규정 위반 • 88
기관의 책무성 • 36
기록 • 317
기술역량 • 94, 95
기술자 스타일 • 107
김경희 • 114
김융일 • 24, 104, 110, 112, 143
김지연 • 51

내용 모델 • 51, 332
논리모델 • 244

논리적 중립성 • 124

도표평정척도법 • 239
동료슈퍼비전 • 215
동시적 슈퍼비전 • 225

리더십 • 261, 323
리더십중심 모델 • 50

멘토링 • 172
모니터링 • 256, 266, 316
모델링 • 222, 317
목표의 불명확성과 모호성 • 25

반응적 스타일 • 105
발달 모델 • 47, 48
보상 권력 • 139
보수교육 • 329, 334
보수교육제도 • 40
브레인스토밍 • 69, 212
뿌리 • 121

사례발표 • 217
사례중심의 슈퍼비전 • 28
사례회의 • 217
4×4×4 통합 모델 • 63
사정도구 • 338
사회복지 정책 • 55
사회복지관 슈퍼비전 표준 모델 • 66
사회복지사의 역량강화 • 26
사회복지사협회 • 39
상호작용적 반응 • 124
생성적 학습 • 71
생태체계 • 200
생태체계적 관점 • 70
생활방식 • 121
서비스 전달체계 • 56
서비스 질 • 165, 302
선호하는 학습 유형 • 156
성과관리 • 243, 246, 255
성과지표 • 205, 244
성과평가 • 164
성인학습 • 215
성찰 • 275
성찰적 기능 • 163
성희자 • 42, 43, 129, 198
소진 • 180
소진 예방 • 26
슈퍼바이저 스타일 • 104
슈퍼바이저 요인 • 311
슈퍼바이저로서의 임무 • 86
슈퍼바이저의 가치 • 98
슈퍼바이저의 게임 • 143
슈퍼바이저의 경험 • 100
슈퍼바이저의 권한 • 84
슈퍼바이저의 기본과업 • 113
슈퍼바이저의 능력 • 85
슈퍼바이저의 바람직한 특성 • 110

슈퍼바이저의 바람직한 행동 • 99
슈퍼바이저의 성 • 108
슈퍼바이저의 실무경력 • 110
슈퍼바이저의 역할과 책임 • 114
슈퍼바이저의 역할태만 • 85
슈퍼바이저의 연령 • 109
슈퍼바이저의 이중역할 • 35
슈퍼바이저의 태도 • 98
슈퍼바이저의 특성 • 108
슈퍼바이지 요인 • 311
슈퍼바이지의 가치 • 119
슈퍼바이지의 게임 • 146
슈퍼바이지의 권리 • 131
슈퍼바이지의 성 • 129
슈퍼바이지의 실무경험 • 130
슈퍼바이지의 역량 • 120
슈퍼바이지의 연령 • 129
슈퍼바이지의 욕구 • 83
슈퍼바이지의 지식 및 기술 • 118
슈퍼바이지의 책임 • 133
슈퍼바이지의 태도 • 119
슈퍼비전 가치 • 76
슈퍼비전 과정 • 136
슈퍼비전 관계 요인 • 311
슈퍼비전 관계 • 136
슈퍼비전 관계에서의 권력문제 • 139
슈퍼비전 관계에서의 이슈 • 138
슈퍼비전 교과목 개설 • 39
슈퍼비전 기능 모델 • 331
슈퍼비전 성공요인 • 313
슈퍼비전 실행 요인 • 311
슈퍼비전 역사 • 36
슈퍼비전 윤리의 원칙 • 77
슈퍼비전 윤리의 이슈 • 83
슈퍼비전과 윤리지식 • 78
슈퍼비전의 기원 • 29
슈퍼비전의 목적 • 23
슈퍼비전의 목표 • 21
슈퍼비전의 정의 분류 • 20
슈퍼비전의 정의 • 18
순위법 • 239
순환 과정 • 65
슈퍼비전 계약 • 195, 203, 295
슈퍼비전 복합 모델 • 202
슈퍼비전 유형 • 209
슈퍼비전 전문센터 • 41
스트레스 • 180
시범실행 • 258
실습학습계약 • 205

안정선 • 22, 51, 94, 100, 256, 283
압도시키는 임상적 증거 • 125
액션러닝 • 172, 273, 274, 277
양옥경 • 24, 104, 110, 112, 143
엄경남 • 51, 71
업무모니터링 • 168
업무할당 책임 • 83
역동적 체계 모델 • 46

역량 • 235, 262, 318
역량 모델링 • 236
역량강화 • 318, 327
역장분석 • 258
역전이 • 250
역할극 • 221
오혜경 • 77
온라인 슈퍼비전 • 224
옹호 • 170
외부자문 • 215
외부평가 • 335
위장비판 요구 • 127
윤리감사 • 81
윤리강령 • 78, 79
윤리적 민감성 • 80
윤리적 의사결정 • 80
윤리지식 • 78
윤리지침 • 121
의사결정기법 • 212
의사소통 방식 • 155
이론가 스타일 • 107
이론적 추측 • 127
이시연 • 49, 57
이중관계 • 87, 141
이지연 • 43, 228
이해관계자 • 64, 73, 164, 302, 325, 327
인생경험 • 122
인생철학 • 121
일반주의실천 • 51, 200
일반주의실천가 • 297, 331
일방경 • 225

자기개발계획 • 263, 272
자기분석 • 128
자기슈퍼비전 • 216, 251
자기인식 • 30, 53, 54, 200, 284, 298, 329, 333
자기지식 • 30, 120
자기지식개발 • 120, 329
자기효능감 • 68
자문 • 268
자선조직협회 • 29
자아인식 • 120, 310, 311, 313
재가 • 231
적극적 스타일 • 105
적응적 학습 • 70, 79, 80, 132, 200, 260, 266, 297, 301, 304, 306, 347
전문가 부모 • 87
전문적 권력 • 141
정체성의 혼란 • 28
조율 • 206
조직 요인 • 311
조직성과 • 324, 338
조직적 맥락 • 28
조직화된 자기학습 • 120
조휘일 • 22, 143
중재기능 • 65, 172, 297
지각된 조직적 제약 • 124

지나친 단순화 반응 • 126
지속적인 진단 • 125
지식역량 • 94, 95
지역사회 • 315
지지기능 • 297
지지적 기능 • 179
지지적 슈퍼비전 • 33, 296
직무기술서 • 245, 261, 326
직무명세서 • 245
직무분석 • 185, 245, 326
직무성과 • 165, 239, 265, 302, 324
직무역량 • 237
직무평가 • 235
직무표준 • 265
직원개발 • 267, 268
집단슈퍼비전 • 33, 210
집단역동 • 211
짝비교법 • 239

책무성 • 161, 164, 302, 334
철학자 스타일 • 106
체계적 슈퍼비전 • 39
최원희 • 129, 283, 323

캔미팅 • 273, 277
커리큘럼 • 336, 339
코칭 • 172, 223

태화기독교사회복지관 • 113

페미니스트 파트너십 모델 • 73
평가 • 228
평가기준 • 233
평가지표 • 330, 335
포커스그룹 • 338
표적 목적 • 59
표준 지침 • 283
표준 직무 • 200
피드백 • 175

학생슈퍼비전 • 30
학습계약 • 58
학습동아리 • 273, 274, 277
학습유형의 차이 • 155
학습조직 • 68, 271, 327
학습조직 슈퍼비전 모델 • 68
학습조직화 • 267, 269, 327
학습지원체계 • 279
학습체계 • 271, 278
한계설정 기능 • 141
한국사회복지사협회 • 129
한국사회복지슈퍼비전센터 • 41
한국사회복지슈퍼비전학회 • 41
한국형 통합 발달 슈퍼비전 모델 • 71
합법적 권력 • 140
합의 • 142
해외원조사업 • 224
핵심역량 • 236
행동계류평정식 • 239

행정적 기능 • 163
행정적 슈퍼비전 • 296
현임훈련 • 268
현장실습 토착화 • 37
환경분석 • 236
효과성 • 54
효과적인 슈퍼비전 관계 • 153
후광효과 • 240

Austin • 68, 86, 99

Bourne • 76, 138, 154, 211
Brasherars • 76
Brown • 76, 100, 138, 154, 211

Carroll • 80
Caspi • 42, 51, 57
Collins • 42
Congress • 78
consensus • 142

Dawson • 30
Dye • 99

Erera • 130

Folly • 42, 130, 153
Fortune • 51, 52, 199, 283, 299
Fox • 203

Harkness • 22, 42, 209, 254, 283
Hawkins • 48, 80, 133, 250, 257
Haynes • 49, 118, 222
Hensley • 42
Holloway • 129, 136
Hopkins • 68, 86

Inskipp • 133

Jeffreys • 42
Johnson • 120

Kadushin • 18, 22, 28, 158, 209, 254, 283
Kaiser • 118, 141
Kilminster • 42, 94, 130, 153

Lazer • 130
Lewis • 50, 78

Middleman • 158
Morrison • 21, 63, 158
Munson • 28, 78, 94, 104, 105, 108, 109, 112, 113, 124, 130, 131, 228, 232

Proctor • 133

Reamer • 83, 86
Reid • 42
Rennie • 42

Rhodes • 158

Senge • 68, 270
Shohet • 80, 250, 257
Shulman • 46, 197, 206, 241
Skidmore • 19, 94, 98
Stein • 129, 130

Tannen • 109
Tsui • 19, 22, 28, 50, 51, 66, 139, 143, 184, 192, 330

Wonnacott • 63, 158, 283

저자소개

안정선(安正仙)

서울여자대학교 사회복지학 박사(사회복지행정전공: 사회복지슈퍼비전)
서울여자대학교 문학 석사(임상사회사업전공: 청소년복지)
서울여자대학교 사회사업학과

한국성서대학교 사회복지학과 조교수
한국사회복지슈퍼비전센터 부회장, 한국사회복지슈퍼비전학회 부회장
한국학교사회복지학회 이사, 한국학교사회복지사협회 감사
태화사회복지연구소장, 한국보건복지인력개발원 연구교수, 태화기독교사회복지관 팀장 역임(1995-2009)

〈저서 및 논문〉
Analysis of the job competency of school social workers and strategies to make them more competent(세계학교사회복지대회, 2015)
저소득 가정 아동을 위한 대학교 기반 멘토링 프로그램의 효과분석 및 모형제안(2015)
학교현장 사회복지 슈퍼바이저 양성 교육 과정 개발 및 효과 분석(2015)
사회복지슈퍼비전의 이해와 활용(2014)/슈퍼바이저를 위한 사회복지슈퍼비전의 적용(2014)
멘토링활동 참여경험에서의 멘토의 성장과 도전(2014)/학교사회복지 사례관리교육의 현황과 방향(2014)
노인복지관 서비스욕구기반의 사업조정 방안(2014)/실습에서 경험하는 실습생의 어려움과 대처(2014)
사회복지 전공교육에 있어서 프로젝트 학습 적용 수업설계의 효과(2014)
학교사회복지실천가의 슈퍼비전 현황과 발전방안(2013)/학교사회복지 실습교육의 현황과 발전방안(2013)
사회복지실습생의 스트레스와 대처(2013)/사회복지사의 경력개발 방안 연구(2013)
개인 및 조직수준의 수퍼비전이 아동보호전문기관 상담원의 직무만족에 미치는 효과(2012)
참여적 평가로서의 학생모니터링을 활용한 수업 발전방안(2012)/사회복지프로그램 개발과 평가(2012)
사회복지전담공무원의 서비스질 실증연구(2011)/사회복지전담공무원의 교육성과와 직무성과와의 관계(2011)
사회복지관 수퍼바이저의 역량분석 연구(2011)/ 학교사회복지 현장실습지도 매뉴얼(2011)

최원희(崔元姬)

서울여자대학교 사회복지학 박사(임상사회사업전공: 사회복지슈퍼비전)
서울여자대학교 문학석사(임상사회사업전공: 장애인복지)
서울여자대학교 사회사업학과

서울여자대학교 사회복지학과 조교수
한국사회복지슈퍼비전센터 회장
하트하트재단 사무국장 역임
하트하트종합사회복지관 부관장 역임
서울시남부장애인복지관 사회복지사 역임

〈저서 및 논문〉
장애인 보조공학 서비스의 효과와 지원방안(2015)
슈퍼바이저를 위한 사회복지슈퍼비전의 적용(2014)
슈퍼바이저의 지식·기술역량에 대한 중요도-실행도 분석(IPA)에 의한 슈퍼바이저 교육내용 연구(2013)
사회복지 슈퍼비전의 이론과 실제(2010)
폭력피해 여성장애인 상담소 운영방안(2010)
사회복지슈퍼비전의 중요성공요인에 대한 델파이 및 AHP분석(2009)
문화적 유능감이 사회복지사의 임파워먼트에 미치는 영향(2009)
다문화적 환경변화에 따른 사회복지실천현장의 문화적 유능감 실태(2008)
사회문제론(2008)
사회복지실천론(2008)
교양과목 장애복지론 수업을 통한 대학생의 장애인에 대한 태도변화(2008)
사회복지기관 실습 슈퍼비전 체계개발(2006)
장애인복지서비스 이용자의 참여 실태조사 연구(2006)

사회복지 슈퍼비전의 이론과 실제(제2판)

초판발행 2010년 9월 10일 1판 1쇄 발행 | 2012년 3월 10일 1판 2쇄 발행
2013년 9월 10일 1판 3쇄 발행
2판발행 2016년 1월 10일 2판 1쇄 발행 | 2017년 9월 10일 2판 2쇄 발행
2019년 9월 10일 2판 3쇄 발행 | 2022년 3월 10일 2판 4쇄 발행

지은이 안정선 최원희
펴낸이 최용구 | **펴낸곳** 도서출판 **신정**
주소 (04316) 서울시 용산구 원효로 89길 19 (원효로1가)
전화 02)3211-4782, 0266(영업부), 3211-4783(편집부), 3211-4784(팩스)
이메일 sjbook2002@naver.com | **홈페이지** www.sjbook.co.kr
등록 2001년 5월 11일 제13-702호
기획마케팅 최용구 장만동 최충구 진소희 | **책임편집** 석기은 황가연

ISBN 978-89-5912-373-5 93330
정가 18,000원